Media, Direito e Democracia
I CURSO PÓS-GRADUADO EM DIREITO DA COMUNICAÇÃO

Media, Direito e Democracia
I CURSO PÓS-GRADUADO EM DIREITO DA COMUNICAÇÃO

2014

Instituto de Ciências Juridico-Políticas da Faculdade de Direito da Universidade de Lisboa em colaboração com a ERC – 2012/2013

MEDIA, DIREITO E DEMOCRACIA
I CURSO PÓS-GRADUADO EM DIREITO DA COMUNICAÇÃO
COORDENAÇÃO
Carlos Blanco de Morais
Maria Luísa Duarte
Raquel Alexandra Brízida Castro
EDITOR
EDIÇÕES ALMEDINA, S.A.
Rua Fernandes Tomás, nºs 76-80
3000-167 Coimbra
Tel.: 239 851 904 · Fax: 239 851 901
www.almedina.net · editora@almedina.net
DESIGN DE CAPA
FBA.
PRÉ-IMPRESSÃO
EDIÇÕES ALMEDINA, SA
IMPRESSÃO E ACABAMENTO
PENTAEDRO, LDA
Julho, 2014
DEPÓSITO LEGAL
378141/14

Apesar do cuidado e rigor colocados na elaboração da presente obra, devem os diplomas legais dela constantes ser sempre objeto de confirmação com as publicações oficiais.
Toda a reprodução desta obra, por fotocópia ou outro qualquer processo, sem prévia autorização escrita do Editor, é ilícita e passível de procedimento judicial contra o infrator.

BIBLIOTECA NACIONAL DE PORTUGAL – CATALOGAÇÃO NA PUBLICAÇÃO
MEDIA, DIREITO E DEMOCRACIA
Media, direito e democracia : I curso pós-graduado em
direito da comunicação / coord. Carlos Blanco de Morais,
Maria Luísa Duarte, Raquel Alexandra Brízida Castro
ISBN 978-972-40-5631-9

I - MORAIS, Carlos Blanco de, 1957-
II – DUARTE, Maria Luísa
III – CASTRO, Raquel Alexandra Brízida, 1968-
CDU   34

INTRODUÇÃO

Dizem que a Comunicação Social é o Quarto Poder. Não porque alguém o tenha desenhado juridicamente nesses termos, mas porque o é na realidade e sem qualquer intervenção premeditada nesse sentido. Talvez por isso, e pela sua extrema ligação com a liberdade, a relação entre a Comunicação Social e o Direito tenha sido sempre tão tensa e o apetite pela sua manipulação através das leis tão fascinante. Contudo, actualmente, já é possível detectar consensos sobre o âmbito constitucionalmente protegido da liberdade de informação e de comunicação social, bem como sobre os seus limites. Na verdade, fatores indesmentíveis como o amadurecimento democrático da sociedade, a afirmação da consciência, pelos próprios agentes de comunicação social, da responsabilidade social exigida pelo seu desempenho e a sedimentação da necessidade de uma regulação atenta mas saudável, concorreram para uma conciliação entre a Comunicação Social e o Direito. O que torna imprescindível, agora mais do que nunca, o conhecimento do Direito que enquadra e regula a Comunicação Social.

Tendo presente este objectivo, o curso reuniu um leque muito alargado de qualificados especialistas, reconhecidos pelo seu percurso no meio académico como professores de Direito ou pela sua experiência profissional na dimensão prática das questões da regulamentação e da regulação da comunicação social.

Esta pós-graduação surgiu ao abrigo do protocolo de cooperação estabelecido entre o Instituto de Ciências Jurídico-Políticas e a Entidade Reguladora para a Comunicação Social que prevê a concretização de diferentes iniciativas conjuntas relacionadas com o Direito da Comunicação

Social, e representa o empenho destas instituições em melhorar as suas missões públicas e permitir uma maior ligação da academia à prática.

A presente edição pretende divulgar os textos das intervenções escritas proferidas durante o Curso, bem como os trabalhos finais apresentados pelos dois alunos melhor classificados.

Lisboa, 2 de Dezembro de 2013

A Coordenação Científica
PROFESSOR DOUTOR CARLOS BLANCO DE MORAIS
PROFESSORA DOUTORA MARIA LUÍSA DUARTE
MESTRA RAQUEL ALEXANDRA BRÍZIDA CASTRO

INDICE

1. Programa do Curso – Cartaz   9

2. Intervenções   15
Os Limites da Linguagem
    DR. CARLOS MAGNO   17

Liberdade de Comunicação Social e Serviço Público de Rádio
e de Televisão
    PROFESSOR DOUTOR JORGE MIRANDA   25

O Âmbito Constitucionalmente Protegido da Liberdade
de Expressão
    PROFESSOR DOUTOR JOSÉ MELO ALEXANDRINO   41

O Estatuto Constitucional dos *Media* e As Exceções ao Princípio
da Publicidade da Atuação dos Poderes Públicos
    MESTRA RAQUEL ALEXANDRA BRÍZIDA CASTRO   67

Os Jornalistas e o Segredo de Justiça
    DR. MANUEL MAGALHÃES E SILVA   91

Media e Democracia
    PROFESSOR DOUTOR MIGUEL NOGUEIRA DE BRITO   107

Regulação Administrativa e Sanção – O Poder Sancionatório
da ERC na Encruzilhada entre o Direito Administrativo
e o Direito Penal
    PROFESSOR DOUTOR MIGUEL PRATA ROQUE   123

O Direito de Resposta e de Rectificação
    PROFESSOR DOUTOR ARONS DE CARVALHO   193

O Direito Eleitoral e a Comunicação Social
    JUIZ CONSELHEIRO FERNANDO COSTA SOARES   207

A Actividade Jornalística à Luz da Jurisprudência Penal
    PROFESSOR DOUTOR FREDERICO DA COSTA PINTO   257

A Publicidade na Televisão
    DRª LUÍSA ROSEIRA   273

O Direito da União Europeia e a Comunicação Social
    CONSELHEIRO CUNHA RODRIGUES   289

O Tribunal Europeu dos Direitos do Homem e a Liberdade
de Imprensa: Os Casos Portugueses
    PROFESSOR DOUTOR FRANCISCO PEREIRA COUTINHO   319

3. Trabalhos Finais

A Discrepância no Tratamento Jurídico do "Meio" na Agravação
Prevista pelo Artigo 183º do Código Penal para o Crime
de Difamação
    DR. MARTIM BOUZA SERRANO   363

Crimes contra a Honra no Ordenamento Jurídico Português
– Alguns aspectos específicos à luz da Legislação de Imprensa
    DR. VICTOR CASTRO ROSA   389

1. Programa do Curso – Cartaz

Curso Pós-graduado
sobre Direito da Comunicação Social

Coordenação Científica:
Prof. Doutor *Carlos Blanco de Morais*,
Profª Doutora *Maria Luísa Duarte*
e Mestre *Raquel Alexandra Brízida Castro*

PROGRAMA

1ª Sessão

2 Maio, Quinta-feira, 18h30m

Apresentação do Curso
Presidente ERC – Dr. Carlos Magno
Presidente ICJP da FDUL –Prof. Doutor Jorge Miranda

O Serviço Público de Televisão e de Rádio na Constituição de 1976
Prof. Doutor Jorge Miranda

2ª Sessão

4 Maio, Sábado, 10h30m

Colisão de Direitos Fundamentais na Comunicação Social
Prof. Doutor Jorge Reis Novais

O Âmbito Constitucionalmente Protegido da Liberdade de Expressão
Prof. Doutor José Melo Alexandrino

3ª Sessão
9 Maio, Quinta-feira, 18h

O Estatuto Constitucional da Comunicação Social
Mestre Raquel Alexandra Brízida Castro

Os Jornalistas e o Segredo de Justiça
Dr. Manuel Magalhães e Silva
Advogado

4ª Sessão
11 Maio, Sábado, 10h30m

Media e Democracias Modernas
Prof. Doutor Miguel Nogueira de Brito

A Liberdade Editorial e os Media
Mestre Pedro Lomba

5ª Sessão
16 Maio, Quinta-feira, 18h

A Relevância Constitucional da Regulação da Comunicação Social
Prof. Doutor Carlos Blanco de Morais

Os Poderes Sancionatórios da ERC
Mestre Miguel Prata Roque

A Responsabilidade Civil da Regulação
Prof. Doutor Luís Menezes Leitão

6ª Sessão
18 Maio, Sábado, 10h30m

O Direito de Resposta e de Retificação
Prof. Doutor Arons de Carvalho (Vice-Presidente ERC)

O Direito Eleitoral e a Comunicação Social
Juiz Conselheiro Fernando Costa Soares (Presidente CNE)

7ª Sessão
23 Maio, Quinta-feira, 18h

A Responsabilidade Criminal do Jornalista e o Problema da Comparticipação
Profª Doutora Helena Morão

Direito Penal da Comunicação Social e Crimes contra a Reserva da Intimidade Privada
Mestre Inês Ferreira Leite

8ª Sessão
25 Maio, Sábado, 10h30m

A Intervenção Penal e a Comunicação Social à Luz da Jurisprudência Portuguesa
Prof. Doutor Frederico da Costa Pinto

Os Crimes Cometidos Por e Contra Profissionais da Comunicação Social
Profª Doutora Fernanda Palma

9ª Sessão
30 Maio, Quinta-feira, 18h

Direito das Novas Tecnologias e da Sociedade de Informação
Prof. Doutor Oliveira Ascensão

A Publicidade na Televisão
Drª Luísa Roseira
Vogal Conselho Regulador ERC

10ª Sessão
1 Junho, Sábado, 10h30m

O Direito da União Europeia e a Comunicação Social
Juiz Conselheiro Cunha Rodrigues

11ª Sessão

6 Junho, Quinta-feira, 18h

A Jurisprudência do Tribunal Europeu dos Direitos do Homem (TEDH) – Análise de casos relevantes
Prof. Doutor Francisco Pereira Coutinho

A Comunidade Internacional e a Tutela do Direito à Informação
Prof. Doutor Eduardo Correia Baptista

12ª Sessão

8 Junho, Sábado, 10h30m

O Direito da Comunicação Social e o Direito do Conselho da Europa: em particular, a Convenção Europeia dos Direitos do Homem (CEDH)
Profª Doutora Maria Luísa Duarte

Comunicação social e Direito de Autor: a posição do jornalista e da empresa
Prof. Doutor José Alberto Vieira

13ª Sessão

20 Junho, Quinta-feira, 18 horas

A Tutela Civil dos Direitos de Personalidade
Prof. Doutor Dário Moura Vicente

Defesa da Concorrência, Pluralismo e Propriedade dos Meios de Comunicação Social
Prof. Doutor Miguel Moura e Silva

SESSÃO DE ENCERRAMENTO

(25 de Junho, Terça-Feira, 18h30 – sala Prof. Palma Carlos)

Os Novos Desafios do Direito da Comunicação Social
Prof. Doutor Marcelo Rebelo de Sousa

2. Intervenções

Os Limites da Linguagem

CARLOS MAGNO*

Não sei se Wittgenstein é levado a sério nas Faculdades de Direito. Dizer que o seu Tratado Lógico-Filosófico influenciou o positivismo jurídico parece-me pouco. Talvez por ter ameaçado Karl Popper com um atiçador de lareira, o grande filósofo da linguagem tenha perdido algum prestígio intelectual. A verdade, porém, é que ninguém pode, hoje, acusar Ludwig Wittgenstein de ser um dos inimigos da sociedade aberta. E de não nos ter alertado para o perigo de usar a linguagem sem pensar no peso próprio de cada palavra.

O Prof. Bertrand Russel que moderou «o reality show» mais rápido da história entre dois filósofos rivais não chegou a dizer, como John Maynard Keynes, que Deus existia porque o tinha visto no comboio das cinco e um quarto. Mas, por alguma razão, considerou Wittgenstein o maior génio do seu tempo!...

Já vou recordar esse episódio (ocorrido em 1946, na Universidade de Cambridge) que classifiquei como "reality show" numa época em que ainda não havia televisão a cobrir duelos em direto, mas permitam-me que, antes de evocar essa lenda urbana da filosofia, deixe a citação de

* Presidente do Conselho Regulador da ERC.

Wittgenstein que mais sublinho desde que sou Presidente do Conselho Regulador da ERC:

"Os limites do meu universo são os limites da minha linguagem".

Aprendi também com o grande filósofo austríaco que "o significado de um signo reside no seu uso". E há expressões jurídicas que se têm vindo a lexicalizar no discurso mediático que merecem, pelo menos, uma boa discussão.

Querem um exemplo? Quando a ERC resolve "instar" um órgão de comunicação a cumprir os seus deveres deontológicos, pode perguntar-se porque é que o Conselho Regulador não decide mesmo "atiçar" um jornal, uma rádio ou uma televisão a respeitar o seu próprio Estatuto Editorial.

Não há palavras neutras nem vírgulas inocentes. A linguagem jurídica depende, por isso, também, do uso que dela se fizer. E do efeito prático que dela resultar. Muitas vezes, demasiadas vezes, fico com a certeza de que, em Portugal, a linguagem da regulação fica prisioneira da linguagem jurídica, porque ainda não conseguimos encontrar um registo e uma gramática próprias.

Talvez seja um atrevimento da minha parte, mas só o imenso respeito que tenho pelo Prof. Jorge Miranda me permite aproveitar a honra de estar sentado ao seu lado, na sua Faculdade Direito de Lisboa, para fazer uma clássica provocação:

«A Regulação é um assunto demasiado sério para ser entregue exclusivamente aos juristas».

Pronto, já disse a tal frase que Clemenceau terá aplicado aos diplomatas a propósito da diplomacia e que muitos jornalistas julgam ser de Churchill, aplicando-a aos militares com a guerra e aos políticos com a política. Confesso também que já ouvi um empresário italiano de Media (que foi primeiro ministro) a dizer que o jornalismo é um assunto demasiado sério para ser entregue aos jornalistas. Acho que neste caso concreto não podemos dar razão a Berlusconi precisamente por ele ser *"o próprio Berlusconi ele mesmo"*. O empresário de media que usou o seu poder mediático para se transformar em político; o líder partidário e chefe de governo que fez de Itália um péssimo exemplo de mediocracia. Entendida aqui a mediocracia não como o poder da classe média, mas como um governo de medíocres e malabaristas mediáticos. Não nos esqueçamos, porém, que a *berlusconização* da vida política italiana foi o resultado direto de uma desastrada tentativa de criar uma República de Juízes. A «*operação mãos limpas*» desestruturou toda a classe política, mas não teve só consequências renovadoras. Além de destruir o equilíbrio do pós-guerra entre direita e esquerda, a intervenção dos magistrados na política acabou com Betino Craxi exilado na Tunisia, o Partido Comunista de Berlinguer transformado em "A Coisa" (como lhe chamou o próprio secretário-geral Aquille Ochetto) e o eterno Giulio Andreotti a morrer em prisão domiciliária. Não comento nem classifico estes factos como positivos ou negativos. Limito-me a analisar as consequências. A judicialização da política e a relativização das ideologias tornaram o sistema democrático um mero jogo mediático-judicial pós-moderno. Há, porém, estudos académicos muito explícitos com teses arrepiantes sobre o papel da imprensa e da máfia neste período. Esse processo, aliás, ainda não acabou, pese embora a juventude e o bom senso de Giorgio Napolitano que, com mais de 90 anos, continua, condenado por um colégio eleitoral, a ser Presidente da República para lá do seu próprio desejo, do seu próprio direito pessoal e do prazo legal previsto.

Itália continua a ser um laboratório europeu de política, direito e poder mediático.

Mas regressemos à geografia da nossa língua e ao espaço em que sempre trabalhei que é o sistema mediático.

O papel dos jornalistas é exercer o poder editorial. Decidir o que é ou não é notícia. Ler a realidade e transformá-la em atualidade. O papel da imprensa não é fazer justiça popular na rua. É produzir informação justamente popular.

Mas para isso tem que ser independente e saber separar o poder editorial do poder judicial. E de todos os outros poderes...

Vivemos um tempo em que é preciso entregar as especialidades aos especialistas, mas a verdade é que também todos temos o direito e o dever de interferir naquilo que nos diz respeito. O público deve exigir regras claras. Transparência na aplicação do velho Paradigma de Lasswell que se traduz na fórmula: *Quem, diz o quê, a quem, por que meios e* (em inglês é mais claro) *What effects*?

Sou absolutamente pela separação de poderes e, levando à letra esse princípio, também defendo que o poder editorial deve ser exercido só por jornalistas, sem interferência do poder económico ou financeiro, proprietário dos meios. Mas, por maioria de razões, também considero que tanto o poder político (executivo e legislativo) como, sobretudo, o poder judicial não podem controlar a agenda mediática e dominar a atualidade.

Parece-me, aliás, ser, esse, hoje, o maior desafio da regulação dos media. Defender o poder editorial dos outros poderes e informar o público de todos os processos de fabrico da atualidade. Para que o público possa decidir. Para que esteja informado da informação que recebe. Para que exija conhecer regras e processos, permitindo-se o direito de recusar ser enganado.

Diz-se que hoje o diretor de um jornal já não é a pessoa que o dirige, mas o público que escolhe e seleciona o que lhe interessa. Talvez.

Mas estou convencido de que o futuro do jornalismo está na defesa do poder editorial.

E agora que migramos do velho mundo analógico para o virtual é preciso defender o perímetro editorial dos títulos jornalísticos no *far west* digital em que se transformou a internet.

É preciso recordar que a internet não é um meio de comunicação social, mas sim um lugar. A net é espaço, tempo e energia. Na net está a vida que também temos na rua. Há lojas, correios, bancos, super-mercados, jornais, rádios e televisões em acelerada convergência digital.

No mundo digital, os títulos editoriais são marcas jornalísticas que também dependem da credibilidade conquistada.

Essas publicações têm por isso que proteger o seu perímetro, gerindo o seu espaço segundo regras jornalísticas e assumindo claramente o seu Estatuto Editorial.

Daí resulta a necessidade de refrescar e reforçar os estatutos editoriais. Cada órgão de comunicação (analógico ou digital) deve ter um Estatuto Editorial reconhecido e diferenciador. O Estatuto Editorial, segundo a legislação portuguesa, vai beber diretamente à Declaração Universal dos Direitos Humanos, à Constituição da República e às leis de imprensa. Publica-se, pelo menos, uma vez por ano juntamente com o Relatório e Contas da empresa e é um documento de compromisso entre o órgão e o público, assumido pelo diretor editorial e pelo respetivo conselho de administração. Convém sublinhar que a violação do Estatuto Editorial por parte dos proprietários, dos administradores, dos diretores ou dos editores pode ser considerado motivo suficiente para um jornalista invocar justa causa e demitir-se.

Se assim é, temos que levar os estatutos editoriais a sério e dar-lhes outra força legal para assentar neles a regulação e, sobretudo, a auto-regulação.

Não há notícias do futuro. Nunca houve. Tecnicamente, uma notícia só pode ser um facto do passado ou do presente. E como diz a Premio Nobel polaca Wislawa Szimborska, «quando escrevo a palavra futuro as primeiras sílabas já pertencem ao passado».

A vida em direto que as múltiplas plataformas informativas reproduzem exige agora uma nova regulação.

Quem domina a linguagem domina a comunicação, dizia Wittgenstein. Como não domino a linguagem jurídica resta-me recorrer à linguagem da regulação. Que é, neste caso, linguagem editorial.

Não quero que os juristas falem «jornalês». Recuso toda a esfera semântica do «politiques» corrente que tem transformado o discurso público num espaço previsível do politicamente correto. Gostaria de encontrar uma linguagem corporativa para falar da indústria dos conteúdos, da informação e da comunicação.

Mas é preciso, principalmente, invadir o discurso público de palavras e expressões que remetam para a esfera semântica da regulação. Introduzir uma cultura de regulação na nossa sociedade é tão decisivo como credibilizar as instituições democráticas. A regulação de todos os setores. Não apenas dos media ou da indústria dos conteúdos. A CMVM, a AdC, a ANACOM, as restantes entidades reguladoras e o próprio Banco de Portugal têm aqui um trabalho conjunto a fazer com a ERC que nos permita criar um corpo linguístico coletivo capaz de contagiar com a nossa própria linguagem regulatória todo o discurso público nacional. Uma sociedade que não usa minimamente expressões que remetam para a esfera semântica da regulação é, no mínimo, uma sociedade com défice de regulação. E de regularidade!...

Porque não basta dizer que um órgão regulador não é um tribunal. Então o que é? Ninguém se define por aquilo que não é. Tem que se definir por aquilo que, de facto, é.

Permitam-me, já agora, que aproveite esta comunicação na Faculdade de Direito para abusar da teoria dos círculos (ou das esferas), de Habermas, e definir aquilo que, do meu ponto de vista, deve ser a regulação dos media.

Há uma esfera íntima na nossa regulação que diz respeito ao poder editorial. As questões editoriais e de conteúdos fazem parte da matéria reservada à ERC. Depois há uma esfera privada onde se articula o mercado dos grupos de media públicos e privados com análise de audiências, quotas de mercado publicitário, titularidade e economia dos meio. Essa esfera pode ser partilhada e discutida com outras instituições e poderes presentes na sociedade. Finalmente, há uma esfera pública que diz respeito à regulação jurídica. É aí, nesse círculo geral, externo e público que as leis devem ser colocadas como forma de garantir a transparência e igualdade de tratamento para todos os grupos, públicos e poderes de influência. Quando reservo uma esfera íntima para a regulação dos media, estou a proteger o poder editorial dos órgãos de comunicação e da indústria dos conteúdos. Sei que o esquema é simplista, arriscado, talvez um pouco abusivo na leitura de Habermas e, até mesmo, perigoso porque deixa alçapões por onde muita matéria delicada pode escapar. Mas é um princípio genérico que gostaria de vir a explorar e de ver ser explorado pela academia.

A velocidade da linguagem é simultaneamente lenta e acelerada. Vivemos num pára-arranca de lugares comuns e neologismos (sobretudo) tecnológicos, que faz com que aquilo que nos parece vertiginoso, na realidade, esteja estagnado. E vice-versa. A agenda mediática, por exemplo.

A lógica do pião aplica-se também às notícias. Quando um pião a que demos corda gira na sua velocidade máxima, ele parece estar parado. Na realidade, gira em torno de si próprio sem sair do sítio. Só quando um pião começa a perder velocidade é que notamos que ele afinal está em movimento.

É este paradoxo que eu gostava de ver debatido no discurso público com uma nova linguagem. Porque a linguagem volta a ser decisiva. Deixem-me dar-lhes a imagem verbal daquilo que considero a comunicação contemporânea mais paradoxal da atualidade.

Na Faixa de Gaza, no médio oriente, há um muro construído pelos israelitas onde se vão escrevendo mensagens diversas. Desde sempre se escreveu nos muros. O homem das cavernas deixou testemunhos em tetos e paredes. Mas no muro da Faixa de Gaza está um grafitti com esta mensagem: CRTL+ALT+DELETE.

Esta expressão dificilmente podia ter estado no muro de Berlim, porque, até 1989, a linguagem digital não estava popularizada. E hoje toda a gente entende a mensagem: Destruam o Muro. Ou melhor, reiniciem o processo!... Parece uma mensagem bíblica milenar e moderna ao mesmo tempo, num local onde os descendentes de Abraão não param de se guerrear. Desde o Livro do Génesis até à atualidade!

Num suporte antigo – um muro – linguagem do presente e do futuro. Querem mensagem mais clara?

Esta Pós-graduação em Direito da Comunicação, organizada pelo Instituto Jurídico de Lisboa e pela ERC deve-se, naturalmente, à generosidade do Prof. Jorge Miranda, mas deve-se também à minha colega Mestre Raquel Alexandra Brizida de Castro que, além de ser jornalista de raiz, é também hoje, essencialmente uma brilhante jurista. Permitam-me que testemunhe aqui a convergência natural destas duas vertentes na Mestre Raquel Alexandra para sublinhar que, sem ela no Conselho Regulador, a ERC não seria a mesma coisa.

Obrigado, Raquel, por esta e outras iniciativas em que tu envolveste o Conselho Regulador, como foi o caso também do protocolo de colaboração com a Procuradoria Geral da República e com o Centro de Estudos Judiciários.

Termino, por isso, desejando a melhor sorte para os alunos e um grande sucesso para a nossa Pós-Graduação.

E termino mesmo regressando ao princípio. Ao tal Reallity Show entre Karl Popper e Ludwig Wittgenstein passado na Universidade de Cambridge sob a moderação de Bertrand Russel.

Diz a lenda urbana da filosofia que o debate, previsto para demorar horas, demorou apenas escassos dez minutos porque, subitamente, quando Popper começou a falar, Wittgenstein pegou no atiçador da lareira da sala onde decorria o debate e apontou o ferro ao peito do seu interlocutor, exigindo:

«Diga-me lá qual é a primeira das leis da moral!»

Popper terá então respondido:

«A primeira das leis é não ameaçarás o teu interlocutor com um atiçador de lareira»

Várias décadas depois deste episódio, quando Popper (que tinha deixado a sua versão do episódio na autobiografia) morreu, dois jornalistas da BBC (David Edmonds e John Eidinow) tentaram reconstituir a cena num livro intitulado o *Atiçador de Wittgenstein*.

Fizeram uma extraordinária descrição daquela época com pormenores deliciosos sobre a rivalidade dos dois filósofos, o papel de Russell

(«*Wittgenstein, put that poker down at once!*» ordenou.) e o clima intelectual da época. O atual debate europeu, pode dizer-se, também já se travava ali. Wittgenstein achava que não havia problemas filósofos genuínos. Era tudo uma questão de jogos de linguagem e confusões linguísticas. No fundo resumia a filosofia à própria linguagem. Popper discordava e colocava a moral no centro da filosofia.

Os jornalistas britânicos, depois de ouvidas várias testemunhas e analisados diversos documentos da época, ficaram, porém, com uma dúvida sobre qual o momento em que Popper terá dado a sua célebre resposta. Se respondeu ainda com o ferro apontado ao peito ou se só disse a sua frase histórica quando Wittgenstein já tinha sido desarmado e saído da sala.

Ficamos a saber Quem, o Quê, Como, Onde e Porquê. Só não sabemos ao certo Quando. E este elemento da notícia é naturalmente muito importante.

A reconstituição da cena é ainda hoje uma questão filosófica apaixonante que divide discípulos de Popper e Wittgenstein numa discussão interminável, a que nem a rigorosa investigação dos dois jornalistas britânicos conseguiu fornecer um relato objectivo dos factos. Antes pelo contrário. Porque as diversas testemunhas oculares ainda vivas relatam coisas diferentes, conforme o respetivo ponto de vista na sala e nas posições filosóficas de proximidade com Popper ou Wittgenstein.

Desculpem terminar com uma história que já toda a gente conhecia mas, de facto, o Quando é cada vez mais decisivo nas respostas do jornalismo. Sobretudo agora que a coragem é tão necessária. E o Quando da nossa resposta não pode ficar para o momento em que o desafiador Wittgenstein estiver já sem o seu atiçador de lareira.

É agora, quando estamos a migrar para novas plataformas, que devemos apostar tudo nos Estatutos Editoriais. E transformá-los em garantias de defesa do espaço editorial. De opção ideológica. De visão do Mundo. De diversidade. E de ângulo de análise, sem abdicar da lógica e dos princípios jornalísticos. Para o presente. E para o Futuro que será, seguramente, Digital.

Liberdade de Comunicação Social
e Serviço Público de Rádio e de Televisão[*]

JORGE MIRANDA[**]

I

1. A liberdade de comunicação social congloba a liberdade de expressão e a liberdade de informação, com cinco notas distintivas:
- A titularidade dos direitos em que se analisa – não apenas de pessoas singulares mas também de pessoas coletivas;
- A pluralidade de destinatários, o caráter coletivo ou de massas, sem reciprocidade.
- O princípio da máxima difusão (ao contrário da comunicação privada ou correspondência, conexa com a reserva da intimidade da vida privada e familiar).
- A utilização de meios adequados – hoje, a imprensa escrita, os meios audiovisuais e a cibernética.
- A relevância do estatuto dos seus principais operadores, os jornalistas.

---

[*] Aula dada em 2 de maio de 2013, no curso de Direito da Comunicação Social promovida pelo Instituto de Ciências Jurídico-Políticas.
[**] Professor Doutor

2. A liberdade de expressão e os direitos de se informar e de ser informado são individuais. Já o direito de informar tanto pode ser individual quanto institucional. Mas a liberdade de comunicação social, essa apresenta-se, necessariamente, institucional, porquanto pressupõe organização (e organização de empresa), ainda que dependa sempre de atividade de pessoas individualmente consideradas (os jornalistas, os colaboradores, e até os leitores, os ouvintes, os telespectadores).

A liberdade de expressão e a liberdade de informação, na sua tríplice face de liberdade de informar, de se informar e de ser informado, situam-se *de pleno* no campo dos direitos fundamentais. A liberdade de comunicação social é ambivalente: envolve um feixe de direitos e traduz-se, ao mesmo tempo, num fenómeno de poder, de poder de facto.

Por isso se compreende o tratamento em quatro artigos: no art. 37º, em que prevalece uma postura liberal clássica; e no art. 38º, em que – mais na rádio e na televisão do que na imprensa escrita – se preveem formas de controlo interno e intervenções legislativas para salvaguarda do pluralismo democrático.

3. As mesmas circunstâncias históricas, que alçaram a liberdade de expressão e de informação ao primeiro plano dos direitos fundamentais dentro da Constituição, levaram a que, em seu complemento imediato, o regime dos meios de comunicação social recebesse uma larga e profusa atenção, quase inédita em Direito comparado.

A detenção por parte do Estado em 1976 da totalidade das estações emissoras de rádio (com uma única exceção) e de televisão e dos principais jornais não pouco contribuiu para isso. E as sucessivas revisões constitucionais não reduziriam o artigo, pelo contrário; nem a relativa liberalização do acesso à rádio e à televisão e a privatização da imprensa escrita de caráter nacional.

Perdura a preocupação de defesa e de promoção do pluralismo, ou seja, da multiplicidade, da diversidade e da vitalidade dos meios e órgãos de comunicação social – *pluralismo externo* – e das ideias e opiniões expressas em cada órgão – *pluralismo interno*. Mas ressalta, não menos, a instabilidade na continuidade: os arts. 39º e 40º sofreram até agora mais de cinquenta alterações e o art. 39º foi substituído na íntegra mais de uma vez.

4. De tudo isto resultam três caraterísticas do tratamento constitucional:
a) Complexidade, com regras gerais e regras especiais, de direitos fundamentais e de garantias institucionais, de direitos individuais e institucionais, de direitos comuns e particulares, de direitos positivos, negativos e de participação, de direitos e garantias, de deveres e de imposições ao Estado;
b) Como notas mais originais a relevância dos direitos dos jornalistas (não como direitos corporativos, mas como direitos instrumentais da liberdade de imprensa), a garantia institucional de um serviço público de rádio e de televisão e a conjugação com os direitos culturais (art. 73º e, após 1982, também art. 78º);
c) Constitucionalização de um órgão de regulação, para garantia das liberdades e do pluralismo (art. 39º) – sucessivamente os conselhos de informação em 1976, o Conselho de Comunicação Social em 1982, a Alta Autoridade para a Comunicação Social em 1989 e uma entidade administrativa independente para a comunicação social em 2004.

5. Bastante vasto, o art. 38º contém:
– Regras gerais sobre todos os meios de comunicação social [nºs 1, 2, alíneas *a*) e *c*), 3, 4 e 6]; regras só para a imprensa escrita [nº 2, alínea *c*)] e regras só para a rádio e a televisão (nºs 5 e 7).
– Regras gerais para quaisquer órgãos de comunicação social [nºs 1 e 2, alíneas *a*) e *b*)]; regras apenas para o serviço público e para os órgãos de comunicação públicos (nºs 5 e 6) e regras apenas para os órgãos de comunicação privados [nºs 2, alínea *c*), 3, 4 e 7].

Assim como aí se encontram:
– Direitos comuns a todos os cidadãos [nºs 1 e 2, alínea *c*)]; direitos dos jornalistas e colaboradores [nº 2, alínea *a*), 1ª parte]; direitos só dos jornalistas [nº 2, alínea *a*), 2ª parte, e alínea *b*)].
– Direitos individuais [nº 2, alíneas *a*), *b*) e *c*)] e direitos institucionais [nº 2, alíneas *a*), *in fine* e *c*), e nº 4];
– Liberdades [nº 2, alíneas *a*) e *b*), 1ª parte]; direitos de participação [nº 2, alínea *a*), 2ª parte, e alínea *b*), 3ª parte]; e garantias [nº 2, alínea *b*), 2ª parte, alínea *c*), 2ª parte, e nº 4].
– Garantias institucionais [nº 2, alínea *b*), *in fine*, e nº 5].

6. Perante a informação, na perspetiva da comunicação social, patenteiam-se nítidas as diferenças de posição dos cidadãos em geral e dos jornalistas em particular.

Quanto aos cidadãos em geral, aquilo que sobretudo importa é o direito de se informar e o direito a serem informados. Diversamente, nos jornalistas, que são os profissionais da informação, não se afigura possível dissociar esses direitos e o direito de informar; verificam-se uma conjugação, uma interpenetração ou, de certa maneira, uma tensão entre esses três aspetos.

Nos cidadãos em geral, o direito de informar surge, antes de mais, como um direito negativo, o direito de não ter impedimentos ou discriminações ou de não se sujeitarem a sanções por procurarem informação. Para os jornalistas, não é apenas um direito negativo; é também um direito positivo, e nesta dupla face vai, justamente, encontrar-se o direito de acesso às fontes de informação (como pressuposto do direito de informar) para, depois, poderem informar.

O direito de informar manifesta-se, outrossim, de modo diferente nos cidadãos e nos jornalistas. Naqueles, vai a par ou em conjunto com a liberdade de expressão. Nos jornalistas, é muito mais do que isso: é um direito de expressão e um direito de criação; e é um direito oponível não apenas ao Estado mas também à empresa de comunicação social em que trabalhem.

7. Nos nºs 3 e 4, o art. 38º traça as coordenadas do regime jurídico das empresas de comunicação social, com vista a assegurar o pluralismo inerente ao regime democrático e que é, ele próprio, uma garantia de liberdade de expressão e informação dos jornalistas e dos cidadãos em geral:
– Divulgação, com caráter genérico, da titularidade e dos meios de financiamento, a fazer por meio de registo prévio, obrigatório e de acesso público (art. 5º, nº 2, da lei de imprensa, a Lei nº 2/99, de 13 de janeiro, alterada pela Lei nº 18/2003, de 11 de junho) e, quanto às empresas constituídas sob a forma de sociedades anónimas, pela prescrição da natureza nominativa das ações (art. 16º, nº 1);
– Regra da especialidade, o que significa que somente são admissíveis empresas de comunicação social constituídas especificamente para esse fim;

– Tratamento não discriminatório, seja no domínio informativo, seja no de eventuais apoios financeiros, ou em qualquer outro;
– Independência perante o poder político e o poder económico, o que implica liberdade de determinação das empresas e um distanciamento ou separação entre eles e os órgãos de poder político e a entidade reguladora e entre as empresas e os diretores;
– Impedimentos de concentração, designadamente através de participações múltiplas e cruzadas.

À quinta destas regras ainda não foi dada, ao fim de tantos anos, exequibilidade, verificandose, por conseguinte, inconstitucionalidade por omissão, agravada por um constante fenómeno de concentração segundo móbeis puramente económicos. A função atribuída à entidade reguladora é aqui insuficiente a todos os títulos.

8. O domínio da imprensa em sentido estrito ou imprensa escrita refere-se a todas as reproduções de textos ou imagens disponíveis ao público, sejam quais forem os processos de impressão ou reprodução e os meios de distribuição empregados (cfr. art. 5º, nº 1 da lei de imprensa).

O seu âmbito *de proteção* compreende:
– O *direito* de *criação ou fundação de jornais*, bem como de quaisquer outras publicações ou reproduções impressas, independentemente de autorização administrativa, caução ou habilitação prévia – donde, um direito de defesa contra intervenções ou interferências do Estado;
– O *direito de conformação dos conteúdos e da orientação editorial* dessas publicações, sendo vedado qualquer tipo ou forma de censura – outro direito de defesa;
– A *liberdade de difusão* dessas mesmas publicações;
– Um *direito a proteção* (e a outras pretensões instrumentais), designadamente contra intervenções ou ofensas provindas de terceiros.

Desenvolvese, pois, em *vários momentos* (desde o momento da criação da publicação, o momento organizativo, o momento de definição da orientação e dos conteúdos ao momento da difusão), em *várias atividades* (desde uma atividade económica a uma atividade intelectual), em *vários planos* (desde a liberdade *da* publicação à liberdade *na* publicação) e em *vários titulares* (gozando de pretensões distintas, consoante os momentos e atividades em que intervenham).

9. No texto inicial da Constituição, o art. 38º já continha, além de normas de caráter geral e das normas específicas respeitantes à imprensa escrita, uma norma sobre televisão, que ficava vedada à propriedade privada (nº 6)[1].

A revisão de 1982 acrescentaria um preceito sobre as estações emissoras de radiodifusão (nº 8), estipulando que só poderiam funcionar mediante licença a conferir nos termos da lei (nº 8).

A revisão de 1989 aditaria nesse preceito a referência à radiotelevisão, bem como a regra de concurso público; e formularia uma nova disposição (nº 5), dizendo que o Estado asseguraria a existência e o funcionamento de um serviço público de rádio e televisão[2][3].

---

[1] Sobre a rádio e a televisão entre 1976 e 1982, v. os pareceres nºs 28 e 29/79, da Comissão Constitucional, ambos de 27 de setembro de 1979, in *Pareceres*, 9º, págs. 205 e segs. e 10º, págs. 3 e segs.

[2] Origem: o projeto de revisão constitucional nº 4/V, apresentado pelo Partido Social Democrata: v. separata nº 1/V do Diário da Assembleia da República, de 31 de dezembro de 1987, pág. 66.
V. o debate na Comissão Eventual de Revisão Constitucional, in *Diário*, V Legislatura, 1ª sessão legislativa, 2ª série, nº 13-RC, págs. 376 e segs., 381, 383 e 384; nº 14-RC, págs. 392, 395, 396, 401, 404 e 407; 2ª sessão legislativa, nº 72-RC, p. 2176; nº 73RC, págs. 2199 e segs., 2203, 2204, 2211 e 2212; nº 74-RC, pág. 2216. E, no Plenário, 1ª série, nº 70, págs. 3341, 3347, 3348, 3352, 3353 e 3360 e segs.; e nº 71, págs. 3423 e segs.
E, especialmente a intervenção do Deputado Rui Machete (*Diário* ..., cit., pág. 381): "Em primeiro lugar, há uma razão fundamental que nos leva a aceitar que, no capítulo da rádio e da televisão, haja um serviço público. É que, por um lado, os meios técnicos que têm de ser postos à disposição da radiotelevisão para poder funcionar são de uma grandeza bastante diversa daquela que existe em relação à imprensa escrita e, por outro lado, há meios limitados que são importantes, que obstam a que funcione o princípio do pluralismo de uma maneira completa e ampla, visto que o espaço radioeléctrico é limitado. Por outro lado, o impacte da rádio e da televisão aconselham a que neste caso haja um serviço público que permita veicular uma informação por parte do Estado. Não existe o mesmo tipo de razões em relação à imprensa escrita. – Em todo o caso, isto deve ser visto na óptica de um *minialstate* e não numa óptica intervencionista, ampliativa e expansionista. Todavia, coloca questões delicadas de independência do órgão de comunicação social".

[3] Entre 1982 e 1989 a garantia institucional do setor público abrangia também uma parte da imprensa escrita, porquanto o artigo 40º, nº 2, de então garantia direito de espaço nas publicações jornalísticas pertencentes a entidades públicas ou delas dependentes, bem como

Não são muitas, embora significativas, as Constituições que contemplem expressamente a rádio e a televisão[4] [5].

10. A aplicação do nº 7, continua a pressupor *um conceito de radiodifusão e de radiotelevisão*, que não pode deixar de ser um *conceito dinâmico e normativo-funcionalmente adequado*.

Segundo a Lei da Televisão (Lei nº 27/2007, de 6 de novembro), entende-se por "televisão" a transmissão, codificada ou não, de imagens não permanentes, com ou sem som, através de uma rede de comunicações eletrónicas, destinada à receção em simultâneo pelo público em geral" [o art. 2º, nº 1, alínea *j*)], excluindo do conceito os serviços de comunicações destinados a serem recebidos apenas mediante solicitação individual, a mera retransmissão e a transmissão pontual de eventos. Constituem casos especialmente duvidosos o *video on demand*, a *business TV*, o teletexto, a Internet TV, a *mobile TV*.

Por seu lado, a "radiodifusão" compreende também a comunicação dirigida a um número indeterminado de pessoas através de ondas eletromagnéticas ou de outro meio adequado.

É, no entanto, pacífico que o regime do nº 7 do art. 38º apenas atinge as estações emissoras de rádio e de televisão que utilizem o *espectro hertziano terrestre*, pois só aí, no atual contexto tecnológico, existem razões para a exigência de uma licença mediante prévio concurso público[6] [7].

---

direito de resposta às declarações políticas do Governo. A segunda revisão constitucional eliminou essa norma.

[4] Constituições alemã (art. 5º, nº 1), grega (art. 15º, nº 2), holandesa (art. 7º, nº 2), brasileira (arts. 221º a 223º), caboverdiana (art. 59º, nºs 7 e 9), polaca (art. 54º, nº 2), suíça (art. 17º), timorense (art. 41º, nºs 5 e 6) e angolana (art. 44º, nº 3).

[5] Em Portugal, elas passaram a ser mencionadas na Constituição de 1933, após a revisão de 1971, em que se acrescentou ao art. 23º um único a dizer que "a rádio e a televisão exercem também funções de carácter público".

[6] Cfr. JOSÉ DE MELO ALEXANDRINO, *O regime constitucional da actividade de televisão*, Coimbra, 1998, págs. 42 e segs.; JÓNATAS MACHADO, *Liberdade de expressão – Dimensões constitucionais da esfera pública no sistema social*, Coimbra, 2002, págs. 600 e segs.

[7] Sobre o acesso à radiodifusão cfr. acórdãos nºs 645/98 e 16/99 do Tribunal Constitucional, in *Diário da República*, 2ª série, de 2 de março e 24 de março de 1999, respetivamente.

11. A *liberdade de conformação da programação* (ou *liberdade de programação*) constitui o núcleo do que é habitualmente considerado o direito fundamental ou *liberdade de radiodifusão*[8].

O art. 26º, nº 2, da lei da televisão (tal como faz homólogo preceito da lei da rádio) afirma solenemente que "o exercício da atividade de televisão assenta na liberdade de programação, não podendo a Administração Pública ou qualquer órgão de soberania, com exceção dos tribunais, impedir, condicionar ou impor a difusão de quaisquer programas".

Trata-se ainda de uma *situação jurídica complexa*, que inclui um direito de defesa contra intervenções ou interferências do Estado; um direito a proteção contra intervenções ou ofensas provindas de terceiros; o direito à conformação do conteúdo da programação e outras pretensões instrumentais, designadamente correlativas de uma imposição constitucional de uma adequada regulação do setor.

Quanto ao *serviço público*, os deveres especiais que sobre o mesmo recaem (em matéria de formação, informação e entretenimento) devem ser vistos não tanto como limites da liberdade de programação quanto como componente essencial da missão e da tarefa do serviço público[9].

12. A liberdade de programação pode eventualmente *ser restringida*, surgindo aliás delimitada por uma série de normas legais que visam proteger certos valores, bens e interesses constitucionalmente relevantes, prevendo a Lei da Televisão toda uma série de limites (negativos e positivos):
- Como *limites negativos* (art. 27º da lei da televisão), o respeito pela dignidade da pessoa humana[10], o respeito pelos direitos, liberdades e garantias pessoais, o não incitamento ao ódio e a não-ofensa à livre formação da personalidade de crianças e adolescentes[11];
- Por seu lado, entre os *limites positivos*, contam-se deveres de anúncio e de cumprimento da programação, a existência de mensagens de divulgação obrigatória (art. 30º da lei da televisão), a existência de

---

[8] Por todos, JÓNATAS MACHADO, *op. cit.*, págs. 598 e segs.
[9] Sobre a especificidade da programação neste caso, JÓNATAS MACHADO, *op. cit.*, págs. 658 e segs.
[10] Cfr. GOMES CANOTILHO/JÓNATAS MACHADO, *"Reality shows" e liberdade de programação*, Coimbra, 2003.
[11] Acórdão nº 420/2007 do Tribunal Constitucional.

um conjunto de obrigações gerais dos operadores (art. 34º), a obrigação de difusão de certas obras audiovisuais (arts. 44º e segs.) e a imposição de direitos de antena, de resposta e de retificação (arts. 59º a 63º e 65º a 69º todos da lei da televisão).

Constituem, por fim, *garantias* da liberdade de programação, paralelas às existentes na imprensa, a existência de um diretor responsável e de um responsável pela informação, a exigência de aprovação de um estatuto editorial, bem como a imposição, nos serviços de programas com mais de cinco jornalistas, de um conselho de redação.

II

13. O serviço público de rádio e televisão representa um meio qualificado de realização do desígnio constitucional de liberdade e de pluralismo democrático.

Não se trata só de propiciar ou favorecer um pluralismo externo, mediante a concorrência possível entre os agentes e as empresas de comunicação social, ou de defender os direitos de expressão e criação dos jornalistas e dos colaboradores literários [art. 38º, nº 2, alínea *a*)]. Trata-se, para além disso, de no interior da rádio e da televisão assegurar a possibilidade de expressão e confronto das diversas correntes de opinião – tomando *opinião* no sentido mais amplo para abarcar quer a opinião política quer a religiosa, a filosófica ou qualquer outra – existente na sociedade.

Daí, requisitos de atuação tais como:
– A total independência de diretrizes ou intervenções do Governo ou de outros órgãos políticos[12];
– A separação das funções de administração em face das funções editoriais e a existência de impedimentos à livre exoneração dos órgãos de administração e de direção de programas;
– A existência de controlos suplementares de independência por intermédio da entidade reguladora e da participação dos utentes;
– A transparência e a prestação de contas;

---

[12] Cfr. parecer nº 14/79 da Comissão Constitucional, de 17 de maio de 1979, in *Pareceres*, 8º, págs. 119 e segs.; e acórdão nº 254/2002 do Tribunal Constitucional, in *Diário da República*, 1ª série-A, de 27 de janeiro de 2002.

- A isenção político-partidária da publicidade institucional;
- A isenção político-partidária dos jornalistas;
- Um efetivo pluralismo filosófico, estético, político, ideológico e religioso (cfr. art. 43º, nº 2);
- A garantia do contraditório entre o Governo e a Oposição (art. 39º, nº 2);
- Uma programação de qualidade.

A exigência de pluralismo acarreta, pelo menos, a proibição do silenciamento de correntes de opinião relevantes na coletividade[13], a neutralidade na apresentação e na leitura das opiniões expressas, a equidade na distribuição do espaço disponibilizado a cada corrente de opinião (o que tão-pouco se pode resumir a uma distribuição quantitativa das referências feitas em antena aos vários partidos políticos), sem excluir a possibilidade de acesso à antena de opiniões minoritárias ou incómodas.

14. Entre outras funções, à entidade administrativa independente para a comunicação social cabe assegurar o direito à informação, a independência perante o poder político, a possibilidade de expressão e confronto das diversas correntes de opinião, o exercício dos direitos de antena, de resposta e de réplica política [art. 39º, nº 1, alíneas *a*), 1ª parte, *c*), 1ª parte, *f*) e *g*) da Constituição].

Elas assumem uma maior relevância no respeitante ao serviço público de rádio e de televisão. Mas o estatuto aprovado pela Lei nº 53/2005, de 8 de novembro, não sentiu necessidade de aí as autonomizar, o que seria, porventura, conveniente.

15. Não apenas isso. Algumas das tarefas e das incumbências do Estado podem ou têm mesmo de ser realizadas também através dele:
- A valorização, a defesa e a difusão internacional na língua portuguesa [art. 9º, alínea *f*) da Constituição];
- A proteção e a valorização da linguagem gestual portuguesa [art. 74º, nº 2, alínea *h*)];

---

[13] Cfr. GOMES CANOTILHO e VITAL MOREIRA, *Constituição da República Portuguesa Anotada*, I, 4ª ed., Coimbra, 2007, pág. 589.

- A promoção do acesso dos filhos dos emigrantes ao ensino da língua portuguesa e à cultura portuguesa [art. 74º, nº 2, alínea *f*)];
- A promoção do acesso dos cidadãos à fruição cultural [art. 78º, nº 2, alínea *b*)];
- O desenvolvimento das relações culturais com os povos de língua portuguesa [art. 78º, nº 2, alínea *d*), 1ª parte];
- A defesa e a promoção da cultura portuguesa no estrangeiro [art. 78º, nº 2, alínea *d*), 2ª parte].

16. Também, quanto à concretização por parte do serviço público, poderia (ou deveria) ser importante o papel da Entidade Reguladora para a Comunicação Social.

É perfeitamente concebível que, em termos de razoabilidade e de salvaguarda dos legítimos direitos económicos das empresas privadas, o Estado contratualize com elas o desempenho destas funções ou até que lhas possa impor[14]. Pelo contrário, quanto ao pluralismo no interior dos meios privados, não se vê como tal possa acontecer, porque tal atentaria contra a própria liberdade de orientação desses órgãos.

Normas constitucionais expressas corroboram a necessidade de o serviço público de rádio e televisão se integrar no âmbito próprio do Estado[15].

Antes de mais, o nº 6 do art. 38º, subsequente ao nº 5, fala em "meios de comunicação social do setor público". Ainda que se aceite ou aceitasse a subsistência de publicações jornalísticas de entidades públicas[16], as estações de serviço público entram aí *de pleno*. As obrigações fixadas a esses meios de comunicação social "de assegurar a possibilidade de expressão e confronto das diversas correntes de opinião", coincidem com a primeira razão de ser do serviço público.

Em segundo lugar, no art. 40º distinguemse, no direito de antena, o exercício fora dos períodos eleitorais e o exercício dentro dos períodos

---

[14] Cfr. JORGE GASPAR, *O Estado e o serviço público de televisão (análise crítica)*, in *Polis*, nº 3, abril-junho de 1995, págs. 77 e segs. Julga indiscutível o facto de a lei assegurar uma vertente pública no exercício privado da atividade de televisão. Esta consagração deveria funcionar como factor estimulante da prestação de um verdadeiro serviço público pelo Estado, e não como elemento desencentivador dos níveis de exigibilidade deste.

[15] Neste sentido, GOMES CANOTILHO e VITAL MOREIRA, *op. cit.*, pág. 587.

[16] O que não se verifica, anomalamente, na Região Autónoma da Madeira.

eleitorais. No primeiro caso, ele concretiza-se no serviço público de rádio e de televisão, ao passo que, no segundo caso, atinge quaisquer estações emissoras de âmbito nacional e regional, nos termos da lei (nºs 1 e 3). Assim como os direitos de resposta e de réplica política dos partidos políticos representados na Assembleia da República ou nas Assembleias Legislativas Regionais às declarações políticas do Governo ou dos Governos Regionais só se exercem no serviço público (nº 2).

E porque o nº 5 adstringe o Estado tanto à existência como ao funcionamento do serviço público, parece claro que, a ser concessionado, não pode deixar de ser concessionado a uma entidade pública, seja qual for a natureza que esta possua – evidentemente, uma entidade situada na esfera da Administração autónoma [art. 199º, alínea c)].

Assim como no âmbito de uma economia mista [artigo 288º, alínea g), 2ª parte] se recortam três setores de propriedade de meios de produção (artigos 80º e 82º), assim como para efetivação dos direitos económicos, sociais e culturais se faz apelo tanto ao Estado como a iniciativas vindas da sociedade civil [artigos 59º, nº 2, alínea d), 63º, nº 3, 64º, nº 3, 65º, nº 2, 66º, nº 2, 67º, nº 2, 70º, nº 2, 71º, nº 3, e 79º, nº 2], assim como há escolas públicas, privadas e cooperativas (artigos 43º, nº 4, e 75º), também tem de haver rádio e televisão privadas e rádio e televisão públicas.

17. Que deve entender-se, porém, por *Estado* no art. 38º, nº 5? Cabe formular a pergunta, porque uma leitura atenta do texto constitucional revela a dupla face do Estado como Estado-comunidade e Estado-poder, permite discernir neste três subsentidos – o de sistema institucional ou conjunto de entidades públicas, o de entidade pública central e soberana e o de regime político e permite encontrar outrossim o Estado como sujeito de direito internacional e como pessoa coletiva pública (de Direito interno).

Há preceitos em que a Constituição alude a "Estado" para abranger todas as entidades públicas, ou, num sentido médio, o Estado, as Regiões Autónomas e as autarquias locais, ou só o Estado e as Regiões Autónomas [artigos 3º, nº 2, 9º, 38º, nº 2, alínea a), 41º, nº 4, 43º, nº 2, 55º, nº 4, 66º, nº 2, 68º, nº 1, 69º, 70º, nº 3, 73º, 75º, nº 1, 78º, nº 2, 79º, nº 2, 86º, nº 1, 97º, nº 2, 98º, 221º, nº 11]. Tal como há preceitos em que "Estado" traduz o Estado – poder central ou a entidade pública soberana (artigos 3º, nº 3, 6º, nº 1, 14º, 22º, 46º, nº 2, 48º, nº 2, 59º, nº 2, 63º, nº 2, 65º, nº 2, 74º, nº 3, 75º, nº 2, 81º, 82º, nº 2, 84º, nº 2, 106º, nº 1, 108º, 123º, 244º e 273º).

Ora, não sofre dúvida de que no artigo 38º, nº 5 – como no artigo 38º, nº 4, como, em geral, em todos os preceitos nos quais se confiram atribuições ao Estado que se projetem sobre direitos, liberdades e garantias, seja para os garantir, seja para os restringir –, "Estado" é apenas o poder central, a entidade pública soberana, o sistema institucional de órgãos de soberania, a República (como se queira dizer)[17].

E isso porque a matéria dos direitos, liberdades e garantias contende diretamente com a soberania; aos órgãos de soberania compete promover a realização e a efetivação desses direitos; e só a eles, nos casos e pelos modos previstos na Constituição, compete proceder à sua regulamentação, à sua restrição, à sua suspensão ou a outras quaisquer formas de compressão[18]. Não por acaso todo o regime legislativo dos direitos, liberdades e garantias entra na reserva de competência, absoluta ou relativa, da Assembleia da República [artigos 165º, alíneas a), e), h), i), j), l) e o) e 165º, alínea b), respetivamente]. Contra esta reserva não pode prevalecer nenhum âmbito regional [artigos 112º, nº 4, e 227º, nº 1, alíneas a) e c)].

Insistindo: é ao Estado, designadamente através da Assembleia da República e do Governo, que incumbe assegurar a existência e o funcionamento do serviço público de rádio e de televisão; não às Regiões Autónomas.

18. Questão diversa vem a ser a de os destinatários das emissões. À partida, um serviço público de televisão – por natureza destinado a satisfazer uma necessidade coletiva individualmente sentida por todos os Portugueses – implica que ele se estenda a todo o País – a todas as regiões e a todos os municípios do Continente e a todas as ilhas e a todos os municípios dos Açores e da Madeira. Mas, mais do que isso, implica que haja emissões de âmbito nacional simultâneas, idênticas ara todo o território[19].

---

[17] Neste sentido, JORGE MIRANDA, *Serviço público de televisão*, in *O Direito*, 1993, págs. 236 e 237; GOMES CANOTILHO e VITAL MOREIRA, *op. cit.*, pág. 587.
[18] V., por todos, JORGE MIRANDA, *Manual de Direito Constitucional*, V, 4ª ed., Coimbra, 2010, págs. 191 e segs. e 420 e segs.
[19] Cfr. acórdão nº 54/99, de 26 de janeiro, in *Diário da República*, 2ª série, de 29 de março de 1999.

Esta dupla exigência deriva quer do propósito constitucional de reforço da unidade nacional e dos laços de solidariedade entre os Portugueses (artigo 225º, nº 2, 2ª parte) quer do princípio de igualdade entre todos os cidadãos – igualdade a tomar não só como igualdade jurídica, igualdade perante a lei (artigo 13º) mas sobretudo como igualdade *real*, ligada à efetivação dos direitos económicos, sociais e culturais [artigo 9º, alínea *d*)].

Ou seja: o serviço público de rádio e televisão tem de ser encarado tanto como um veículo de unidade e de aproximação entre os Portugueses, onde quer que vivam, quer como um instrumento de liberdade cívica, de pluralismo e de promoção do acesso de todos os cidadãos a bens de cultura, incindíveis na nossa época de meios audiovisuais de comunicação. E, num País com tão forte sentimento de identidade nacional no Continente e nas ilhas, difícil se torna dizer qual dos aspetos é mais importante.

19. Contudo, do que acaba de se sustentar não resulta que todas as emissões tenham de ser iguais para todo o País e que todas tenham de ser produzidas em Lisboa.

A Constituição dá ainda (não pode esquecer-se) um elucidativo relevo às caraterísticas geográficas, económicas, sociais e culturais dos arquipélagos e das suas populações, à participação democrática dos cidadãos, ao desenvolvimento económico-social e à promoção e à defesa dos interesses regionais (artigo 225º, nº 1, e nº 2, 1ª parte) e, por isso, em vez de uma uniformidade total, compreende-se bem que venha a haver programas de âmbito só regional, produzidos pelas delegações regionais.

Conjugando este ponto com aqueloutra exigência de programação nacional, fica claro que *não poderão as estações de serviço público renunciar a emitir em direto para as Regiões Autónomas*; assim como, em contrapartida *não poderão, pura e simplesmente, emitir para as Regiões apenas a partir de Lisboa.*

Tal renúncia colidiria com a função nacional de serviço público; assim como a imposição de urna uniformidade completa vulneraria os fundamentos da autonomia político-administrativa regional e até o próprio sentido do serviço público (o qual deve adequar-se às Regiões Autónomas).

Terá de ser encontrada uma solução de equilíbrio, que atenda aos valores e interesses em presença – de resto, valores e interesses não conflituantes, mas sim complementares.

20. Resta aludir ao modo como as atuais Leis da Televisão e da Rádio (respetivamente Lei nº 27/2007, de 30 de julho, arts. 50º a 57º e Lei nº 54/2010, de 24 de dezembro, arts. 48º a 51º) se ocupam do serviço público.

Fazemno em moldes idênticos ou muito próximos:
a) Quanto aos fins: "garantir a observância dos princípios de unidade e de coesão nacional, de diversificação, de qualidade e de indivisibilidade da programação, do pluralismo e do rigor, isenção e independência da informação, bem como do princípio de inovação" (arts. 50º, nº 2 e 48º, nº 2);
b) e "apresentar uma programação de referência que promova a formação e a valorização cultural e cívica, garantindo o acesso de todos à informação, à educação e ao entretenimento de qualidade" (arts. 50º, nº 2 e 48º, nº 2);
c) Quanto às incumbências (arts. 51º, nº 2 e 49º, nº 2), em que se salientam como notas diferenciadoras:
   – No tocante à televisão, reservar à produção europeia parte considerável do seu tempo de emissão, devendo dedicarlhes percentagens superiores às exigidas a todos os operadores de televisão; apoiar a produção nacional de obras cinematográficas e audiovisuais, e a coprodução com outros países, em especial europeus e da Comunidade de língua portuguesa e garantia a possibilidade de acompanhamento das emissões por pessoas com necessidades especiais [art. 51º, nº 2, alíneas g), 2ª parte, h) e j)];
   – No tocante à rádio, promover e divulgar a criação artística nacional e o conhecimento do património histórico e cultural português; garantir a transmissão de programas de caráter cultural, educativo e informativo para públicos específicos, incluindo os que compõem as diversas comunidades imigrantes em Portugal; manter e atualizar os arquivos sonoros (art. 49º, nº 2, alíneas b), e) e n)];
d) Quanto ao contrato de concessão (arts. 52º e 50º), estabelecendo a Lei da Rádio que a concessão de serviço público é atribuída à Rádio e Televisão de Portugal, SA, por períodos de quinze anos;

e) Quanto ao funcionamento a cargo do Estado, segundo os princípios da proporcionalidade e da transparência e devendo o contrato de concessão estabelecer um sistema de controlo que verifique o cumprimento das emissões de serviço público (arts. 57º e 51º).

Não é objeto da presente exposição apreciar a efetividade destas e doutras normas, em face da prática ocorrida antes e depois das leis hoje vigentes.

O Âmbito Constitucionalmente Protegido da Liberdade de Expressão[*]

JOSÉ MELO ALEXANDRINO[**]

Introdução
Antes de entrar propriamente no objecto do nosso tema, impõem-se algumas considerações prévias, nomeadamente em virtude da diversidade de conceitos de liberdade de expressão utilizados na doutrina, a que não é de modo algum alheio o facto de as diferentes Constituições e os diferentes textos de Direito Internacional e de Direito Europeu se servirem muitas vezes de um conceito amplo que compreende tanto a liberdade de expressão em sentido estrito, como o direito de informação e a liberdade de imprensa.

A Constituição da República Portuguesa, à semelhança da Constituição alemã[1], utiliza no artigo 37º, nº 1, 1ª parte, o conceito de liberdade

---

[*] Versão pontualmente desenvolvida da intervenção oral feita em 4 de Maio de 2013, no âmbito do Curso Pós-graduado em Direito da Comunicação Social, organizado sob a coordenação dos Professores Carlos Blanco de Morais e Maria Luísa Duarte e da Mestre Raquel Alexandra Brízida Castro.

[**] Professor da Faculdade de Direito da Universidade de Lisboa.

[1] No caso da Lei Fundamental alemã (artigo 5º, nº 1, 1ª frase, da *Grundgesetz*), o conceito é ainda mais restrito, uma vez que está textualmente cingido à liberdade de expressão de opiniões (*Meinungsäußerungsfreiheit*), ainda que o Tribunal Constitucional Federal aceite um

de expressão num sentido restrito (*todos têm o direito de exprimir e divulgar livremente o seu pensamento pela palavra, pela imagem ou por qualquer outro meio*)², prevendo depois um conjunto de outros direitos devidamente autonomizados, a começar pelo *direito de informar, de se informar e de ser informados* (artigo 37º, nº 1, 2ª parte) e pela *liberdade de imprensa e meios de comunicação social* (artigo 38º) e a terminar num conjunto de outros direitos menores, como o direito de resposta e de rectificação (artigo 37º, nº 4) e os direitos de antena, de resposta e de réplica política (artigo 40º).

Bem diferente é por isso a extensão do conceito de liberdade de expressão presente no artigo 19º da Declaração Universal dos Direitos do Homem (*Todo o indivíduo tem direito à liberdade de opinião e de expressão, o que implica o direito de não ser inquietado pelas suas opiniões e o de procurar, receber e difundir, sem consideração de fronteiras, informações e ideias por qualquer meio de expressão*) ou no artigo 10º, nº 1, da Convenção Europeia dos Direitos do Homem³ (*Qualquer pessoa tem direito à liberdade de expressão. Este direito compreende a liberdade de opinião e a liberdade de receber ou de transmitir informações ou ideias sem que possa haver ingerência de quaisquer autoridades públicas e sem consideração de fronteiras. O presente artigo não impede que os Estados submetam as empresas de radiodifusão, de cinematografia ou de televisão a um regime de autorização prévia*)⁴.

Perante estes dados e atenta a formulação explícita do tema da nossa sessão ("o âmbito *constitucionalmente* protegido"), não podíamos deixar de adoptar aqui um conceito estrito de liberdade de expressão. De resto, apesar de uma utilização crescente da ideia de liberdade de expressão em sentido amplo – como entre nós é o caso paradigmático de JÓNATAS

---

conceito amplo de opinião, de modo a nele abranger também as afirmações sobre factos, a menos que as mesmas estejam despidas de todo o carácter valorativo (cfr. Pieroth/Schlink, *Grundrechte – Staatsrecht*, 16ª ed., Heidelberg, 2000, Rdnr. 559, p. 135).

² Um conceito restrito de "liberdade de expressão e opinião" é também o que está formulado no artigo 14º do Código do Trabalho, que apresenta ainda a particularidade de formular dois limites directos à liberdade de expressão no âmbito da empresa: (i) o respeito pelos direitos de personalidade do trabalhador e do empregador; (ii) e o respeito do normal funcionamento da empresa.

³ Sobre a crescente articulação do sistema da Convenção Europeia dos Direitos do Homem com o nível interno, por todos, Lothar Michael/Martin Morlok, *Grundrechte*, 3ª ed., Baden-Baden, 2012.

⁴ Veja-se a formulação equivalente do 11º nº 1, da Carta dos Direitos Fundamentais da União Europeia.

MACHADO[5] –, desde há muito expressámos reservas a um conceito desse género[6], quer por não corresponder às opções do constituinte, quer por não ter tradução na fisionomia[7], no texto ou na estrutura da Constituição, quer por não ser essa a tradição portuguesa, mas também por não representar a melhor forma para a clarificação e realização dos valores e interesses constitucionais em presença. Na verdade, nem pelo seu fundamento, nem pelo seu objecto, nem pelo seu conteúdo, nem pelos seus limites, nem pelos seus titulares, o direito de informação ou a liberdade de imprensa se podem entender como um *caso especial* da liberdade de expressão[8]. Por essa razão, a construção e utilização de um conceito abrangente de liberdades da comunicação, ainda que possa admitir-se como utensílio pragmático[9], não se mostra capaz de desenvolver efeitos normativos próprios, para lá dos que resultam de cada um dos direitos fundamentais[10].

Traçada e justificada a nossa primeira linha orientadora (de nos cingirmos à liberdade de expressão em sentido estrito), um conjunto de *outras coordenadas* se nos impõem:

(i) Iremos tomar em conta os dados do ordenamento constitucional português (não equacionando o problema à luz de quaisquer

---

[5] Cfr. Jónatas E. M. Machado, *Liberdade de Expressão – Dimensões constitucionais da esfera pública no sistema social*, Coimbra, 2002, pp. 290, 370 ss., 672 ss. – não obstante, o autor viu-se forçado a analisar autonomamente cada um dos direitos fundamentais envolvidos nessa liberdade de expressão em sentido amplo/liberdades da comunicação (*ibidem*, pp. 416 ss., 472 ss., 504 ss., 598 ss.).

[6] José Alberto de Melo Alexandrino, *Estatuto constitucional da actividade de televisão*, Coimbra, 1998, p. 33, nota 83, 77 ss.; algo diversamente, J. J. Gomes Canotilho/Vital Moreira, *Constituição da República Portuguesa Anotada*, vol. I, 4ª ed., Coimbra, 2007, p. 581; Jorge Miranda, «Artigo 38º», in Jorge Miranda/Rui Medeiros, *Constituição Portuguesa Anotada*, tomo I – *Introdução Geral, Preâmbulo*, 2ª ed., Coimbra, 2010, p. 864.

[7] José de Melo Alexandrino, *A estruturação do sistema de direitos, liberdades e garantias na Constituição portuguesa*, vol. II – *A construção dogmática*, Coimbra, 2006, pp. 106 ss.

[8] Santiago Sánchez González, *La Libertad de Expresión*, Madrid, 1992, p. 17; Pieroth/Schlink, *Grundrechte...*, Rdnr. 559, p. 137; algo diversamente, Jónatas Machado, *Liberdade de Expressão...*, pp. 416, 517 s.

[9] Para uma aplicação desse tipo, José de Melo Alexandrino, «Artigo 37º», in Jorge Miranda/Rui Medeiros, *Constituição Portuguesa Anotada*, tomo I, cit., p. 859.

[10] Neste sentido, Pieroth/Schlink, *Grundrechte...*, Rdnr. 547, p. 133.

outros ordenamentos), mas sem contudo perder de vista o horizonte das grandes tradições jurídicas ou a avaliação da prática[11];
(ii) Iremos também cingir-nos essencialmente à dimensão subjectiva da liberdade de expressão[12];
(iii) Particularmente necessária é a exposição dos problemas e das questões que se levantam neste domínio, procurando essa desocultação através da apresentação sobretudo de sentenças dos tribunais (com a observação liminar de que, salvo talvez no Acórdão nº 254/2011[13], o Tribunal Constitucional português ainda não produziu uma sentença verdadeiramente paradigmática em matéria de liberdade de expressão).

Postas as coordenadas, nas páginas seguintes, (1) começaremos por notar a *importância* da figura, para percorrer seguidamente sucessivos prismas de observação do âmbito de protecção da liberdade de expressão[14]: (2) o plano do domínio existencial que circunscreve o bem ou interesse protegido pela norma (*objecto do direito*); (3) o plano dos diversos poderes, posições ou faculdades disponibilizados pela norma (*conteúdo do direito*); (4) o plano decorrente da existência de certos âmbitos especiais da expressão; (5) para finalmente reunir algumas notas sobre a problemática dos *limites* e das *afectações* que oneram ou podem impender sobre a liberdade de expressão[15].

---

[11] Sobre a dimensão teorética do problema, Lee C. Bollinger, «Free Speech and Intelectual Values», in *Yale Law Journal*, 92 (1983), pp. 438-473; Santiago Sánchez González, *La Libertad de Expresión*, pp. 19 ss.; Jónatas Machado, *Liberdade de Expressão...*, pp. 119-291.
[12] Sobre a dimensão objectiva da liberdade de expressão, vejam-se as declarações de voto da Conselheira Maria Lúcia Amaral nos Acórdãos nº 292/2008 e 224/2010 (acessíveis em <www.tribunalconstitucional.pt>).
[13] Cfr. *Diário da República*, 2ª série, nº 210, de 7 de Junho de 2011, pp. 24 432 ss.
[14] Admitindo a existência destes prismas, Jorge Miranda/Jorge Pereira da Silva, «Artigo 18º», in Jorge Miranda/Rui Medeiros, *Constituição Portuguesa Anotada*, tomo I, p. 398; sobre a extrema dificuldade destes conceitos na dogmática alemã, Wolfgang Hoffmann-Riem, «Enge oder weite Gewärleistnisgehalte der Grundrechte», in Michael Bäuerle *et al.*, *Haben wir wirklich Recht?: Zum Verhältnis von Recht und Wirklichkeit*, Baden-Baden, 2004, pp. 53 ss.
[15] Nos três últimos números, seguiremos nas suas linhas essenciais o comentário feito ao artigo 37º da Constituição (cfr. José de Melo Alexandrino, «Artigo 37º», cit., pp. 846-859).

1. Consagração, importância e natureza

1.1. Não se pode dizer que na II República portuguesa a liberdade de expressão se apresente como estando de algum modo desnaturalizada[16]: por um lado, a sua colocação à cabeça da *Constituição da comunicação* já denota que o legislador constituinte teve bem presente o seu eminente valor[17]; por outro lado, os termos utilizados no enunciado constitucional não deixam de revelar uma concepção amiga da liberdade de expressão, nas referências ao "direito de exprimir e *divulgar livremente*" e "*por qualquer outro meio*", referências que não têm paralelo nem no Direito internacional, nem na generalidade das Constituições; por outro lado ainda, a Constituição de 1976 afastou deliberadamente a previsão de quaisquer limites directos a esse direito fundamental[18].

1.2. A *importância* da liberdade de expressão (entendida importância como a resultante da maior aproximação do bem ou do domínio existencial protegido pela norma ao núcleo fundante do sistema de direitos fundamentais)[19] é antes de mais função da cultura, de que o Direito é apenas um capítulo[20].

a) A este respeito, e ainda antes de uma descida ao ordenamento português, em termos muito abreviados, pode dizer-se que na nossa esfera geográfica (entendida justamente em sentido cultural) se perfilam três grandes tradições[21]: a anglo-americana, a francesa e a germânica.

---

[16] Todavia assim, para a situação espanhola, Santiago Sánchez González, *La Libertad de Expresión*, p. 110.
[17] J. J. Gomes Canotilho/Vital Moreira, *Constituição da República Portuguesa Anotada*, vol. I, p. 575; José Melo Alexandrino, «Artigo 37º», p. 846.
[18] Sobre os trabalhos constituintes, por todos, José de Melo Alexandrino, *A estruturação do sistema de direitos, liberdades e garantias na Constituição portuguesa*, vol. I – *Raízes e contexto*, Coimbra, 2006, pp. 560-619.
[19] Sobre a identificação desse núcleo fundante, José Melo Alexandrino, *A estruturação do sistema...*, vol. II, pp. 198, 528-529, 563 ss.; Id., *Direitos Fundamentais – Introdução Geral*, 2ª ed., Cascais, 2011, pp. 58, 67.
[20] Sobre o conceito de cultura, T. S. Eliot, *Notes Towards the Definition of Culture* (1948), trad. de Ernesto Sampaio, *Notas para uma definição de Cultura*, 2ª ed., Lisboa, reimp., 2002.
[21] Sobre as correspondentes experiências constitucionais, Jónatas Machado, *Liberdade de Expressão...*, pp. 61 ss.; referindo-se a pelo menos uma linha de fractura entre a Europa continental e os Estados Unidos, José Melo Alexandrino, *Estatuto Constitucional...*, pp. 72 s.; por último, sobre duas dessas tradições, Gilmar Ferreira Mendes, «O significado da liberdade

(i) Na concepção anglo-americana, que conhece duas grandes vertentes (a liberal e a republicana)[22], a liberdade de expressão oscila entre o absoluto ou o quase-absoluto e um dos mais valiosos direitos constitucionais (valor que não lhe é retirado pela corrente dos que entendem haver uma conexão interna entre essa liberdade e o autogoverno democrático)[23].

(ii) Já na tradição francesa, que é a das *"liberdades públicas"*, a liberdade de expressão continua a estar essencialmente submetida ao tradicional império da lei (enquanto expressão da vontade geral), com as inerentes consequências ao nível da correspondente representação política e social dominante e da *praxis* jurisprudencial[24].

(iii) Por sua vez, na Alemanha do segundo pós-Guerra, apesar de certos arroubos retóricos[25], tal como os demais direitos fundamentais, desde sempre a liberdade de expressão tem sido concebida

---

de imprensa no Estado democrático de Direito e seu desenvolvimento jurisprudencial pelas Cortes Constitucionais: breves considerações», in Fernando Alves Correia, Jónatas E. M. Machado, João Carlos Loureiro (orgs.), *Estudos em Homenagem ao Prof. Doutor José Joaquim Gomes Canotilho*, vol. III – *Direitos e Interconstitucionalidade: entre dignidade e cosmopolitismo*, Coimbra, 2012, pp. 545-577.

[22] Gilmar Ferreira Mendes, «O significado da liberdade...», pp. 548 ss.

[23] Owen M. Fiss, *The Irony of Free Speech* (1996), trad. castelhana de Víctor Ferres Comella e Jorge F. Malem Seña, *La ironía de la libertad de expresión*, Barcelona, 1999, pp. 13, 71 ss.; Jónatas Machado, «Prefácio», in John Milton, *Aeropagítica* (1644), trad. de Benedita Bettencourt, *Aeropagítica – Discurso sobre a liberdade de expressão*, Oeiras, 2010, pp. 16 ss.

[24] Para um exemplo ilustrativo, veja-se a recente decisão *Eon c. France* do Tribunal Europeu dos Direitos do Homem (disponível em <http://hudoc.echr.coe.int/sites/fra/pages/search.aspx?i=001-117137>), um caso afinal similar a tantos outros.

[25] Basta pensar na seguinte passagem do famosíssimo caso *Lüth* (de 1958): «O direito fundamental à livre expressão do pensamento é, enquanto expressão imediata da personalidade humana, na sociedade, um dos direitos humanos mais importantes (*un des droits les plus précieux de l'homme*, segundo o Artº 11 da Declaração dos Direitos do Homem e do Cidadão de 1789). Ele é elemento constitutivo, por excelência, para um ordenamento estatal livre e democrático, pois é o primeiro a possibilitar a discussão intelectual permanente, a disputa entre as opiniões, que é o elemento vital daquele ordenamento (BVerfGE 5, 85 [205]). Ele é, num certo sentido, a base de toda e qualquer liberdade por excelência, *"the matrix, the indispensable condition of nearly other form of Freedom"* (Cardozo)» (na tradução oferecida por Gilmar Ferreira Mendes, «O significado da liberdade...», pp. 552-554).

com uma *dupla dimensão*[26]: uma dimensão subjectiva (de direito subjectivo que assegura uma parcela de liberdade perante o poder público) e uma dimensão objectiva (de valor e princípio objectivo da ordem constitucional e democrática).

b) Quanto a Portugal, recuando um pouco, depois de três séculos de negação e perseguição pré-totalitária do pensamento[27] – por força da Inquisição (instituída em 1536)[28], da censura generalizada[29] e do nefando Índice Expurgatório Lusitano[30] – , uma vez chegado o período liberal, apesar da nítida influência francesa (bem patente nas sistemáticas referências constitucionais ao *abuso* da liberdade de imprensa), durante o constitucionalismo monárquico chegou a existir um clima político favorável à expansão do valor da liberdade de expressão[31], processo esse que foi todavia totalmente interrompido com a Ditadura Militar e o Estado Novo[32]. Ou seja, depois da atrofia de séculos e do predomínio da tradição

---

[26] Assim, liminarmente, Konrad Hesse, *Grundzüge des Verfassungsrecht der Bundesrepublik Deutschland*, 20ª ed., Heidelberg, 1999, Rdnr. 387, p. 169.

[27] Tempo esse onde, segundo J. J. Lopes Praça, «O terror devia ter invadido todas as inteligências» [cfr. *História da Filosofia em Portugal* (1868), 3ª ed., Lisboa, 1988, p. 186].

[28] Por último, em profundidade e com amplas indicações, Giuseppe Marcocci/José Pedro Paiva, *História da Inquisição Portuguesa 1536-1821*, Lisboa, 2013.

[29] Para o estudo de um desses âmbitos, começando pelo período da censura inquisitorial, Graça Almeida Rodrigues, *Breve História da Censura Literária em Portugal*, Amadora, 1980, pp. 11 ss.; a maior denúncia desse sistema (hispânico e tridentino) proveio à época do poeta e estadista John Milton (na sua famosa e já citada *Aeropagítica*, de 1644).

[30] Sobre a extensão deste Índice, que acrescia em centenas de páginas ao Índice Tridentino, e as verdadeiras "cláusulas abertas" de censura que constituíam designadamente as regras X e XIII, cfr. J. J. Lopes Praça, *História da Filosofia...*, pp. 207 ss., 210 (a primeira estendia a proibição a regiões inteiras: livros de língua Inglesa, Flamenga e Tudesca; a regra XIII, por seu lado, «admoestava a todas as pessoas e, particularmente aos livreiros, que mandaram vir livros de *terras estranhas*, que primeiro comuniquem as listas, ou memórias com alguns Padres Revedores, que os avisarão dos livros defesos, ou suspeitosos e também das impressões de que se devam guardar»).

[31] Para um prisma demonstrativo, Rui Ramos, *João Franco e o Fracasso do Reformismo Liberal (1884-1908)*, Lisboa, 2001, pp. 26, 83 ss., 162, 186; especificamente sobre a liberdade de expressão no constitucionalismo português, Jónatas Machado, *Liberdade de Expressão...*, pp. 98 ss.

[32] Processo que não deixou de ser favorecido pela *desinstitucionalização* em que se consumiu penosamente a I República.

francesa durante um breve período de aprendizagem da liberdade[33], a censura floresceu afinal em Portugal de 1536 a 1974! No final, a tradição francesa aliou-se aos hábitos de meio século de efectiva repressão do pensamento.

Não obstante o peso desta terrível herança histórica (e dos seus efeitos profundos no *ethos* da Nação e no sistema da cultura como um todo), uma vez instituída e consolidada (em 1982) a democracia, quer no plano axiológico, quer no plano da decisão político-constitucional, quer no plano da ciência dos direitos fundamentais, à luz da Constituição de 1976 (abreviadamente, CRP), não pode deixar de ser afirmada a importância à partida da liberdade de expressão no sistema constitucional[34], nomeadamente pelas seguintes razões:

(i) Desde logo, em virtude do respectivo *fundamento*, na medida em que esse direito se justifica «a partir e por causa da especial dignidade da pessoa humana, enquanto centro espiritual e moral autónomo de produção de sentido e cultura»[35];

(ii) Em segundo lugar, em virtude das já anotadas *opções fundamentais* tomadas pelo legislador constituinte, em sede de consagração do direito e do regime jurídico a que está especialmente sujeito;

(iii) Em terceiro lugar, porque a liberdade de expressão não pode deixar de constituir um *elemento essencial* do Estado constitucional (é elemento "estruturante do sistema de direitos fundamentais e da arquitectura principial do Estado democrático"[36]), mais ainda quando foi consagrada sem quaisquer reservas de lei restritiva e sem quaisquer limites directos;

(iv) Por fim, no âmbito do constitucionalismo multinível, a importância deste direito não tem deixado de ser reiteradamente afirmada pela jurisprudência do Tribunal Europeu dos Direitos do Homem (v. *infra*, nº 4.2).

---

[33] Escrevia Lopes Praça, em 1868: «[hoje] o terror passou» (cfr. *História da Filosofia*..., p. 211).

[34] Sobre essa *máxima importância*, José de Melo Alexandrino, «Limites à regulamentação municipal no âmbito da propaganda política», in *Direito Regional e Local*, nº 10 (Abril-Junho de 2010), p. 30.

[35] Cfr. Jónatas Machado, «Prefácio», p. 21; para um desenvolvimento, Jónatas Machado, *Liberdade de Expressão*..., pp. 357 ss.

[36] Nas palavras da Conselheira Maria Lúcia Amaral (em declaração de voto, no Acórdão nº 224/2010).

O ÂMBITO CONSTITUCIONALMENTE PROTEGIDO DA LIBERDADE DE EXPRESSÃO

1.3. Relativamente à *natureza* da figura, estamos em presença de um direito fundamental primário identificador de um núcleo indisponível da Constituição material[37], que se apresenta essencialmente nas vestes de direito subjectivo fundamental. Com efeito, à partida, nem se trata de um direito funcionalizado (sequer à democracia ou à ordem constitucional)[38], nem de um direito dotado de uma dupla dimensão ou de um duplo carácter[39], por recusa dessa dupla dimensão às figuras herdadas da tradição dos direitos humanos[40] (que de resto já eram valores na fase precedente à da positivação)[41]. Tal não é impedimento a que da norma de direito fundamental e da respectiva inserção no sistema constitucional possam decorrer efeitos jurídicos de outra natureza, nem que o direito fundamental em causa não seja funcional a muitas coisas[42]. Expressão da sua

---

[37] Sobre o valor, a natureza e a função deste tipo de elementos, mesmo perante o legislador de revisão, José Melo Alexandrino, *A estruturação do sistema...*, vol. II, pp. 336 ss., 352 ss., 360, 364.

[38] Já neste sentido, José Melo Alexandrino, *Estatuto Constitucional...*, pp. 72, 97; sobre as diferenças neste plano entre a CRP e a Lei Fundamental alemã, *ibidem*, p. 75, nota 60.

[39] Todavia nesse sentido, veja-se a doutrina do Acórdão nº 635/95 (recentemente reiterada no Acórdão nº 475/2013), segundo a qual «[a] liberdade de expressão (e a de propaganda política que nela se radica) constitui mesmo um momento paradigmático de afirmação do duplo caráter dos direitos fundamentais, de direitos subjetivos e de elementos fundamentantes de ordem objetiva da comunidade» (cfr. <www.tribunalconstitucional.pt>).

[40] Sem prejuízo da sua plausível justificação no ordenamento alemão, continuamos a levantar reservas (cfr. José Melo Alexandrino, *A estruturação do sistema...*, vol. II, p. 25, nota 21) a essa ambivalente doutrina de matriz germânica da *dupla dimensão* dos direitos fundamentais [sobre a qual, entre muitos, cfr. Robert Alexy, «Grundrechte als subjektive Rechte und als objektive Normen», in *Der Staat*, 29 (1990), 1, pp. 49-68; Id., *Theorie der Grundrechte*, 2ª ed., Frankfurt am Main, 1994, pp. 122 ss.; entre nós, Sérvulo Correia, *Direitos Fundamentais – Sumários*, policopiado, Lisboa, 2002, pp. 65 ␣ss.; Jorge Reis Novais, *As restrições aos direitos fundamentais não expressamente autorizadas pela Constituição*, Coimbra, 2003, pp. 57 ss.; José Carlos Vieira de Andrade, *Os direitos fundamentais na Constituição portuguesa de 1976*, 4ª ed., Coimbra, 2009, pp. 108 ss., 134 ss.]; cingindo os elementos da componente objectiva da liberdade de expressão em sentido amplo à leitura objectivo-estrutural, Jónatas Machado, *Liberdade de Expressão...*, p. 376; defendendo, por sua vez, que a liberdade, dada a primazia da dimensão subjectiva, não está submetida a pressupostos, Sérvulo Correia, *Direitos Fundamentais...*, p. 82.

[41] Cfr. Robert Alexy, «La institucionalización de los derechos humanos en el Estado constitucional democrático» (1998), in *Derechos y Libertades*, 8 (2000), p. 21-41.

[42] Neste sentido, José Melo Alexandrino, *Estatuto Constitucional...*, pp. 73 ss.; para um quadro exaustivo das finalidades substantivas da liberdade de expressão (perfilhando no final uma concepção multidimensional, que aproxima da nossa posição), Jónatas Machado, *Liberdade de Expressão...*, pp. 237-291.

natureza de direito básico está, sim, na verificação de que sem a liberdade de expressão se atinge não apenas o pensamento, mas também e imediatamente a dignidade da pessoa humana (artigo 1º da CRP)[43], a autonomia individual e o desenvolvimento da personalidade (artigo 26º, n.º 1, da CRP)[44] e se suprime, afinal, o próprio homem[45].

2. O âmbito constitucionalmente protegido: a) o objecto do direito

Dada a transcendência das realidades em causa e as dificuldades de uma definição geométrica[46], o âmbito constitucionalmente protegido da liberdade de expressão deve ser necessariamente construído em sentido amplo[47]. Por sua vez, o objecto do direito respeita em geral ao *bem ou interesse* directa e imediatamente protegido pela norma[48], mas também pode referir-se a um *comportamento*, seja ele do destinatário (quando esteja obrigado a não impedir ou não atentar contra certas situações ou, ao invés, obrigado a determinadas actuações), seja do titular do direito (nas liberdades, justamente, o objecto do direito traduz-se em alternativas de comportamento)[49].

Observado sob o prisma do objecto, o âmbito de protecção (*Schutzbereich*) da liberdade de expressão pode ser decomposto (i) numa vertente *material* (exprimir e divulgar livremente o seu pensamento) e (ii) numa vertente *formal* (pela palavra, pela imagem ou por qualquer outro meio).

---

[43] Sobre o conceito e conteúdo da dignidade da pessoa humana, por último e em termos a que essencialmente aderimos, Miguel Nogueira de Brito, «O conceito constitucional de dignidade humana entre o absoluto e a ponderação: o caso da reprodução humana», in *Estudos em homenagem ao Prof. Doutor José Joaquim Gomes Canotilho*, vol. III, cit., pp. 151-178.

[44] José Melo Alexandrino, «Artigo 37º», p. 848.

[45] Cfr. John Milton, *Aeropagítica*, p. 93 ("estão a ordenar-vos que vos suprimais a vós mesmos"); John Stuart Mill, *On Liberty* (1859), trad. de Orlando Vitorino, *Ensaio sobre a liberdade*, Lisboa, 1973, p. 80 ("[calar uma opinião] é um roubo feito à raça humana").

[46] Com estas preocupações, Jónatas Machado, *Liberdade de Expressão*..., p. 371.

[47] Como um direito de "largo espectro fáctico" (cfr. Acórdão do Tribunal da Relação do Porto de 27 de Junho de 2012, acessível em <www.dgsi.pt>).

[48] Também por vezes dado como *realidade da vida* ou *domínio existencial* (entre nós, cfr. Sérvulo Correia, *Direitos Fundamentais*..., p. 86) – ou como plano *material-axiológico*, por respeitar aos bens jurídicos da esfera individual ou às vertentes antropológicas a cuja protecção o direito fundamental primacialmente se dirige (*ibidem*, p. 125).

[49] Cfr. Robert Alexy, *Theorie der Grundrechte*, pp. 194 ss.; Sérvulo Correia, *Direitos Fundamentais*..., p. 127.

O ÂMBITO CONSTITUCIONALMENTE PROTEGIDO DA LIBERDADE DE EXPRESSÃO

2.1. Na sua vertente *material*, o direito de exprimir e divulgar livremente o seu pensamento «compreende a actividade de pensar, formar a própria opinião e exterioriza-la»[50], nos termos das seguintes linhas orientadoras:

(i) No pensamento, cabem antes de mais as ideias, as opiniões ou os juízos de valor, as perguntas (retóricas ou verdadeiras), mas também a narração e as afirmações sobre factos ou casos da vida[51], os comentários, a propaganda, etc.;

(ii) O objecto do direito envolve ainda a liberdade negativa de pensamento (*negative Meinungsfreiheit*), entendida como o direito ao silêncio, que se traduz tanto no direito a não manifestar exteriormente opiniões, como no impedimento a ter de exprimir ou divulgar opiniões e ideias (sejam elas próprias ou alheias)[52];

(iii) Quanto às respectivas exigências, o único requisito constitucionalmente imposto é o de que o pensamento seja de alguma forma atribuível ao sujeito que se expressa, não estando defendida a divulgação do pensamento juridicamente pertencente a um terceiro[53];

(iv) Por consequência, são em geral *irrelevantes*: (1) o objecto da expressão, na medida em que todas as manifestações do pensamento devem ter-se por igualmente garantidas[54]; (2) considerações de natureza racional, emocional, ficcional ou outra dos conteúdos expressivos[55]; (3) as motivações do sujeito que se

---

[50] Jónatas Machado, *Liberdade de Expressão*..., p. 417.

[51] Na doutrina e na jurisprudência, tanto interna como internacional, tende hoje a ser relativizada uma delimitação rigorosa entre afirmações de facto e juízos de valor (entre nós, cfr. Jónatas Machado, *Liberdade de Expressão*..., pp. 425 s.), apesar de se poder dizer à partida (i) que os juízos de valor não são verdadeiros nem falsos e (ii) que o ordenamento pode fazer decorrer efeitos jurídicos distintos consoante uma declaração seja expressão de uma opinião ou de uma afirmação de facto (cfr. Manuel da Costa Andrade, *Liberdade de Imprensa e Inviolabilidade Pessoal – Uma perspectiva jurídico-criminal*, Coimbra, 1996, pp. 267 ss.).

[52] Sobre as implicações e os problemas colocados pela liberdade negativa, que envolve por exemplo a proibição da obrigação de felicitar, aplaudir ou censurar, mas que também se estende a inscrições como "Fumar Mata" e similares, cfr. Pieroth/Schlink, *Grundrechte*..., p. 135.

[53] Livio Paladin, *Diritto Costituzionale*, Padova, 1994, pp. 624 s.; José Melo Alexandrino, «Artigo 37º», p. 849.

[54] Livio Paladin, *Diritto Costituzionale*, pp. 623 ss.; Pieroth/Schlink, *Grundrechte*..., Rdnr. 550, p. 133; Jónatas Machado, *Liberdade de Expressão*..., p. 422.

[55] Jónatas Machado, *Liberdade de Expressão*..., p. 418.

exprime (que tanto podem ser de ordem filosófica, religiosa ou política como de ordem puramente comercial ou de futilidades); (4) a própria verdade das afirmações[56], não só por, em geral, haver apenas graus de aproximação à verdade[57], como pela inevitabilidade da existência de afirmações falsas[58] [59]; (5) os eventuais perigos, perturbações ou inquietações directamente advindos da livre expressão do pensamento para o Estado ou para a sociedade[60].

2.2. Na sua vertente *formal*, o objecto da liberdade de expressão traduz-se na «possibilidade de utilizar os mais diversos meios adequados à divulgação do pensamento»[61].

A primeira observação a fazer a este respeito é a de que o facto de a Constituição dizer que todos têm o direito de se exprimir e de divulgar o pensamento "por qualquer meio" não pode equivaler, nem equivale, a uma incondicionada e livre utilização de todos os meios, havendo necessidade de proceder a algumas distinções: sem prejuízo das grandes transformações em curso nas últimas décadas e da relativização dessas distinções, como temos defendido, à luz do critério da "disponibilidade de acesso", os meios de comunicação podem ser: meios de *acesso livre* (como a voz, a linguagem gestual e corporal, o cartaz, o "graffiti", até certo ponto, a imprensa escrita, etc.); meios de *acesso condicionado* (como a rádio e televisão pela Internet, a própria Internet, o correio electrónico, o telemóvel, o telefone e instrumentos de comunicação similares); e meios de *acesso relativamente vedado* (a rádio e a televisão por via hertziana); já em termos do "respectivo regime constitucional", a grande distinção a fazer

---

[56] No caso *New York v. Sullivan* (1964), já o Supremo Tribunal norte-americano defendera que o requisito da verdade nas críticas aos governantes seria equiparável à censura (cfr. Gilmar Ferreira Mendes, «O significado da liberdade...», p. 551).
[57] John Milton, *Aeropagítica*, p. 93.
[58] Jónatas Machado, *Liberdade de Expressão...*, p. 420, nota 477.
[59] Ainda assim, na liberdade de expressão não pode caber a divulgação de notícias falsas, isto é, o pensamento que resulte subjectivamente falso (a mentira, o dolo ou a fraude), mas já o objectivamente erróneo está nela compreendido (cfr. José Melo Alexandrino, «Artigo 37º», p. 849).
[60] Neste sentido, corrente na jurisprudência do TEDH, veja-se o Acórdão nº 254/2011 do Tribunal Constitucional, citando aliás o caso *Brasilier c. France* (*loc. cit.*, p. 24 434).
[61] Jónatas Machado, *Liberdade de Expressão...*, p. 417.

é entre os meios *de comunicação directa* e os demais *meios de comunicação social*: os primeiros são imediatamente tutelados pelos efeitos de protecção da liberdade de expressão; os segundos (*meios de comunicação social*) são regulados em termos variáveis pelo regime aplicável à imprensa[62].

Deixado este primeiro esclarecimento no sentido de uma distinção a fazer entre os vários meios (existentes e potenciais) ao dispor da pessoa, o objecto da liberdade de expressão envolve quanto à *forma*[63]:

(i) Formas de expressão verbais, descritivas ou semânticas;

(ii) Formas não verbais de expressão, como pode ser dado o exemplo[64] da entoação, das expressões faciais, do olhar, dos gestos, da postura, do comportamento espacial, do vestuário e da aparência, das vocalizações não verbais, etc.[65];

(iii) No limite, não estão excluídas certas formas de acção[66], nomeadamente as acções simbólicas, tais como (em exemplos clássicos) o queimar de uma bandeira ou a recusa da saudação de uma bandeira, o queimar cédulas militares, a recolha de assinaturas numa parada e outras formas de acção individual ou colectiva (como no caso apreciado em 2009 *Women on waves e outros c. Portugal*)[67].

2.3. Finalmente, uma questão que tem algum interesse colocar é a de saber se as expressões do pensamento que constituam *crime* (como seja a difamação, a injúria, a blasfémia, o ultraje a símbolos nacionais, a divulgação de matéria em segredo de justiça, a apologia de um crime, o incitamento à desobediência colectiva, a ofensa à honra do Presidente

---

[62] José Melo Alexandrino, «Artigo 37º», p. 849.
[63] Desenvolvidamente, Jónatas Machado, *Liberdade de Expressão...*, pp. 428 ss.
[64] Tem sido discutida nos tribunais americanos a questão de saber se a colocação de um "gosto" no Facebook ainda é um comportamento subsumível no âmbito de protecção da liberdade de expressão (no sentido claramente afirmativo, pode ver-se a recente decisão *Bland v. Roberts* do Fourth Circuit Court of Appeals, de 18 de Setembro de 2013, acessível, na sua versão revista, em <http://law.justia.com/cases/federal/appellate-courts/ca4/12-1671/12-1671-2013-09-18.html>).
[65] Neste sentido, Jónatas Machado, *Liberdade de Expressão...*, p. 430, nota 518.
[66] Há muito é reconhecida a dificuldade de separar pensamento e acção (cfr. Livio Paladin, *Diritto Costituzionale*, p. 625).
[67] Acórdão acessível em <http://www.gddc.pt/direitos-humanos/portugal-dh/acordaos/traducoes/ac%F3rd%E3o%20women%20on%20waves%20tradu%E7%E3o.pdf>; para um comentário, Francisco Teixeira da Mota, *O Tribunal Europeu dos Direitos do Homem e a Liberdade de Expressão: Os casos portugueses*, Coimbra, 2009, pp. 80 ss.

da República, etc.)[68] ou *contra-ordenação* (como a execução de grafitos em propriedade privada ou em equipamentos públicos) ainda cabem ou não no âmbito da liberdade de expressão[69].

A este respeito, os sinais que se colhem junto da doutrina e da jurisprudência são contrastantes: o Professor VIEIRA DE ANDRADE, por exemplo, admitiu de há muito integrar na liberdade de expressão a pintura de paredes privadas contra a vontade do proprietário[70]; anos mais tarde, também o Conselheiro VITAL MOREIRA se pronunciou pela existência de um direito ao *graffiti*[71]; mais recentemente, porém, a Conselheira MARIA LÚCIA AMARAL defendeu que inscrever mensagens de propaganda política em sinais de trânsito ou em edifícios privados sem consentimento do respectivo proprietário já não é exercício da liberdade de expressão[72].

Quanto à difamação (e crimes similares), além da existência de um amplo movimento no sentido da sua descriminalização (tanto no âmbito do Conselho da Europa como no das Nações Unidas[73] e já concreti-

---

[68] Relembre-se, por exemplo, a afirmação de Fernando Pessoa segundo a qual o regime (da I República) estava expresso "naquele ignóbil trapo que, imposto por uma reduzidíssima minoria de esfarrapados morais, nos serve de bandeira nacional" (cfr. *Da República*, org. de Joel Serrão, Lisboa, 1979, p. 47); ou tenha-se presente o teor do primeiro terço da coluna de opinião de hoje de Vasco Pulido Valente, opiniões qualificadas provocatoriamente pelo próprio como mero "enunciados de factos" (cfr. «Eleições», in *Público*, 4 de Maio de 2013, p. 56) – num caso como no outro, não hesitamos na qualificação como exercício pleno e legítimo da liberdade de expressão, numa das zonas em que a mesma é mais resistente no confronto com qualquer outro bem ou interesse (cfr. Manuel da Costa Andrade, *Liberdade de Imprensa...*, pp. 39 ss., 225 ss., 240 ss., 299 ss.).

[69] Apesar do tópico ter uma conexão relevante com o problema dos limites e das afectações, e independentemente da adesão a uma teoria interna ou externa (sobre a matéria, Jorge Reis Novais, *As restrições...*, pp. 292 ss., 309 ss.), trata-se ainda da determinação do âmbito de protecção da liberdade de expressão.

[70] Cfr. José Carlos Vieira de Andrade, *Os direitos fundamentais na Constituição portuguesa de 1976*, Coimbra, 1983, p. 223, nota 16.

[71] Em declaração de voto no Acórdão nº 307/88 (acessível em <www.tribunalconstitucional.pt>).

[72] Em declaração de voto no Acórdão nº 224/2010 (acessível em <www.tribunalconstitucional.pt>); por sua vez, o legislador parece ter-se orientado por esta última posição, ao aprovar a recente Lei nº 61/2013, de 23 de Agosto (que define o regime aplicável aos grafitos e afixações).

[73] Neste sentido, veja-se, entre outros textos, o ponto 47 do Comentário Geral nº 34 do Comité dos Direitos do Homem, adoptado em 29 de Julho de 2011 (acessível a partir de <http://direitoshumanos.gddc.pt/2_1/IIPAG2_1_2_1_2.htm>).

zada em diversos países), a olhar à jurisprudência do Tribunal Europeu dos Direitos do Homem, não há dúvida de que esses tipos criminais são entendidos e tratados como *ingerências* no âmbito da liberdade de expressão, a necessitar de justificação tanto em abstracto (nos termos do artigo 10º, nº 2, da Convenção), como na sua aplicação em concreto. No mesmo sentido, não deixa de ser relevante a lição que se extrai do ordenamento constitucional alemão, em cujo texto constitucional foi expressamente previsto o limite da honra (artigo 5º, nº 2, da *Grundgesetz*): ora, se mesmo perante esse limite expresso, o Tribunal Constitucional Federal tem admitido, nos conflitos entre a liberdade de opinião e a honra pessoal, uma presunção favorável à liberdade de expressão, uma conclusão mais forte se impõe junto de um ordenamento que não previu nem esse nem nenhum outro limite.

No espírito dos padrões actuais de direitos humanos e no sistema da Constituição portuguesa, à partida, desde que reentrem no objecto potencial da liberdade de expressão[74], todas as referidas hipóteses são ainda cobertas pelo âmbito de protecção do direito fundamental, salvo tratando--se de (i) casos de ilícito criminal qualificado que conduzisse a uma exclusão liminar[75] ou (ii) de situações em que os conteúdos comunicativos criassem um perigo substancial particularmente grave para bens e interesses de importância equivalente (doutrina do *clear and present danger*)[76].

3. O âmbito constitucionalmente protegido: b) o conteúdo do direito

3.1. Observado agora sob o prisma do *conteúdo do direito* (entendido este como o feixe de poderes, posições ou faculdades disponibilizados pela

---

[74] Sobre a defesa em geral de um âmbito de protecção *diferenciadamente alargado*, José Melo Alexandrino, *A estruturação do sistema...*, vol. II, pp. 476 ss.

[75] O que não acontece em nenhuma das hipóteses, dada a evolução jusinternacional da tutela da liberdade de expressão e dadas afinal as grandes divergências existentes nos vários ordenamentos (para o confronto de dois exemplos típicos, cfr. João Raposo, «O crime de "ultrage aos símbolos nacionais" nos direitos português e norte-americano. Uma análise comparatística sobre as questões do bem jurídico», in *Estudos em Homenagem do Conselheiro José Manuel Cardoso da Costa*, Coimbra, 2003, pp. 795-834; Jorge Reis Novais, *As restrições...*, pp. 942 ss.; Samantha Ribeiro Meyer-Plug, «O discurso do ódio e a jurisprudência do Supremo Tribunal Federal do Brasil», in *Estudos de homenagem ao Prof. Doutor Jorge Miranda*, vol. III – *Direito Constitucional e Justiça Constitucional*, Lisboa, 2012, pp. 679-702).

[76] Para uma aproximação a esta doutrina, cfr. Acórdão nº 254/2011 do Tribunal Constitucional (*loc. cit.*, p. 24 433).

norma), em termos sintéticos, o âmbito de protecção da liberdade de expressão compreende pelo menos as seguintes quatro posições jusfundamentais[77]:
(i) Um direito de não ser impedido de se exprimir e de divulgar, pelos meios a que se tenha acesso, ideias e opiniões;
(ii) A liberdade de comunicar ou não comunicar o pensamento;
(iii) Uma pretensão à expressão, através da remoção de obstáculos não-razoáveis ao acesso e à utilização dos diversos meios (princípio da *máxima expansão* das possibilidades de expressão) e da remoção de obstáculos à própria viabilidade da recepção das mensagens[78];
(iv) Pretensões de protecção contra ofensas provenientes de terceiros[79].

3.2. Relativamente ao primeiro destes subdireitos, a *proibição da censura*, a entender em sentido lato (abrangendo no limite a proibição de toda a ingerência no conteúdo da expressão, a começar pela proscrição de qualquer regime preventivo), não carece de ser qualificada como direito, posição ou garantia autónoma, na medida em que a mesma, como é hoje pacífico na doutrina alemã, se deve conceber como um "limite dos limites" ou como um "limite às possibilidades e afectação" dessas liberdades[80].

3.3. Por sua vez, os demais direitos enunciados no artigo 37º, nº 4, da Constituição (o direito de resposta, o direito de rectificação e o direito a indemnização pelos danos sofridos), nem pertencem ao âmbito constitucionalmente protegido da liberdade de expressão, nem têm natureza ou peso equiparável, pelas seguintes razões: (i) substantivamente, por constituírem e deverem ser vistos como *limites* da liberdade de imprensa e das

---

[77] Há por isso a ter presente a distinção básica entre direito (entendido como situação compreensiva ou direito como um todo) e as diversas posições jurídicas (analiticamente consideradas) que o constituem.
[78] Como pode ser dado o exemplo das limitações da correspondência recebida ou expedida pelos presos ou pessoas em situações equivalentes.
[79] José Melo Alexandrino, «Artigo 37º», pp. 857 ss.
[80] José Melo Alexandrino, «Artigo 37º», p. 856; veja-se em apoio desta tese o disposto no artigo 48º, nº 3, da Constituição de Cabo Verde, nos termos do qual "É proibida a limitação do exercício dessas liberdades por qualquer tipo ou forma de censura".

demais liberdades da comunicação[81]; (ii) estruturalmente, por se traduzirem em *pretensões* (reactivas) *a protecção*, sujeitas a configuração legislativa (trata-se por isso de direitos essencialmente cunhados pelo legislador, que goza a esse respeito de uma relativa margem de conformação); (iii) axiologicamente, por se afastarem do núcleo essencial do sistema (aproximando-se mesmo da fronteira da fundamentalidade material)[82].

3.4. Algo de similar se deve dizer dos direitos consagrados no artigo 40º da Constituição (os direitos de antena, de resposta e de réplica política), que ilustram particularmente bem as especificadas do contexto português, próximo e remoto. Com efeito, *tudo é estranho* nestes direitos[83]:

(i) É estranha desde logo a sua localização sistemática, mas não menos o teor das sucessivas revisões constitucionais, que chegaram a constitucionalizar (em 1982) e a desconstitucionalizar (em 1989) o direito a espaço – um pseudo-direito fundamental que *realmente* nunca chegou a existir;

(ii) O mesmo se diga da fundamentalidade material que, salvo marginalmente, no caso do direito de antena eleitoral dos concorrentes (previsto no artigo 40º, nº 3), deles está ausente (entre outros, CASTRO MENDES, VIEIRA DE ANDRADE, SÉRVULO CORREIA, PAULO OTERO);

(iii) É estranha ainda a titularidade, por serem direitos apenas reconhecidos a um conjunto limitado de pessoas colectivas, com destaque para os partidos políticos[84];

(iv) É estranha a estrutura e o conteúdo do direito, na medida em que, diversamente do que sucede na generalidade dos direitos, liberdades e garantias, estes direitos têm como conteúdo principal um direito a acções positivas, com a particularidade (i) de as obrigações de prestação estarem a cargo de entidades distintas

---

[81] Com outras indicações, José Melo Alexandrino, «Artigo 37º», p. 859.
[82] Cfr. José Melo Alexandrino, «Artigo 37º», pp. 857 ss.
[83] Para uma anotação mais ampla, ainda que de conciliação de dois pontos de vista não geometricamente coincidentes, cfr. Jorge Miranda/José de Melo Alexandrino, «Artigo 40º», in Jorge Miranda/Rui Medeiros, *Constituição Portuguesa Anotada*, tomo I, cit., pp. 881-889.
[84] Sobre a inversão da relação jurídica fundamental, Gilmar Ferreira Mendes, «O significado da liberdade...», p. 576, nota 53.

do Estado e (ii) de serem, mais uma vez, direitos dependentes de configuração legislativa;
(v) Mais estranha ainda é a forma como o legislador, particularmente nas leis da televisão posteriores a 1998[85], configurou o direito de antena[86], estendendo a titularidade do mesmo não apenas aos partidos que façam parte do Governo, como ao próprio Governo[87];
(vi) Por fim, não menos anómala é a *praxis*, ora pelo desuso (radical, no caso do direito a espaço, real nos direitos de resposta e de réplica política), ora pela disfuncionalidade, ora pela inutilidade essencial destes direitos, num contexto de Estado constitucional imerso numa complexa sociedade da comunicação[88].

Em suma, pela sua eminente natureza política, instrumentalidade, desuso e disfuncionalidade, dificilmente poderiam os direitos de antena, de resposta e de réplica política reentrar no âmbito (sagrado) da liberdade de expressão, não obstante poderem beneficiar dos efeitos de protecção que decorrem da dimensão objectiva da correspondente norma de direito fundamental.

4. O âmbito constitucionalmente protegido: c) âmbitos especiais da expressão

Duas realidades que, ao invés, podem e devem ser trazidas ao âmbito constitucional da liberdade de expressão, pesem embora as especialidades e dificuldades que as rodeiam, são a publicidade e a propaganda política.

---

[85] Tratando o caso liminarmente como algo de surpreendente e de inconstitucional, Jorge Miranda/José Melo Alexandrino, «Artigo 40º», p. 886.

[86] Algo de similar sucedeu com o direito de resposta e de réplica política, por se ter consentido na *perversão* (envolvendo agora a rádio e a televisão) de não distinguir entre os partidos do Governo e os da oposição, acrescendo na televisão a atribuição de direito de antena ao(s) partido(s) do Governo e também ao próprio Governo. As consequências – ambas constitucionalmente ilegítimas – são duas: (i) a primeira é a da *neutralização* do direito de antena especial do artigo 40º, nº 2, tudo se resumindo afinal a um único direito geral de antena; (ii) a segunda é a de a pretensão especial de acesso à antena por parte dos partidos da oposição ser *duplamente ofendida* na televisão.

[87] Artigo 59º, nº 1, da Lei nº 27/2007, de 30 de Julho, alterada, embora não nesta parte, pela Lei nº 8/2011, de 11 de Abril.

[88] Jorge Miranda/José Melo Alexandrino, «Artigo 40º», pp. 883, 888 s.

4.1. Relativamente à *publicidade*, tem-se discutido se a Constituição consagra ou não um direito à expressão publicitária ou uma liberdade de publicidade: o Tribunal Constitucional de há muito admite a ligação entre a publicidade e a liberdade de expressão[89], o que não significa que não deva ser reconhecida ao legislador uma margem de conformação[90], de modo a compatibilizar todos os valores em jogo[91]; também a doutrina tem defendido, a nosso ver com razão, que a publicidade, nas suas diversas formas (desde a propaganda política ao proselitismo religioso, desde a publicidade institucional à publicidade comercial), pode reentrar no âmbito de protecção da liberdade de expressão[92].

Não obstante essa posição de partida, são diversos os problemas jurídico-constitucionais suscitados pela publicidade como domínio existencial protegido por normas de direitos, liberdades e garantias, a começar pela forma como o legislador e a jurisprudência a têm *de facto* perspectivado[93]: (i) da parte do legislador, os problemas advêm de uma prática de reiteradas intervenções no âmbito dessa actividade, sem respeitar sequer a reserva de lei parlamentar; (ii) da parte da jurisprudência, os problemas resultam tanto da *insensibilidade* relativamente à natureza dos fenómenos apreciados e à transcendência dos valores em presença[94], como da *falta de correspondência* entre os postulados e a concreta solução dos casos[95], como ainda da pura e simples *evasão dos problemas*, desviando-os para

---

[89] Entre outros, vejam-se os Acórdãos n.ᵒˢ 308/88, 633/2006 ou 224/2010 (acessíveis em <www.tribunalconstitucional.pt>).

[90] Tenha-se aliás presente o disposto no artigo 60º, nº 2, da CRP (entre outros, cfr. Jorge Miranda, «Artigo 60º», in Jorge Miranda/Rui Medeiros, *Constituição Portuguesa Anotada*, tomo I, cit., pp. 1177 s.; Luís Manuel Teles de Menezes Leitão, «Publicidade e liberdade de expressão», in *Estudos em homenagem ao Professor Doutor Carlos Ferreira de Almeida*, vol. 3, Coimbra, 2011, pp. 121-134).

[91] Acórdão nº 633/2006 (acessível em <www.tribunalconstitucional.pt>).

[92] Por todos, Jónatas Machado, *Liberdade de Expressão*..., pp. 435 ss., 701 ss.; em termos particularmente relativizadores, Jorge Miranda, «Artigo 60º», p. 1178.

[93] Com estas observações, José Melo Alexandrino, «Artigo 37º», pp. 853 s.

[94] Veja-se o exemplo do Acórdão nº 348/2003, onde se apreciava a licitude da publicidade a produtos milagrosos, para uma crítica do qual, José Melo Alexandrino, *A estruturação do sistema*..., vol. II, p. 653, nota 562.

[95] Fazendo tábua rasa tanto dos aspectos materiais, na justificação das restrições, como dos formais e orgânicos.

zonas como as da protecção dos consumidores, da liberdade de conformação do legislador ou da liberdade de iniciativa económica[96].

4.2. Um pouco distinto é já o panorama que se colhe da jurisprudência constitucional relativamente à *propaganda política*[97], embora o mesmo talvez se não deva dizer de muitas soluções legais e da prática da Administração. Na verdade, o Tribunal Constitucional não só teve oportunidade de considerar a propaganda política inequivocamente abrangida pelo âmbito de protecção da liberdade de expressão[98], como foi justamente nesse domínio que veio a proferir a sua decisão mais marcante até hoje no que respeita à liberdade de expressão (Acórdão n.º 254/2011)[99].

Já em matéria de legislação eleitoral, tanto é absurdo que ainda hoje seja tida em consideração pela Administração Eleitoral a regulação constante do Decreto-Lei n.º 85-D/75, de 26 de Fevereiro, como que se possam ainda hoje ter por justificadas restrições e imposições pensadas na década de setenta do século XX para a imprensa estatizada, quando agora são dirigidas à generalidade dos órgãos de comunicação social privados,

---

[96] Tentando justificar essa perspectiva, Jorge Miranda, «Artigo 60º», p. 1178.

[97] Um domínio existencial objecto de consagração expressa, como "liberdade de propaganda", no artigo 113º, nº 3, alínea *a*), da CRP, sobre o qual J. J. Gomes Canotilho/Vital Moreira, *Constituição da República Portuguesa Anotada*, vol. II, 4ª ed., Coimbra, 2010, p. 85; sobre a natureza, conteúdo protegido e regime deste direito, José Melo Alexandrino, «Limites à regulamentação...», pp. 30 s.

[98] Vejam-se, entre outros, os Acórdãos n.ºs 74/84, 248/86, 636/95, 258/2006, 209/2009, 310/2009, 254/2011, 475/2013 ou, mais recentemente, o Acórdão nº 621/2013 (acessíveis em <www.tribunalconstitucional.pt>).

[99] Acórdão curiosamente proferido no prazo de um dia (e no âmbito de um processo de suspensão do direito de antena eleitoral). Merecem destaque nessa decisão: (i) o reconhecimento de que a liberdade de propaganda não só envolve como reclama a liberdade de expressão, em termos de postular uma expansão desta, mas também das liberdades de reunião, de manifestação e até de criação artística (respondendo desta forma a uma dúvida deixada no ar por Gomes Canotilho e Vital Moreira e tendo evitado fazer qualquer alusão à dupla dimensão do direito); (ii) o reconhecimento de que a liberdade de propaganda se apresenta também como um direito complexo, reunindo em si um feixe de pretensões jusfundamentais; (iii) a constatação da superior exposição à crítica a que estão sujeitos os titulares de cargos políticos, sendo natural que os argumentos envolvam exageros, distorções e mesmo linguagem menos aceitável; (iv) a afirmação de que o valor das liberdades de comunicação só permite medidas restritivas ditadas por um perigo claro e iminente; (v) enfim, o claro reconhecimento de que na liberdade de expressão também se incluem as comunicações que possam inquietar o Estado ou uma parte da população.

num contexto *mediático* totalmente modificado, e sem que seja tida em conta a correspondente mutação do domínio da realidade regulado pela norma.

4.3. Uma nota final a respeito da comunicação por parte do Estado e de outras entidades públicas: por um lado, não se pode deixar de reiterar que não há nenhuma liberdade de expressão governamental[100]; por outro, nem há, nem pode haver, lugar a notas oficiosas[101] ou a um direito de antena do Governo (v. *supra*, nº 3.4.)[102].

5. O âmbito constitucionalmente protegido: d) limites e afectações

Um dos maiores problemas com que se depara o operador jurídico é o de saber quais são afinal os limites e as afectações de que é passível a liberdade de expressão, não podendo deixar de se medir também por esse prisma o âmbito constitucionalmente protegido do direito fundamental.

Múltiplas são todavia as fontes de dificuldade, a começar pela pulverização de teorias e de aproximações técnico-jurídicas, a passar pelo deficiente conhecimento das categorias e estruturas constitucionais por parte de muitos juristas e a terminar no extraordinário condicionamento resultante de séculos e séculos de cultura jurídica insensível à importância da liberdade de expressão, reforçada por décadas de autoritarismo e pelo predomínio nessa parte da tradição francesa (v. *supra*, nº 1.2.).

Quanto aos termos da respectiva positivação, as Constituições podem dividir-se nesta matéria em três grupos: (i) o das Constituições que *proscrevem as restrições* (como a Constituição norte-americana e a Constituição brasileira[103]), ainda que não possam deixar de implicitamente as admitir; (ii) o das Constituições que, admitindo restrições, *não consagram todavia quaisquer limites expressos* à liberdade de expressão (como a Constituição portuguesa); e (iii) o das Constituições que, além da possibilidade de restrições, *prevêem limites expressos* da liberdade de expressão (como as Constituições alemã, espanhola, cabo-verdiana ou angolana).

---

[100] No episódio ocorrido em 18 de Fevereiro de 2013, numa Universidade em Lisboa, em que não foi permitido a um então Ministro usar da palavra, não esteve em causa a liberdade de expressão do membro do Governo, mas apenas os direitos e interesses constitucionalmente protegidos dos organizadores do evento.
[101] Acórdão nº 242/2002 (acessível em <www.tribunalconstitucional.pt>).
[102] José Melo Alexandrino, «Artigo 37º», p. 855.
[103] Sobre o tópico, Gilmar Ferreira Mendes, «O significado da liberdade...», pp. 547, 562 ss.

5.1. Em matéria de limites e de afectações (entendidas estas como qualquer prejuízo que possa perturbar a liberdade em causa)[104], a primeira exigência de clarificação reside na distinção a estabelecer entre os conceitos de *limites directos, limites especiais, restrições legislativas* e *conflito de direitos*[105].

(i) Os *limites directos* correspondem a normas constitucionais que excluem uma certa parcela do direito[106]; ora, na CRP, o *único requisito* da liberdade de expressão é, como vimos, a exigência de que o pensamento seja referido a quem se expressa (v. *supra*, nº 2.1.), não estando assim protegida a expressão do pensamento alheio (ou o plágio, por exemplo); nesta medida, não constituem limites da liberdade de expressão: (1) nem a verdade objectiva, nem a veracidade, nem a sequer a congruência; (2) não o é o segredo de justiça ou o segredo de Estado; (3) tão-pouco o são os direitos fundamentais da personalidade, na medida em que as respectivas normas de garantia não excluem à partida nenhuma dimensão da expressão (ainda que, *a posteriori*, possam justificar restrições ou ditar uma conciliação ou mesmo um afastamento no caso concreto)[107]; (4) menos ainda podem ser admitidos os chamados limites imanentes[108] ou limites justificados com base na doutrina da limitação decorrente das leis gerais[109].

---

[104] Para uma sistemática geral, José Melo Alexandrino, *A estruturação do sistema...*, vol. II, pp. 424-482; Id., «A greve dos juízes – segundo a Constituição e a dogmática constitucional», in *Estudos em Homenagem ao Professor Doutor Marcello Caetano, no centenário do seu nascimento*, vol. I, Lisboa, 2006, pp. 780 ss.; Id., *Direitos Fundamentais...*, pp. 113 ss., 117 ss.; em termos relativamente próximos, Jorge Miranda/Jorge Pereira da Silva, «Artigo 18º», pp. 346 ss., 369 s.

[105] Acompanhamos essencialmente o que anteriormente escrevemos (cfr. «Artigo 37º», pp. 850 ss., 856 s.).

[106] Sobre o conceito de *limite*, José Melo Alexandrino, *Direitos Fundamentais...*, pp. 121 ss.

[107] É esta a doutrina que decorre do *leading case* que constitui o Acórdão nº 254/99 do Tribunal Constitucional (a esse propósito, José Melo Alexandrino, *A estruturação do sistema...*, vol. II, pp. 645 ss.; Id., «A greve dos juízes...», p. 784).

[108] Como, por inúmeras vezes, até 1997, chegou a entender o Tribunal Constitucional (como nos Acórdãos nºs 81/84, 11/85 ou 113/97).

[109] Com efeito, na sua versão originária, a CRP ainda aludia a essas leis gerais, mas tal menção (uma das normas de limites expressamente considerada no artigo 5º da *Grundgesetz*) foi expressamente afastada na revisão constitucional de 1982.

(ii) Há, no entanto, como foi referido, formas constitucionalmente protegidas de expressão que conhecem *limites especiais*, como sucede no caso da expressão publicitária, uma vez que o artigo 60º, nº 2, da CRP exclui a publicidade oculta, indirecta ou dolosa[110]; por outro lado, a Constituição admite expressamente que a liberdade de expressão de certas categorias de pessoas possa ser restringida, na medida das exigências próprias das funções desempenhadas, podendo para o efeito considerar-se a norma que prevê esse *estatuto especial* também como um limite especial (artigo 270º da CRP).

(iii) Situação distinta é aquela em que o legislador, para a protecção de outros bens, valores ou interesses constitucionais primários (como a igual dignidade das pessoas, a vida, a integridade moral, a paz, a honra, a protecção das crianças, o Estado de direito, a democracia, etc.)[111], seja levado a editar *leis restritivas*[112]: é o que sucede nomeadamente com as disposições do Código Penal que punem a difamação, a injúria, a devassa da vida privada, etc.; todavia, mesmo nestes casos, trata-se de afectações ou ingerências na liberdade de expressão, a tratar como excepção (e não como regra) e que nunca poderão considerar-se imunes a um controlo de legitimidade total[113].

(iv) Uma quarta hipótese é a da existência de uma *situação de conflito*, num caso concreto, entre a liberdade de expressão e outro ou outros direitos (ou eventualmente com outro bem ou interesse constitucional objectivo); não estando expressamente regulada pela Constituição, esta hipótese (quando, para encontrar a regra do caso, não seja suficiente o recurso às soluções legais harmonizadoras) requer uma metodologia que tem de levar em consideração um leque variável de fatores, a começar pela interpretação constitucional, pelo apuramento da natureza e importância abs-

---

[110] Cfr. Acórdão nº 633/2006 (acessível em <www.tribunalconstitucional.pt>).
[111] Realidades a que a doutrina alemã designa de "direito constitucional colidente".
[112] Sobre o conceito, de que constituem subtipo as "leis harmonizadoras", José Melo Alexandrino, *Direitos Fundamentais...*, pp. 123 ss.
[113] São, por muitas razões, dificilmente justificáveis, entre várias outras, incriminações como as da ofensa a organismo público, do ultraje a símbolos estrangeiros ou do ultraje a símbolos nacionais e regionais, previstas nos artigos 187º, 323º e 332º do Código Penal.

tracta dos direitos e pela verificação da eventual estandardização dos âmbitos protegidos (e aplicação dos correspondentes testes), e a passar pela aferição da relevância concreta dos direitos e interesses em presença, pela qualidade dos intervenientes ou pelo peso das demais circunstâncias do caso, não dispensando muitas vezes a ponderação dos bens ou interesses em conflito[114].

5.2. Uma vez posto o quadro das possibilidades de afectação da liberdade de expressão, fora dos contados casos de ilícito penal qualificado, poucas serão as situações, poucos os direitos fundamentais e menos ainda os bens ou interesses objectivos que podem justificar realmente uma compressão da liberdade de expressão.

A este respeito, uma das fontes de maior perturbação proveio do disposto no artigo 37º, nº 3, da CRP, segundo o qual *"As infracções cometidas no exercício destes direitos ficam submetidas aos princípios gerais de direito criminal ou do ilícito de mera ordenação social, sendo a sua apreciação respectivamente da competência dos tribunais judiciais ou de entidade administrativa independente, nos termos da lei"*.

A constante endémica, a tradicional ideia de abuso de liberdade da imprensa e um legalismo positivista apressado levaram uma parte significativa da doutrina e da jurisprudência a uma completa inversão do sentido das normas que resultam deste artigo 37º nº 3, postulando limites onde eles não existem e menorizando o valor da liberdade de expressão[115], quando esse preceito foi ainda concebido como salvaguarda da liberdade[116].

As consequências desta perniciosa corrente não só resguardaram a tradicional desconsideração da liberdade de expressão no ordenamento português, como conduziram directamente à lamentável situação de Portugal ser um dos membros do Conselho da Europa que revela possuir um dos padrões mais baixos de tutela jurisdicional da liberdade de expressão

---

[114] José Melo Alexandrino, *Direitos Fundamentais...*, pp. 126 s.
[115] Para um exemplo recente, Maria Manuel Bastos, «Liberdade de Expressão», in Jorge Bacelar Gouveia/Francisco Pereira Coutinho (coords.), *Enciclopédia da Constituição Portuguesa*, Lisboa, 2013, p. 229.
[116] Com maior detalhe, José Melo Alexandrino, «Artigo 37º», p. 857.

e da liberdade de imprensa[117]. Por outras palavras, os tribunais portugueses, em quase duas dezenas de casos apreciados pelo TEDH, não fizeram prevalecer, como deviam, os interesses da liberdade de expressão sobre os bens e interesses a que deram primazia (habitualmente, a honra, o bom nome ou o segredo de justiça).

Justamente condenado, por desconhecer a *importância* da liberdade expressão, mas também pela mais do que reconhecida inexistência de um mecanismo jurisdicional interno capaz de atalhar a violações de direitos e liberdades fundamentais da pessoa, necessidade a que comprovadamente, como tem constatado o TEDH, o mero controlo de normas pelo Tribunal Constitucional não consegue dar resposta[118].

Conclusão

Em modo de síntese final, poderemos talvez reunir as seguintes ideias:

(1ª) Entendida em sentido estrito e tendo como fundamentos directos a dignidade da pessoa humana e a liberdade elementar originária, a liberdade de expressão é porventura, juntamente com a liberdade de pensamento e a liberdade de consciência, a matriz e o mais importante de todos os direitos (humanos e) fundamentais da pessoa, tendo como sentido básico a ideia de que nenhuma opinião deve ser proscrita e de que o Estado, por regra, não deve nem pode interferir no conteúdo da expressão individual.

(2ª) Sem prejuízo de uma dimensão objectiva inerente à respectiva norma de garantia, a liberdade de expressão é ainda um direito complexo que se decompõe em várias pretensões jurídicas.

(3ª) Na sua vertente substantiva, o objecto da liberdade de expressão deve ser construído o mais amplamente possível, envolvendo juízos de valor (opiniões), afirmações sobre factos e até certas for-

---

[117] Francisco Teixeira da Mota, *O Tribunal Europeu...*, pp. 39 ss.; Id., *A Liberdade de Expressão em Tribunal*, Lisboa, 2013, pp. 52 ss.

[118] Para um quadro geral de razões justificativas da introdução de um mecanismo desse tipo, José Melo Alexandrino, «Sim ou não ao recurso de amparo?», in *JULGAR*, nº 11 (Maio/ /Agosto de 2010), pp. 45 ss.; por último, sobre as incoerências do sistema das relações entre o Tribunal Constitucional e o TEDH, centrado na liberdade de expressão, Jorge Reis Novais, *Direitos Fundamentais e Justiça Constitucional em Estado de Direito Democrático*, Coimbra, 2012, pp. 292 ss.

mas de acção, sendo de todo irrelevantes considerações sobre a natureza racional, o objecto, as motivações ou a própria verdade dos conteúdos expressivos.

(4ª) Na sua vertente formal, estão directamente tutelados pelo âmbito de protecção da liberdade de expressão todos os meios de que a pessoa possa dispor, o mesmo se podendo dizer de um conjunto de formas não verbais de expressão, que pode envolver por conseguinte tanto elementos descritos como performativos (ou não-semânticos).

(5ª) Na Constituição portuguesa, onde foram deliberadamente afastados quaisquer limites directos, o único requisito da liberdade de expressão é o de que o pensamento seja referível ao sujeito que se expressa.

(6ª) Provas de que persistem os efeitos das seculares barreiras endémicas residem no anómalo desprestígio dessa liberdade junto dos tribunais, bem como na elevadíssima taxa de condenações do Estado português junto do Tribunal Europeu dos Direitos do Homem.

(7ª) Depois de quase quatro décadas de democracia constitucional, a situação da liberdade de expressão em Portugal é bem reveladora da necessidade da instituição de um mecanismo de amparo contra decisões jurisdicionais violadoras de direitos e liberdades fundamentais.

O Estatuto Constitucional dos Media e as Excepções ao Princípio da Publicidade da Actuação dos Poderes Públicos

RAQUEL ALEXANDRA BRÍZIDA CASTRO[*]

SUMÁRIO: 1. Questões Prévias: Segredo versus Publicidade; 2. A Protecção Constitucional do Direito à Informação; 3. Os limites Constitucionais do Direito à Informação; 3.1. O Segredo de Justiça; 3.2. A Audiência de Julgamento; 3.3. O Segredo de Estado; 3.4. Segredo e Democracia; 3.5. Por uma Cultura Democrática do Segredo; 4. Bibliografia

1. Questões prévias: Segredo *versus* Publicidade

O controlo da actividade governativa e do exercício do poder é, sem dúvida, um dos fundamentos substantivos mais relevantes da Liberdade de Expressão e do direito da informação. E é neste preciso enquadramento que se fala nos meios de comunicação social como o Quarto Poder, "apostado no controlo e responsabilização pública dos poderes legislativo, exe-

---

[*] *Doutoranda em Direito e Mestre em Ciências Jurídico-Políticas pela Faculdade de Direito da Universidade de Lisboa (FDUL); Assistente Convidada da FDUL e Professora Auxiliar Convidada da Universidade Lusófona; Vogal do Conselho Regulador da ERC (Entidade Reguladora para a Comunicação Social); Ex-Jornalista e Ex-Editora de Política da SIC e SIC Notícias.*

cutivo e judicial"[1]. Tal poder não resulta de um estatuto institucional criado e regulamentado intencionalmente pela ordem jurídica, mas sim de "uma realidade fáctica decorrente de uma estruturação policêntrica e competitiva dos meios de comunicação, que ela reconhece e utiliza"[2].

O relevo constitucional que o nosso legislador constituinte decidiu atribuir à liberdade de informação corresponde precisamente a uma atitude pragmática face a uma realidade que o direito dificilmente pode controlar, pelo menos, sem sobressaltos democráticos. Contudo, essa liberdade de informação – e os direitos nela envolvidos – pode entrar em conflito com outros bens de igual dignidade constitucional. As tensões que existem na realidade entre esses valores não são mais que o espelho desse conflito constitucional, que não é de fácil solução: o que deve ser do conhecimento público e o que deve manter-se em segredo.

Veja-se, por exemplo, a tensão que existe nas relações entre a comunicação social e a justiça, que acaba por ser o reflexo disso mesmo. Não se pretende uma justiça amiga da comunicação social ou uma comunicação social amiga da justiça, mas também não se pretende que sejam inimigas. É desejável que ambas cultivem uma relação de respeito e compreensão mútuas e que saibam conviver na partilha de uma missão que é comum: a descoberta da verdade.

Outra dimensão do segredo, legitimamente oponível ao direito de acesso à informação, envolve uma cultura democrática do segredo, conceito que a nosso ver pressupõe uma relação saudável entre Informações e Democracia. Na verdade, da afirmação de que a liberdade de expressão é ainda hoje o que distingue uma democracia de uma ditadura não resulta a conclusão de que só com uma política de informações totalmente transparente e pública, acessível a todos os cidadãos através dos *media*, é possível conceber uma sociedade verdadeiramente democrática.

Temos consciência que, conforme já alertou o Tribunal Europeu dos Direitos do Homem [3], "*as liberdades de comunicação compreendem não só informações inofensivas e indiferentes ou aquelas que sejam favoráveis; também incluem aquelas que possam inquietar o Estado ou uma parte da população, já que isso resulta do pluralismo, da tolerância e do espírito aberto, factores sem os quais*

---

[1] MACHADO, Jónatas (2002), *Dimensões Constitucionais da Esfera Pública no Sistema Social*, Coimbra Editora: Coimbra, p. 267.
[2] *Ibidem, idem.*
[3] *Sentença TEDH, de 8 Julho de 1986 – Caso Lingens.*

não existe uma sociedade democrática". Contudo, pode mesmo ser de *interesse público* que nem tudo o que verdadeiramente *interessa ao público* seja revelado.

A representação política, elemento essencial da democracia, só pode ter lugar na esfera da publicidade e não há representação, como tal, em segredo ou entre poucos. Mas por vezes a manutenção da ordem constitucional, tal como a representação política a desenhou, exige uma visão próxima de uma democracia militante[4] e musculada, que dote os organismos competentes de todos os meios necessários para lutar contra aqueles que a querem destruir. Assim como, por vezes, a quebra do segredo da investigação criminal pode por em causa todo o exercício da acção penal e impedir definitiva e irreversivelmente a descoberta da verdade que realmente conta. Em nome da defesa da verdade daquele momento processual hipoteca-se a procura da verdade material.

Esses são alguns dos dilemas pressupostos nesta reflexão.

2. A Protecção Constitucional da Liberdade de Informação

A liberdade constitucional de imprensa e de informação encontra-se inserida no capítulo dos direitos, liberdades e garantias, o que quer dizer que deve sujeitar-se ao respetivo regime de protecção constitucional. Pela nossa parte, a interpretação e integração dos comandos constitucionais da Constituição da Comunicação baseiam-se nos seguintes pressupostos de uma proposta metódica de ponderação[5]:

1. Com ALEXY, consideramos que os direitos, liberdades e garantias devem ser entendidos como princípios ou mandatos de optimização: consagram posições jurídicas *prima facie*, de acordo com uma concepção alargada do *Tatbestand,* cuja resultado da ponderação com outros direitos ou interesses constitucionalmente protegidos há-de desenhar o seu efetivo âmbito de protecção[6];

---

[4] DENNINGER, Erardo (2001), "Democracia Militante y Defensa de la Constitución", in *Manual de Derecho Constitucional,* BENDA/MAHIOFER, VOGEL, HESSE, HEYDE, Marcial Pons: Madrid, pp. 445 e segs.
[5] Para a nossa reflexão sobre várias propostas metódicas de ponderação – (2000) *Contributo para o Estudo da Eutanásia no Direito Constitucional Português,* Relatório de Mestrado (inédito), Faculdade de Direito da Universidade de Lisboa: Lisboa; pp. 103 e segs.
[6] *Ibidem,* p. 106.

2. Contrapomos um conceito amplo de limite que torna indiferentes quaisquer classificações de intervenção restritiva: desenvolvimento ou restrição, configuração ou materialização de um direito fundamental. O que é relevante é que estejamos na presença de elementos restritivos ou seja de "afetação desvantajosa"[7] do conteúdo do direito fundamental[8].

Nesse caso, ganham obrigatoriamente relevância os limites aos limites: desde a observância de princípios como o da proporcionalidade ou da proibição do excesso, da protecção da confiança, da garantia do conteúdo essencial até à natureza necessariamente geral e abstrata das leis restritivas, da exigência de reserva de lei.

Um dos aspectos fundamentais do regime da liberdade de imprensa e dos direitos nela implicados é também o da sua aplicabilidade directa, conforme determina o artigo 18º, nº 1 da Constituição da República Portuguesa (CRP), sendo o juiz, precisamente, em nosso entendimento, o destinatário principal deste comando constitucional, na omissão do legislador. Concorde-se ou não com o detalhe da Constituição da Comunicação, rara no direito comparado, o artigo 18º, e noutra perspetiva o artigo 288º, obrigam a que os direitos, liberdades e garantias da comunicação sejam *levados a sério* em qualquer conflito constitucional com outros direitos ou interesses constitucionalmente protegidos.

Perante a impossibilidade de aplicação direta de uma norma constitucional consagradora de um direito, liberdade ou garantia e de um direito fundamental de natureza análoga, o intérprete ou o órgão aplicador do Direito deve, pois, entender que se trata de uma lacuna. Perante uma

---

[7] NOVAIS, Jorge Reis (2003), *As Restrições aos Direitos Fundamentais Não Expressamente Autorizadas Pela Constituição*, Coimbra Editora: Coimbra, pp. 189 e segs.
[8] Conforme nota JORGE REIS NOVAIS, o Tribunal Constitucional, para contornar a proibição constitucional de restrições não expressamente previstas, usa a seguinte "estratégia de fuga": se a intervenção restritiva não toca o conteúdo essencial, não é verdadeira restrição; se a afectação da liberdade se deve à necessidade de composição de interesses constitucionais conflituantes e essa composição é feita de acordo com o princípio da concordância prática e sem desrespeito pela proporcionalidade, então o sacrifício também não é verdadeira restrição; se se trata de concretizar, interpretar, revelar limites imanentes, o prejuízo não é também verdadeira restrição. – *Ibidem*, p. 184.

lacuna, o juiz deve integrá-la[9], não podendo invocar o falso pretexto de não dispor de norma aplicável, sob pena de denegação de justiça[10], que o ordenamento jurídico proíbe e sanciona. Claro que tal princípio não é "varinha de condão passível de transformar as normas não exequíveis que declaram esses direitos em normas exequíveis por si próprias"[11]. A solução de recurso à técnica da lacuna é, precisamente, uma reação perante as omissões normativas que se insere no domínio da "patologia constitucional"[12], justificável perante um sistema de "omissões normativas persistentes que não permitem qualquer gozo do direito consagrado constitucionalmente". Permite interpretar o princípio da aplicabilidade direta como uma "vocação" ou uma autorização ao juiz de usar todos os meios interpretativos e integrativos de que dispõe, até mesmo para elaborar uma norma de decisão para aquele caso concreto, perante determinadas condições, com o objetivo de permitir a eficácia de um direito fundamental.

3. Os Limites Constitucionais do Direito à Informação

Em especial, a garantia dos direitos dos jornalistas constitui uma dimensão concretizadora do direito à liberdade de imprensa. O artigo 38º da Constituição eleva os direitos dos jornalistas à dignidade de direito formalmente constitucional e isso reveste a maior importância. Entre os direitos elencados pela doutrina[13], daremos agora especial atenção ao

---

[9] CASTRO, Raquel Alexandra Brízida (2012), "Por Uma Fiscalização Concreta e Difusa das Omissões Legislativas Inconstitucionais que Violam Direitos, Liberdades e Garantias", in *Estudos de Homenagem ao Professor Doutor Jorge Miranda*, Coimbra Editora: Coimbra, pp. 413 e segs.

[10] A proibição da denegação de justiça teve a sua formulação clássica no artigo 4 do Code Civil francês: *"Le juge qui refusera de juger sous prétexte du silence, de l'obscurité ou de l'insuffisance de la loi pourra être poursuivi comme coupable de déni de justice"*. Segundo ENGISCH, "esta proibição o obriga o juiz a dar a toda a questão jurídica uma resposta" mas "não é válida a priori: seria na verdade concebível que o juiz tivesse o poder de, em casos de lacuna, recusar a resposta." – ENGISCH, Karl, (1996), *Introdução ao Pensamento Jurídico*, p. 308.

[11] BLANCO DE MORAIS, Carlos, *Justiça Constitucional II...*, p. 881.

[12] CASTRO, Raquel Alexandra Brízida (2012), *As Omissões Normativas Inconstitucionais no Direito Constitucional Português*, Almedina: Coimbra, p. 150. No mesmo sentido – BOSELLI DE SOUSA, Luíz H.; *A correlação da efetividade das Normas Constitucionais com o suprimento das Omissões Normativas*", Tese de Doutorado (Inédita – Policopiada), São Paulo, 2010, pp. 113 e 114.

[13] Liberdade de expressão e criação; direito de intervenção na orientação editorial dos órgãos de comunicação social ; o direito de acesso às fontes de informação; o direito à

direito de acesso às fontes de informação, que diz respeito às actividades dos órgãos políticos, salvo, nos termos da lei, o segredo de Estado (164º, alínea q), 2.ª Parte) ou segurança interna ou externa (artigo 268º, nº2)[14] e ao poder jurisdicional, salvo o segredo de justiça.

3.1. O Segredo de Justiça

A protecção constitucional do segredo de justiça localiza-se num artigo referente ao acesso ao direito e à tutela jurisdicional efetiva em geral, e não no artigo 32º. A opção do legislador constituinte por essa localização sistemática sugere que "a proteção do segredo de justiça não tem apenas em vista o processo penal e, nele, a proteção da eficácia da investigação e da honra do arguido"[15]. Passa a ter um alcance mais vasto, tutelando outros direitos ou interesses constitucionalmente protegidos, como a reserva da intimidade da vida privada ou familiar. Daí não decorre, contudo, a afirmação constitucional de um direito ao segredo de justiça[16].

Mesmo assim, este artigo é "credencial constitucional suficiente" para a introdução de limitações ou restrições a outros direitos ou interesses constitucionalmente protegidos. Ao constitucionalizar o segredo de justiça, a Constituição "ergue-o à qualidade de bem constitucional, o qual poderá justificar o balanceamento com outros bens ou direitos ou até a restrição dos mesmos", tais como as investigações jornalísticas de crimes, publicidade do processo, direito ao conhecimento do processo por parte dos interessados. Em contrapartida, ao remeter para a lei a sua "adequada protecção", isso quer dizer que a concretização do âmbito constitucionalmente garantido do segredo de justiça há-de resultar também de uma tarefa de ponderação. Em especial: não pode a lei ignorar as garantias de defesa do arguido, a efetividade do direito de recurso de medidas priva-

---

protecção da independência e do sigilo profissionais; o direito de eleição de conselhos de redacção. – JORGE MIRANDA realça que os colaboradores, sejam quais forem as suas condições e títulos (articulistas, cronistas ou participantes em programas de rádio e televisão) gozam da mesma liberdade de expressão – MIRANDA, Jorge/MEDEIROS, Rui (2010) – *Constituição Portuguesa Anotada*, Tomo I, 2.ª Ed., Coimbra Editora: Coimbra, p. 865.

[14] MIRANDA, Jorge/MEDEIROS, Rui (2010), Constituição Portuguesa Anotada, Tomo I, 2.ª Edição, Coimbra Editora: Coimbra; p. 866;

[15] MIRANDA, Jorge/MEDEIROS, Rui (2010) – *Constituição Portuguesa Anotada*, Tomo I, 2.ª Ed., Coimbra Editora: Coimbra, pp. 455 e 456;

[16] CANOTILHO, Gomes/MOREIRA, Vital, (2007) – *Constituição da República Portuguesa Anotada*, Volume I, 4.ª Edição. Coimbra Editora: Coimbra, pp. 413 e 414.

tivas da liberdade e ainda, reforçamos, o interesse legítimo dos jornalistas, fundado no direito de acesso às fontes de informação.

Na versão inicial do Código de Processo Penal (CPP), de 1987, o segredo de justiça constituía o regime legal das fases preliminares do processo – inquérito e instrução: "essa era a forma adequada a garantir a não adulteração do significado de decisões processuais que não têm juridicamente o alcance que agora social ou politicamente se lhes dá" [17]. Com efeito, por exemplo, a forma como socialmente era entendida a notícia da constituição de arguido não era, em rigor, compatível com o entendimento, à luz da versão anterior do CPP, de que se tratava de um direito de defesa do próprio, a partir do momento em que fosse aberto um inquérito contra pessoa certa e determinada. Esse acto nada dizia sobre a existência ou não de indícios suficientes da prática do alegado crime, revelando-se, contudo, suficiente para produzir danos irreversíveis na vida de um sujeito. Mesmo a notícia de um eventual despacho de arquivamento do Ministério Público – quando considerado notícia – nunca seria suficiente para atenuar ou compensar a publicidade negativa da abertura do inquérito.

Apesar das constantes violações do segredo de justiça, essa configuração anterior do Código revelava, a meu ver, alguma prudência, considerando-se se aproximava "do objetivo de garantir o sucesso da investigação e permitir o controlo público da actuação da polícia e dos magistrados"[18].

Considero que são valiosos os argumentos em favor da publicidade, de resto, também ela com dignidade constitucional (artigo 26º CRP)[19]. Aliás, vale sempre a pena lembrá-los, pois nem sempre corroboram certas teses fundamentalistas contra a comunicação social[20]: a falta de transparência e publicidade pode favorecer violações dos direitos dos arguidos ou da boa administração da justiça, dar cobertura a motivações menos claras das autoridades policiais; submeter ao escrutínio público e democrático

---

[17] COSTA PINTO, Frederico de Lacerda (2008), "Publicidade e Segredo na Última Revisão do Código de Processo Penal", *Separata da obra Estudos Comemorativos dos 10 Anos da Faculdade de Direito da Universidade Nova de Lisboa*, Volume II, Almedina, pp. 633 e segs.
[18] MACHADO, Jónatas (2002), *Dimensões Constitucionais da Esfera Pública no Sistema Social*, Coimbra Editora: Coimbra, p. 567.
[19] *Ibidem*, pp. 563 e segs.
[20] MARQUES DA SILVA, Germano (2008), *Curso de Processo Penal*, II, Editorial Verbo: Lisboa, pp. 36 e segs.

as regras penais e processuais penais. Contudo, sou sensível ao entendimento de que só faz sentido numa fase final decisória, em que vigore o pleno contraditório, perante um tribunal independente, e não para fases preliminares de investigação, destinadas a averiguar os factos e a recolher os factos. A publicidade na fase de investigação "é um problema prático, estratégico e jurídico e não um valor a tutelar juridicamente"[21] [22].

Mesmo após a revisão de 2007 do Código de Processo Penal, que estabeleceu o princípio geral da publicidade, a ERC tem recebido várias participações de jornalistas, alegando restrições injustificadas e ilegítimas na consulta de documentos constantes de processos judiciais. Naturalmente, o Conselho Regulador da ERC não se pronuncia sobre o teor das decisões judiciais em causa, determinando o arquivamento desses mesmos processos. O que não impediu, contudo, no âmbito das suas competências constitucionais e legais, o envio de um ofício formal ao Conselho Superior da Magistratura[23] para dar conta do crescente número de casos

---

[21] COSTA PINTO, Frederico de Lacerda (2008) (...), pp. 635 e 636.

[22] Questiono-me, contudo, se a proteção constitucional do segredo de justiça, na modalidade da recusa de acesso aos autos, faz sentido, uma vez sedimentada uma decisão na ordem jurídica, com o seu trânsito em julgado. Tenho conhecimento de um caso que me leva a questionar se fará sentido, por exemplo, que um jornalista tenha de recorrer ao Conselho Superior de Magistratura, depois de ter feito vários pedidos de autorização para consulta de um processo, sem que tenha obtido qualquer resposta por parte da Juíza titular? Para além da questão da ausência de resposta em si, convém assinalar que se tratava de um processo já transitado em julgado. Contudo, não posso deixar de saudar a posição assumida pelo Conselho Superior de Magistratura (CSM), na sequência da participação efetuada pela jornalista: o Vice-Presidente do CSM enviou um ofício à Juíza, solicitando-lhe "os bons ofícios no sentido de, sem que isso possa minimamente interferir nos seus poderes jurisdicionais, sendo possível e com brevidade, autorizar a exponente a consultar os autos em causa". Quase dois anos volvidos sobre o requerimento inicial, todavia, a jornalista continua sem ter acesso aos autos, pois a Juíza titular do processo solicitou à Ordem dos Advogados a nomeação de defensor oficioso aos arguidos para estes se pronunciarem sobre os requerimentos da jornalista.

[23] Na missiva, o Conselho refere a título ilustrativo, uma participação subscrita por um jornalista, que deu entrada na ERC no dia 14 de Junho de 2011, na qual remeteu cópias de um despacho de indeferimento da consulta de um processo cível envolvendo uma empresa construtora e um município. No despacho, o juiz indeferiu o pedido de consulta do processo pelo jornalista, por concordar "na íntegra" com a posição assumida pelo réu município, que veio defender que "a publicação de uma notícia não é – de *per se* – motivo suficiente para que se considere atendível o pedido de consulta dos autos", que "o acesso aos autos pelo Ilustre Jornalista poderá revelar-se prejudicial para o normal desenrolar da lide" (sobretudo se atender ao facto de se estar "em plena época eleitoral") e que "o acesso dos meios de comunicação social aos processos judiciais não raras vezes conduz à deturpação da factualidade

submetidos à apreciação da ERC em matéria de restrições ao acesso a fontes oficiais de informação, e da necessidade de criar mecanismos de sensibilização dos juízes para a relevância do direito de acesso às fontes oficiais de informação, ainda que, naturalmente, enquadrado, em matéria de acesso à consulta de processos judiciais, pelas regras previstas nos códigos processuais respetivos[24].

3.2. A audiência de julgamento

O princípio da publicidade das audiências de julgamento é um princípio constitucional e um princípio jurídico[25], desempenhando os jornalistas nesta fase uma importância fundamental. Trata-se de um princípio que admite restrições que devem ser encaradas como excepcionais.

Nesta sede, o que a doutrina realça com toda a justeza, é a importância de garantir o controlo do despacho judicial de exclusão da publicidade [26], sendo desejável a admissão de recurso do referido despacho por parte dos jornalistas, bem como de todos os actos jurisdicionais que venham restringir o exercício da actividade informativa – artigos 399º e 401º, número 1, alínea d) do CPP. Na Alemanha, as decisões dos Tribunais que impeçam a atividade dos jornalistas nos tribunais têm sido impugnadas por acção constitucional de defesa, junto do Tribunal Constitucional Federal. Mas no ordenamento juridico-constitucional português, não existe o recurso de amparo, pelo que as decisões jurisdicionais não são sindicáveis junto do Tribunal Constitucional.

Haverá, porventura, na minha opinião, que distinguir a possibilidade de cobertura em direto ou da presença continuada de câmaras de televisão nas audiências de julgamento da simples captação de imagens e de som, sem esse carater de presença permanente na sala de audiências. A doutrina considera que o princípio da publicidade não tem esse alcance. Pela minha parte, questiono-me se o propalado perigo de descontextualização é maior quando o julgamento é transmitido em direto ou

---

em discussão e a erradas e descontextualizadas interpretações de factos alegados". Não concordando com o indeferimento, o jornalista veio dar conhecimento do mesmo à ERC, solicitando a sua intervenção. – Trata-se da Deliberação 2/DJ/2011.

[24] Este ofício foi decidido na sequência do tratamento do Processo ERC/07/2012/675.

[25] ESTEVES, Maria da Assunção (1997), "A Jurisprudência do Tribunal Constitucional relativa ao Segredo de Justiça", in *O Processo Penal em Revisão: Comunicações*. UAL: Lisboa, p. 124.

[26] *Ibidem*, p. 571.

quando essas imagens e sons são usados numa peça jornalística emitida e elaborada posteriormente, na redação. Numa perspetiva *de jure constituendo*, considero razoável a proposta da admissão, em princípio, da tomada de som e de imagens na sala de audiências, em termos devidamente regulados, a não ser que o juiz ou o arguido demonstrassem que a presença dessas câmaras de televisão põe em causa a capacidade para o tribunal proferir uma decisão juridicamente correta – ou seja, uma autorização sob reserva de proibição judicial[27].

Atualmente, a solução é a inversa, ou seja a possibilidade de captação de imagens e de som encontra-se sob reserva de autorização judicial[28]. Também aqui existem argumentos contra e a favor, mais ou menos impressivos, mas que "não afastam a existência *prima facie* de um direito de acesso às audiências judiciais por parte dos meios de comunicação"[29]. Reiteramos a nossa posição: o seu relevo constitucional garante-lhe uma presença que não pode ser eliminada no processo de ponderação.

Perante essa mesma dignidade constitucional, torna-se, na minha opinião, fundamental o dever de fundamentação de uma eventual recusa bem como a recorribilidade desse mesmo despacho, dada a afectação desvantajosa que faz de um direito fundamental. O relevo constitucional dos direitos aqui implicados é, para nós, incompatível com o entendimento de que tal despacho do juiz possa ser considerado como pro-

---

[27] Em sentido contrário, Assunção Esteves defendia em 1997 a inconstitucionalidade da solução do legislador processual penal contido no artigo 88º, número 2. Para a autora, a transmissão de certos actos do processo pela comunicação social "não serve os fins de um controlo racional e público da Justiça: antepõe, antes, à Justiça o julgamento do irracional do público". – Esteves, Maria da Assunção, (...), p. 131.

[28] ARTIGO 88º Meios de comunicação social: **2** – Não é, porém, autorizada, sob pena de desobediência simples: **a)** A reprodução de peças processuais ou de documentos incorporados em processos pendentes, salvo se tiverem sido obtidos mediante certidão solicitada com menção do fim a que se destina, ou se para tal tiver havido autorização expressa da autoridade judiciária que presidir à fase em que se encontra o processo no momento da publicação; **b) A transmissão de imagens ou de tomadas de som relativas à prática de qualquer acto processual, nomeadamente da audiência, salvo se a autoridade judiciária referida na alínea anterior, por despacho, a autorizar; c)** A publicação, por qualquer meio, da identidade de vítimas de crimes sexuais, contra a honra ou contra a reserva da vida privada, antes da audiência, ou mesmo depois, se o ofendido for menor de dezasseis anos.

[29] Machado, Jónatas, (...), p. 574.

ferido no uso de um poder discricionário [30]. A questão constitucional já foi formulada perante o Tribunal Constitucional [31], mas o entendimento de que o ónus de suscitação prévia da questão de inconstitucionalidade normativa, pressuposto de recurso, foi preterido naquele caso concreto, determinou a sua ilegitimidade e consequente não conhecimento do objeto do recurso [32].

3.3. O Segredo de Estado

O Segredo de Estado ganhou relevo constitucional expresso com a segunda revisão constitucional, em 1989. A propósito da limitação da informática, limitou o direito dos cidadãos tomarem conhecimento dos dados constantes de ficheiros ou de registos informáticos a seu respeito, em função do disposto na lei sobre o segredo de estado e o segredo de justiça.[33].

Todavia, a revisão constitucional de 1997 determinou um alargamento das hipóteses de restrição do direito de acesso e de informação do cidadão, quanto aos dados informáticos que lhe digam respeito, tendo substituído uma enumeração "casuística e incompleta"[34] por uma remissão

---

[30] Veja-se esta questão formulada no processo que deu origem ao Acórdão nº 158/2011 do Tribunal Constitucional.

[31] O objeto do recurso de constitucionalidade, interposto ao abrigo dos artigos 70º, número 1, alínea b) e 72º, número 2 da Lei do Tribunal Constitucional (LTC), era o da apreciação da "(i)nconstitucionalidade material do entendimento normativo dado à norma vertida na alínea b) (...) do número 1 (...) do artigo 400º do Código de Processo Penal, quando interpretada no sentido de que o disposto no artigo 88º., número 2, alínea b) do Código de Processo Penal, prevê situação de uso de um poder discricionário por parte do juíz e, portanto, de caráter irrecorrível", por violação do direito de informação dos jornalistas, vertidos nos artigos 37º e 38º da CRP e, ainda, dos artigos 18º, nº 2, 20º, 205º, nº 1, e 206º da Lei Fundamental.

[32] No Acórdão supra citado, o tribunal recorrido concluiu que não se encontravam violados os artigoa 37º e 38º da CRP, "dado que não se mostra denegado o direito à liberdade de expressão e à informação, antes se deu prevalência a outros valores e princípios já salientados – serenidade, ponderação e não distração dos atores judiciários com factores externos ao julgamento, tendo em vista uma melhor realização da justiça".

[33] A alteração produzida em 1989 visou permitir o fluxo transfronteiriço de dados pessoais, que era proibido na versão anterior salvo os casos previstos na lei, solução incompatível com a Convenção sobre Protecção de Dados Pessoais do Conselho da Europa – FARIA, Maria Paula Ribeiro de (2010), *Anotação do Artigo 35º da CRP, in* MIRANDA, *Jorge/*MEDEIROS, *Rui, Constituição Portuguesa Anotada,* Tomo 1, Coimbra Editora: Coimbra, p. 780.

[34] Ibidem, Idem.

genérica para os termos da lei. Assim, na versão actual, o Segredo de Estado e o Segredo de Justiça já não são os únicos fundamentos da restrição[35].

Por outro lado também o direito de acesso aos arquivos e registos Administrativos pode entrar em conflito com bens constitucionalmente protegidos. É o próprio artigo 268º, nº 2 da CRP que prevê expressamente certas categorias de restrições ao direito de acesso aos arquivos e registos administrativos a introduzir por lei, indicando valores a ter em conta pelo legislador: "segurança interna e externa", "investigação criminal" e na "intimidade das pessoas".

Deste preceito, retiram-se as seguintes consequências:
i) Reitera-se o princípio de que a restrição constitucionalmente autorizada não dispensa a lei da observância dos princípios jurídico-constitucionais materialmente informadores de toda a actividade administrativa (necessidade, adequação e proporcionalidade)."[36];
ii) Os documentos a considerar como secretos só poderão ser aqueles que, no âmbito de um quadro legislativo global coerentemente estruturado, possam, formal e expressamente, ser classificados como tais, devendo a imposição do segredo ser justificada, para cada categoria de documentos, em termos que permitam o controlo da razoabilidade de tal imposição e durante apenas o período de tempo estritamente necessário.[37]

Apesar da complexidade da questão, é possível elencar alguns pontos assentes:

1. Os segredos de Estado ou também designados por segredos oficiais constituem uma clara restrição da liberdade de informação, uma vez que

---

[35] Tais restrições são asseguradas pela Diretiva nº 95/46/CE e pela Lei de Protecção de Dados Pessoais, sendo a Segurança do Estado uma das causas mais importantes, para além da prevenção e da investigação criminal. Nos termos do Código de Processo Penal, artigo 137º, nº 2, o Segredo de Estado envolve, nomeadamente "os factos cuja revelação, ainda que não constitua crime, possa causar dano à segurança, interna e externa, do Estado português, ou à defesa da ordem constitucional.

[36] CANOTILHO, J.J./MOREIRA, Vital (2010), *Constituição da República Portuguesa Anotada*, Vol. II, Coimbra Editora: Coimbra, p. 824;

[37] Como está em causa um direito de natureza análogo aos direitos, liberdades e garantias, a imposição legal de restrições deve respeitar as exigências impostas pelo artigo 18º. – MIRANDA, Jorge/MEDEIROS, Rui (2007), *Constituição Portuguesa Anotada*, Tomo II, Coimbra Editora: Coimbra; pp. 603 e 604.

implicam a subtração de certas questões da comunicação pública. O segredo de Estado, tal como o segredo de Justiça, é excepção ao princípio da publicidade da actuação dos poderes públicos. Mas no seio dos possíveis entraves a uma plena liberdade de informação, é indubitável que o segredo de Estado assume "um particular vigor no seu carácter odioso", por normalmente impor uma regulamentação jurídica mais duramente limitadora das liberdades fundamentais[38]. Na verdade, existe um domínio do segredo de Estado cuja garantia é fundamental para a segurança interna e externa dos cidadãos numa comunidade democrática e que legitima a invocação da Segurança Nacional como fundamento da restrição de direitos.

É evidente a importância do conhecimento dos assuntos de interesse público para a formação da opinião pública e, por essa via, para o autogoverno dos cidadãos, o que acentua a exigência de publicidade e transparência na actuação dos poderes públicos. Estando em jogo a unidade e a independência do Estado, percebe-se que possa haver segredos públicos e o bom senso aconselha neste domínio sensível, uma "cultura democrática de confidencialidade" [39]. Mas apenas nesses casos.

2. Em segundo lugar, a afirmação anterior não afasta todas as eventuais dúvidas e cautelas que a questão convoca. Daí o apelo constante à ideia de que a invocação do Segredo de Estado não pode ser abusiva e usada "para esconder aspectos inconstitucionais, ilegais ou danosos para o interesse público da actuação dos poderes públicos, próprios de um "Estado de Segurança Nacional", propenso ao secretismo"[40].

Precisamente para evitar a sobreclassificação de documentos como confidenciais, são apontados os princípios que o devem caracterizar num estado constitucional:

a. Limitação quantitativa e qualitativa do âmbito material susceptível de qualificação como segredo de estado;

---

[38] BACELAR GOUVEIA, Jorge (1996), Segredo de Estado, in Dicionário Jurídico da Administração Pública, VII, Lisboa, pp. 365 e ss.

[39] ANDRADE, Vieira (2009), "Publicidade e Segredo no Conselho de Estado", in Revista de Direito Público e Regulação, nº 1, Centro de Estudos de Direito Público e Regulação, Faculdade de Direito da Universidade de Coimbra: Coimbra; p. 82.

[40] MACHADO, Jónatas (2002), A Liberdade de Expressão: Dimensões Constitucionais da Esfera Pública no Sistema Social, BFDUC, Coimbra Editora: Universidade de Coimbra, pp. 862.

b. Limitação do número de autoridades com poder para proceder à qualificação e do tempo de duração do segredo;
c. A existência de mecanismos de controlo adequados[41]: o segredo deve ser materialmente fundamentado e procedimentalmente controlável[42];
d. Enfim, sendo o princípio da publicidade, a regra, e o segredo da sua actuação, a excepção deve ser objeto de interpretação restritiva;

A doutrina e a jurisprudência constitucionais, aliás, apontam para um conceito material de segredo de estado – "informações cuja revelação poderia provocar danos diretos, imediatos e irreparáveis ao Estado e à comunidade política globalmente considerados". Este conceito pretende evitar a alegação de danos meramente conjeturais (semelhante ao critério do perigo claro e iminente (*clear and present danger*) do direito norte-americano e exclui as informações suscetíveis apenas de causar embaraços aos poderes públicos.

As categorias de restrições coincidem, aliás, com as usadas no direito constitucional espanhol. Também na Constituição espanhola, a *sede* do segredo de Estado surge numa norma que afirma o princípio da publicidade dos registos e arquivos administrativos e respectivo direito de acesso por parte dos cidadãos, salvo o que afete a segurança e a defesa do Estado, a investigação criminal e a intimidade das pessoas[43]. A doutrina encontra-se, contudo, dividida quanto à precisa delimitação do bem constitucionalmente protegido[44].

---

[41] *Ibidem*, p. 863.
[42] ANDRADE, Vieira, (2009), Publicidade..., p.83.
[43] Artigo 105º, alínea b) da Constituição espanhola.
[44] Parte da doutrina sufraga uma interpretação restritiva, segundo a qual o segredo de Estado apenas pode ter por objeto informação relativa ao âmbito militar e de defesa, (excluindo a segurança interna). A outra parte da doutrina considera que a segurança do Estado também pode ser comprometida internamente, conforme se pode constatar nos atentados de 11 de Março em Madrid. Estes autores defendem um conceito mais amplo de segredo que inclua tudo o que possa por em perigo o funcionamento do Estado Democrático, identificando-se os conceitos de defesa e segurança do Estado com a própria manutenção da ordem constitucional. – ALEGRIA, Antonio Magdaleno, (2006), Los Limites de las Libertades de Expresión e Información en el Estado Social y Democrático de Derecho, Congreso de Los Deputados: Madrid, pp. 367 e segs.

3.4. Segredo e Democracia

O segredo de Estado constitui um limite à liberdade de informação e ao princípio da publicidade da actuação dos poderes públicos. Apesar de ter sido historicamente usado por regimes ditatoriais, constata-se que nenhum Estado avançado no exercício da democracia prescinde de instrumentos de protecção das informações mais importantes, em ordem à respetiva defesa interna e externa.

Ao contrário de muitos outros casos, cujos mandatos de definição foram adiados pelo poder constituinte, originário e derivado, neste caso o legislador constituinte deixou um rasto claro de ponderações prévias do conflito constitucional em análise:

a) O segredo de Estado é um limite às perguntas dos deputados ao Governo, nos termos do actual artigo 156º, alínea d), o que contraria um entendimento determinista, segundo o qual, não há democracia sem total publicidade ou contraditório público sobre todas as actuações do Estado:

b) SDepois de ter integrado o elenco da reserva relativa da competência legislativa da Assembleia da República (antiga alínea r do artigo 168º), na actual versão constitucional os regimes do sistema de informações da República e do Segredo de Estado são agora matéria indelegável ao Governo, constando da lista de assuntos que a Constituição quis reservar em exclusivo ao órgão parlamentar[45], em especial entre as matérias politico institucionais de âmbito nacional[46].

Desde logo, esta localização constitucional tem as seguintes consequências:

1. Numa perspetiva substancial, são matérias que se encontram subtraídas à regulação de outros órgãos que não o Parlamento, integrando uma reserva de densificação total, que abrangem toda a extensão da matéria listada a qual é consumida, horizontal e verticalmente, em termos de disciplina jurídica primária, por um ato legislativo aprovado pela AR[47].

---

[45] Artigo 164º, alínea q).
[46] BLANCO DE MORAIS, Carlos, Curso..., p. 327.
[47] BLANCO DE MORAIS, Carlos, Curso..., p. 247.

2. Num prisma estritamente formal, estes regimes devem revestir a forma de lei orgânica[48] – são leis orgânicas atinentes à segurança nacional – ou seja, uma lei de valor reforçado pelo procedimento ou em sentido impróprio, atentas as especialidades inerentes ao seu processo produtivo. E sendo leis orgânicas elas carecem de aprovação por uma maioria agravada, pelo menos na votação final global[49];

Esta qualificação tem consequências jurídico-políticas relevantes: as leis de valor reforçado agravadas na sua fase de aprovação acabam por refletir a incidência do chamado princípio da minoria ou da regra minoritária, excepcional fase ao critério geral de deliberação dos órgãos colegiais, sediado no artigo 116º, número 3. Ora esta admissão de um poder de bloqueio da referida lei orgânica implica que elas não estão na disponibilidade do decisor maioritário, exigindo a procura de consensos mais alargados, acentuando a componente parlamentar do nosso sistema de governo[50].

A obtenção desse consenso em relação aos regimes em análise atenua de alguma forma a solidão inerente às decisões sobre as respetivas aplicações práticas. O mesmo se pode dizer da existência da Comissão Fiscalizadora dos actos de acesso às matérias classificadas. Na verdade, numa sociedade democrática de informação, avulta a responsabilidade ético-social dos titulares dos órgãos políticos bem como os controlos politico-democráticos, parlamentares e populares, a respeito da sua utilização[51].

Tal não pode contudo significar que a definição legal de Segredo de Estado fique na livre disposição do legislador. Na verdade, é ainda difícil determinar-se o grau de "intensidade regulativa" que deve caracterizar uma lei do segredo de Estado, falando-se a este propósito de uma "tensão dialéctica entre uma regulação demasiado minuciosa – que tem o inconveniente de se prestar a omissões que inviabilizem a utilidade prática do segredo de estado – e uma regulação generalizante – que tem também

---

[48] Artigo 166º. número 2.
[49] Artigo 168º, número 5.
[50] BLANCO DE MORAIS, Carlos, *Curso...*, p. 326.
[51] BACELAR GOUVEIA, Jorge, *O Segredo de Estado...*

a desvantagem de ser demasiado permissiva no volume das informações que lhe podem estar sujeitas[52].

Se analisarmos a questão na perspetiva do seu impacto específico restritivo nas liberdades comunicativas, enquanto beneficiárias do regime material dos direitos, liberdades e garantias, entende-se que a lei tem de ser clara e precisa (sob pena de *void for vagueness*) e não demasiado abrangente *(overbroad)*[53]. Ou seja, ela não pode ser redigida em termos tão latos que possa ser interpretada como incluindo na sua previsão proibitiva não apenas comportamentos não protegidos por normas jusfundamentais, mas também comportamentos por ela cobertos. Em ambos os casos, ela corre o risco de inibir ou intimidar os seus destinatários gerando uma autocensura inadmissível em democracia[54]: estamos na presença do *chilling efect*.

Essa foi aliás uma das questões suscitadas pelo Presidente da República em sede de fiscalização preventiva da actual lei do segredo de estado, que data de 1994: a natureza excepcional do segredo de Estado impede que "pelo que o âmbito desse mesmo segredo não poder ser tão amplo ou baseado em fórmulas tão vagas que legitimem uma *"arcana praxis"* que permita sonegar aos cidadãos o acesso à informação.

Contudo, o Tribunal Constitucional concluiu que "não se afigura exigível, num domínio plurifacetado como é o do Segredo de Estado, que o legislador não possa recorrer a cláusulas gerais, com exemplificações, contendo conceitos com relativa indeterminação". De acordo ainda com o Acórdão *sub judicio*, no decreto em presença, os juízes consideram que o legislador cumpriu de "forma constitucionalmente admissível" os imperativos decorrentes do princípio da precisão ou da determinabilidade das leis, à semelhança de ordenamentos jurídicos próximos do português, como sejam o italiano e o espanhol, conforme resulta, no entendimento do Tribunal, da análise conjugada dos artigos 1º e 2º do Decreto em análise[55].

---

[52] *Ibidem, idem.*
[53] Novais, Jorge Reis (2004), *Os princípios Constitucionais Estruturantes da República Portuguesa*, Coimbra Editora: Coimbra, p. 193.
[54] *Ibidem*, p. 194.
[55] O regime de segredo de Estado é definido pelo presente diploma, obedecendo aos princípios da excepcionalidade, subsidiariedade (cf. nºs 2 e 3 do artigo 1º e nº 3 do artigo 9º),

Embora discordemos daqueles que questionem a existência de um princípio constitucional geral da determinabilidade das leis restritivas, ou pelo menos comparável com o que vigora perante normas penais incriminadoras ou normas fiscais de incidência, somos sensíveis ao argumento da impossibilidade prática de tipificar os documentos e informações susceptíveis de segredo de Estado, dada a sua variedade e constante mutação dos condicionalismos da política interna e de defesa, sob pena da ineficiência de todo o sistema.

Questão mais controversa e que decorre das opções do legislador ordinário, prende-se com a solução prevista na Lei do Segredo de Estado, artigo 7º, e que foi objeto de pronúncia pelo Tribunal Constitucional em sede de fiscalização preventiva[56]. O Presidente da República suscitou a

necessidade, proporcionalidade, tempestividade, igualdade, justiça e imparcialidade, bem como ao dever de fundamentação;
São abrangidos pelo segredo de Estado os documentos e informações cujo conhecimento por pessoas não autorizadas é susceptível de pôr em risco ou de causar dano à independência nacional, à unidade e integridade do estado e à sua segurança interna e externa;
O risco e o dano eventualmente decorrente do conhecimento por pessoas não autorizadas de certos documentos e informações respeitantes aos domínios indicados têm de ser avaliados casuisticamente (caso a caso, em face das suas circunstâncias concretas), não resultando automaticamente da natureza das matérias a tratar;
Os documentos que podem ser submetidos ao regime de segredo de Estado, mas apenas em função da referida avaliação casuística e com referência aos domínios indicados, podem respeitar a um conjunto de matérias enumeradas exemplificativamente (as transmitidas, a título confidencial por Estados estrangeiros ou por organizações internacionais; as relativas à estratégia a adoptar pelo País no quadro de negociações presentes ou futuras com outros Estados ou organizações internacionais; as que visam prevenir e assegurar a operacionalidade e a segurança do pessoal, dos equipamentos, do material e das instalações das Forças Armadas e das forças e serviços de segurança; as relativas aos procedimentos em matéria de segurança na transmissão de dados e informações com outros Estados ou com organizações internacionais; aquelas cuja divulgação pode facilitar a prática de crimes contra a segurança do Estado; as de natureza comercial, industrial, científica, técnica ou financeira que interessam à preparação da defesa militar do Estado);
As matérias indicadas a título exemplificativo, por serem as mais frequentes na prática secular dos Estados soberanos (*id quod plerumque accidit*), reconduzem-se a um ou mais dos quatro domínios indicados [por exemplo, as constantes das alíneas a) e b) têm a ver com a unidade e integridade do Estado e a sua segurança interna ou externa; as das alíneas c) e d) têm a ver com a independência nacional, a unidade e integridade do Estado, a sua segurança interna e externa; a da alínea e), com a segurança interna e externa do Estado, etc.].
[56] Acórdão do Tribunal Constitucional, nº 458/93 relativo a um pedido de fiscalização preventiva formulado pelo Presidente da República referente a um conjunto de normas do Decreto nº 129/VI sobre o "Segredo de Estado".

questão da eventual inconstitucionalidade da solução vertida no artigo 7º, em confronto com as garantias de processo criminal do artigo 32º da CRP, uma vez que permite que os titulares máximos dos órgãos de soberania detentores do segredo mantenham reservadas informações e elementos de prova respeitantes a factos indiciários da prática de crimes contra a segurança do Estado, pelo tempo estritamente necessário à salvaguarda da segurança interna e externa do Estado.

Ora, o Tribunal Constitucional concluiu que embora essa solução constitua uma restrição a várias disposições constitucionais em matéria de processo criminal, "não viola os princípios da necessidade e da proporcionalidade", uma vez que não põe em causa os direitos dos arguidos, nem é susceptível de "criar um risco de uma encapotada garantias administrativa de que seriam beneficiários certos agentes do Estado. Os juízes constitucionais consideraram, e bem a meu ver, que ela "encontra-se justificada para salvaguardar outros valores e interesses constitucionais protegidos", nomeadamente a independência nacional, a integridade do território, a segurança interna e externa da comunidade politica. Desde logo, o facto de tal reserva ser apenas temporária – pelo tempo estritamente necessário – e ter de ser determinada pelo titular máximo do órgão de soberania detentor do segredo, na prática o Presidente da República ou o Primeiro Ministro.

3.5. Por uma Cultura Democrática do Segredo

Ao longo da presente reflexão, pensamos ter deixado implícita a ideia de que a publicidade e o segredo de Estado têm em comum o estarem ao serviço da garantia do Estado de direito de democrático e dos direitos fundamentais dos cidadãos. Já o dissemos no início desta intervenção: não existe propriamente uma antinomia fundamental entre publicidade e segredo. São inimigos íntimos mas parceiros constitucionais inseparáveis.

Talvez por isso, uma boa forma de pacificar e estabilizar tudo o que tenha a ver com o Segredo e a actividade dos Serviços de Informações poderia ser a de os envolver mais nesse ambiente de conciliação constitucional. Para uma cultura das informações, pode contribuir uma maior democratização do regime do segredo e de todo esse conjunto de informações que integram o núcleo essencial de salvaguarda dos valores e interesses fundamentais do Estado, bem como dos serviços responsáveis pela sua produção. Enfim, diminuir a discrição com que a nossa Constituição trata estes assuntos, no plano do direito a constituir.

Dito isto, contudo, não posso deixar de notar que dessa discrição resultam efeitos jurídico-constitucionais relevantes. Parece-me que o legislador constituinte foi prudente em ter optado por se referir apenas direta e expressamente ao Segredo de Estado numa norma atributiva da competência legislativa. Em todos os outros casos, o seu relevo constitucional depende da prossecução de certos bens, esses sim protegidos constitucionalmente: segurança do Estado, segurança interna ou externa, independência e unidade do Estado. Ou seja, o segredo de Estado e as suas regras só poderão merecer protecção constitucional se servirem estes fins. Não releva a classificação de uma matéria como Segredo de Estado, mas sim se as finalidades que ela serve são susceptiveis de integrar o elenco de bens constitucionalmente protegidos.

O que quer dizer que o segredo de Estado não pode nunca ficar completamente à margem das ponderações de interesses que os indivíduos, a comunicação social e, em última instância os tribunais, entendam levar a cabo sempre que considerem ter sido abusivamente usado. Daí a relevância da opção por um conceito material, já referida, feita pela doutrina e a jurisprudência constitucional.

Uma cultura democrática do segredo exige que se mantenha em segredo o que é do segredo, e que seja público o que é do público. É preciso garantir que o que realmente deve ser segredo nunca se torne público e que o que deve ser público não caia na armadilha duma qualquer sobrequalificação arbitrária do segredo.

Bibliografia
Alexandrino, José de Melo
- (2009) – "Problemas Jusfundamentais Emergentes da Regulação da Rádio e da Televisão em Portugal" *Comunicação ao Congresso Luso-Italiano de Direito Constitucional*, promovido pelo ICJP da FDUL.
- (2006) – *A Estruturação do Sistema de Direitos, Liberdades e Garantias na Constituição Portuguesa, Vol I – Raízes e Contexto*, Coimbra Editora: Coimbra.
- (1998), *Estatuto Constitucional da Actividade da Televisão*, Coimbra Editora: Coimbra.

Andrade, Vieira de
- (2001), *Os Direitos Fundamentais na Constituição Portuguesa de 1976*, 2ª Edição, Coimbra.

- (2009), "Publicidade e Segredo no Conselho de Estado", in *Revista de Direito Público e Regulação*, nº 1, Centro de Estudos de Direito Público e Regulação, Faculdade de Direito da Universidade de Coimbra: Coimbra; p. 82.

BLANCO DE MORAIS, Carlos
- (2011), *Justiça Constitucional*, Tomo II, Coimbra Editora: Coimbra;
- (2011), *Justiça Constitucional, Tomo II, O Direito Contencioso Constitucional*, Coimbra Editora: Coimbra.

BOSELLI DE SOUSA, Luíz H.
- (2010) *A correlação da efetividade das Normas Constitucionais com o suprimento das Omissões Normativas*, Tese de Doutorado (Inédita – Policopiada), São Paulo.

BRITO, Miguel Nogueira de
- (2000), *Constituição Constituinte: Ensaio sobre o Poder de Revisão da Constituição*, Coimbra.

BRÍZIDA CASTRO, Raquel Alexandra
- (2013) "A Regulação da Comunicação Social numa Democracia Segura", in *"Segurança Pública e Privada"*, *1º Congresso Internacional de Segurança Pública e Privada*, Faculdade de Direito de Lisboa e CJLP, Coimbra Editora: Coimbra.
- (2012a) – *As Omissões Normativas Inconstitucionais no Direito Constitucional Português*, Almedina, Coimbra.
- (2012b) – "Por Uma Fiscalização Concreta e Difusa das Omissões que Legislativas Inconstitucionais que Violam Direitos, Liberdades e Garantias", in *Estudos de Homenagem ao Professor Doutor Jorge Miranda*, Coimbra Editora: Coimbra, pp. 413 e segs..
- (2000) *Contributo para o Estudo da Eutanásia no Direito Constitucional Português*, Relatório de Mestrado em Direitos Fundamentais (inédito), Faculdade de Direito da Universidade de Lisboa: Lisboa; (BRÍZIDA VIANA).

CANOTILHO, J. J. Gomes
- (2003), *Direito Constitucional e Teoria da Constituição*, 7ª Ed., Coimbra, p. 1160.

CANOTILHO, Gomes/MOREIRA, Vital
- (2007) – *Constituição da República Portuguesa Anotada*, Volume I, 4ª Edição. Coimbra Editora: Coimbra.

COSTA PINTO, Frederico de Lacerda
- (2008), "Publicidade e Segredo na Última Revisão do Código de Processo Penal", *Separata da obra Estudos Comemorativos dos 10 Anos da Faculdade de Direito da Universidade Nova de Lisboa*, Volume II, Almedina.

Denninger, Erardo
- (2001), "Democracia Militante y Defensa de la Constitución", in *Manual de Derecho Constitucional*, Benda/Mahiofer, Vogel, Hesse, Heyde, Marcial Pons: Madrid.

Diniz de Ayala, Bernardo
- (1996), "O Direito de Antena Eleitoral", in Perspectivas Constitucionais, Nos 20 anos da Constituição, Coimbra Editora: Coimbra.

Dworkin, Ronald
- (1985), *A Matter of Principle*, Harvard University Press: Cambridge, Massachusetts.

Engisch, Karl
- Introdução ao Pensamento Jurídico, 7ª Ed., Lisboa, 1996.

Esteves, Maria da Assunção
- (1997), "A Jurisprudência do Tribunal Constitucional relativa ao Segredo de Justiça", in *O Processo Penal em Revisão: Comunicações*. UAL: Lisboa, p. 124.

Gouveia, Jorge Bacelar
- (1996), Segredo de Estado, in Dicionário Jurídico da Administração Pública, VII, Lisboa, pp. 365 e ss.

Hage, Jorge
- (1999) *Omissão Inconstitucional e Direito Subjetivo*, Brasília.

Machado, Jónatas
- (2002), *Dimensões Constitucionais da Esfera Pública no Sistema Social*, Coimbra Editora: Coimbra.

Marques da Silva, Germano
- (2008), *Curso de Processo Penal*, II, Editorial Verbo: Lisboa.

Mill, John Stuart,
- (2006), *Sobre a Liberdade*, Edições 70: Lisboa.

Miranda, Jorge
- (2000), *Manual de Direito Constitucional, Tomo IV*, Coimbra Editora: Coimbra.

Miranda, Jorge/Medeiros, Rui
- (2010) – *Constituição Portuguesa Anotada*, Tomo I, 2ª Ed., Coimbra Editora: Coimbra.

Novais, Jorge Reis
- (2011), Os Princípios Constitucionais Estruturantes da República Portuguesa, Coimbra Editora: Coimbra.
- (2003), *As Restrições aos Direitos Fundamentais Não Expressamente Autorizadas Pela Constituição*, Coimbra Editora: Coimbra.

Quadros, Fausto
- (1986) "Omissões Legislativas sobre direitos fundamentais", in *Nos Dez Anos da Constituição*, Lisboa.

Rawls, John
- (1997), *O Liberalismo Político*, Lisboa.

Toller, Fernando M.
- (2011), *El formalism en la libertad de expresión: Critica de la distinción absoluta entre restricciones previas y responsabilidades ulteriores*, Marcial Pons: Buenos Aires.

Os Jornalistas e o Segredo de Justiça

MANUEL MAGALHÃES E SILVA[*]

1. **Tópicos** (facultados aos alunos, no início da aula)

    "Dai-me qualquer juiz, parcial, corrupto, até meu inimigo, pouco importa, desde que ele só possa agir em face do público"

    Mirabeau

    1. Direito de se informar, de informar e de ser informado. O segredo de justiça como limite.
    2. *"Justice must be seen to be done"* – transparência, partilha e percetibilidade. Legitimação do Poder Judicial.
    3. Justiça e justiceirismo.
    4. A codificação linguística e semântica da linguagem jurídico-judiciária.
    5. Função mediadora dos jornalistas – dos ritos e da realidade que eles encenam (transparência dos processos e transparência dos homens). Mediação e controlo democrático da função jurisdicional.
    6. A transformação do acontecimento em notícia – a construção com base na ação estratégica das fontes, na atuação dos jornalistas, na

[*] Advogado

negociação e nos constrangimentos institucionais. A indispensabilidade de o comum saber descodificar a notícia e a sua linguagem.
7. Fontes anónimas e representantes. A ausência institucional *versus* estratégias individuais de poder dos atores judiciários.
8. O dever de reserva de juízes, MP e advogados, à luz dos princípios da adequação, da necessidade e da proporcionalidade. A REC (2003) nº 13 do Conselho de Ministros dos Estados – membros do Conselho da Europa.
9. Publicidade: fundamentos – proteção do arguido/confiança do público/controlo democrático. O segredo de justiça: fundamentos. Resenha histórica. Segredo de justiça no direito/praxis comparado. A Constituição da República. Segredo de justiça no CPP/ /CP. Resenha histórica. Regime.
10. *Free press v. fair trial*. Gabinetes institucionais e legislação de enquadramento – modernização de procedimentos e fontes institucionais.
11. Segredo de justiça e direito à informação. Concordância prática e harmonização. Segredo de justiça e jornalismo de investigação.
12. A violação do segredo de justiça no direito/praxis comparado e na jurisprudência do TEDH*.
13. A violação do segredo de justiça e sua divulgação pelo media como um caso particular de recetação/contrabando.
14. A violação do segredo de justiça e os assassínios de caráter; os julgamentos paralelos e a condenação prévia e sumária.
15. Para uma tutela efetiva do segredo de justiça. O controlo da função jurisdicional via media – tutela efetiva do segredo de justiça e causas de justificação.

*– Weber c. Suiça, acórdão de 22.05.90;
 Campos Dâmaso c. Portugal, acórdão de 24.04.2008;
– Laranjeira Marques da Silva c. Portugal, acórdão de 19.01.2010;
– Pinto Coelho c. Portugal, acórdão de 28.06.2011, todos em *http://hudoc.echr.coe.int*

Bibliografia:
- J.J. Gomes Canotilho/ Vital Moreira – *"Constituição da República Portuguesa Anotada", Vol. I*, Coimbra Editora 2007;
- Cunha Rodrigues – *"Justiça e Comunicação Social"*, Revista Portuguesa de Ciência Criminal, 7, 531 e segs;
- Jónatas E. M. Machado – *"Liberdade de Expressão Dimensões Constitucionais da Esfera Pública do Sistema Social"* Studia Iuridica – Boletim da Faculdade de Direito da Universidade de Coimbra, Coimbra Editora 2002;
- Plácido Conde Fernandes – *" Justiça e Media: Legitimação pela Comunicação"*, Revista do CEJ, X, 311-346;
- Paulo Dá Mesquita – *" O segredo do inquérito penal – uma leitura jurídico-constitucional"* Direito e Justiça, Vol. XIV Tomo 2, 47-133;
- Fernando Gascon Inchausti – *"O Segredo da Investigação no Processo Penal: um Estudo Comparado Sobre as Técnicas Legais para Conseguir a sua Preservação"* – http://www.ffms.pt/upload/docs/ddb6430d-342c-4e95-9cc5-2d2ad987cb7f.pdf
- Manuel Simas Santos e Manuel Leal Henriques – *"Código de Processo Penal Anotado"*, 3ª edição, 2008

2. Transcrição dos trechos mais relevantes da gravação da aula

O tema desta aula – os jornalistas e o segredo de justiça – convoca, desde logo, uma ideia de controlo da administração da Justiça pela publicidade. Controlo decisivo para uma justiça transparente, tão exemplarmente espelhada na magnífica proclamação de Mirabeau, no dealbar da Revolução Francesa, *"dai-me qualquer juiz, parcial, corrupto, até meu inimigo, pouco importa, desde que ele só possa agir em face do público"*.

(...)

Acontece que, em causa, aqui, está exatamente o reverso da publicidade – o segredo, no caso, de justiça. E o segredo de justiça na sua relação com a atividade jornalística, que o mesmo é dizer, com a atividade da comunicação social enquanto tal. Ora vale a pena, prosseguindo na ideia de publicidade, perceber, no domínio da Justiça, que realidades ela serve.

Um dos temas com que a modernidade se confrontou foi exatamente o da necessidade de que a Justiça não ficasse circunscrita ao binómio julgador/julgado.

A Justiça, com a modernidade, é alguma coisa que é feita perante a comunidade, que é partilhada com a comunidade, e que é decisivo que seja percebida pela comunidade.

É a ideia de que a justiça há-de ser partilhada e há-de convencer os seus destinatários, em primeira linha os intervenientes processuais, que são diretamente afetados pela regulação de situações da vida que um julgamento sempre comporta; depois, toda a comunidade, a quem interessa e importa uma Justiça "justa". A ideia de que não basta, efetivamente, o juiz estar tranquilo na sua decisão, mas que os seus destinatários e a comunidade em geral contam, também, para este efeito. É o que o excelente brocardo anglo-saxónico *justice must be seen to be done* evidencia: exatamente a ideia de que é indispensável que haja visibilidade na administração da justiça, o que significa, por um lado, transparência, e, por outro, partilha, comunicação, da decisão judicial, capacidade de tornar visível a regulação jurídica que sempre significa a resolução de uma questão posta a um juiz.

Isto é tanto mais importante quanto nós hoje estamos confrontados com uma administração da justiça que encontra eco comunitário, as mais das vezes, por formas extremamente perversas.

(...)

Vale a pena ter ideia de que há sempre um obstáculo entre a realidade e a perceção dela.

A utopia é a imediação entre objeto e sujeito; o possível é o intervalo sempre existente entre sujeito e objeto; e, portanto, a necessidade de identificar e encontrar mediadores entre a realidade e o sujeito. E para isso há regras; o processo é isso.

O processo, seja civil, penal, administrativo, fiscal, o que quer que seja, é exatamente o conjunto de regras que estão instituídas para disciplinar e permitir o conhecimento das questões que são apresentadas ao Juiz.

Vale a pena perceber que a perceção da comunidade, por via de regra, não é essa.

Há uma perceção da realidade que faz com que as questões da justiça sejam apreendidas não enquanto equilíbrio de direitos e enquanto virtude – dar a cada um o que de direito lhe pertence-, mas como formas de justiceirismo, que é aquilo que caracteriza, habitualmente, as comunidades com menor desenvolvimento cultural e cívico, como é a nossa.

Ora uma abordagem justiceira é o pior que pode acontecer na administração da justiça, porque vai desde o *"está-se mesmo a ver"* até à disponibilidade para se entrar, continuadamente, nos julgamento antecipados e paralelos por via da comunicação social.

É exatamente essa mentalidade justiceira que é ajudada, passe a expressão, pelos juristas.

Os juristas, com os médicos, devem ser das últimas profissões que mantêm um caráter, por assim dizer, sacerdotal, servida por uma linguagem hermética, que faz gala do seu hermetismo e que o usa como uma forma de poder.

É uma linguagem codificada, que é característica dos juristas, como é característica dos médicos (ninguém estará esquecido da Canção de Lisboa e do exame final de Vasco Santana, que até sabia o esternocleidomastóideo!).

Trata-se de uma codificação e de um hermetismo que não é apreensível por leigos e que constituem um poder, são um travão, e um travão fortíssimo, à transparência da Justiça e à fiscalização da atividade jurídica e judiciária.

(...)

Qualquer leigo que entre numa sala de audiências e procure seguir, com atenção, de princípio a fim, um julgamento, dificilmente perceberá mais do que 20 ou 30% do que se passa, a não ser que haja coisas, por exemplo, claramente escandalosas, ditas em linguagem comum, porque então perceberá tudo, palavrões e tudo.

Vale a pena reter que a comunicação social é o contrário disto: é o contrário da linguagem codificada; é o contrário do equívoco semântico; é o contrário da linguagem fechada e hermética. E, portanto, logo à partida, está instituída uma confrontação entre a linguagem do sistema de administração da justiça e a linguagem da comunicação social.

Isto tem, por via de regra, como principal consequencia que grande parte daquilo que a comunicação social diz sobre a administração judiciária não tem rigorosamente nada a ver com o nela se passa, e, portanto, significa uma forma desviada de apreensão que tem a ver, não com a realidade do que se passou, mas com o modo como a informação sempre se constrói.

O que é tanto mais importante quanto, sendo a linguagem judiciária uma linguagem codificada, e havendo necessidade de que a justiça possa ser vista a ser feita, quem melhor do que a comunicação social, que tem uma linguagem simples e de transparência direta, poderia fazer aquilo que permitiria a democratização/divulgação de todo o saber e de todo o acontecimento judiciário? E nesse percurso, exercer, proficientemente, uma função mediadora, isto é, a comunicação social como mediadora entre o sistema de administração da justiça e a comunidade em geral.

O que vai ser levado a cabo através do processo tradicional de construção da notícia.

Hoje, há algum consenso nesse domínio: a notícia não é a realidade enquanto tal, não é a chamada notícia espelho, isto é, a notícia como a realidade que nos é dada pelo jornalista como se ele estivesse a colocar um espelho sobre ela e a refleti-la sobre nós. Isso não é efetivamente assim, a construção da notícia resulta da conjugação de vários fatores.

Em primeiro lugar tem a ver, e o jornalista não controla isso, com a ação estratégica das fontes do jornalista. O jornalista não funciona sem fontes, e o primeiro elemento que determina a construção da notícia é a ação estratégica das fontes.

Depois há a atuação do jornalista sobre as fontes, porque aqui há dois sentidos, porque as fontes atuam sobre o jornalista, mas o jornalista também atua sobre as fontes; e isso comporta, passe a expressão, alguma negociação, há algum tira-põe na relação entre jornalista e fontes, sem a qual não se constrói a notícia, para que se chegue a um resultado final. E depois há as empresas, há as sociedades, há os chamados constrangimentos institucionais, a que nenhum jornalista é imune, nem pode ser; e portanto, a construção da notícia é o fruto de todos esses fatores.

Com a indispensabilidade, mesmo que a notícia seja esta construção, de que na relação entre média e sistema de administração da justiça o jornalista seja o elemento que vai permitir descodificar, perante o comum, esta linguagem esotérica e hermética que é a linguagem da justiça, para tornar a justiça sensível; e, por essa via, podermos ver a justiça a ser feita, ou não.

(...)

Nestas relações entre o sistema de administração da justiça e jornalistas, nós temos tido um enorme deficit de informação por parte do sistema de administração da justiça para com os jornalistas.

Grande parte do jornalismo judiciário vem das fontes anónimas, o que é a forma mais descontrolada e descontrolável de fazer informação sobre o sistema de administração judiciária.

É "fonte judicial", "fonte próxima do tribunal", "fonte próxima do MP", "fonte próxima da defesa", e coisas deste género; portanto, clara e inequivocamente, formas anónimas de difusão da informação, e a mais completa – agora com algumas modificações, mas perversas – com a mais completa ausência institucional da justiça junto dos meios de comunicação social.

Nos últimos anos, começou a haver alguma intervenção seja por parte do Supremo Tribunal de Justiça, seja por parte da PGR, aqui e ali mais ao serviço de magistrados do que da difusão do funcionamento concreto do sistema de administração da justiça junto dos jornalistas.

(...)

Por outro lado, as fontes anónimas também têm muito a ver com a circunstância de os atores judiciais – juízes, magistrados MP, advogados – estarem peados por um dever de reserva. Os juízes nos termos do artigo 12º do Estatuto dos Magistrados judiciais, os magistrados do MP nos termos do artigo 84º do Estatuto dos Magistrados do MP, e os advogados nos termos do artigo 87º e 88º do EOA. Estas disposições têm de comum o quê? Não se pode falar do que conste de processos enquanto eles estiverem cobertos pelo segredo de justiça. Ora bem: esta é exatamente a fase mais apelativa e é nela que estala o conflito entre o direito de informar, se informar e ser informado, por um lado, e o segredo de justiça, por outro.

(...)

Nos nossos dias, tem-se reconhecido a importância decisiva dos meios de comunicação social como instrumentos para os responsáveis políticos e a opinião pública poderem controlar e verificar se os juízes se desobrigam das suas pesadas responsabilidades, de acordo com as finalidades que constituem fundamento da missão que lhes foi confiada. De que são exemplo as intervenções sobre o tema, seja do Conselho da Europa, seja da CEDH ou do TEDH, como foi o caso da sempre citada Recomendação nº 13 do Conselho de Ministros dos Estados Membros do Conselho da Europa, de 2003.

O que nos conduz, de novo, para o tema da publicidade do processo, com que tínhamos começado – "*justice must be seen to be done*".

A publicidade do processo existe, antes de mais, para proteção do arguido, contra processos secretos, contra formas de pressão indevidas, contra torturas, contra tudo aquilo que na posição indefesa em que já se encontra o poderia menorizar ainda mais. E, portanto, a publicidade é, em primeira linha, um meio de defesa do arguido relativamente a qualquer forma enviesada de pressão ou de prepotência. Mas é, também, um elemento essencial para a comunidade, isto é, a publicidade do processo é aquilo que permite à comunidade poder ter confiança no seu sistema de administração da justiça, porque está a ver como ele funciona. E, por isso, também por esta via, a publicidade é indispensável. E porque a comunidade pode contemplar o funcionamento do sistema de administração da justiça, esta publicidade funciona, nas sociedades livres, como um controlo democrático por parte dos cidadãos do exercício da função jurisdicional.

A isto se contrapõe o segredo de justiça.

Penso que terão ideia, pelo menos os licenciados em direito, que o segredo de justiça contempla duas vertentes: o segredo de justiça interno e externo. O interno é aquele que diz respeito aos intervenientes processuais, o externo aquele que diz respeito à generalidade das pessoas. Está no segredo de justiça interno aquilo que ninguém pode conhecer (incluindo os sujeitos processuais – arguido, assistente, e por aí fora). Só os magistrados ou funcionários judiciais. E o segredo de justiça externo, quando todos os intervenientes no processo têm conhecimento do que se passa, mas, fora deste âmbito, é defeso revelar o quer que seja sobre o que se está a passar ou sobre o que se passou. Portanto, um segredo de justiça externo e um segredo de justiça interno. Porque é que isso existe?

(...)

Vale a pena perceber que o segredo de justiça aparece, essencialmente, sobretudo nas sociedades latinas, com dois objetivos: por um lado, assegurar a presunção de inocência, por outro, garantir a eficácia da investigação. Nas sociedades anglo-saxónicas, não é rigorosamente assim, porque o sistema de investigação criminal é diverso do nosso, do latino, é sobretudo policial, e a fase judicial inicia-se num momento muito mais tardio da recolha de elementos. Aí, o segredo de justiça existe, e existe mesmo, na fase de julgamento; existe como uma forma de garantir ao arguido um julgamento justo e equitativo – o *fair trial* – e, portanto, o segredo de justiça teve sobretudo e tem, nas sociedades anglo-saxónicas, como fundamento, assegurar ao arguido um julgamento justo e equitativo.

Entre nós, e nas sociedades latinas em geral, tem aqueles dois fundamentos; e evoluiu muito rapidamente, até 1998. O segredo de justiça quer no CPP de 1929, quer depois, no CPP de 1987, abrange as fases que antecedem a colocação do processo em termos de poder ser julgado – no código de 29, até ao despacho de pronúncia, no código de 87, até à decisão instrutória. Despacho de pronúncia e não pronúncia e decisão instrutória, não sendo, em rigor, a mesma coisa, têm objetivo idêntico: declarar que o processo está em condições daquele arguido ser submetido a julgamento, ou do processo ser arquivado.

Até 98 era assim. Em 98, introduz-se alguma modificação, essencialmente de dois tipos, e uma delas fundada exatamente na preocupação de tornar mais inteligível e mais esclarecedor o sistema de administração de justiça. Tratou-se da possibilidade de, apesar do segredo de justiça, poderem ser prestados esclarecimentos públicos pelo Procurador-Geral da República, sempre que isso fosse necessário para a reposição pública da verdade dos factos; ou para tranquilidade pública, se a revelação de factos era idónea para obstar a um ambiente de intranquilidade; ou quando fosse necessária a defesa da reputação de alguma pessoa. E também nessa altura se permitiu que, na fase a seguir ao inquérito, quando pedida apenas pelo arguido – a fase de instrução –, pudesse ele dizer: eu dispenso o segredo de justiça, isto é, eu já não tenho nada a recear relativamente à presunção de inocência, portanto, não me importo que esses factos sejam conhecidos.

E vão ver que isto tem, efetivamente, uma importância grande; e tem uma importância grande porque, entre nós, o segredo de justiça foi sendo mais ou menos respeitado até aos anos 70. Na Europa, em geral, também por essa época, a situação era essencialmente a mesma.

Vale a pena ter ideia de que quer no direito espanhol, quer no direito italiano, quer no direito francês, o sistema de segredo de justiça, com variantes de terminologia e com fases que têm diferenciações relativamente às fases do nosso processo penal, apresentavam uma configuração muito semelhante à nossa. O alemão já não, mas isso liga-se às características próprias da sociedade alemã. E, portanto, não há nenhuma regra sobre o segredo de justiça no processo penal alemão; a regra é tirada *a contrario*, isto é, há um conjunto de atos de que se pode tomar conhecimento na fase inquérito e, portanto, *a contrario*, dos outros não se pode. E o sistema tem funcionado assim, e bem, tanto quanto se sabe, bem, até pelas características próprias da sociedade alemã. Nas sociedades latinas, e a partir dos anos 70, tem funcionado, continuadamente, mal, isto é, tem funcionado como entre nós, com continuadas e permanentes violações do segredo de justiça.

Como sabem, o segredo de justiça tem uma consagração constitucional, isto é, a CRP entende que deve haver situações de segredo de justiça e com dois fundamentos: proteger a presunção de inocência, por um lado, assegurar a eficácia da investigação criminal, por outro – artigo 20º, nº 3 da CRP; mas, depois, assegura a plena publicidade da audiência, art. 206º também da CRP, salvaguardados os casos, o que é aliás compreensível, em que esteja em causa a liberdade e autodeterminação sexual e em que a publicidade da audiência possa lesar a integridade moral das pessoas envolvidas, bem como algumas situações de terrorismo.

(...)

O regime atual de segredo de justiça é extremamente aberto. Hoje a regra relativamente ao segredo de justiça, artºs 86º e ss. do CPP, é a de que o processo penal é público; só não é público, e apenas na fase de inquérito, a requerimento do arguido ou do assistente, ou por determinação do MP, que seja ratificada pelo juiz de instrução. Donde, o processo fica em segredo de justiça, só quando o arguido o requer, por via da regra, para proteção da presunção de inocência, ou o assistente, porque o conhecimento dos factos do processo podem ser infamantes para a pessoa ofendida, ou o MP, quando entende que ou a presunção de inocência ou a eficácia da investigação exigem o segredo de justiça.

A orientação do MP, que, habitualmente, tem sido aceite pelos juízes de instrução, é determinar o segredo de justiça em todos os casos de criminalidade violenta, altamente organizada, terrorismo e criminalidade complexa. Mas vale a pena, todavia, ter em atenção que é exatamente aqui que vão cair 95% ou mais dos processos que interessam à comunicação social, e que interessam à comunidade; e, portanto, o sistema, no que realmente importa aos media, não resolve o problema da saber quais são os limites do segredo de justiça nas relações entre o sistema de administração judiciária e a comunicação social, porque o que mais atrai está coberto pelo segredo.

A possibilidade de se reduzir a continuada violação do segredo de justiça por via de ações positivas podia passar – e essa experiência tem sido tentada noutros países, em Espanha por exemplo – pela criação de gabinetes institucionais, de relação coma imprensa, junto dos tribunais da relação, junto das procuradorias distritais do MP, dos DIAP's de Lisboa e Porto, e também, no STJ e no STA; e ainda, um gabinete itinerante, em cada distrito judicial, que pudesse ir ao tribunal onde houvesse alguma situação que o exigisse para estabelecer uma relação institucional com os media, e, portanto, haver uma informação que não fosse nem de fontes anónimas, nem enviesada, mas que representasse, efetivamente, uma vontade da relação entre o sistema de administração de justiça e os media, que, apesar do segredo de justiça, e mesmo depois dele, fosse esclarecendo tudo o que pudesse ser revelado.

Ora se não há controvérsia quanto ao facto de ter garantia constitucional o direito de se informar, o direito de informar e o direito de ser informado, o que está em causa é o facto de o segredo de justiça ser um caso particular do tema geral dos limites daqueles direitos.

Limite que, desde logo, é reconhecido pelo Estatuto dos Jornalistas – artº 8º – que, exatamente quando disciplina o acesso às fontes, proclama, sem nenhuma hesitação, que ele não cobre, efetivamente, os processos em segredo de justiça e, portanto, não há liberdade de acesso às fontes quando um processo esteja em segredo de justiça. Donde, vai ser necessário ver em que medida se consegue compatibilizar o direito constitucional à informação com as três vertentes que referi, e o segredo de justiça, também com consagração constitucional, em termos tais que, através de um processo de concordância prática e de harmonização, se possa restringir alguma coisa o segredo de justiça para que haja direito à informação, e se possa restringir alguma coisa do direito à informação para que se possa manter o segredo de justiça.

É que a harmonização entre direitos conflituantes, como é tantas vezes o caso de segredo de justiça e do direito à informação, faz-se exatamente através da menor contração possível de cada um deles para procurar a sua harmonização prática.

(...)

Convém, todavia, ter presente, que o segredo de justiça nada tem a ver com a questão do jornalismo de investigação, que, infelizmente, não há em Portugal. Em Portugal, o jornalismo de investigação resume-se a um qualquer interessado deixar cair, em cima da secretária de um jornalista, um dossier com informação. Jornalismo de investigação terá havido uma, duas ou três vezes, até porque as empresas editoriais não investem nele.

Ora o jornalismo de investigação é essencial nas sociedades democráticas, e na sua falta reside uma das grandes deficiências que nós temos, quando ele tem direito de cidade pela Europa fora, tendo recebido clara consagração da CEDH, a propósito de um caso da jurisprudência britânica, o célebre acórdão Sunday Times c. Reino Unido, em que estava em causa o processo da talidomida e a investigação que o jornal publicou sobre o tema.

Perante a violação do segredo de justiça, que reação legal?

No Reúno Unido, não existindo nenhuma regra escrita sobre segredo de justiça, visa-se garantir um julgamento justo e equitativo, o *fair trial*. E como é que se procura atingir esse objetivo? Através de uma atuação concreta de cada juiz, que dá uma ordem de vinculação obrigatória para toda a comunicação social – isto não pode publicar; aquilo não pode publicar –, sob pena de *contempt of the court*, que é crime, e que leva a uma punição criminal.

Foi o que aconteceu no referido caso do Sunday Times: os jornalistas, através de uma ação longa de investigação, denunciaram as questões relativas à talidomida, o que tinha sido proibido pelo tribunal de julgamento dos responsáveis por aquele medicamento. A Comissão Europeia dos Direitos do Homem veio dizer não, não perturba um **fair trial** e deve ser considerado como respeitando o art. 10º da CEDH que jornalistas, tendo feito investigação sobre alguma coisa de interesse público, noticiem essa investigação, sem que isso resulte da sua intromissão em processo judicial ou da aquisição de conhecimento dos factos através dele. E, portanto, hoje, há, efetivamente, direito de cidade, por todo o mundo ocidental, relativamente ao jornalismo de investigação e à circunstância de o jornalismo de investigação e segredo de justiça não terem nada a ver um com o outro; isto é, através de uma investigação, nada impede que o jornalista descubra todos os factos que constem de um processo e os possa publicar sem nenhuma violação do segredo de justiça e sem nenhuma sanção. O que está em causa não é proibir ou dificultar a investigação, o que está em causa é preservar a presunção de inocência e a qualidade da investigação através do segredo do processo, não daquilo que o jornalista, numa sociedade democrática, através dos seus próprios meios, consegue descobrir.

Nos EUA, é um bocadinho diferente, porque aí o sistema começou a funcionar em benefício dos juízes, os *contempt of the court by publication* começaram a ser, sobretudo, visíveis, quando criticavam os juízes e as coisas que diziam respeito aos juízes; e isso determinou que se tivesse desenvolvido uma jurisprudência nesse sentido, a que os tribunais americanos, os próprios tribunais americanos, acabaram por pôr cobro, em 1961, de uma maneira tipicamente anglo-saxónica, dizendo: as coisas não se resolvem através das *contempt of the court*; se o que está em causa é, efetivamente, assegurar um julgamento equitativo, então quando, de todo em todo, por causa das intervenções da comunicação social, não for possível, por nenhum dos meios conhecidos, assegurar um julgamento equitativo ao arguido, só há uma solução – tem que ser absolvido. Porque o sistema americano tem vários meios, desde o arguido ser julgado noutro sítio, onde não se faça sentir a influência da comunicação social; se o que está em causa é a influência que possa haver sobre os jurados, escolherem os jurados noutro universo de pessoas, etc. Mas se depois de tudo isso feito, não se consegue, então, acórdão no caso *Sheppard v.Maxwell* de 1966, então a solução é efetivamente absolver o arguido, porque não se lhe pode garantir um julgamento justo.

(...)

Já se sustentou entre nós que nas relações entre a comunicação social e o sistema de administração da justiça, as continuadas violações do segredo de justiça a que se ia assistindo deviam ser tratadas como casos particulares de recetação; e isto porque, na redação do artigo 86º do CPP, antes da revisão de 2007, era duvidoso que se pudesse dizer que os jornalistas estavam cobertos pela obrigação de observância do segredo de justiça, pois a redação daquele artigo permitia concluir que obrigados pelo segredo de justiça estavam aqueles que tivessem contacto com o processo. Donde, relativamente ao jornalista que não tivesse contacto direto com o processo, era defensável que não estivesse abrangido pelo segredo de justiça. Não é menos verdade que os jornalistas que tinham informação, em violação do segredo de justiça, estavam exatamente numa situação semelhante à do comerciante que compra, para revenda, uma televisão que sabe ter sido furtada. Ora se o nosso regime penal de recetação não permite este tratamento, interessantemente é ser essa a solução do direito francês – publicação de factos em segredo de justiça, sabendo o autor da publicação que assim é, é punida como recetação.

(...)

Uma adequada formação em matéria de garantias constitucionais, de orgânica e funcionamento dos tribunais e, sobretudo, das principais regras do processo penal, são ferramentas indispensáveis para um jornalismo judiciário que cumpra a função de informar, e não se caracterize, como tem, reiteradamente, acontecido entre nós, por ser inaceitável factor de justiceirismo, julgamentos antecipados e paralelos, tudo com recurso a violação do segredo de justiça.

Situação que tanto deveria inquietar o jornalismo quanto quem presta informação em segredo de justiça o faz, quase sem exceção, ao serviço de uma estratégia processual, não tendo o jornalista a menor possibilidade prática de controlar a genuinidade da informação que lhe é passada, qual o modo como foi obtida no processo, que significado contextual tem dentro dele, etc. etc. E o que é mais grave: raro será o jornalista que resiste – como vemos, todos os dias, tanto nos tabloides, como nos jornais de referência – à vertigem da cacha, tanto mais cacha, quanto traga o selo, que sempre seduz as sociedades mais incultas, de o processo estar em segredo de justiça.

À luz de tudo isto, tenho defendido que a violação do segredo de justiça, pela verdadeira calamidade que os assassínios de caráter dele resultantes constitui na sociedade portuguesa, exige medida drástica: que a violação do segredo de justiça seja punida, sempre, com pena de prisão, insuscetível de ser suspensa. A partir daí não haverá jornalista que, salvo justificação bastante, se interesse pelo segredo de justiça.

E nem se diga que se fecha a porta ao controlo da função jurisdicional, exatamente na fase em que maiores abusos poderão ser cometidos a coberto do segredo de justiça. Seria assim, se não houvesse, no nosso sistema penal, causas de justificação, que afastam a ilicitude da violação do segredo de justiça. Desde o encobrimento a personalidades influentes à perseguição de inimigos políticos, não é necessária imaginação fértil para inventariar todo um acervo de situações que justificam a violação do segredo de justiça. Infelizmente, todos temos exaustiva experiência, não é isso que, na esmagadora maioria dos casos, tem acontecido.

A propriedade é um valor constitucionalmente garantido; e por isso são punidos o furto e a recetação das coisas furtadas. Por outro lado, proclama-se, reiteradamente, a superioridade da pessoa sobre a propriedade, mas quando se trata de proteger bom nome e reputação, aqui d'el rei que a punição da recetação já não vale...

Sempre qua a violação do segredo de justiça seja feita para tutela de valores equivalentes e que por outra via não possam ser protegidos, não há lugar nem a crime, nem a punição. Mas quando assim não seja, o deboche dos julgamentos paralelos e antecipados e os assassínios de caráter, feitos com base na violação do segredo de justiça, ou são punidos, obrigatoriamente, com prisão efetiva, ou bem se rala o infrator com a pena de multa ou com a pena de prisão suspensa: *"excomunhão não brita osso, nem amarga o vinho ao excomungado"*.

Média e Democracia[*]

MIGUEL NOGUEIRA DE BRITO[**]

I. Introdução: os conceitos de média e de democracia

Média, um termo derivado do latim *medium*, meio, e *media*, meios, significa simplesmente, como se poderá retirar de qualquer dicionário, os processos ou instrumentos usados para o armazenamento e a transmissão de informação ou dados, sendo ainda uma expressão usada para designar os meios de comunicação de massa.

Neste último sentido, importa distinguir entre os meios de comunicação um-para-muitos (televisão, cinema, rádio, jornais, revistas) e os meios de comunicação muitos-para-muitos como é, cada vez mais, o caso da Internet[1], sobretudo a partir do desenvolvimento da chamada Web

---

[*] Versão reformulada de um texto que serviu de base para a aula, com o mesmo título, lecionada em 11 de maio de 2013 no âmbito do Curso de Direito da Comunicação Social, organizado na Faculdade de Direito de Lisboa, pelo Prof. Doutor Carlos Blanco de Morais e pela Mestre Raquel Alexandra Brízida Castro.

[**] Professor auxiliar na Faculdade de Direito de Lisboa

[1] É esta capacidade de interação, de envolvimento do público, que está na base da previsão da Internet por Marshall McLuhan, cerca de trinta anos antes do seu surgimento: cf. Marshall McLuhan, *Compreender-me: Conferências e Entrevistas*, org. de Stephanie McLuhan e David Staines, introdução de Tom Wolfe, tradução do original inglês de Isabel Lopes da Silva, Relógio d'Água, Lisboa, 2009, pp. 105-108. Seja-me permitido de antemão partilhar aqui o ponto de vista de McLuhan sobre os novos meios de comunicação: «[s]ou absolutamente contra toda a inovação, toda a mudança, mas estou apostado em compreender o que

2.0. Este termo, como se sabe, designa os sítios da Internet que usam tecnologia superando as páginas de conteúdo estático e assim permitindo aos utilizadores interagir e colaborar entre si. Os utilizadores podem eles próprios gerar conteúdos no contexto de uma comunidade virtual, em vez de se resumirem a uma atitude passiva de recetores de conteúdos gerados por outros. A este propósito interessa ainda distinguir entre a Internet e o ciberespaço, na linha do que faz Lawrence Lessig: a Internet é um meio de comunicação, mas o ciberespaço, embora construído sobre a Internet, permite modos de interação que antes da Internet não eram possíveis, como por exemplo os *chats* de mensagens instantâneas e os «massively multiplayer online games», ou MMOGs[2].

Democracia, por seu turno, é um termo que aqui vou utilizar como designando a crença de que os seres humanos são fundamentalmente iguais e devem, por essa razão, conduzir os seus assuntos coletivos de um modo que exprima essa igualdade[3]. Num segundo sentido, democracia significa uma forma de governo ou regime político de um Estado, em que os membros dos órgãos do poder político são eleitos pelo conjunto dos cidadãos desse Estado e respondem perante estes[4], podendo quaisquer cidadãos ser elegíveis como membros daqueles órgãos.

Neste segundo sentido, pode dizer-se que a democracia foi inventada na Grécia antiga; no primeiro sentido, a democracia não foi inventada, mas antes se apresenta como um modo de tomar decisões coletivas que envolve todos os que possam ser afetados por essas mesmas decisões. Em tal sentido, a melhor definição de democracia é, ainda, porventura, a que esta contida na famosa proposição do filósofo medieval Guilherme de Ockham: *quod omnes tangit ab omnibus approbari debet*, isto é, aquilo que respeita a todos deve ser aprovado por todos[5].

---

se passa, porque não quero ficar sentado a deixar que os pesos pesados me passem por cima» (cf. *ob. cit.*, p. 107).
[2] Cf. Lawrence Lessig, *Code 2.0*, Soho Books, Lexington, 2010, pp. 9 e 83 e ss.
[3] Cf. David Graeber, *The Democracy Project: A History, a Crisis, a Movement*, Spiegel & Grau, Nova Iorque, 2013, pp. 183-184.
[4] Ou, pelo menos, são eleitos os órgãos do poder executivo e judicial, no caso das democracias diretas, ou mesmo escolhidos à sorte para o exercício de mandatos curtos, o que é porventura o método de designação mais democrático.
[5] Cfr. Guilherme de Ockham, *Dialogus de imperio et pontificia potestate*, Parte III, Tratado II, Livro III, Cap. 6 (*Dialogus, Auszüge zur politischen Theorie*, Ausgewählt, übersetzt und mit einem

Por razões que adiante melhor se compreenderão, importa ainda efetuar uma distinção importante entre duas conceções de democracia. Por um lado, temos aquilo que se pode designar como a conceção deliberativa da democracia, em que o que importa não é tanto a decisão coletiva do povo, mas a qualidade dessa decisão e a atitude de apresentar as razões capazes de justificar a sua imposição ao povo em geral[6]. De acordo com este modo de ver, a democracia representativa e as suas instituições – incluindo uma justiça constitucional – não significam uma entorse do princípio democrático. Pelo contrário, a separação de poderes, a representação política, o princípio da constitucionalidade das leis e todas as instituições dos modernos Estados constitucionais têm o propósito de melhorar a qualidade da deliberação democrática e funcionam como um "filtro" entre os desejos populares e a adoção de políticas capazes de promover o bem comum[7].

Por outro lado, temos uma conceção identitária da democracia, em que a democracia surge como a presença imediata do povo em assembleias, em festas públicas ou em manifestações populares, que sejam aptas a manifestar a sua vontade com a menor mediação possível. Para este entendimento, a democracia é, antes de mais, democracia direta e a mesma é tendencialmente incompatível com as instituições representativas. Importa referir que o voto individual e refletido não é, para esta conceção, a forma própria de expressão da vontade popular, a qual se manifesta antes através da aclamação, ainda que em virtude da aclamação se confira o poder a um ditador[8].

Embora estejam aqui em causa dois tipos ideais, não é difícil encontrar nomes de pensadores do direito constitucional e da política para exprimir estas duas conceções. A primeira conceção, que tende a salientar a importância dos procedimentos e das instituições para a democracia e recusa a própria possibilidade de um lugar simbólico do poder e muito mais a sua ocupação por símbolos identitários, tem sido defendida por

---

Nachwort versehen von Jürgen Miethke, Wissenschaftliche Buchgesellschaft, Darmstadt, 1992, p. 183).
[6] Cf. Amy Gutmann e Dennis Thompson, *Why Deliberative Democracy?*, Princeton University Press, 2004, pp. 3 e ss.
[7] Cf. Cass Sunstein, *Republic.com 2.0*, Princeton University Press, 2007, p. 33.
[8] Cf. Carl Schmitt, *Verfassungslehre*, 10ª ed., Duncker & Humblot, Berlim, 2010, pp. 243-244.

autores como Habermas[9]; à segunda conceção ocorre associar, desde logo, o nome de Carl Schmitt.

Interessa ainda, também a título preliminar, esclarecer dois outros conceitos, conexos com o de democracia: o de opinião pública e o de sociedade civil.

Para a tradição política europeia, a sociedade civil começou por ser identificada com a comunidade política e o Estado e opunha-se ao estado de natureza, em que se integrava a sociedade doméstica. Hoje, pelo contrário, o conceito de sociedade civil designa todas aquelas entidades e associações privadas que, sendo autónomas do Estado, manifestam a vontade dos cidadãos e, por essa razão, exprime uma realidade que se distingue também da esfera privada e das famílias[10].

A opinião pública, por seu turno, pode ser definida como o resultado agregado das crenças individuais numa determinada sociedade, captado ou construído – sendo muitas vezes incerta a fronteira entre a captação e a construção – nos meios de comunicação de massa e nas sondagens. Se é este hoje o significado que comummente atribuímos à expressão, importa de um modo especial salientar que na sua origem, isto é no século XVIII, a mesma exprimia «o resultado esclarecido da reflexão coletiva e pública sobre as bases da ordem social»[11].

Segundo Jürgen Habermas, no seu famoso livro *A Transformação Estrutural da Esfera Pública*, é possível falar de uma esfera pública, oposta à esfera privada, em que uma opinião pública pode ser formada em condições de debate racional. Simplesmente, as condições históricas em

---

[9] Como refere Habermas, «numa democracia constitucional, enquanto morada de uma comunidade jurídica que se organiza a si própria, o lugar simbólico da soberania discursivamente fluída permanece vazio» (cf. Habermas, *Between Facts and Norms: Contributions to a Discourse Theory of Law and Democracy*, trad. em inglês do original alemão, The MIT Press, Cambridge, Mass., 1996, p. 443). Habermas tem aqui em mente o pensamento de Claude Lefort, segundo o qual com o advento da democracia «[o] lugar do poder torna-se uma lugar vazio» (cf. Claude Lefort, *Essais sur le Politique, XIXe-XXe Siècles*, Éditions du Seuil, Paris, 1986, p. 28). Rawls, apesar das suas divergências em relação a Habermas, não deixa também de ser um defensor da democracia deliberativa: cf. Miguel Nogueira de Brito, *A Constituição Constituinte: Ensaio sobre o Poder de Revisão da Constituição*; Coimbra Editora, 2000, pp. 192 e ss.

[10] Cf. Jean L. Cohen e Andrew Arato, *Civil Society and Political Theory*, the MIT press, Cambridge, Mass., 1992, pp. 83 e ss.

[11] Cf. Jürgen Habermas, *A Transformação Estrutural da Esfera Pública. Investigações sobre uma Categoria da Sociedade Burguesa*, tradução do original alemão de Lumir Nahodil e revisão João Pissarra Esteves, Fundação Calouste Gulbenkian, Lisboa, 2012, p. 196.

que a esfera pública podia existir deixaram de se verificar nas modernas democracias de massas, em que se tornam cada mais ténues as linhas de fronteira entre a sociedade e o Estado, passando a opinião pública a ser fortemente suscetível de manipulação pelas elites políticas e económicas.

Pois bem, o que aqui vamos hoje tratar é de saber se os novos média, em particular a Internet, fortalecem, ou, pelo contrário, debilitam a democracia e as instituições democráticas. Por outras palavras, vamos procurar saber se, tal como sucedeu com a categoria histórica da esfera pública analisada por Habermas, dissolvida algures no «caminho que leva do público que raciocina sobre cultura ao público que consome cultura»[12], também a Internet se ameaça tornar uma promessa não cumprida.

II. A promessa: o funcionamento em rede

As visões mais otimistas sobre o impacto dos novos média na democracia centram-se todas elas num ponto: o potencial desses novos média, em particular a Internet, para substituir organizações verticalmente integradas, por organizações em rede, em que a ideia de hierarquia – seja ela a tradicional hierarquia de cima para baixo ou a mais democrática hierarquia reversa de baixo para cima – é substituída pela ideia de redes partilhadas e descentralizadas. Redes, se se quiser, em relação às quais se pode dizer o mesmo que Pascal disse do universo: são como uma «*esfera infinita, cujo* centro *está em toda a parte, e a circunferência em* parte nenhuma»[13].

A Internet seria o instrumento ideal para o desenvolvimento destas organizações em rede, o que se manifestaria, desde logo, na sua utilização pelos movimentos sociais, desde movimentos nacionalistas e religiosos a movimentos feministas, ecológicos e de libertação de grupos minoritários.

---

[12] Cf. Jürgen Habermas, *A Transformação Estrutural da Esfera Pública. Investigações sobre uma Categoria da Sociedade Burguesa*, cit., p. 303. Importa aqui realçar que o paralelo, entre a Internet de hoje e a esfera pública do século dezoito, aludido no texto é também referido por Lawrence Lessig, quando afirma que «[e]m 1791, a imprensa não era o *New York Times* ou o *Wall Street Journal*. Não era integrada por grandes organizações de interesses privados, com milhões de leitores associados a cada organização. A imprensa era antes muito semelhante à Internet de hoje. O custo de uma máquina impressora era baixo, o número de leitores reduzido, o governo subsidiava a distribuição dos jornais e qualquer um (dentro de limites razoáveis) podia ter um jornal» (cf. *Code 2.0*, cit., p. 271).

[13] Pascal, *Pensées*, texte de l'édition Brunschvicg, introduction et notes de Ch.-Marc des Granges, Éditions Garnier Frères, Paris, 1960, Article II, § 72, p. 87.

Segundo Manuel Castells, isto aconteceria por três razões. Em primeiro lugar, os movimentos sociais do mundo atual mobilizam-se sobretudo em torno de valores culturais, isto é, definem-se uma função de uma identidade cultural e fazem-no, paradoxalmente, num mundo cada vez mais dominado por fluxos de informação homogéneos e globais[14]. Em segundo lugar, esses novos movimentos sociais pretendem preencher o vazio deixado pela crise das organizações verticalmente integradas da era industrial, como os partidos políticos de massas, os sindicatos e as associações de cidadãos. Do que se trata agora não é, como antes, de tomar o poder do Estado, mas das mentes individuais[15]. Em terceiro lugar, e tentando acompanhar a circunstância de o poder se movimentar em redes globais, os novos movimentos sociais invertem o lema de alguns anos atrás: os movimentos sociais devem pensar localmente (de acordo com as suas preocupações e identidades) e agir globalmente; pelo contrário, os movimentos sociais anteriores à era da Internet pensavam globalmente e agiam localmente[16].

Vê-se, assim, o potencial da Internet para a democracia, quando aquela favorece a substituição da hierarquia pelo funcionamento em rede. Na verdade, a crença nos aspectos positivos da Internet teria o seu fundamento no princípio democrático de que quando se dá ao povo mais controlo sobre o fluxo de informação e o processo decisório nas suas comunidades o seu bem-estar social aumenta[17].

Aliás, o funcionamento em rede, conatural à Internet, poderia ser usado para repensar a própria democracia. A este propósito, Steven Johnson desenvolve uma proposta interessante, baseada na observação da experiência dos «orçamentos participativos» surgida na cidade brasileira de Porto Alegre na década de oitenta do século vinte. A experiência permite aos munícipes ter uma palavra quanto a decidir como gastar o

---

[14] Cf. Manuel Castells, *A Galáxia Internet: Reflexões sobre a Internet, Negócios e Sociedade*, 2ª ed., Fundação Calouste Gulbenkian, Lisboa, 2007, p. 169.

[15] Cf. Manuel Castells, *A Galáxia Internet: Reflexões sobre a Internet, Negócios e Sociedade*, cit., p. 171.

[16] Cf. Manuel Castells, *A Galáxia Internet: Reflexões sobre a Internet, Negócios e Sociedade*, cit., p. 173.

[17] Cf. Steven Johnson, *Future Perfect: The Case for Progress in a Networked Age*, Riverehead Books, Nova Iorque, 2012, pp. 121-122.

seu dinheiro de contribuintes, em vez de confiar essa decisão aos órgãos autárquicos[18].

A partir daqui Johnson propõe-se resolver o problema do financiamento partidário permitindo aos cidadãos atribuir uma pequena percentagem dos seus impostos a um determinado candidato («*democracy vouchers*») ou, no silêncio do cidadão em causa, utilizar essa quantia para financiar as infraestruturas das eleições políticas, incluindo a realização de debates[19]. Mas Johnson vai ainda mais longe e chega mesmo a falar de uma «democracia líquida», em que a linha entre eleitores e eleitos se apresentaria mais fluída do que nas democracias tradicionais. Nestas últimas, cada eleitor tem de decidir todas as questões submetidas ao voto (desde as eleições presidenciais, às parlamentares, às eleições locais, aos referendos), ainda que o seu grau de informação sobre as mesmas seja muito variável. Pelo contrário, na «democracia líquida» seria possível transferir, em cada eleição, o voto individual para um outro eleitor dispondo de maior informação sobre o tema[20].

Vemos já como nalgumas destas propostas o entusiasmo pelo advento de um novo paradigma nos pode levar a fechar os olhos perante o óbvio: as questões que somos chamados a decidir através de eleições constituem, no âmbito das nossas modernas democracias representativas, um núcleo mínimo sem o qual a própria cidadania não parece fazer sentido[21]. Seja como for, para além de permitir repensar o princípio democrático, a Internet também desempenharia um papel ativo na própria construção de uma sociedade civil global, construída a partir de redes informáticas de base local (pense-se na Cidade Digital de Amsterdão, criada em 1994) e associações de cidadãos, as quais serviriam como contraponto à ação conjunta do Estado-nação e do capitalismo global[22].

Todavia, mesmo para estes autores, a Internet não é uma panaceia para todos os males das sociedades modernas. Não é também, todavia,

---

[18] Cf. Steven Johnson, *Future Perfect: The Case for Progress in a Networked Age*, cit., p. 152.
[19] Cf. Steven Johnson, *Future Perfect: The Case for Progress in a Networked Age*, cit., p. 160.
[20] Cf. Steven Johnson, *Future Perfect: The Case for Progress in a Networked Age*, cit., p. 168 e ss.
[21] De resto, o trabalho de Lewis Carrol sobre a representação parlamentar que inspira a proposta de Johnson prende-se com a transferência de voto no contexto das dificuldades suscitadas por Condorcet e pressupõe que os eleitores ordenem as suas preferências de voto, não que alienem a sua decisão de voto a um terceiro.
[22] Cf. Manuel Castells, *A Galáxia Internet: Reflexões sobre a Internet, Negócios e Sociedade*, cit., pp. 185-186.

um mero instrumento suscetível de ser usado quer para fomentar a participação cívica, quer para promover ditadores. A Internet permite reduzir os custos da criação e partilha da informação e democratiza o controlo desta última[23].

III. Os perigos: a asfixia do indivíduo, o triunfo do consumidor sobre o cidadão, a tentação identitária

Num livro de 1994 sobre a televisão[24], Karl Popper e John Condry alertavam para os perigos da excessiva liberdade deste meio de comunicação, que teriam levado à degradação dos conteúdos emitidos. A proposta dos autores era a de criar uma entidade reguladora que emitisse e retirasse licenças aos trabalhadores e produtores televisivos, submetendo-os a um código deontológico. Isto hoje já não é uma novidade, ainda que se possa discutir a eficácia dessa entidade.

Segundo Popper, «O que as pessoas da televisão devem aprender a partir de agora é que a educação é necessária em qualquer sociedade civilizada e que os cidadãos de uma tal sociedade (…) não são produtos do acaso mas de um processo educativo. (…) a democracia consiste em submeter o poder político a um controle. É essa a sua característica essencial. Numa democracia não deveria existir nenhum poder político incontrolado. Ora, a televisão tornou-se hoje em dia um poder colossal; pode mesmo dizer-se que é potencialmente o mais importante de todos, como se tivesse substituído a voz de Deus. (…) A televisão não existia no tempo de Hitler, ainda que a sua propaganda fosse organizada sistematicamente com um poderio quase comparável. Com ela, um novo Hitler disporia de um poder sem limites.»[25]

A televisão coloca-nos, assim, mais perto da distopia de George Orwell, descrita no seu famoso livro *1984*. Os remédios contra esse caminho indicados por Popper são dois: educação e controlo. A questão que se coloca é a de saber se este juízo mantém atualidade e se aplica também

---

[23] Cf. Steven Johnson, *Future Perfect: The Case for Progress in a Networked Age*, cit., p. 113 e ss. Segundo Castells, *A Galáxia Internet: Reflexões sobre a Internet, Negócios e Sociedade*, cit., p. 197, «[a] Internet não é um instrumento de liberdade, nem é uma arma para exercer o domínio unilateral».

[24] Cf. Karl Popper e Jack Condry, *A Televisão: Um Perigo para a Democracia*, Gradiva, Lisboa, 1999.

[25] Cf. Karl Popper e Jack Condry, *A Televisão: Um Perigo para a Democracia*, cit., p. 29.

à Internet. Por outras palavras, se isto é assim em relação a um meio de comunicação do tipo "um-para-muitos" poderá também ser num meio de comunicação do tipo "muitos-para-muitos"?

Os problemas que podem ser identificados em relação aos desafios colocados pela Internet à democracia prendem-se com três aspetos: *i)* a asfixia da reflexão e criatividade individuais; *ii)* a colonização da rede pelo sistema económico, ou a utilização da rede como um instrumento de expansão do sistema económico para todos os domínios da vida; *iii)* a exclusão de deliberação democrática pela aclamação identitária.

Vejamos cada um destes pontos.

No livro *You Are Not a Gadget* (2010), Jaron Lanier critica o que entende ser a mente coletivista da Web 2.0, assente na prevalência do saber agregado de todos os utilizadores sobre a criatividade individual, e descreve os movimentos de *software* livre como formas de «maoísmo digital» ou «totalismo cibernético», na medida em que conduzem à exclusão da produção intelectual individual[26].

Segundo Lanier, a evolução da Web 2.0 tem retardado o progresso e inovação e, em vez disso, promovido o coletivo – aquilo a que chama a «mente de colmeia» – em detrimento do individual[27]. A Wikipédia e a regra do anonimato seria um bom exemplo disso. Lanier sustenta que a Web 2.0 dificulta a comunicação de ideias, como a difusão da matemática por um público mais vasto. Lanier defende ainda que a abordagem do código aberto destruiu oportunidades para a classe média, para em vez disso financiar a criação de conteúdo e conduz à concentração de riqueza em alguns indivíduos: "Os senhores das nuvens", pessoas que, mais em resultado da sorte do que de verdadeira criatividade ou esforço individual, conseguem apropriar-se de conteúdos em momentos estratégicos e locais na nuvem[28].

Eis como Lanier inicia o seu livro:

«Estamos no começo do século vinte e um e isso significa que estas palavras serão na maioria lidas por não pessoas – autómatos ou multidões compostas de pessoas que já não atuam como indivíduos. As palavras serão moídas em palavras-chave de motores de busca

---

[26] Cf. Jaron Lanier, *You Are Not a Gadget: A Manifesto*, Alfred A. Knopf, Nova Iorque, 2010, pp. 16 e ss.; 124 e ss.
[27] Cf. Jaron Lanier, *You Are Not a Gadget: A Manifesto*, cit., pp. 48-49, 56-58.
[28] Cf. Jaron Lanier, *You Are Not a Gadget: A Manifesto*, cit., pp. 94-99.

atomizados no seio de instalações industriais de armazenagem e processamento da nuvem, situadas em locais secretos à volta do mundo. Serão copiadas milhões de vezes por algoritmos concebidos para enviar um anúncio a alguém algures a quem por acaso algo do que eu digo faça eco. Serão scaneadas, refeitas e mal representadas por multidões de leitores apressados e preguiçosos em wikis e correntes de mensagens de texto wireless automaticamente agregadas.

As reações ao que digo irão degenerar repetidamente em cadeias inanes de insultos anónimos e controvérsias inarticuladas. Algoritmos encontrarão correlações entre aqueles que lerem as minhas palavras e as suas compras, as aventuras românticas, as suas dívidas e, dentro em breve, os seus genes. Por último, as minhas palavras irão contribuir para aumentar as fortunas daqueles poucos que tiverem sido capazes de se posicionar como senhores da computação em nuvem.»[29]

Lanier adverte assim para os perigos da ideia de noosfera, isto é, a ideia de uma mente coletiva formada pela soma de todas as pessoas ligadas na Internet[30]. Este fenómeno tornaria extraordinariamente difícil criar concorrentes ao Google, à Wikipedia ou ao eBay. Em certo sentido, como veremos, está aqui a raiz dos problemas relacionados com a opção entre democracia deliberativa e democracia identitária.

O mesmo autor alerta também para os perigos do assalto empresarial à Internet, ou, por outras palavras, a transformação das criações da Internet em meros produtos comerciais.

Lanier dá um exemplo. No seu auge, a Kodak empregava mais de 140.000 pessoas e valia 28 mil milhões de dólares, tendo chegado a criar as máquinas fotográficas digitais. Hoje a Kodak está à beira da falência e a nova face da fotografia digital é a Instagram. Quando foi vendida ao Facebook por mil milhões de dólares, a Instagram empregava apenas 13 pessoas. Para onde foram os restantes 127.000 empregos?

Segundo Lanier, a Instagram não vale mil milhões de dólares apenas porque aquelas 13 pessoas são extraordinárias. O seu valor resulta dos milhões de utilizadores que contribuem para a rede sem serem pagos. Há milhões de pessoas que contribuem para o valor da empresa, mas

---

[29] Cf. Jaron Lanier, *You Are Not a Gadget: A Manifesto*, cit., p. ix.
[30] Cf. Jaron Lanier, *You Are Not a Gadget: A Manifesto*, cit., p. 18.

apenas um pequeno número recebe dinheiro. Por outras palavras, estamos perante uma concentração de riqueza sem precedentes e a limitação do crescimento económico[31].

Neste contexto, a Internet não serve certamente para o aprofundamento da democracia, designadamente através da constituição de uma sociedade civil global, mas para a concentração da riqueza. Segundo este modo de ver, a Internet deve ser construída e encarada como uma pura manifestação da soberania do consumidor, por oposição a uma soberania política. A soberania do consumidor significa aceitar a ideia de que os consumidores individuais podem escolher exatamente o que quiserem, dados os constrangimentos do mercado, e aplicá-la à política, à cultura e à comunicação. Pelo contrário, a soberania política não encara os gostos e as preferências individuais como um dado que se considera adquirido ou se manipula, mas como algo que é sujeito à troca de argumentos no espaço público[32]. O problema que a Internet nos coloca é, pois, o de saber se a mesma nos afeta enquanto cidadãos ou enquanto consumidores. Esta é uma pergunta que cada um dos nós pode fazer a si mesmo, baseado na sua experiência de internauta. Mas tanto quanto saber se a Internet nos afeta enquanto cidadãos ou consumidores, interessa-nos também assegurar que seja preservada a distinção entre esses dois papéis que todos desempenhamos.

É possível, todavia, ir mais longe e perguntar se a Internet não será, afinal, um simples instrumento de consolidação da sociedade do espetáculo[33], entendida como estádio de difusão planetária do capitalismo, em que a política perde por completo a sua autonomia em relação à economia, desde logo através das infinitas possibilidades de apresentação da mercadoria através da imagem, ao mesmo tempo que toda a imagem pode ser tratada como mercadoria.

Finalmente, temos o problema, já antes abordado, do uso da Internet para a afirmação identitária. Cass Sunstein, no seu livro *Republic.com*, alerta para os perigos resultantes do uso da Internet para a afirmação identitária, mais do que para a discussão crítica de ideias. O que está em

---

[31] Cf. Jaron Lanier, *Who Owns the Future?*, Allen Lane, Londres, 2013, p. xii.
[32] Cf. Cass Sunstein, *Republic.com 2.0*, Princeton University Press, 2007, pp. 39-40.
[33] Cf. Guy Debord, *A Sociedade do Espetáculo*, tradução do original francês, Antígona, 2012, § 24, p. 15; cf. ainda, Giorgio Agamben, *Mezzi Senza Fine: Note Sulla Politica*, Bollati Boringhieri, Turim, 1996, pp. 60 e ss.

causa é o do uso da Internet, relacionado com a distinção entre cidadão e consumidor atrás aludida, para partilhar o que já se pensa com antecedência em vez de o fazer com o objetivo de fomentar uma abertura crítica a novas ideias e perspetivas.

Segundo Sunstein, a utilização da Internet e da blogosfera de modo a favorecer a interação entre pessoas que pensam do mesmo modo e evitar a exposição a perspetivas diferentes produz aquilo que designa como «polarização de grupo» e efeito de «câmara de eco»[34]. Como afirma o autor, «se os republicanos falam apenas com os republicanos, se os democratas falam antes de mais com os democratas, se os membros da direita religiosa falam sobretudo entre si, e se as feministas radicais falam largamente com as feministas radicais, existe um potencial para o desenvolvimento de formas de extremismo, e para incompreensões mútuas profundas com indivíduos de fora do grupo»[35].

Por outras palavras, o que está aqui em causa é uma tendência para desenvolver conceções identitárias de democracia, por oposição a conceções deliberativas. Uma conceção identitária, como vimos é uma conceção da democracia em que os membros da comunidade não deliberam, mas aclamam algo ou alguém que lhes apresentado sem qualquer intervenção da sua parte. O risco é o de fazer da opinião pública uma forma moderna de aclamação, como sustentou Carl Schmitt[36], aclamação que encontraria nas sondagens uma das suas formas atuais de expressão[37]. Ora, estes problemas são tanto maiores se pensarmos na tendência dos média modernos, em particular a Internet, para o efeito da «câmara de eco».

---

[34] Cf. Cass Sunstein, *Republic.com 2.0*, Princeton University Press, 2007, pp. 6, 13, 46 ss. e 145 ss. Cf., ainda, James Fishkin, When the People Speak: *Deliberative Democracy and Public Consultation*, Oxford University Press, 2011, p. 3; Cass Sunstein, "The Daily We: Is the Internet Really a Blessing for Democracy?", disponível em http://www.bostonreview.net/cass-sunstein-internet-democracy-daily-we; Joshua Cohen, "Reflections on Information Technology and Democracy", disponível em http://bostonreview.net/joshua-cohen-reflections-on-information-technology-and-democracy.

[35] Cf. Cass Sunstein, *Echo Chambers: Bush v. Gore, Impeachment, and Beyond*, Princeton University Press, Princeton, 2001, p. 5.

[36] Cf. Carl Schmitt, *Verfassungslehre*, cit., p. 246; cf., ainda, Giorgio Agamben, *Il Regno e la Gloria: Per Una Genealogia Teologica dell'Economia e del Governo. Homo sacer, II, 2*, Bollati Boringhieri, Turim, 2009, pp. 279 e ss.

[37] Aqui reside o interesse da proposta de uma «sondagem deliberativa» desenvolvida por James Fiskin, *When the People Speak*, cit., pp. 21 e ss.

IV. Reflexão final: «competência democrática» e regulação
O que pensar de tudo isto?

Em minha opinião, as dificuldades que abordei são reais, mas não põem em causa a importância dos meios de comunicação, e da Internet em particular, para a democracia.

Existe, na realidade, uma coincidência histórica entre o desenvolvimento da tecnologia nas sociedades modernas e o enraizamento nessas mesmas sociedades do princípio democrático[38]. A partir da observação deste facto histórico, importa ter presentes dois aspetos: a Internet não se limita a facilitar a vida do cidadão, mas antes formula exigências acrescidas ao seu desempenho cívico, sob pena de ser transformada num mero instrumento de aclamação e numa fábrica de consumidores de imagens passivos e manipuláveis; a Internet, mais do que a miragem de um espaço em que todos podem atuar livremente, coloca o problema da regulação em novos moldes. Vejamos brevemente cada um destes aspetos.

Quanto ao primeiro aspeto, já vimos como a Internet encerra um enorme potencial de ensimesmamento generalizado das pessoas. Em vez de promover a formação de um público crítico, a Internet tem sido utilizada para replicar infinitamente as preferências de cada um, aprisionando-o nas suas identidades e idiossincrasias e transformando-o num consumidor passivo de bens muitas vezes desnecessários. Ao mesmo tempo que permite a exploração destes riscos identitários e consumistas, a Internet revela também ser um instrumento que dá voz ao saber especializado e permite o aumento dos conhecimentos dos que a ela acedem, em termos que porventura não têm qualquer precedente na história. Esta a razão pela qual é possível afirmar que a Internet agrava os encargos cognitivos dos cidadãos das modernas democracias: a estes cabe decidir se querem utilizar a Internet para obter um conhecimento sem precedentes e quase imediato de todos os temas relevantes da esfera pública, ou preferem recorrer a ela para projetar uma identidade não questionada e satisfazer impulsos de consumo artificialmente criados[39].

---

[38] Cf. Stephen P. Turner, *Liberal Democracy 3.0: Civil Society in an Age of Experts*, Sage Publications, Londres, 2003, pp. 2 e ss.
[39] Já explorei o tema dos encargos cognitivos que as sociedades modernas colocam aos seus membros em escritos anteriores: cf. "Liberdade Religiosa, Liberdade da Igreja e Relações entre o Estado e a Igreja: Reflexões a Partir da História Constitucional Portuguesa", in AA. VV., *Estudos em Memória do Conselheiro Luís Nunes de Almeida*, Coimbra Editora, 2007, pp. 221 e

A Internet lança também desafios ao modo como os juristas compreendem a regulação. Lawrence Lessig desenvolve uma teoria da regulação tomando precisamente como ponto de referência a Internet e o ciberespaço. Segundo este autor, a atuação de cada indivíduo é condicionada por quatro tipos de constrangimentos regulatórios: o direito, as normas sociais, o mercado e a "arquitetura". Lessig ilustra estes modos de regulação através do tabaco. O direito proíbe o ato de fumar em certos locais, bem como a venda de cigarros a certas pessoas; também as normas sociais constrangem o ato de fumar, exigindo que se peça permissão para fumar durante uma refeição, ou quando se viaja num automóvel de outra pessoa; o preço do tabaco é também um constrangimento sobre o ato de fumar; finalmente, a tecnologia (ou arquitetura) dos cigarros é também um constrangimento, se pensarmos, por exemplo, na quantidade de nicotina utilizada. É claro que estes modos de regulação não atuam sempre diretamente sobre o indivíduo, mas também de forma indireta[40]. Assim, o direito não atua apenas através de proibições e permissões, mas também através dos outros constrangimentos, como sucede, por exemplo, quando exige determinados tipos de apresentação do produto ou fixa condições de preço.

Pois bem, através da escrita do "código" da Internet e do ciberespaço (ou, se se preferir, da modelação da sua "arquitetura"), o poder político pode facilmente atingir fins regulatórios «sem sofrer as consequências políticas que os mesmos fins, perseguidos diretamente, implicariam»[41]. O problema reside, pois, em saber que valores devem estar subjacentes a tais fins, designadamente em matéria de propriedade intelectual, de privacidade e de liberdade de expressão. Por outro lado, é importante ter presente que ainda que o poder político prescinda de conformar o código do ciberespaço, outros atores e intervenientes tomarão o seu lugar no desempenho dessa conformação, ainda que porventura em obediência a valores muito diferentes.

Em síntese, pode afirmar-se que Popper tinha razão: a salvaguarda da democracia em face dos meios de comunicação de massa pressupõe, ao

---

ss.; "Direito Administrativo, Perigo, Risco e Princípio Democrático", in Carla Amado Gomes (coord.), *Direito(s) das Catástrofes Naturais*, Almedina, Coimbra, 2012, pp. 349 e ss.
[40] Cf. Lawrence Lessig, *Code 2.0*, cit., pp. 122-123.
[41] Cf. Lawrence Lessig, *Code 2.0*, cit., p. 136.

mesmo tempo, controlo e educação. Ou, por outras palavras, regulação e competência de cidadania.

Bibliografia

AGAMBEN, Giorgio – *Il Regno e la Gloria: Per Una Genealogia Teologica dell'Economia e del Governo. Homo sacer, II*, 2, Bollati Boringhieri, Turim, 2009.

AGAMBEN, Giorgio – *Mezzi Senza Fine. Note sulla Politica*, Bollati Boringhieri, Turim, 1996.

CASTELLS, Manuel – *A Galáxia Inernet: Reflexões Sobre Internet, Negócios e Sociedade*, tradução de Rita Espanha, 2ª ed., Fundação Calouste Gulbenkian, Lisboa, 2007.

BRITO, Miguel Nogueira de – *A Constituição Constituinte: Ensaio sobre o Poder de Revisão da Constituição*; Coimbra Editora, 2000.

BRITO, Miguel Nogueira de – "Liberdade Religiosa, Liberdade da Igreja e Relações entre o Estado e a Igreja: Reflexões a Partir da História Constitucional Portuguesa", in AA. VV., *Estudos em Memória do Conselheiro Luís Nunes de Almeida*, Coimbra Editora, 2007, pp. 145-232.

BRITO, Miguel Nogueira de – "Direito Administrativo, Perigo, Risco e Princípio Democrático", in Carla Amado Gomes (coord.), *Direito(s) das Catástrofes Naturais*, Almedina, Coimbra, 2012, pp. 323-354.

COHEN, Jean L. e ARATO, Andrew – *Civil Society and Political Theory*, the MIT Press, Cambridge, Mass., 1992.

COHEN, Joshua – "Reflections on Information Technology and Democracy", disponível em http://bostonreview.net/joshua-cohen-reflections-on-information-technology-and-democracy.

DEBORD, Guy – *A Sociedade do Espetáculo*, tradução de Francisco Alves e Afonso Monteiro, Antígona, Lisboa, 2012.

FISHKIN, James – *When the People Speak: Deliberative Democracy and Public Consultation*, Oxford University Press, 2011.

GRAEBER, David – *The Democracy Project: A History, a Crisis, a Movement*, Spiegel & Grau, Nova Iorque, 2013.

GUTMANN, Amy e THOMPSON, Dennis – *Why Deliberative Democracy?*, Princeton University Press, 2004.

HABERMAS, Jürgen – *Between Facts and Norms: Contributions to a Discourse Theory of Law and Democracy*, tradução do original alemão, The MIT Press, Cambridge, Mass., 1996.

HABERMAS, Jürgen – *A Transformação Estrutural da Esfera Pública. Investigações sobre uma Categoria da Sociedade Burguesa*, tradução do original alemão de Lumir

Nahodil e revisão João Pissarra Esteves, Fundação Calouste Gulbenkian, Lisboa, 2012.

JOHNSON, Steven – *Future Imperfect: The Case for Progress in a Networked Age*, Riverhead Books, Nova Iorque, 2012.

LANIER, Jaron – *Who Owns the Future?* Allen Lane, Londres, 2013.

LANIER, Jaron – *You Are Not a Gadget: A Manifesto*, Alfred A. Knopf, Nova Iorque, 2010.

LEFORT, Claude – *Essais sur le Politique, XIXe-XXe Siècles*, Éditions du Seuil, Paris, 1986.

LESSIG, Lawrence – *Code 2.0*, Soho Books, Lexington, 2010.

MCLUHAN, Marshall – *Compreender-me: Conferências e Entrevistas*, org. de Stephanie McLuhan e David Staines, trad. do original inglês de Isabel Lopes da Silva, Relógio d'Água, Lisboa, 2009.

OCKHAM, Guilherme de – *Dialogus, Auszüge zur politischen Theorie*, Ausgewählt, übersetzt und mit einem Nachwort versehen von Jürgen Miethke, Wissenschaftliche Buchgesellschaft, Darmstadt, 1992.

PASCAL – *Pensées*, texte de l'édition Brunschvicg, introduction et notes de Ch.--Marc des Granges, Éditions Garnier Frères, Paris, 1960.

SCHMITT, Carl – *Verfassungslehre*, 10ª ed., Duncker & Humblot, Berlim, 2010.

SUNSTEIN, Cass – *Republic.com 2.0*, Princeton University Press, Princeton, 2007.

SUNSTEIN, Cass – *Echo Chambers: Bush v. Gore, Impeachment, and Beyond*, Princeton University Press, Princeton, 2001.

SUNSTEIN, Cass – "The Daily We: Is the Internet Really a Blessing for Democracy?", disponível em http://www.bostonreview.net/cass-sunstein-internet--democracy-daily-we

Regulação Administrativa e Sanção
– O poder sancionatório da ERC na encruzilhada entre o Direito Administrativo e o Direito Penal –

MIGUEL PRATA ROQUE[*]

SUMÁRIO: § 1. O poder sancionatório das entidades administrativas independentes como exceção ao princípio da jurisdicionalidade; § 2. O exercício de poderes sancionatórios pela ERC e a sua natureza parajurisdicional; § 3. A tipologia: sanções contraordenacionais, sanções disciplinares, sanções financeiras e sanções administrativas *"stricto sensu"*; § 4. Natureza lacunar do Direito Sancionatório Público – A dupla vinculação da ERC ao Direito Administrativo e ao Direito Penal; § 5. As garantias administrativas na fase procedimental; § 6. As garantias contenciosas na fase jurisdicional; § 7. Âmbito e limites dos poderes de investigação; § 8. A cumulação de poderes instrutórios e de poderes de decisão sancionatória; § 9. Amplitude e medida da sanção.

---

[*] Professor da Faculdade de Direito da Universidade de Lisboa; Doutor em Ciências Jurídico-Políticas; Assessor do Gabinete de Juízes do Tribunal Constitucional.

§ 1. O poder sancionatório das entidades administrativas independentes como exceção ao princípio da jurisdicionalidade

A lógica da criação de entidades administrativas independentes escapa a uma usual contraposição maniqueísta entre a *"função administrativa"* e a *"função jurisdicional"*. Assim é porque não só aquelas pessoas coletivas públicas gozam de um estatuto funcional particularmente centrado na garantia da sua imparcialidade e independência (bem como dos respetivos titulares), seja face aos interesses sob regulação, seja face aos demais órgãos administrativos – e, em particular face ao Governo –, como muitas das atribuições (e competências orgânicas) que lhes são cometidas se aproximam, em muito, de um poder com feição jurisdicional – em bom rigor, um *"poder parajurisdicional"* [1] –, ou seja, de um poder de dirimir controvérsias relativas às matérias colocadas sob a sua alçada reguladora. Dir-se-ia, portanto, que esta opção envolve sempre um (maior ou menor) risco intrínseco de atentado do próprio *"princípio da separação de poderes"*.

Vejamos se assim é, na verdade.

Para melhor compreender a sua dinâmica, importa conhecer a conjuntura histórica do processo de criação destas entidades administrativas independentes[2]. Tradicionalmente, o *"princípio da aplicação uniforme"* do

---

[1] Sobre o conceito de *"poder parajurisdicional"*, ver Vital Moreira, *Auto-regulação Profissional e Administração Pública*, Almedina, 1997, 36-37 e 69; José Lucas Cardoso, *Autoridades Administrativas Independentes e Constituição*, Coimbra Editora, 2002, 51, n.r. 49; Vital Moreira/Fernanda Maçãs, *Autoridades Reguladoras Independentes – Estudo e Projecto de Lei Quadro*, Coimbra Editora, 2003, 14 e 40; Rui Medeiros/Maria João Fernandes, *Comentário ao Artigo 202º*, in «Constituição Portuguesa Anotada» (org. Jorge Miranda/Rui Medeiros), Tomo III, Coimbra Editora, 2007, 17; Pedro Gonçalves, *Direito Administrativo da Regulação*, in «Estudos em Homenagem ao Professor Doutor Marcello Caetano», Volume II, Coimbra Editora, 2006, 546; Paula Costa e Silva, *As autoridades independentes. Alguns aspectos da regulação económica numa perspectiva jurídica*, in «O Direito», III (2006), 558-559; Ramón Parada, *Derecho Administrativo*, I – Parte General, Marcial Pons, Madrid/Barcelona, 2004, 407-408; Miguel Prata Roque, *Os poderes sancionatórios da ERC – Entidade Reguladora para a Comunicação Social*, in «Direito Sancionatório das Autoridades Reguladoras» (org. Maria Fernanda Palma/Augusto Silva Dias/Paulo de Sousa Mendes), Coimbra Editora, 2009, 389-396; Vieira de Andrade, *Lições de Direito Administrativo*, 2ª edição, Imprensa da Universidade, 2011, 30.

[2] Para uma análise mais exaustiva, designadamente a propósito do modelo de *"agencies"* acolhido pelo sistema norte-americano, ver José Lucas Cardoso, *Autoridades Administrativas Independentes e Constituição*, cit., 39-67; Vital Moreira/Fernanda Maçãs, *Autoridades Reguladoras Independentes*, cit., 17-20; Miguel Prata Roque, *Os poderes sancionatórios da ERC*, cit., 376-377.

Direito Administrativo exige que o Governo, enquanto órgão estadual portador de uma particular legitimação democrática, possa dispor de poderes jurídicos[3] tendentes à garantia de que a pulverização de pessoas coletivas, órgãos e serviços encarregues da função administrativa não redunda numa atuação desconcertada e assimétrica. Sucede, porém, que a evolução de um Estado-Previdência para um mero Estado-Estratega conduziu a um reforço impressivo das funções de regulação e de supervisão administrativas[4]. A administração pública deixa de assegurar, de modo direto, determinadas prestações públicas consideradas dispensáveis à satisfação das necessidades coletivas[5], para passar a vigiar o cumprimento de vinculações jurídico-públicas por parte dos particulares que vão sendo encarregues de as assegurar. O movimento de privatização (substantiva e orgânica) conduz, assim, a um reforço das necessidades de regulação e de supervisão por parte de uma administração pública reduzida à sua forma nuclear. No fundo, à emergência do Estado-Estratega.

Ora, essa administração pública tradicional – isto é, governamental e burocratizada – não logra sequer compreender as novas dinâmicas de setores económicos e sociais fortemente marcados pela inovação tecnológica, científica e cultural, quanto mais enfrentá-las, de igual para igual[6]. Ainda assim, o Estado não se quedou, imóvel, sem reação, face

---

[3] Em particular, o *"poder de supremacia hierárquica"*, no caso da administração direta, o *"poder de superintendência"*, no caso da administração indireta, e o *"poder de tutela"*, tanto em relação à administração indireta, como à administração autónoma [cfr. artigo 199º, alínea d), da CRP]. Sobre o papel do Governo enquanto detentor de um poder de conformação política das pessoas coletivas e dos órgãos encarregues da função administrativa, ver PAULO OTERO, *Manual de Direito Administrativo*, Volume I, Almedina, 2013, 206-208.
[4] MÁRIO AROSO DE ALMEIDA, *Teoria Geral do Direito Administrativo: temas nucleares*, Almedina, 2012, 35-36; PAULO OTERO, *Manual de Direito Administrativo*, Volume I, cit., 213.
[5] PAULO OTERO, *Manual de Direito Administrativo*, Volume I, cit., 23-28 e 212-213.
[6] A propósito desta impotência dos Estados para garantirem uma adequada regulação das situações transnacionais, ver MAESTRO BUELGA, *Globalización y Constitución débil*, in «Teoría y Realidad Constitucional», 7 (2001), 139; JOSEPH STIGLITZ, *Globalization and its Discontents*, Norton & Company, Inc., 2003, 3-52; ANNE-MARIE SLAUGHTER, *Sovereignty and Power in a Networked World Order*, in «SJIL», 40 (2004), 284; CHRISTOPH OHLER, *Die Kollisionsordnung des Allgemeinen Verwaltungsrechts – Strukturen des deutschen Internationalen Verwaltungsrechts*, Mohr Siebeck, Tübingen, 2005, 11-12; DANIEL ESTY, *Good Governance at the Supranational Scale: Globalizing Administrative Law*, in «YLJ», 115 (2006), 1493; ULRICH BECK, *Was ist Globalisierung?: Irrtümer des Globalismus – Antworten auf Globalisierung*, Suhrkamp Taschenbuch Verlag, 2007, *passim*; RODRÍGUES-ARAÑA MUÑOZ, *El Derecho Administrativo Global: un Derecho principial*, in «RDP-UeS», 1 (2010), Enero, 40; SABINO CASSESE, *Il Diritto Globale – Giustizia e*

a este advento tecnológico e global. Pelo contrário, optou por transferir essas atribuições para novas pessoas coletivas públicas particularmente dotadas de conhecimentos e aptidões técnicas[7]. A legitimação destas entidades administrativas independentes advém-lhes, não de uma fonte democrática mais ou menos intensa, mas antes de uma (suposta) autoridade técnica[8], que tudo suplantaria e justificaria – primado da *"tecnocracia"*[9].

Democracia Oltre lo Stato, Einaudi, Torino, 2009 5; SANZ LARRUGA, *Globalización y Derecho Ambiental*, in http://alumnosmdag.blogspot.pt/2011/04/globalizacion-y-derecho-ambiental.html, 10-11; PIERANGELO SCHIERA, *Die gemeineuropäische Geschichte des Verwaltungsrechts und seiner Wissenschaft*, in «Handbuch Ius Publicum Europaeum» (org. Armin von Bogdandy/Sabino Cassese/ /Peter Huber), Band IV, C. F. Müller, 2011, 415-418; COLAÇO ANTUNES, A Ciência Jurídica Administrativa, Almedina, Coimbra, 2012, 29.

[7] MARIA FERNANDA MAÇÃS, *O controlo jurisdicional das autoridades reguladoras independentes*, in «CJA», 58 (2006), 48; PAULO OTERO, *Manual de Direito Administrativo*, Volume I, cit., 417-419.

[8] Bem sintomática desta pretensão de subtração a um controlo jurídico-democrático é a provocação lançada pelo engenheiro informático da *"Internet Engineering Task Force (IETF)"* e investigador no MIT – Massachusetts Institute of Technology, DAVID CLARK, que ilustra bem a posição dos pioneiros da globalização internáutica: *"Nós rejeitamos reis, presidentes e votações. Nós acreditamos em consensos vigorosos e em códigos permanentemente em progresso"* [apud JOSEPH REAGLE, *Why the internet is good: community governance that works well*, in http://cyber. law.harvard.edu/archived_content/people/reagle/regulation-19990326.html; JOCHEN VON BERNSTORFF, *Democratic global internet regulation? Governance networks, International Law and the shadow of hegemony*, in «ELJ», 4 (2003), 515]. Realçando a ausência de uma legitimação democrática (pelo menos, tradicional) desta atividade técnica, ver PEDRO GONÇALVES, *Direito Administrativo da Regulação*, cit., 26; AROSO DE ALMEIDA, *Teoria Geral do Direito Administrativo*, cit., 40; PAULO OTERO, *Manual de Direito Administrativo*, Volume I, cit., 450-460.

[9] Alertando para os riscos dessa *"tecnocracia"*, CALMON DE PASSOS explica bem este novo fenómeno: *"Passamos a ser dominados pelo poder de coação da chamada racionalidade técnica. A redução das decisões políticas de uma minoria (a nova elite dos tecnocratas) significa, ao mesmo tempo, um esvaziamento da atividade prática em todas as instâncias da sociedade (...)"* [cfr. *O futuro do Estado e do Direito do Estado: Democracia, globalização e neonacionalismo*, in «RBDP», 1 (2003), 157. Em sentido próximo, igualmente crítico, ver RODRÍGUES-ARAÑA MUÑOZ, *El Derecho Administrativo Global: un Derecho principial*, cit., 34-35; ALFRED AMAN (Jr), *Globalization, democracy and the need for a New Administrative Law*, in «UCLA-LR», 49 (2002), 1707; MARTIN SHAPIRO, *Administrative Law unbounded: Reflections on government and governance*, in «IJGLS», 8 (2000-2001), 370-371 e 373-374; ARMIN VON BOGDANDY/PHILIPP DANN/MATTHIAS GOLDAMNN, *Developing the publicness of Public International Law: Towards a legal framework for global governance activities*, in «GLJ », 11 (2008), 1379. Em defesa da conciliação entre o princípio democrático e a necessidade de eficiência das soluções técnicas a adotar, ver STEPHEN BREYER, *Administrative Law, Democracy and the American Constitution*, in «RTDP», 1 (2007), 8; PAULO OTERO, *Manual de Direito Administrativo*, Volume I, cit., 450-460].

Não só os critérios de escolha dos titulares dos órgãos daquelas entidades administrativas independentes assentam nessa idílica aptidão técnico--científica[10], como a própria atuação quotidiana destas entidades é encarada como desprovida de qualquer cariz de decisão política. Substitui-se o administrador-político, legitimado pelo voto popular cíclico e periódico[11], por um administrador-neutral, blindado pelo seu (pretenso) domínio técnico-científico sobre as questões objeto de regulação e supervisão administrativas.

Ora, a constatação de que, hoje, o poder punitivo do Estado não se circunscreve ao exercício da ação e perseguição penal – mas antes compreende várias outras expressões desse mesmo poder (*"Direito Sancionatório Público"*)[12] – demonstra que os tribunais foram desapossados dessa prerrogativa de aplicação de sanções públicas. Presentemente, o poder sancionatório das entidades administrativas independentes figura como uma das mais impressivas manifestações desse mesmo poder sancionatório público. E este apresenta-se caraterizado como um poder de tipo predominantemente administrativo[13].

---

[10] Nesse sentido, ver VITAL MOREIRA/FERNANDA MAÇÃS, *Autoridades Reguladoras Independentes*, cit., 17-20; PEDRO GONÇALVES, *Direito Administrativo da Regulação*, cit., 550; FERNANDO DOS REIS CONDESSO, *Direito da Comunicação Social (Lições)*, Almedina, 2007, 39-67; MIGUEL PRATA ROQUE, *Os poderes sancionatórios da ERC*, cit., 375.

11 Sobre a legitimação democrática, por via de escolha eleitoral periódica, como fundamento do exercício de poderes de supremacia jurídica, por parte da administração pública, ver CASTANHEIRA NEVES, *A Revolução e o Direito*, in «ROA», 36 (1976), 7-8; HANS-HEINRICH TRUTE, *Die demokratische Legitimation der Verwaltung*, in «Grundlagen des Verwaltungsrecht» (org. Wolfgang Hoffmann-Riem/Eberhard Schmidt-Aβmann/Andreas Voβkuhle), C.H. Beck, 2006, 309-315; GOMES CANOTILHO, *O princípio democrático sobre a pressão dos novos esquemas regulatórios*, in «RDPR», 1 (2009), 99; SEBASTIAN MÜLLER-FRANKEN, *Die demokratische Legitimation öffentlicher Gewalt in den Zeiten der Globalisierung – Zur unhintergehbaren Rolle des Staates in einer durch Europäisierung und Internationalisierung veränderten Welt*, in «AöR», 134 (2009), 547-548. Acentuando que essa *"legitimação democrática"* pode decorrer igualmente de uma abertura dos procedimentos administrativos à participação dos particulares, ver AROSO DE ALMEIDA, *Teoria Geral do Direito Administrativo*, cit., 39.

[12] Para uma análise exaustiva sobre este tema, ver MIGUEL PRATA ROQUE, *O Direito Sancionatório Público enquanto bissetriz (imperfeita) entre o Direito Penal e o Direito Administrativo (A pretexto de alguma jurisprudência constitucional)*, in «Revista de Concorrência & Regulação», 14 (2013), §§ 3 e 4.

[13] AROSO DE ALMEIDA, *Teoria Geral do Direito Administrativo*, cit., 37-38; PAULO OTERO, *Manual de Direito Administrativo*, Volume I, cit., 480.

Tal não deve causar particular espanto. Na medida em que a Lei Fundamental encarrega a administração pública da implementação e garantia da Constituição e da lei (artigo 266º, nº 2, da CRP), forçoso se torna admitir que uma das vias necessárias ao cumprimento desse desiderato corresponde à possibilidade de aplicação de sanções que motivem e contribuam para a conformação da vontade dos particulares face aos deveres jurídicos que os vinculam[14]. No caso específico da ERC, devem destacar-se não só um amplo poder de natureza contraordenacional (cfr. artigos 67º a 71º dos EstERC, bem como os regimes contraordenacionais constantes da legislação setorial), como igualmente o poder de aplicar sanções administrativas que decorrem da sua vinculação à prossecução de atribuições como assegurar a proteção dos públicos mais sensíveis [artigo 7º, alínea c), dos EstERC], efetivar a responsabilidade editorial perante o público por violação de critérios de exigência e de rigor jornalístico [artigo 7º, alínea d), dos EstERC], assegurar a proteção de direitos de personalidade quando colocados em crise pelas entidades que prosseguem atividades de comunicação social [artigo 7º, alínea f), dos EstERC] e, em geral, garantir o cumprimento das normas jurídicas que regulam aquelas atividades [artigo 8º, alínea j), dos EstERC]. Particularmente decisivas e ilustrativas são as competências específicas do Conselho Regulador da ERC que lhe permitem expressamente *"[a]plicar as normas sancionatórias previstas na legislação sectorial específica, designadamente a suspensão ou a revogação dos títulos habilitadores do exercício da actividade de rádio e de televisão e outras sanções previstas nas Leis"* [artigo 24º, nº 2, alínea f), dos EstERC] ou mesmo *"(r)estringir a circulação de serviços da sociedade da informação que contenham conteúdos submetidos a tratamento editorial e que lesem ou ameacem gravemente qualquer dos valores previstos no nº 1 do artigo 7º do Decreto-Lei nº 7/2004, de 7 de Janeiro"* [cfr. artigo 24º, nº 2, alínea ae), dos EstERC].

Para além disso, este movimento vem associado a um interesse de política-legislativa que tende para privilegiar o descongestionamento dos tribunais. De modo recorrente, o legislador tende a adotar soluções de redução da pendência processual nos tribunais, através do recurso aos

---

[14] AROSO DE ALMEIDA, *Teoria Geral do Direito Administrativo*, cit., 37; MIGUEL PRATA ROQUE, *O Direito Sancionatório Público enquanto bissetriz (imperfeita) entre o Direito Penal e o Direito Administrativo*, cit., § 3.

meios alternativos de resolução de litígios[15]. Um desses meios traduz-se, precisamente, na atribuição de poderes de conciliação extrajudicial às entidades administrativas independentes. Assim se compreendem os poderes do Conselho Regulador da ERC para arbitrar e resolver litígios no domínio das atividades de comunicação social, designadamente quanto à cobertura de acontecimentos de interesse generalizado do público que seja objeto de direitos exclusivos ou quanto ao acesso a locais públicos [cfr. artigo 24º, nº 2, alínea t), dos EstERC]. Para além disso, mesmo no âmbito de procedimentos de queixa por violação de direitos, liberdades e garantias ou de normas constante do regime jurídico aplicável às atividades de comunicação social (cfr. artigo 55º dos EstERC), o Conselho Regulador assume essas funções de arbitragem administrativa, promovendo a conciliação dos sujeitos interessados, cujo acordo conciliatório é reduzido a escrito e vincula aqueles interessados (cfr. artigo 55º, nº 4, dos EstERC). Evidentemente, apesar de tal acordo conciliatório – obtido

---

[15] Salientando o crescimento progressivo da relevância do recurso à *"arbitragem administrativa"*, ver João CAUPERS, *A arbitragem nos litígios entre a administração pública e os particulares*, in «CJA», 18 (1999), 3-11; IDEM, *A arbitragem na nova justiça administrativa*, in «CJA», 34 (2002), 65-68; IDEM, *A arbitragem administrativa nos conflitos desportivos?*, in «A Arbitragem Administrativa e Tributária: Problemas e Desafios» (org. Isabel Celeste Fonseca), Almedina, 2012, 81-89; MARTINS CLARO, *A arbitragem no anteprojecto de Código de Processo nos Tribunais Administrativos*, in «CJA», 22 (2000), 83-87; AROSO DE ALMEIDA, *Arbitragem em matéria administrativa*, in «Newsletter – DGAE», 2 (2003), 5-8; SANTOS SERRA, *A arbitragem administrativa em Portugal: evolução recente e perspectivas*, in «Mais Justiça Administrativa e Fiscal: Arbitragem» (org. Nuno de Villa-Lobos/Mónica Brito Vieira), Coimbra Editora, 2010, 19-29; JOÃO TABORDA DA GAMA, *Primórdios da jurisprudência arbitral do Centro de Arbitragem Administrativa (CAAD): memória descritiva*, in «Mais Justiça Administrativa e Fiscal: Arbitragem» (org. Nuno de Villa-Lobos/Mónica Brito Vieira), Coimbra Editora, 2010, 47-57; MARIA DA CONCEIÇÃO OLIVEIRA, *Mediação e arbitragem no roteiro da «boa administração»: a experiência portuguesa no contexto europeu*, in «Mais Justiça Administrativa e Fiscal: Arbitragem» (org. Nuno de Villa-Lobos/Mónica Brito Vieira), Coimbra Editora, 2010, 59-73; JOSÉ LUÍS ESQUÍVEL, *A arbitragem institucionalizada e os conflitos de Direito Administrativo*, in «Mais Justiça Administrativa e Fiscal: Arbitragem» (org. Nuno de Villa-Lobos/Mónica Brito Vieira), Coimbra Editora, 2010, 121-129; ANA PERESTRELO DE OLIVEIRA, *Da arbitragem administrativa à arbitragem fiscal: notas sobre a introdução da arbitragem em matéria tributária*, in «Mais Justiça Administrativa e Fiscal: Arbitragem» (org. Nuno de Villa-Lobos/Mónica Brito Vieira), Coimbra Editora, 2010, 131-147; ISABEL CELESTE FONSECA, *A arbitragem administrativa: uma realidade com futuro?*, in «A Arbitragem Administrativa e Tributária: Problemas e Desafios» (org. Isabel Celeste Fonseca), Almedina, 2012, 61-80; PAULO OTERO, *Equidade e arbitragem administrativa*, in «Centenário do Nascimento do Professor Doutor Paulo Cunha: Estudos em Homenagem», Almedina, 2012, 827-854.

sob a égide do Conselho Regulador – não corresponder a uma decisão unilateral da administração pública, ele não deixa de assumir relevância jurídico-administrativa, visto que é obtido através de um procedimento administrativo de tipo consensualizado que, de certo modo, é corroborado pelo próprio órgão administrativo que o promoveu. Pode mesmo afirmar-se que a obtenção e o correspondente cumprimento desse acordo conciliatório correspondem a uma *"condição resolutiva"*[16] aposta ao ato administrativo de indeferimento (ou de arquivamento) da queixa administrativa apresentada (cfr. artigos 56º, nº 3, dos EstERC, e 121º do CPA). Isto porque, caso tal acordo conciliatório não fosse obtido, caberia sempre ao Conselho Regulador da ERC proferir decisão unilateral sobre a queixa formulada (artigo 56º, nº 1, dos EstERC).

Todas estas manifestações de poder parajurisdicional evidenciam, para que dúvidas não restem, a proximidade substantiva entre o poder sancionatório de que dispõem estas entidades e o poder sancionatório jurisdicionalizado, de tipo penal.

§ 2. O exercício de poderes sancionatórios pela ERC e a sua natureza parajurisdicional

O regime jurídico aplicável à ERC – Entidade Reguladora para a Comunicação evidencia – porventura, como nenhum outro – que esta entidade administrativa independente dispõe de um amplo leque de poderes sancionatórios indispensáveis à prossecução eficiente das suas funções constitucionalmente consagradas. Na medida em que ela opera como

---

[16] Com efeito, hoje é amplamente consensual a admissão de decisões administrativas sujeitas a *"condição resolutiva"*, com vista a melhor acautelar o *"interesse público"* e a eventual mo alteração superveniente das circunstâncias que presidiram à sua prolação. A mero título de exemplo, ver ROGÉRIO SOARES, *Direito Administrativo – Lições*, Coimbra, 1978, 289; ALDO SANDULLI, *Manuale di Diritto Amministrativo*, Volume I, 15ª edição, Jovene, 1989, 116-117; GIUSEPPE GRECO, *L'Atto Amministrativo Condizionato*, CEDAM, 1993, 295-296; FILIPA URBANO CALVÃO, *Os Actos Precários e os Actos Provisórios no Direito Administrativo*, UCP, 1998, 86-88 e 95-96. Para uma distinção entre *"condição resolutiva"* e ato administrativo sujeito a *"reserva de revogação"*, que se fundaria na circunstância de a primeira operar automaticamente, enquanto a segunda exigiria a adoção expressa de um ulterior ato de revogação, ver ROBIN DE ANDRADE, *A Revogação dos Actos Administrativos*, Coimbra Editora, Coimbra, 1985, 174; FILIPA URBANO CALVÃO, *Os Actos Precários e os Actos Provisórios no Direito Administrativo*, cit., 74. Não distinguindo os dois institutos e considerando a *"reserva de revogação"* como uma mera modalidade da *"condição suspensiva"*, ver HARTMUT MAURER, *Manuel de Droit Administratif Allemand* (traduzido por Michel Fromont), LGFJ, 1994, 333.

reguladora de uma área de atividade indispensável à garantia e promoção do pluralismo de opiniões[17], entendeu-se que só o recurso ao Direito Sancionatório Público (não penal) lograria exercer um efeito dissuasor de condutas ilícitas potencialmente violadoras do Direito Administrativo da Comunicação Social. Nesse sentido, a ameaça punitiva (não penal) assume quer uma finalidade de *"prevenção geral"* – alertando todos os potenciais infratores para a consequência jurídica do desrespeito dos seus deveres jurídicos –, quer de uma finalidade de *"prevenção especial"* – demonstrando a cada um dos concretos infratores que esse desrespeito não se afigura como lucrativo ou vantajoso, em função das sanções que se lhe encontram associadas[18].

Em traços largos, o *"Direito Sancionatório Público"* (não Penal) corresponde ao ramo do saber jurídico que estuda e regula o exercício do poder punitivo por parte de órgãos pertencentes à administração pública[19].

---

[17] Nesse sentido, ver MELO ALEXANDRINO, *Estatuto Constitucional da Actividade de Comunicação Social*, Coimbra Editora, 1998, 165-167; BASTIDA FREIJEDO, *Pluralismo y médios de comunicación audiovisuales*, in «Democracia y Medios de Comunicación» (org. Joaquín Tornos Mas), Tirant lo Blanch, 2002, 69-75; CLARA GOMES RABAÇA, *O Regime Jurídico-Administrativo da Concentração nos Meios de Comunicação Social em Portugal*, Almedina, 2002, 263; GOMES CANOTILHO/JÓNATAS MACHADO, «Reality shows» e liberdade de programação, Colecção Argumentum, Coimbra Editora, 2003, 7; HERREROS LÓPEZ, *El Servicio Público de Televisión*, Fundación COSO, 2004, 66-73; MIGUEL PRATA ROQUE, *A União Faz a Fraqueza (da Democracia) – Ecos do «Relatório Lancelot» sobre o Direito da Concentração da Comunicação Social*, in «Estudos em Homenagem ao Professor Doutor Marcello Caetano», Coimbra Editora, 2006, 335-340.

[18] Para uma explanação sintética acerca dos *"fins das penas"*, ainda que reportando-se às sanções penais, ver, sobre a dimensão de *"prevenção geral"*, CLAUS ROXIN, *Sinn und Grenzen der staatlichen Strafe*, in «Strafrechtliche Grundlagenprobleme», Walter de Gruyter, 1973, 8; GUSTAV RADBRUCH, *Filosofia do Direito* (traduzido por Cabral de Moncada), 6ª edição, Arménio Amado Editor, 1997, 319; HANS-HEINRICH JESCHECK/ THOMAS WEIGEND, *Tratado de Derecho Penal – Parte General*, cit., 78; EDUARDO CORREIA, *Direito Criminal*, I (reimpressão), Almedina, 2004, 47 e 88; WOLFGANG NAUCKE, *Prevención general y derechos fundamentales de la persona*, in «Principales Problemas de la Prevención General» (org. Naucke/Hassemer/Lüderssen), Editorial BdeF, 2004, 24; FIGUEIREDO DIAS, *Direito Penal – As consequências jurídicas do crime*, 2ª reimpressão, Coimbra Editora, 2009, 51. Sobre a noção de *"prevenção especial"*, ver FERNANDA PALMA, *Direito Penal. Parte Geral*, I, AAFDL, 1994, 38; HANS-HEINRICH JESCHECK/THOMAS WEIGEND, *Tratado de Derecho Penal*, cit., 78; EDUARDO CORREIA, *Direito Criminal*, I, cit., 82; WOLFGANG NAUCKE, *Prevención general y derechos fundamental*, cit., 30; FIGUEIREDO DIAS, *Direito Penal*, cit., 53-54.

[19] Assinalando que hoje subsiste uma diversidade exponencial de *"sanções administrativas"*, em sentido amplo – ou seja, de sanções não penais tendentes à garantia de interesses públicos –, ver CARLO ENRICO PALIERO/ALDO TRAVI, *La sanzione amministrativa – Profili sistema-*

Não se trata, portanto, de um poder punitivo essencialmente jurisdicionalizado e cometido aos tribunais, mas antes de um poder tipicamente administrativo, exercido de acordo com os parâmetros normativos usualmente aplicados em qualquer procedimento que corra termos perante a administração pública. Com efeito, há muito que se ultrapassou uma dicotomia que via no Direito Administrativo um mero instrumento de conformação prévia da conduta dos particulares ao bloco de normatividade vigente (*"função meramente preventiva"*), enquanto só o Direito Penal assumiria uma finalidade sancionatória, de repressão subsequente à violação desse mesmo bloco de normatividade (*"função sancionatória"*)[20]. Nos dias que correm, não só o Direito Penal radica, em grande medida,

tici, Guiffrè, 1988, 91; MICHEL ROUGEVIN-BAVILLE, *La sanction en matière administrative dans le droit français*, in «Troisième Colloque des Conseils d'État et des Tribunaux Administratifs Suprêmes des Pays Membres des Communautés Européennes», Bruxelles, 1972, 259-261; MARYSE DEGUERGUE, *Sanctions administratives et responsabilité*, in «AJDA», spécial (2001), 81; JACQUES-HENRI ROBERT, *L'alternative entre les sanctions pénales et les sanctions administratives*, in «AJDA», spécial (2001), 90; JACQUES QUASTANA, *La sanction administrative est-elle encore une décision de l'administration?*, in «AJDA», spécial (2001), 145; HUERGO LORA, *Las Sanciones Administrativas*, Hustel, 2007, 137.
Entre muitos outros, sobre o exercício de poderes sancionatórios públicos, de natureza não penal, ver ainda LOZANO CUTANDA, *Panorâmica General de la Potestad Sancionadora de la Administración en Europa: «Despenalización y Garantia»*, in «RAP», 121 (1990), 394; MIREILLE DELMAS-MARTY/CATHERINE TEITGEN-COLLY, *Punir sans juger? De la répression administrative au droit administratif pénal*, Ed. Economica, 1992, 7; FRANK MODERNE, *Sanctions administratives et justice constitutionnelle – Contribution à l'étude du jus puniendi de l'Etat dans les démocraties contemporaines*, Economica, 1993, 77; GEORGES DELLIS, *Droit Pénal et Droit Administratif – L'Influence des Principes du Droit Pénal sur le Droit Administratif Répressif*, LGDJ, 1997, 19; DOMÍNGUEZ VILA, *Constitución y Derecho Administrativo Sancionador*, Marcial Pons, 1997, 26-29; CANO CAMPOS, *Non bis in idem, prevalencia de la via penal y teoria de los concursos en el Derecho Administrativo sancionador*, in «RAP», 156 (2001), 248; BAJO FERNÁNDEZ, *La unidad del derecho sancionador*, in «Estudios jurídicos en homenaje al profesor Luis Díez-Picazo» (org. Antonio Cabanillas Sánchez), Volume 4, 2002, 6690; MADUREIRA PRATES, *Sanção Administrativa Geral: Anatomia e Autonomia*, Almedina, 2005, 25; ALEJANDRO NIETO, *Derecho Administrativo Sancionador*, 4ª edição, Tecnos, 2005, 85-94.

[20] Refletindo esta visão maniqueísta, ver MARQUES GUEDES, *Direito Administrativo (Lições)*, AAFDL, 1956, 100-102; MICHEL FOUCAULT, *Surveiller et punir – Naissance de la prison*, Gallimard, 1975, 111; WINFRIED HASSEMER, *A prevenção do meio-ambiente através do Direito Penal*, in «Lusíada», especial (1996), 324; MICHEL DEGOFFE, *L'ambiguité de la sanction administrative*, in «AJDA», spécial (2001), 30; MARCELLO CAETANO, *Manual de Direito Administrativo*, Volume II, 7ª reimpressão da 10ª edição (revista e atualizada por Diogo Freitas do Amaral), Almedina, 2004, 1150; SÉRVULO CORREIA, *O Direito de Manifestação – Âmbito de Protecção e Restrições*, Almedina, 2006, 98; VASCO PEREIRA DA SILVA, *Breve nota sobre o Direito sancionatório do*

em fins de prevenção geral e especial – ou seja, contribuindo para a adequação quotidiana e incessante das condutas dos particulares ao bloco de normatividade –, como o próprio Direito Administrativo se tem perfilado como um verdadeiro instrumento de repressão célere dessas condutas ilícitas, através do exercício de poderes sancionatórios que não são mediados por qualquer intervenção jurisdicionalizada[21].

O *"Direito Sancionatório Público"* surge hoje como um ramo jurídico emergente, cruzando fronteiras entre um classicismo maniqueísta que contrapõe, de modo artificial, o Direito Penal ao Direito Administrativo. Ora, do conjunto de atribuições constitucional e legalmente cometidas à ERC, verifica-se que a mesma dispõe de amplos poderes de tipo sancionatório. Desde logo, o Conselho Regulador dispõe de amplos poderes integráveis naquilo que se convencionou denominar de *"Direito Sancionatório Contraordenacional"*. Por um lado, podem identificar-se *"poderes sancionatórios contraordenacionais genéricos"*, que decorrem expressamente dos próprios Estatutos da ERC [cfr. artigos 24º, nº 3, alíneas *b)* e *ac)*, e 67º a 71º, dos EstERC) e que visam, essencialmente, acudir a situações de não acatamento de decisões emanadas dos respetivos órgãos administrativos, no exercício das suas funções de regulação e de supervisão. Por outro lado, proliferam ainda inúmeros *"poderes sancionatórios contraordenacionais específicos"*, que resultam de cada um dos diplomas legais setoriais (*v.g.*, Lei da Televisão, Lei da Rádio, Lei da Imprensa, etc.) e que pretendem antes garantir a punição de condutas violadoras de deveres jurídicos

---

ambiente, in «Direito Sancionatório das Autoridades Reguladoras» (org. Maria Fernanda Palma/Augusto Silva Dias/Paulo de Sousa Mendes), Coimbra Editora, 2009, 274.

[21] JACQUES MOURGEON, *La Répression Administrative*, LGDJ, 1967, *passim* e, em especial, 129; ANDREAS FISCHER, *La sanction administrative en droit allemand*, in «Troisième Colloque des Conseils d'État et des Tribunaux Administratifs Suprêmes des Pays Membres des Communautés Européennes», Bruxelles, 1972, 221-222; MICHEL ROUGEVIN-BAVILLE, *La sanction en matière administrative dans le droit français*, cit., 258; SILVA SÁNCHEZ, *La Expansión del Derecho Penal – Aspectos de la política criminal en las sociedades postindustriales*, 1ª edição, Cuadernos Civitas, 1999, 150-155; JEAN-MARC SAUVÉ, *Les sanctions administratives en droit public français – État des lieux, problèmes et perspectives*, in «AJDA», spécial (2001), 17; MICHEL DEGOFFE, *L'ambiguïté de la sanction administrative*, cit., 30 ; ALEJANDRO NIETO, *Derecho Administrativo Sancionador*, cit., 33; HUERGO LORA, *Las Sanciones Administrativas*, cit., 138-143; CARLOS ADÉRITO TEIXEIRA, *Questões processuais da responsabilidade das pessoas colectivas no domínio do Direito Sancionatório da Regulação*, in «Direito Sancionatório das Entidades Reguladoras» (org. Maria Fernanda Palma/Augusto Silva Dias/Paulo Sousa Mendes), Coimbra Editora, 2009, 107-108.

fixados por cada um dos regimes setoriais aplicáveis ao setor da comunicação social[22].

Mas, o Direito Sancionatório Público não se reduz à sua vertente contraordenacional. Ele compreende ainda um *"Direito Sancionatório Administrativo"*, em sentido estrito, um *"Direito Sancionatório Disciplinar (Público)"* e um *"Direito Sancionatório Financeiro"*. Desde logo, a ERC dispõe de poderes para determinar: *i)* a privação ou a suspensão do exercício de direitos subjetivos sujeitos a um regime de regulação administrativa[23]; *ii)* a revogação de licenças administrativas[24]; *iii)* a aplicação de sanções

---

[22] Assim, ver MIGUEL PRATA ROQUE, *Os poderes sancionatórios da ERC*, cit., 430-431. Isto não invalida – conforme já demonstrei, noutro estudo (cfr. Idem, cit., 431-432) – que outros órgãos administrativos, integrados noutras pessoas coletivas públicas, possam exercer competência sancionatória em matéria de comunicação social. Apesar de o nº 3 do artigo 37º da Constituição cometer essa competência sancionatória contraordenacional a entidade administrativa independente, deve entender-se que apenas as contraordenações que visem proteger bens jurídicos relativos à liberdade de expressão e de informação é que ficam abrangidas por aquela reserva constitucional de competência, podendo as demais contraordenações serem processadas por outras entidades administrativas. Em sentido idêntico, ver RUI PEREIRA, *Direito Penal e Direito da Mera Ordenação Social da Comunicação Social*, in «Estudos de Homenagem ao Conselheiro Nunes de Almeida», Coimbra Editora, 2007, 737.

[23] Entre essas medidas sancionatórias, relevam: *i)* as decisões de suspensão provisória da difusão de campanhas publicitárias empreendidas pelo Estado, Regiões Autónomas ou Autarquias Locais [artigo 24º, nº 3, alínea *x*), dos EstERC]; *ii)* as decisões restritivas da circulação de serviços da sociedade da informação que contenham conteúdos submetidos a tratamento editorial e que lesem ou ameacem gravemente a dignidade da pessoa humana, a ordem pública, a saúde pública, a segurança pública e os consumidores, incluindo os investidores [artigo 24º, nº 3, alínea *ae*), dos EstERC, e artigo 7º, nº 1, do Decreto-Lei nº 7/2004]; *iii)* as decisões de suspensão da retransmissão de serviços de programas televisivos [artigo 24º, nº 3, alínea *f*), dos EstERC, e artigo 86º da Lei da Televisão, aprovada pela Lei nº 8/2011, de 11 de abril]; *iv)* as decisões que imponham a publicação de direito de resposta ou de réplica política, cujo desrespeito implica a prática de um crime de desobediência qualificada [cfr. artigos 24º, nº 3, alínea *j*), 60º, nº 2, e 66º, nº 1, alínea *a*), dos EstERC]; *v)* as decisões reparadoras da violação de direitos, liberdades e garantias ou do regime jurídico aplicável às atividades de comunicação social [cfr. artigos 24º, nº 3, alínea *a*), e 55º a 60º, dos EstERC]; *vi)* as decisões de suspensão da licença ou da autorização de transmissão radiofónica (artigos 28º e 70º, nºs 1 a 3 da Lei da Rádio, de acordo com a redação conferida pela Lei nº 54/2010, de 24 de dezembro); *vii)* as decisões de publicitação de decisão condenatória ou de informações relativas ao procedimento sancionatório [artigo 53º, nºs 7 e 8, dos EstERC, e artigo 70º, nº 4, da Lei da Rádio].

[24] Com efeito, a lei associa à violação de deveres jurídicos por ela previstos – por exemplo, a violação de obrigações de cobertura territorial (artigo 8º, nº 2, da Lei da Televisão), de limites ao exercício ou ao financiamento de serviços televisivos (artigo 12º, da Lei da Televisão),

pecuniárias compulsórias[25]. Todas estas manifestações de poder de decisão sancionatória assumem uma natureza manifestamente jurídico-administrativa. Acresce ainda o poder de sancionar os funcionários e agentes[26] da ERC pela prática de ilícitos administrativos, no exercício das

proibição de difusão de conteúdos que incentivem o ódio racial, religioso, político ou gerado pela cor, origem étnica ou nacional, pelo sexo, pela orientação sexual ou pela deficiência (artigo 27º, nº 2, da Lei da Televisão) ou que prejudiquem a livre formação da personalidade de crianças e jovens (artigo 27º, nº 3, da Lei da Televisão), entre muitos outros – a possibilidade de revogação das licenças e autorizações administrativas para o exercício de atividades de comunicação social, quando esse incumprimento implique a prática de uma terceira contraordenação, da mesma gravidade, durante um período de 2 anos [artigo 24º, nº 3, alínea f), *in fine*, dos EstERC, e artigos 24º e 82º, nºs 1 e 2 da Lei da Televisão]. Em sentido idêntico, se pronuncia a Lei da Rádio, ainda que mais favorável, pois apenas prevê a revogação de licença ou de autorização quando ocorram três contraordenações (ou três suspensões de emissão), no prazo de 3 anos (artigos 70º, nº 5, e 73º, nº 2, da Lei da Rádio.

[25] Por sua vez, esse poder sancionatório decorre diretamente do artigo 72º dos EstERC. Noutro estudo (cfr. MIGUEL PRATA ROQUE, *Os poderes sancionatórios da ERC*, cit., 419-420), sustentei que aquela *"sanção pecuniária compulsória"* corresponderia a um mero dever jurídico que operava *"ope legis"*, ou seja, sem dependência de uma decisão administrativa sancionatória expressamente proferida pelo Conselho Regulador da ERC. Porém, na medida em que as exigências de transparência e de segurança jurídica impõem que o particular seja expressamente notificado para o cumprimento daquele dever jurídico, reequacionei e optei por abandonar aquele entendimento. Passo, portanto, a considerar que a fixação, pelo Conselho Regulador, do quantitativo efetivamente devido – seja ela feita por notificação autónoma ou integrada na notificação da decisão principal a cumprir – constitui uma decisão unilateral destinada a produzir efeitos jurídico-administrativos, de natureza sancionatória. Aproximo-me, assim, da posição já antes adotada por PEDRO GONÇALVES, *Direito Administrativo da Regulação*, cit., 566.

[26] Se, quanto aos funcionários públicos (sejam eles contratados a tempo indeterminado ou a termo), não se suscitam dúvidas quanto à natureza jurídico-administrativa do vínculo, maiores dúvidas poderiam surgir quanto aos trabalhadores públicos sujeito a contrato individual de trabalho. Ora, no caso desta específica entidade administrativa independente, o próprio artigo 43º, nº 1, dos EstERC, determina que os respetivos trabalhadores fiquem abrangidos pelo regime do contrato individual de trabalho. De qualquer modo, essa sujeição apenas abrange a regulação de matérias do foro estritamente laboral, mas não obsta a que o Conselho Regulador mantenha e exerça o seu poder de supremacia hierárquica, de cariz jurídico-administrativa sobre os trabalhadores necessários à adequada prossecução da respetiva função administrativa. Isto porque, nos termos do artigo 269º, nº 1, da CRP, todos os *"trabalhadores públicos"* – isto é, independentemente do concreto vínculo jurídico que os adstrinja à administração pública – ficam exclusivamente ao serviço do *"interesse público"*, devendo este ser fixado pelos órgãos competentes do respetivo empregador público. Aliás, nesse sentido de inclusão ampla no conceito de *"trabalhadores públicos"* de funcionários, portadores de vínculo definitivo, de agentes e de trabalhadores sujeitos ao contrato individual de

suas funções, inerente ao exercício de poderes de supremacia hierárquica, bem como a sujeição dos titulares dos respetivos órgãos ao regime sancionatório aplicável aos titulares de altos cargos públicos (cfr. artigo 13º da Lei nº 64/93, de 26 de agosto). Por fim, os titulares de órgãos da ERC ficam ainda sujeitos a um regime sancionatório financeiro, que envolve a possibilidade de aplicação de sanções, pelo Tribunal de Contas, em caso de incumprimento de deveres jurídicos relativos à administração financeira daquela pessoa coletiva pública [cfr. art. 214º, nº 1, alínea *c*), da CRP e artigos 65º, nº 1, e 66º da Lei Tribunal de Contas, aprovada pela Lei nº 98/97, de 26 de agosto, de acordo com a redação conferida pela Lei nº 2/2012, de 06 de janeiro].

§ 3. **A tipologia: sanções contraordenacionais, sanções disciplinares, sanções financeiras e sanções administrativas** *"stricto sensu"*
Independentemente da discussão sobre se devem aplicar-se, subsidiariamente, as normas próprias do Direito Penal ou do Direito Administrativo aos procedimentos sancionatórios não penais[27], certo é que ninguém nega (ou sequer desconhece) que os poderes sancionatórios do Estado (e das demais pessoas coletivas públicas) não se cingem, hoje, à aplicação de penas privativas da liberdade pessoal, através de um processo jurisdicionalizado desenvolvido perante os tribunais criminais. Não só a emergência de um *"movimento descriminalizador"*[28] conduziu à sedimentação de

---

trabalho, tem-se pronunciado, sem quaisquer hesitações, quer a doutrina, quer a jurisprudência. Assim, ver ANA FERNANDA NEVES, *O Contrato de Trabalho na Administração Pública*, in «Estudos em Homenagem ao Professor Doutor Marcello Caetano», Volume I, Coimbra Editora, 2006, 126; IDEM, *O Direito da Função Pública*, in «Tratado de Direito Administrativo Especial», Volume IV, Almedina, 2010, 359; JORGE MIRANDA/ANA FERNANDA NEVES, *Anotação ao artigo 269º*, in «Constituição da República Portuguesa Anotada» (org. Jorge Miranda /Rui Medeiros), Tomo III, Coimbra Editora, 2007, 621; VERA ANTUNES, *O Contrato de Trabalho na Administração Pública*, Coimbra Editora, 2010, 200; ALDA MARTINS, *A laboralização da função pública e o direito constitucional à segurança no emprego*, in «Julgar»,7 (2009), 169; PAULO VEIGA e MOURA/CÁTIA ARRIMAR, *Os Novos Regimes de Carreiras e de Remunerações dos Trabalhadores da Função Pública*, Coimbra Editora, 2010, 57; MIGUEL LUCAS PIRES, *Os Regimes de Vinculação e a Extinção das Relações Jurídicas dos Trabalhadores da Administração Pública*, Almedina, 2013, 57. Em sentido idêntico, ver os Acórdãos nº 154/2010 (Maria Lúcia Amaral), nº 474/2013 (Fernando Ventura) e nº 793/2013 (Pedro Machete), todos do Tribunal Constitucional.
[27] Para maior desenvolvimento, ver o § 4 do presente estudo.
[28] Outros preferirão referir-se a uma mera *"despenalização"* de condutas, mas não a uma verdadeira *"descriminalização"*. Representando esta corrente, ver FARIA COSTA, *Les problèmes*

um regime jurídico específico de verificação e de punição de ilícitos de mera ordenação social (*"sanções contraordenacionais"*), como o paralelismo substantivo das posições que os particulares ocupam em certas situações jurídico-públicas justificou a aplicação de (algumas) garantias penais e administrativas a processos que incorporam o exercício de poderes sancionatórios[29].

Em suma, sempre que os poderes públicos atuam com vista a impor ónus, encargos ou a exigir a sujeição dos particulares a consequências jurídicas desfavoráveis, decorrentes de comandos normativos públicos, com um intuito de sancionar uma prévia conduta ilícita[30], passa a poder traçar-se uma linha comum a várias subespécies de sanções. De onde surge a necessidade de crismar esse regime geral como *"Direito Sancionatório Público"* (não penal). Entre essas várias subespécies, encontram-se: *i)* as *"sanções contraordenacionais"*; *ii)* as *"sanções disciplinares (públicas)"*; *iii)* as *"sanções financeiras"*; e *iv)* as *"sanções administrativas «stricto sensu»"*.

Visto que o presente estudo, pretende apenas centrar-se no exercício de poderes sancionatórios públicos (não penais) pela ERC, bastar-me-ei

---

juridiques et pratiques posés par la différence entre le droit criminel et le droit administratif-pénal, in «RIDP», 1-2 (1988), 143; IDEM, *Noções Fundamentais de Direito Penal*, 2ª edição, Coimbra Editora, 2010, 44-45; BLANCA LOZANO, *Panorámica general de la potestad sancionadora de la administracíon en Europa: "despenalización" y garantia*, in «RAP», 121 (1990), 399, n.r. 13; ENRICO PALIERO, «Minima non curat praetor». *Ipertrofia del diritto penale e decriminalizzazione dei reati bagatellari*, CEDAM, 1985, 383-384; ALEXANDRA VILELA, *O Direito de Mera Ordenação Social – Entre a Ideia de "Recorrência" e a de "Erosão" do Direito Penal Clássico*, Coimbra Editora, 2013, 22. Não vislumbro, porém, a utilidade dessa distinção dogmática, visto que, ocorrendo uma degradação da intensidade desvaliosa do ilícito, não subsistem razões para se negar a ocorrência de uma verdadeira *"descriminalização"*. Pode apenas discutir-se acerca da medida diferenciadora da sanção aplicável, mas não pode negar-se a extinção da norma tipificadora de um crime. A circunstância de o *"conceito material de crime"* poder persistir, na consciência jurídica geral – ainda que degradado em contraordenação – não deve afetar essa conclusão, pois, em estrita homenagem ao *"princípio da legalidade"*, a ausência de positivação do crime não pode senão implicar a cessação de quaisquer efeitos jurídico-penais de condutas que o preencham.

[29] JEAN-MARC SAUVÉ, *Les sanctions administratives en droit public français*, cit., 19; FERREIRA ANTUNES, *Reflexões sobre o Direito Contra-Ordenacional*, SPB – Editores, 1997, 17.

[30] Identificando o *"intuito punitivo"* como conteúdo substantivo das *"sanções públicas"* (não penais), ver CARLO ENRICO PALIERO/ALDO TRAVI, *La sanzione amministrativa*, cit., 92; FRANK MODERNE, *Sanctions administratives et justice constitutionnelle – Contribution à l'étude du jus puniendi de l'Etat dans les démocraties contemporaines*, Economica, 1993, 77-78 e 101-102; HUERGO LORA, *Las Sanciones Administrativas*, cit., 225-234.

com um esboço dos contornos de cada um desses subramos. Indiscutivelmente mais conhecido e mais desenvolvido, num plano juscientífico e jurisprudencial, o *"Direito Sancionatório Contraordenacional"* exibe, como nenhum outro, a sua intrínseca dualidade, pois tanto convoca a aplicação subsidiária de normas jurídico-penais – quer quanto aos elementos constitutivos da prática de tipos de ilícito contraordenacional, quer ainda quanto à própria tramitação perante os tribunais competentes para aferir da sua impugnação[31] –, como justifica a aplicação subsidiária de normas jurídico-administrativas – em especial, na fase administrativa de aferição procedimental, com vista a uma decisão acerca da responsabilidade pela prática do ilícito[32].

Mas deve ainda ter-se presente o *"Direito Sancionatório Disciplinar (Público)"*, que incide sobre os procedimentos de aferição da violação de regras de disciplina e de funcionamento interno dos órgãos e dos serviços da administração pública[33]. Devo notar que, em regra, essa responsabi-

---

[31] PINTO DE ALBUQUERQUE, *Comentário do Regime Geral das Contra-Ordenações*, UCP, 2011, 116.

[32] JEAN-MARC SAUVÉ, *Les sanctions administratives en droit public français*, cit., 19; LEONEL DANTAS, *Considerações sobre o processo das contra-ordenações: a fase administrativa*, cit., 106; SOARES RIBEIRO, *Contraordenações laborais*, cit., 143; SÉRGIO PASSOS, *Contra-ordenações: Anotações ao regime geral*, Almeida, 2009, 253, § 2 do artigo 33º; PINTO DE ALBUQUERQUE, *Comentário do Regime Geral das Contra-Ordenações*, cit., 151-152.

[33] Em regra, o funcionamento interno dos serviços públicos (como escolas, hospitais ou outras repartições abertas ao público) é disciplinado por *"regulamentos administrativos"* dotados de mera eficácia interna, que disciplinam os métodos de organização e de funcionamento daqueles, sendo dirigidos aos respetivos funcionários e agentes – conceito de *"regulamentos internos «stricto sensu»"*. Sucede, porém, que esses regulamentos podem também disciplinar o próprio modo de conduta dos utentes daqueles serviços, nos contactos que estabelecem com aqueles ou com terceiros sujeitos ao *"poder de supremacia"* daqueles. Ao contrário dos primeiros, estes últimos encontram-se dotados de uma verdadeira eficácia externa, já que afetam a esfera jurídica de sujeitos que não se integram na estrutura organizativa administrativa – conceito de *"regulamentos internos impróprios"*. Para além destas duas fontes de *"normas sancionatórias disciplinares"*, importa ainda individualizar o papel das *"circulares administrativas"*, que – sob uma capa de meras orientações acerca da interpretação do bloco de normatividade a aplicar, difundidas pelos titulares de órgãos com competência de supervisão hierárquica – acabam por fixar igualdade verdadeiras normas vinculativas da conduta dos funcionários, agentes e utentes dos serviços públicos administrativos (assim, ver JOÃO TABORDA DA GAMA, *Tendo surgido dúvidas sobre o valor das circulares e outras orientações genéricas...*, in «Estudos em Memória do Prof. Doutor J.L. Saldanha Sanches», Volume I, Coimbra Editora, 2011, 157-225). Habitualmente, a violação de normas regulamentares (dos três tipos *supra* identificados) implica a sujeição dos infratores a *"sanções disciplinares (públicas)"*. Sobre

lidade disciplinar não se deve confundir com aquela de tipo juslaboral[34] – que envolve a violação de ordens e de instruções emitidas pelo empregador ou por um superior hierárquico devidamente legitimado para o efeito –, de cunho privado. O que não significa, porém, que a sujeição de colaboradores de órgãos e serviços públicos a um regime de *"contrato individual de trabalho em funções públicas"* não convoque, igualmente, garantias de audiência e de defesa perante a abertura do correspondente processo disciplinar. Porém, o cerne do *"Direito Sancionatório Disciplinar (Público)"* pode encontrar-se na subdivisão entre responsabilidade dis-

---

o problema do estabelecimento de *"relações especiais de poder"* de matriz sancionatória, como decorrência desses *"regulamentos internos"* que disciplinam a organização e o funcionamento dos serviços públicos administrativos, ver CARLO ENRICO PALIERO/ALDO TRAVI, *La sanzione amministrativa*, cit., 53; FRANK MODERNE, *Sanctions administratives et justice constitutionnelle*, cit., 228-237; IÑAKI LASAGABASTER HERRARTE, *Las Relaciones de Sujeción Especial*, Editorial Civitas, 1994, 219-251; DOMÍNGUEZ VILA, *Constitución y Derecho Administrativo Sancionador*, cit., 238-241.

Em defesa de uma configuração do *"Direito Disciplinar (Público)"* enquanto modalidade do *"Direito Sancionatório Público"*, ver BELEZA DOS SANTOS, *Ilícito penal administrativo e ilícito criminal*, cit., 112-113; ANDREAS FISCHER, *La sanction administrative en droit allemand*, cit., 216-219; JEAN-MARC SAUVÉ, *Les sanctions administratives en droit public français*, cit., 17; MICHEL DEGOFFE, *L'ambiguïté de la sanction administrative*, cit., 29; FREITAS DO AMARAL, *Manual de Introdução ao Direito*, Volume I, Almedina, 2004, 277-281; IDEM, *O poder sancionatório da Administração Pública*, in «Estudos Comemorativos dos 10 Anos da Faculdade de Direito da Universidade Nova de Lisboa», Volume I, Almedina, 2008, 223; ANA FERNANDA NEVES, *O Direito Disciplinar da Função Pública*, Volumes I e II, BFDUL, 2007, *passim*. Em sentido contrário, cindindo e autonomizando o *"Direito Disciplinar"* do âmbito objetivo do *"Direito Sancionatório Público"*, ver BELEZA DOS SANTOS, *Ilícito penal administrativo e ilícito criminal*, cit., 59; HUERGO LORA, *Las Sanciones Administrativas*, cit., 173-186. Em sentido ainda mais intenso, considerando o *"Direito Disciplinar (Público)"* como a via exclusiva de aplicação de *"sanções administrativas"* e, portanto, reduzindo o *"Direito Sancionatório Público"* a uma dimensão endoinstitucional, cingida à manutenção interna da disciplina nos serviços públicos administrativos, ver JACQUES MOURGEON, *La Répression Administrative*, cit., 22, 59 e 75-79.

[34] Sobre o tema, ver PEDRO DE SOUSA MACEDO, *Poder disciplinar patronal*, Almedina, 1990, *passim*; MARIA DO ROSÁRIO PALMA RAMALHO, *Do fundamento do poder disciplinar laboral*, Almedina, 1993, *passim*; IDEM, *Sobre os limites do poder disciplinar laboral*, in «I Congresso Nacional de Direito do Trabalho: Memórias (org. António Moreira) Almedina, 1998, 181-198; IDEM, *Poder disciplinar laboral e processo disciplinar para despedimento*, in «Estudos do Instituto de Direito do Trabalho» (org. Pedro Romano Martinez), Almedina, 2001, 399-402; IDEM, *O poder disciplinar laboral no Código do Trabalho: notas breves*, in «Estudos em Memória do Professor Doutor António Marques dos Santos», Almedina, 2005, 1133-1148; NUNO ABRANCHES PINTO, *Instituto Disciplinar Laboral*, Coimbra Editora, 2009, *passim*.

ciplinar de: *i)* titulares de órgãos[35]; *ii)* funcionários ou agentes da administração pública; *iii)* utentes ou outras pessoas que entrem em contacto com serviços públicos[36].

Por sua vez, o *"Direito Sancionatório Financeiro"* visa aferir a responsabilidade pela gestão de recursos públicos – financeiros, infraestruturais ou humanos –, por parte de titulares de órgãos ou de agentes da administração pública. Em traços gerais, ela tanto pode decorrer da violação de um *"interesse público nacional"*, como da violação de um *"interesse público transnacional"*. Exemplo do primeiro caso, é a consagração legal da responsabilidade financeira de titulares de órgãos ou de agentes da administração pública, mediante a instauração de procedimentos sancionatórios pelo Tribunal de Contas [cfr. artigo 214º, nº 1, alínea *c*), da CRP, e artigos 65º, nº 1, e 66º da Lei do Tribunal de Contas][37] ou ainda pelo Tribunal Constitucional[38], no caso do financiamento dos partidos políticos (cfr.

---

[35] Friso bem que o âmbito subjetivo dessa *"responsabilidade disciplinar (pública)"* tanto abrange os titulares de *"órgãos administrativos"*, em sentido estrito – ou seja, os que não participam no exercício (criador e inovador) da função política, como poderá abranger igualmente os titulares de *"órgãos políticos"*, desde que estes tenham tomado decisões, no exercício da função administrativa. Quanto aos titulares de *"órgãos políticos"*, não pode – verdadeira e propriamente – falar-se de uma *"responsabilidade disciplinar (pública)"*, mas apenas de uma *"responsabilidade política"* que é aferida por outros órgãos dotados de poderes constitucionais para o efeito ou, no limite, através do exercício periódico, pelos cidadãos, do direito de voto. A circunstância de os presidentes de órgãos políticos de tipo colegial disporem de poderes regimentais (ou legais) para assegurar a condução e disciplina dos trabalhos não implica o exercício de um *"poder sancionatório disciplinar (público)"*, em sentido próprio, mas apenas de um *"poder funcional"*, de tipo eminentemente político, que não permanece sujeito às regras e princípios do Direito Sancionatório Público. Precisamente nesse sentido, ver FRANK MODERNE, *Sanctions administratives et justice constitutionnelle*, cit., 155-156. Sobre a relação entre a *"responsabilidade política"* e a *"responsabilidade penal"* – de onde se podem extrair conclusões para efeitos do *"Direito Sancionatório Disciplinar (Público)"*, ver MARIA FERNANDA PALMA, *Responsabilidade política e responsabilidade criminal: três casos controversos*, in «Sub Judice», 6 (1993), 5-8.

[36] ANDREAS FISCHER, *La sanction administrative en droit allemand*, cit., 220.

[37] Autonomizando o *"Direito Sancionatório Financeiro"* enquanto tipologia do *"Direito Sancionatório Público"*, ver FRANK MODERNE, *Sanctions administratives et justice constitutionnelle*, cit., 51-52; MICHEL ROUGEVIN-BAVILLE, *La sanction en matière administrative dans le droit français*, cit., 264.

[38] Por força da Lei do Financiamento dos Partidos Políticos e das Campanhas Eleitorais, aprovada pela Lei nº 19/2003, de 20 de junho, e de acordo com a redação conferida pela Lei nº 1/2013, de 03 de janeiro, foi atribuída uma *"competência sancionatória financeira"* ao Tribunal Constitucional, de tipo misto. Ou seja, se é verdade que a *"competência de decisão"* foi

artigos artigos 23º, nº 1, 24º, nº 2, e 33º, nº 1, da Lei do Financiamento dos Partidos Políticos e das Campanhas Eleitorais), que, ainda que assumam a natureza de pessoas coletivas privadas, não deixam de ser qualificados como *"associações privadas de interesse constitucional"*[39]. Porém, a efetivação dessa responsabilidade não se circunscreve à proteção de *"interesses financeiros nacionais"*, sendo hoje mais evidente a previsão de mecanismos de garantia dos *"interesses financeiros da União Europeia"*, que envolve não só a aplicação de *"sanções penais"*[40], mas igualmente a necessidade de reposi-

atribuída a um órgão jurisdicional, certo é que o exercício da mesma é precedido de uma *"competência instrutória"*, de feição técnico-financeira deveras complexa, que é exercida por um órgão administrativo independente – a saber, a Entidade das Contas das Contas e Financiamento Políticos (cfr. artigo 24º, nº 2, do referido diploma). Assim sendo, a dimensão jurídico-administrativa deste tipo de poderes sancionatórios encontra-se bem patente nesse procedimento misto de aferição da responsabilidade financeira, que culmina na aplicação de *"sanções pecuniárias"* de natureza não penal.

[39] A doutrina tem acolhido, recorrentemente, esta qualificação jurídica para salientar as funções de índole constitucional prosseguidas pelos partidos políticos, em regime democráticos pluripartidários. Entre outros, ver MARCELO REBELO DE SOUSA, *Os Partidos Políticos no Direito Constitucional Português*, Livraria Cruz, 1984, 522; MARGARIDA OLAZABAL CABRAL, *Democracia e partidos políticos antidemocráticos*, in «RMP», 59 (1994), 89; GOMES CANOTILHO/ VITAL MOREIRA, *Constituição da República Portuguesa Anotada*, Volume II, 4ª edição, Coimbra Editora, 2010, 692; MARTIN MORLOK, *La fonction constitutionnelle des partis*, in «Les cinquante ans de la République Fédérale d'Allemagne» (org. Michel Fromont), Publications de la Sorbonne, 2000, 12; JORGE MIRANDA, *Comentário ao Artigo 51º*, in «Constituição Portuguesa Anotada», Tomo I, 2ª edição, Coimbra Editora, 2010, 1012; MIGUEL PRATA ROQUE, *O controlo jurisdicional da democraticidade interna dos partidos políticos – O Tribunal Constitucional entre o princípio da intervenção mínima e um contencioso de plena jurisdição*, in «Tribunal Constitucional – 35º Aniversário da Constituição de 1976», Volume II, Coimbra Editora, 2012, 294-298.

[40] Com efeito, a progressiva comunitarização do Direito Penal, de tipo substantivo, tem assentado na delimitação de bens jurídicos especificamente protegidos pelo Direito da União Europeia, entre os quais figuram os *"interesses financeiros"* da União a uma boa gestão dos respetivos fundos orçamentais. Ao ponto de já se falar num verdadeiro *"Corpus Juris"* de feição jurídico-penal. Sobre a proteção penal dos *"interesses financeiros"* da União Europeia, ver MIREILLE DELMAS-MARTY, *Corpus Juis: portant dispositions pénales pour la protection des intérêts financiers de l'Union Européenne*, Economica, 1997; FRANCESCO DE ANGELIS, *Le corpus juris portant dispositions pénales pour la protection des intérêts financiers de l'Union Européenne: origines e perspectives*, in «Recueil Dalloz», 22 (1998), 221-222; LORENZO SALAZAR, *La protection des intérêts financiers des Communautés européennes et la lutte contre la corruption internationale dans l'instauration d'un espace judiciaire pénal européen*, in «Vers un Espace Judiciaire Européen» (org. Gilles de Kerchove/Anne Weyembergh), Éditions de l'Université de Bruxelles, 2000, 294-337; JAVIER VALLS PRIETO, *El fraude de subvenciones de la unión europea: la necesidad de un espácio europeo de normas penales*, Dykinson, 2005, *passim*; INÊS FERREIRA LEITE, *Direito Penal*

ção de fundos comunitários indevidamente utilizados[41] e a imposição de sanções pecuniárias pelo cometimento de tais ilícitos.

Por fim, quando ocorre uma restrição de um *"direito subjetivo"* ou a imposição de um *"ónus"* ou *"encargo"* a um particular, por decisão unilateral da administração pública, com intuito sancionatório – ou seja, predominantemente destinada à imposição de um sacrifício, como consequência de um incumprimento do conteúdo precetivo de um comando normativo –, pode ainda justificar-se a aplicação de regras e princípios próprios do *"Direito Sancionatório Administrativo «stricto sensu»"*[42]. Esta noção estrita resulta da necessidade de fazer a destrinça entre o *"Direito Sancionatório*

Europeu: do Corpus Juris aos métodos de integração europeia, in «Direito Penal Económico e Financeiro» (org. Maria Fernanda Palma/Augusto Silva Dias/Paulo Sousa Mendes), Coimbra Editora, 2012, 343-366.

[41] Essa reposição dos auxílios de Estado concedidos tanto pode ser assegurada através da *"revogação"* do ato que os concedeu, como mediante *"reivindicação jurisdicional"*, quando aqueles já tenham sido integralmente transferidos para a posse dos particulares deles beneficiários e estes não procedam à sua devolução voluntária. O Tribunal de Justiça da União Europeia tem vindo a sedimentar esse *"dever de restituição"* dos montantes indevidamente recebidos. Por todos, ver o Acórdão *"Comissão c/ Portugal"*, de 26 de julho de 2000, Proc. nº C-404/97. A propósito do tema, ver Frank Moderne, *Sanctions administratives et justice constitutionnelle*, cit., 69-73; Peter Huber, «Beihilfen» (Art. 87, 88 EGV 1999) und *Vertrauensschutz im Gemeinschaftsrecht und im nationalen Verwaltungsrecht*, in «KritV», 1 (1999), 359-377; Susanne Hegels, *EG-Eingenverwaltungsrecht und Gemeinschaftsverwaltungsrecht – Europäisches Verwaltungsrecht für den direkten und den indirekten Gemeinschaftsvollzug*, Nomos Verlagsgesellschaft, 2001, 95-100; Fausto de Quadros, *Direito da União Europeia – Direito Constitucional e Administrativo da União Europeia*, Almedina, 2004, 531-540; Alejandro Nieto, *Derecho Administrativo Sancionador*, cit., 102; Miguel Prata Roque, *Direito Processual Administrativo Europeu*, Coimbra Editora, 2011, 480-493.

[42] A mero título exemplificativo, refira-se – pela sua impressividade – o regime sancionatório previsto na Lei do Jogo (aprovada pelo Decreto-Lei nº 422/89, de 02 de dezembro, de acordo com a redação que lhe foi conferida pelo Decreto-Lei nº 114/2011, de 30 de novembro), que, logo no seu artigo 118º, nº 1, distingue e autonomiza expressamente a *"responsabilidade administrativa"* (prevista nos artigos 119º a 137º daquele diploma), que se aplica apenas às pessoas coletivas privadas que exercem funções de concessionários do jogo, e a *"responsabilidade contraordenacional"* (prevista nos artigos 138º a 150º), que se aplica aos funcionários e frequentadores daqueles estabelecimentos concessionados de jogo. Entre essas *"sanções administrativas"*, podem destacar-se: *i)* a rescisão ou suspensão da execução dos contratos de concessão (artigos 119º e 120º); *ii)* a imposição de sanções pecuniárias pelo incumprimento de normas prescritivas de condutas (artigos 121º a 130º). Trata-se, por conseguinte, de verdadeiras *"sanções administrativas «stricto sensu»"*, manifesta e expressamente autonomizadas das *"sanções contraordenacionais"* que, portanto, devem estrita obediência às normas procedimentais administrativas e aos princípios gerais de Direito Administrativo. Salientando esta

Público", em sentido muito amplo, e o *"Direito Sancionatório Administrativo"*, em sentido estrito. Isto porque alguma doutrina especializada[43] tem optado por empregar esta última designação, como forma de destacar a sua natureza não penal. Estou em crer, porém, que a designação *"Direito Sancionatório Administrativo"*, em sentido amplo também pecaria por falta de uma dimensão verdadeiramente compreensiva ou autoexplicativa. Em boa verdade, apesar de serem aplicadas por órgãos administrativos, as *"sanções públicas não penais"* também não se reconduzem (diretamente) a meras decisões administrativas, antes tendo subjacentes caraterísticas próprias – históricas e culturais, já impregnadas na consciência jurídica geral – que as individualizam face às *"sanções administrativas «stricto sensu»"*. Entre estas últimas, importa destacar:

i) a *"revogação-sanção"*[44];

---

autonomia das *"sanções administrativas"*, ver Beleza dos Santos, *Ilícito penal administrativo e ilícito criminal*, cit., 49-51.

[43] Inserem-se nesta linha Cano Campos, *Non bis in idem, prevalencia de la via penal y teoria de los concursos en el Derecho Administrativo sancionador*, cit., *passim*; Domínguez Vila, *Constitución y Derecho Administrativo Sancionador*, cit., *passim*; Alejandro Nieto, *Derecho Administrativo Sancionador*, cit., *passim*; Huergo Lora, *Las Sanciones Administrativas*, cit., em especial, 19-29.

[44] Não raras vezes, a administração pública recorre ao instituto da *"revogação"* de atos administrativos favoráveis ao particular, motivada por intuitos sancionatórios, designadamente quando estão em causa decisões sujeitas a *"reserva de revogação"* ou a uma *"condição resolutiva"* do ato favorável; isto é, quando o beneficiário dessa decisão não cumpre determinada imposição que decorria da lei ou da própria decisão administrativa que removeu o obstáculo ou reconheceu o direito subjetivo de exercício de certa atividade privada – conceito de *"revogação-sanção"*. Como tal, esta tipologia de cessação de efeitos de um ato administrativo nem pode ser qualificada como uma *"revogação anulatória"* – justificada pela verificação da ilegalidade da atuação anterior –, nem tão pouco como uma *"revogação retratatória"* – com fundamento na oportunidade ou no mérito da questão. Bem pelo contrário, ela repousa num terceiro motivo: o intuito punitivo de uma conduta ilícita do beneficiário. Um desses exemplos sintomáticos corresponde ao já *supra* referido poder de rescisão de contratos de concessão de jogo, ao abrigo dos artigos 119º e 120º da Lei do Jogo. Sobre esta modalidade de *"sanção administrativa «stricto sensu»"*, ver Andreas Fischer, *La sanction administrative en droit allemand*, cit., 214; García de Enterría, *El problema jurídico de las sanciones administrativas*, cit., 319-334; Michel Rougevin-Baville, *La sanction en matière administrative dans le droit français*, cit., 268; Jean-Marie Delarue, *Actualité de la problématique de la sanction administrative*, cit., 15; Jean-Marc Sauvé, *Les sanctions administratives en droit public français*, cit., 17; Michel Degoffe, *L'ambiguité de la sanction administrative*, cit., 28 ; Malik Memlouk, *L'état du droit dans le domaine des installations classées*, in «AJDA», spécial (2001), 38-47; Jean-Paul Faugère, *La pratique des sanctions administratives dans le domaine des installations classées*, in «AJDA», spécial (2001), 48-50 ; Jacques Quastana, *L'accroissement des garanties – L'exemple des débits de boissons et du*

ii) a privação (temporária ou permanente) do exercício de direitos submetidos a um regime de condicionamento ou de habilitação administrativa[45]; e

iii) a imposição de *"sanções pecuniárias compulsórias"*[46].

É bom de ver que a própria Lei Fundamental se encarrega de dar devida nota da subsistência dessa diversidade de *"sanções públicas não penais"*[47], pois expressamente determina que algumas delas beneficiem de regimes jurídicos aplicáveis ao *"poder punitivo penal"*, seja quando lhes

---

retrait d'agrément, in «AJDA», spécial (2001), 95-98; ALEJANDRO NIETO, *Derecho Administrativo Sancionador*, cit., 197-198; HUERGO LORA, *Las Sanciones Administrativas*, cit., 319-334; FREITAS DO AMARAL, *O poder sancionatório da Administração Pública*, cit., 224-227.

[45] Entre tais *"sanções administrativas"* podem destacar-se: *i)* a privação do uso de cheque, em caso de emissão de cheques sem provisão, sem natureza de sanção acessória penal; *ii)* a inibição de direitos de voto, sem decisão jurisdicional inibitória; *iii)* a cassação ou suspensão de cédulas profissionais; *iv)* a cassação ou suspensão de títulos de habilitação vários (ex: licenças de condução, licenças de pilotagem aérea, cartas de marear, licenças de caça, etc.). Sobre estas manifestações de *"sanções administrativas"*, ver JEAN-MARIE AUBY, *Les sanctions administratives en matière de circulation*, in «Recueil Dalloz», XXV (1952), 111; MICHEL ROUGEVIN-BAVILLE, *La sanction en matière administrative dans le droit français*, cit., 268; FRANK MODERNE, *Sanctions administratives et justice constitutionnelle*, cit., 101; JOSÉ ANTÓNIO VELOSO, *Questões hermenêuticas e de sucessão de leis nas sanções do regime geral das instituições de crédito – em especial, a inibição de direitos de voto por violação de deveres de revelar participações qualificadas*, in «RB», 49 (2000), 27-71; JEAN-MARIE DELARUE, *Actualité de la problématique de la sanction administrative*, cit., 14-15; MICHEL DEGOFFE, *L'ambiguité de la sanction administrative*, cit., 28; PIERRE BUILLY, *La sanction administrative en matière de sécurité routière*, in «AJDA», spécial (2001), 35-37; JEAN DE CROONE, *La sanction administrative dans le droit des étrangers*, in «AJDA», spécial (2001), 60-64; SYLVIE CLÉMENT-CUZIN, *Le pouvoir de sanction du Conseil supérieur de l'audiovisuel*, in «AJDA», spécial (2001), 111-115; ALEJANDRO NIETO, *Derecho Administrativo Sancionador*, cit., 198-199.

[46] Sobre as *"sanções pecuniárias compulsórias"*, enquanto modalidade das *"sanções administrativas"*, ver ANDREAS FISCHER, *La sanction administrative en droit allemand*, cit., 214; ROGER PERROT, *La coercizione per dissuasione nel diritto francese*, in «RDProc», 3 (1996), 658-668; MURIEL DREIFUSS/ALAIN BOMPARD, *Du pouvoir comminatoire au pouvoir de sanction: la liquidation de l'astreinte*, in «AJDA», 1 (1998), 3-10; LUÍS BARROSO BATISTA, *A Sanção Pecuniária Compulsória no Contencioso Administrativo Autárquico – Instrumento ao serviço da utela jurisdicional efectiva*, Coimbra Editora, 2011.

[47] Em sentido próximo, demonstrando que a Lei Fundamental não se limita a circunscrever o *"poder punitivo"* do Estado ao exercício da ação penal e de procedimentos sancionatórios contraordenacionais, ver ROSENDO DIAS JOSÉ, *Sanções Administrativas*, in «RDP», 9 (1991), 49 e 52-57.

aplica, *"cum granu salis"*, as regras relativas ao processo penal (cfr. artigo 32º, nº 10, da CRP), seja quando lhes garante a aplicação da lei sancionatória mais favorável[48], em caso de declaração de inconstitucionalidade com força obrigatória geral ressalvada por prévia existência de caso julgado (cfr. artigo 282º, nº 3, da CRP)[49]. Aliás, o texto constitucional é particularmente impressivo, pois não só isola e identifica as *"sanções contraordenacionais"*, como expressamente reconhece a necessidade de garantir o respeito por um leque de direitos procedimentais e processuais dos indivíduos (e pessoas coletivas) *"em quaisquer processos sancionatórios"* (cfr. artigo 32º, nº 10, da CRP). Mais adiante, chega mesmo a individualizar as *"sanções financeiras"* [cfr. artigo 214º, nº 1, alínea c), da CRP] e as *"sanções disciplinares"* (cfr. artigos 269º, nº 3, 271º, nº 1, e 282º, nº 3, todos da CRP).

Vigora, portanto, uma *"reserva constitucional de sanção pública"*, nos termos da qual o legislador não pode deixar de prever um regime multifacetado de *"sanções públicas não penais"*, sob pena de desproteção dos bens jurídicos constitucionalmente protegidos ou – no caso de substituição dessa proteção por sanções penais – de desrespeito pelo *"princípio da pro-*

---

[48] Ainda que esse *"direito à aplicação retroativa da norma sancionatória mais favorável"* não derive diretamente do comando constitucional especificamente concebido para as *"normas sancionatórias penais"* (cfr. artigo 29º, nº 4, da CRP), ele constitui consequência natural e forçosa da aplicação do *"princípio da proporcionalidade"* (cfr. artigos 2º e 18º, nº 2, da CRP), na medida em que qualquer restrição de direitos fundamentais pressupõe a verificação da *"necessidade"* da sanção a aplicar. Ora, se o legislador veio a entender que já não se justifica a manutenção da aplicação de uma *"sanção pública (não penal)"*, não faria sentido algum que se mantivesse a punição de condutas anteriores, em função da perda de interesse em sancionar aquelas condutas. Caso assim não fosse, estar-se-ia a optar pela mais intensa das medidas alternativas disponíveis para assegurar o fim prosseguidos pelas *"regras de conduta"* aplicáveis. Em sentido próximo, acolhendo esse *"direito à aplicação retroativa da norma sancionatória mais favorável"*, em matérias não penais, ver EMMANUELLE MIGNON, *L'ampleur, le sens set la portée des garanties en matière de sanctions administratives*, in «AJDA», spécial (2001), 100; ALEJANDRO NIETO, *Derecho Administrativo Sancionador*, cit., 242-248; ISABEL MARQUES DA SILVA, *Regime Geral das Infracções Tributárias*, 2ª edição, Almedina, 2007, 37; PINTO DE ALBUQUERQUE, *Comentário do Regime Geral das Contra-Ordenações*, cit., 39. Corroborando este entendimento, ver ainda o Acórdão nº 227/92 (Messias Bento), nº 480/93 (Alves Correia), nº 619/93 (Ribeiro Mendes) e nº 621/93 (Vítor Nunes de Almeida), todos do Tribunal Constitucional.

[49] Referindo-se a esta proteção constitucional concedida aos sujeitos de *"sanções contraordenacionais"* e de *"sanções disciplinares"*, ver PINTO DE ALBUQUERQUE, *Comentário do Regime Geral das Contra-Ordenações*, cit., 29.

porcionalidade", na sua vertente de *"princípio da intervenção mínima"* (cfr. o artigo 18º, nº 2, da CRP)[50].

Poderia apenas questionar-se se a não previsão (literal), pelo texto constitucional, de certo tipo de *"sanções públicas não penais"* libertaria o legislador ordinário da sua expressa consagração infraconstitucional ou se, pelo contrário, tais sanções (não expressamente previstas) ficariam desprovidas da proteção constitucional conferida às demais[51]. Quer parecer-me que o que deve prevalecer é o *"conteúdo material"* da norma sancionatória. Sempre que esta vise punir o particular (*"animus puniendi"*), mediante a imposição de uma redução da esfera normativa de proteção de um direito subjetivo ou da imposição de um ónus ou encargo, dever-se-ão aplicar todas as *"garantias" – "administrativas"* e *"jurisdicionais"* – de que beneficia qualquer sujeito passivo dessa situação resultante do exercício de poder sancionatório.

---

[50] E, aliás, mesmo a previsão de *"normas sancionatórias públicas"* não dispensa uma aplicação contida das mesmas, sempre que as finalidades de índole pública sejam suficientemente acauteladas pela via da informação e orientação das condutas devidas e pela via da dissuasão. Fazendo apelo a este *"princípio da intervenção mínima"*, mesmo no âmbito do Direito Sancionatório Público (não penal), ver DOMÍNGUEZ VILA, *Constitución y Derecho Administrativo Sancionador*, cit. 291-294; ALEJANDRO NIETO, *Derecho Administrativo Sancionador*, cit., 35; HUERGO LORA, *Las Sanciones Administrativas*, cit., 16.

[51] O dever de garantia de *"bens jurídicos"* constitucionalmente protegidos pode conduzir a uma eventual inconstitucionalidade por omissão, caso o legislador ordinário não preveja normas penais (ou contraordenacionais) que sancionem práticas lesivas desses bens jurídicos e, simultaneamente, também não acautele a necessária dissuasão de condutas ilícitas, através da ameaça de aplicação de *"sanções administrativas «stricto sensu»"*, tais como a *"revogação-sanção"*, a suspensão ou a extinção de títulos habilitadores para o exercício de determinada atividade condicionada ou regulada. Evidentemente, sempre que as preveja, por via de lei infraconstitucional, aquelas sanções de tipo administrativo ficam sujeitas, pelo menos, aos princípios gerais aplicáveis ao Direito Sancionatório Público, em função da sua inegável identidade material com as sanções públicas (não penais) expressamente elencadas na Constituição. Sobre o mecanismo da inconstitucionalidade por omissão, ver JORGE PEREIRA DA SILVA, *Dever de Legislar e Protecção contra Omissões Legislativas*, UCP, 2003; RAQUEL ALEXANDRA CASTRO, *Omissões Normativas Inconstitucionais no Direito Constitucional Português*, Almedina, 2012; MIGUEL PRATA ROQUE, *Inconstitucionalidade por omissão, in* «Enciclopédia da Constituição Portuguesa» (org. Bacelar Gouveia/Francisco Pereira Coutinho), Quid Iuris, 2013, 202-204.

§ 4. Natureza lacunar do Direito Sancionatório Público – a dupla vinculação da ERC ao Direito Administrativo e ao Direito Penal

A garantia da força conformadora de qualquer bloco de normatividade (de âmbito nacional, internacional ou transnacional) tanto pode ser prosseguida através de um *"método preventivo"*, que opera antes da ofensa à normatividade instituída, como mediante um *"método repressivo"*, que intervém após a ocorrência de uma violação da legalidade democrática. Habitualmente, tem-se preconizado uma cisão entre o Direito Administrativo e o Direito Penal[52], precisamente com base na recondução do primeiro a um *"método preventivo"* de efetivação do bloco de normatividade, enquanto o segundo interviria apenas, *"a posteriori"*, face a um ataque consumado (ou meramente tentado) ao bloco de normatividade democraticamente instituído[53]. A administração pública preveniria eventuais desrespeitos à normatividade vigente, adotando medidas de *"polícia administrativa"* que não só difundissem os parâmetros de conduta a adotar pelos indivíduos, mas que dificultassem igualmente a sua violação, conduzindo-os a uma observância voluntária dessa normatividade[54].

---

[52] Registando esta tendencial (mas hoje ultrapassada) distinção entre o Direito Administrativo e o Direito Penal, ver MARQUES GUEDES, *Direito Administrativo (Lições)*, AAFDL, 1956, 100-102; MICHEL FOUCAULT, *Surveiller et punir – Naissance de la prison*, Gallimard, 1975, 111; WINFRIED HASSEMER, *A prevenção do meio-ambiente através do Direito Penal*, in «Lusíada», especial (1996), 324; MICHEL DEGOFFE, *L´ambiguité de la sanction administrative*, cit., 30; MARCELLO CAETANO, *Manual de Direito Administrativo*, Volume II, 7ª reimpressão da 10ª edição (revista e atualizada por Diogo Freitas do Amaral), Almedina, 2004, 1150; SÉRVULO CORREIA, *O Direito de Manifestação – Âmbito de Protecção e Restrições*, Almedina, 2006, 98; VASCO PEREIRA DA SILVA, *Breve nota sobre o Direito sancionatório do ambiente*, cit., 274.

[53] Acentuando esta cisão entre um *"método repressivo"* e um *"método preventivo"*, ainda que numa perspetiva algo particular, há quem preconize que a sua distinção deveria assentar numa lógica de contraposição entre *"dano"* (que prevaleceria nos *"delitos penais"*) e *"perigo"* (que seria uma caraterística dos *"delitos de polícia"*. Assim, ver ANSELM VON FEUERBACH, *Lehrbuch des gemeinen in Deutschland gültigen peinlichen Rechts*, Heyer Verlag, Gießen, 1847, 46-47; BELEZA DOS SANTOS, *Direito Criminal (Prelecções coligidas por Hernani Marques)*, Coimbra Editora, Coimbra, 1936, 255-256; COSTA ANDRADE, *Contributo para o conceito de contra-ordenação (A experiência alemã)*, in «RDE», 6-7 (1980-81), 87-88; GERMANO MARQUES DA SILVA, *Contravenção*, in «Polis – Enciclopédia Verbo da Sociedade e do Estado», I, 1983, 1281-1283; ALEJANDRO NIETO, *Derecho Administrativo Sancionador*, cit., 182-185; HUERGO LORA, *Las Sanciones Administrativas*, cit., 153-156; ALEXANDRA VILELA, *O Direito de Mera Ordenação Social*, cit., 43.

[54] MARIA DA GLÓRIA GARCIA, *Breve reflexão sobre a execução coactiva dos actos administrativos*, in «Comemoração do XX Aniversário», Centro de Estudos Fiscais, 1983, 15; MARCELLO

Os tribunais criminais (e os demais órgãos de polícia criminal) perseguiriam e sancionariam condutas, ativas ou omissivas, que violassem essa mesma normatividade vigente.

Várias razões militam, hoje, contra esse entendimento simplista.

Em primeiro lugar, os *"fins das penas"* já há muito deixaram de cingir-se à mera repressão ou retorsão dos agentes de condutas ilícitas. Bem pelo contrário, hoje tornou-se consensual que as sanções penais visam, antes de tudo o mais, efeitos de *"prevenção geral"* ou de *"prevenção especial"*[55]. A simples ameaça de sanção penal logra, assim, motivar os potenciais infratores para a adequação das suas condutas aos comandos normativos vigentes em cada local e momento histórico. Não pode, portanto, afirmar-se que as normas sancionatórias penais se circunscrevam a um momento subsequente à prática da infração, antes sendo decisivas enquanto instrumento de conformação das condutas dos particulares ao blogo de normatividade vigente. Daqui nasce, aliás, uma necessidade imperiosa de equacionar diversos problemas relacionados com o *"concurso"* de normas

---

CAETANO, *Manual de Direito Administrativo*, Volume II, cit., 1150; ALEXANDRA VILELA, *O Direito de Mera Ordenação Social*, cit., 43.

[55] Com efeito, a lógica de humanização do Direito Penal, com a acentuada perda de peso doutrinário, jurisprudencial e social das *"teorias retribucionistas"* – bem potenciada pela consolidação das conquistas decorrentes do constitucionalismo liberal [cfr. CLAUS ROXIN, *Culpabilidade y prevención en Derecho Penal* (traduzido por Muñoz Conde), Reus, 1981, 43] –, contribuiu para que, gradualmente, as *"teorias preventivas"* – inspiradas por FEUERBACH e LISZT – ganhassem ascendente enquanto justificativas dos *"fins das penas"*. Sobre a dimensão de *"prevenção geral"* – ou seja, de efeito dissuasor sobre toda a comunidade jurídica –, ver à prevenção geral, CLAUS ROXIN, *Sinn und Grenzen der staatlichen Strafe*, in «Strafrechtliche Grundlagenprobleme», Walter de Gruyter, 1973, 8; GUSTAV RADBRUCH, *Filosofia do Direito* (traduzido por Cabral de Moncada), 6ª edição, Arménio Amado Editor, 1997, 319; HANS-HEINRICH JESCHECK/ THOMAS WEIGEND, *Tratado de Derecho Penal – Parte General*, cit., 78; EDUARDO CORREIA, *Direito Criminal*, I (reimpressão), Almedina, 2004, 47 e 88; WOLFGANG NAUCKE, *Prevención general y derechos fundamentales de la persona*, in «Principales Problemas de la Prevención General» (org. Naucke/Hassemer/Lüderssen), Editorial BdeF, 2004, 24; FIGUEIREDO DIAS, *Direito Penal – As consequências jurídicas do crime*, 2ª reimpressão, Coimbra Editora, 2009, 51. Sobre a noção de *"prevenção especial"* – particularmente dirigida a dissuadir o próprio agente do crime –, ver FERNANDA PALMA, *Direito Penal. Parte Geral*, I, AAFDL, 1994, 38; HANS-HEINRICH JESCHECK/ THOMAS WEIGEND, *Tratado de Derecho Penal*, cit., 78; EDUARDO CORREIA, *Direito Criminal, I*, cit., 82; WOLFGANG NAUCKE, *Prevención general y derechos fundamental*, cit., 30; FIGUEIREDO DIAS, *Direito Penal*, cit., 53-54.

sancionatórias de natureza diversa[56], visto que as suas finalidades preventivas correm o risco de conflituar entre si.

Em segundo lugar, o legislador tem vindo a cometer à administração pública inúmeros poderes de supervisão e de sancionamento de condutas ilícitas já praticadas, transformando o Direito Administrativo num complexo normativo de repressão de condutas ilícitas[57]. Este fenómeno resulta de inúmeros fatores: *i)* procura de descongestionamento dos tribunais criminais, libertando-os de *"bagatelas penais"* ou mesmo de outros ilícitos socialmente significativos[58]; *ii)* aproveitamento dos recursos e das

---

[56] Entre inúmeros outros, sobre a *"proibição de «bis in idem»"*, relativamente à cumulação de processos penais e procedimentos sancionatórios de tipo administrativo, ver LUIS ARROYO ZAPATERO, *Principio de legalidad y reserva de ley en materia penal*, in «REDC», 8 (1983), 9-46; GEORG NOLTE, *Art. 103 Abs. 3*, in «Das Bonner Grundgesetz – Kommentar» (org. Hermann von Mangoldt/Friedrich Klein/Christian Starck), Band 3, Verlag Franz Vahlen, 1991, 1407--1436; CHRISTOPH DEGENHART, *Art. 103 Abs. 3*, in «Grundgesetz. Kommentar» (org. Michael Sachs), C. H. Beck, 1999, 1855-1859; MERCEDES PÉREZ MANZANO, *La prohibición constitucional de incurrir en bis in idem*, Tirant lo Blanch, 2002, *passim*; ALEJANDRO NIETO, *Derecho Administrativo Sancionador*, cit., 475-524; HUERGO LORA, *Las Sanciones Administrativas*, cit., 436-440; MIGUEL PRATA ROQUE, *Os poderes sancionatórios da ERC*, cit., 2009, 437-444; EBERHARD SCHMIDT-ABMANN, *Art. 103 Abs. 3*, in «Grundgesetz – Kommentar» (org. Theodor Maunz/Günter Dürig), Band II, C. H. Beck, 2011, 1-28.

[57] Nos dias que correm, também a função administrativa compartilha o exercício de verdadeiros poderes repressivos, que são exercidos em momento posterior à violação do bloco de normatividade. Com efeito, o fenómeno de privatização dos serviços públicos acarreta consigo uma diametral atribuição de poderes de regulação e de supervisão das atividades (materialmente) administrativas prosseguidas por sujeitos privados que, no limite, envolvem o exercício de poder sancionatório público, com vista a repor o respeito pela normatividade democrática. Assim, ver JACQUES MOURGEON, *La Répression Administrative*, *passim* e, em especial, 129; ANDREAS FISCHER, *La sanction administrative en droit allemand*, cit., 221-222; MICHEL ROUGEVIN-BAVILLE, *La sanction en matière administrative dans le droit français*, cit., 258; SILVA SÁNCHEZ, *La Expansión del Derecho Penal – Aspectos de la política criminal en las sociedades postindustriales*, 1ª edição, Cuadernos Civitas, 1999, 150-155; JEAN-MARC SAUVÉ, *Les sanctions administratives en droit public français*, cit., 17; MICHEL DEGOFFE, *L'ambiguité de la sanction administrative*, cit., 30 ; ALEJANDRO NIETO, *Derecho Administrativo Sancionador*, cit., 33; HUERGO LORA, *Las Sanciones Administrativas*, cit., 138-143; CARLOS ADÉRITO TEIXEIRA, *Questões processuais da responsabilidade das pessoas colectivas no domínio do Direito Sancionatório da Regulação*, in «Direito Sancionatório das Entidades Reguladoras» (org. Maria Fernanda Palma/Augusto Silva Dias/Paulo Sousa Mendes), Coimbra Editora, 2009, 107-108.

[58] DOMÍNGUEZ VILA, *Constitución y Derecho Administrativo Sancionador*, Marcial Pons, 1997, 20; FERREIRA ANTUNES, *Reflexões sobre o Direito Contra-Ordenacional*, cit., 25-26; NUNO LUMBRALES, *Sobre o Conceito Material de Contra-Ordenação*, cit., em especial, 39-44; ANTÓNIO GAGEIRO, *Modelos de Direito estrangeiro na perspectiva do «enforcement»*, in «Direito Sancionatório

habilitações técnicas da administração pública, com vista ao combate de ilícitos dotados de uma maior tecnicidade[59]; *iii)* necessidade de respeito pelo *"princípio da proporcionalidade"*, através da reserva da intervenção penal para situações reveladoras de uma maior intensidade da ilicitude intrínseca ao ato[60].

Em terceiro lugar, esta ambivalência espelha-se ainda na circunstância de os serviços policiais do Estado funcionarem, à vez, quer enquanto *"entidades administrativas"* – na sua qualidade de *"forças de segurança"* –, quer enquanto *"órgãos de polícia criminal"*[61]. Esta cumulação de funções não pode (nem deve) ser menorizada. Com efeito, cabe às *"forças de segurança"* uma tarefa diária de interpretação e de aplicação dos comandos normativos, selecionando que condutas concretas devem enquadrar-se na categoria de *"ilícitos criminais"* ou de meros *"ilícitos administrativos"*, em sentido amplo[62].

---

das Entidades Reguladoras» (org. Maria Fernanda Palma/Augusto Silva Dias/Paulo Sousa Mendes), Coimbra Editora, 2009, 68; Vasco Pereira da Silva, *Breve nota sobre o Direito sancionatório do ambiente*, cit., 272; Alexandra Vilela, *O Direito de Mera Ordenação Social*, cit., 61. De modo mais rigoroso, Lobo Moutinho demonstra que o surgimento de outros subramos do Direito Sancionatório Público não se limita a coletar tipos de ilícito de natureza bagatelar penal, antes assumindo uma autonomia dogmática face aos tipos de ilícito penais. Assim, ver Lobo Moutinho, *Direito das Contra-Ordenações – Ensinar e Investigar*, UCP, 2008, 28.

[59] Jean-Marc Sauvé, *Les sanctions administratives en droit public français*, cit., 17-18; Vasco Pereira da Silva, *Breve nota sobre o Direito sancionatório do ambiente*, cit., 276.

[60] Anselm von Feuerbach, *Lehrbuch des gemeinen in Deutschland gültigen peinlichen Rechts*, cit., 46; Costa Andrade, *Contributo para o conceito de contra-ordenação (A experiência alemã)*, cit., 92; Idem, *A nova lei dos crimes contra a economia (DL nº 26/84, de 20 de Janeiro), à luz do conceito de "bem jurídico"*, in «Ciclos de Estudo de Direito Penal Económico», CEJ, 1985, 86-87; Augusto Silva Dias, «Delicta in se» e «Delicta mere prohibita»: uma análise da descontinuidade do ilícito penal moderno à luz da reconstrução de uma distinção clássica, Coimbra Editora, 2008, 578-580 e 757-760; Sousa Antunes, *Da inclusão do lucro ilícito e de efeitos punitivos entre as consequências da responsabilidade civil extracontratual*, cit., 652.

[61] Assinalando esta dualidade bipolar das *"forças de segurança"* – que tanto agem ao abrigo do Direito Administrativo como ao abrigo do Direito Penal –, ver Manuel Guedes Valente, *Dos Órgãos de Polícia Criminal – Natureza – Intervenção – Cooperação*, Almedina, 2004, 15-21; Pedro Machete, *Comentário ao artigo 272º*, in «Constituição Portuguesa Anotada» (org. Jorge Miranda/Rui Medeiros), Tomo III, Coimbra Editora, 2007, 658-660; Miguel Prata Roque, *Os poderes sancionatórios da ERC – Entidade Reguladora para a Comunicação Social*, cit., 396-398.

[62] Sobre os limites do aproveitamento de prova obtida no decurso de procedimentos administrativos sancionatórios, para efeitos de processo penal, ver a n.r. 104.

Importa, portanto, conhecer os circunstancialismos históricos que contribuíram para esta progressiva cisão entre Direito Penal e Direito Administrativo, enquanto instrumentos de garantia do cumprimento do bloco de normatividade instituída. O *"Estado de Polícia"* (ou *"Polizeistaat"*) surge entre o séc. XVIII e meados do séc. XIX, constituindo ainda um modelo organizativo intercalar ou de transição entre a Monarquia Absoluta e o Estado Liberal de Direito. Ele assentava, em simultâneo, quer no exercício de um *"monopólio coercivo"* (*"zwangsmonopol"*), típico do absolutismo esclarecido, quer na garantia das liberdades individuais, sob a influência do dever de preservação do *"bem comum da Humanidade"*[63]. Este conceito originário de *"polícia administrativa"*[64] não só corresponde a uma

---

[63] A expressão pretende agregar várias terminologias empregues pela doutrina jusadministrativista e jusinternacionalista, mas que, no fundo, se resumem a uma ideia comum. Com efeito, ela foi sucessivamente apelidada de *"benção e poder de um Povo"* (*"Glückseligkeit und Macht eines Volkes"*) – JOHANN GOTTLOB VON JUSTI, *Die Chimäre des Gleichgewichts der Handlung und Schiffahrt*, Iversen, 1759, 22-29 –, de *"necessidade da vida comum dos povos"* (*"necessità della vita comune dei popoli"*) – PROSPERO FEDOZZI, *Il Diritto Amministrativo Internazionale*, cit., 52 – e de *"bom estado (ou ordem) da coisa comum"* (*"guter stand/ordnung des Gemeinwesens"*) – OTTO MAYER, *Derecho Administrativo Alemán* (traduzido por Horacio H. Heredia e Ernesto Krotoschin), Tomo II, Depalma, 1982, 3, 11 e 19 ou, mais recentemente, de *"nonum commune suprema lex"* – DIANA ZACHARIAS, *Der Begriff des Verwaltungsrecht in Europa*, in «Handbuch Ius Publicum Europaeum» (org. Armin von Bogdandy/Sabino Cassese/Peter Huber), Band IV, C. F. Müller, 2011, 569.

[64] Para o efeito do presente estudo, reporto-me exclusivamente à noção de *"polícia administrativa"* (*"verwaltungs politzei"*), dela excluindo a sua vertente de *"polícia judicial"* (*"geritchtliche poltizei"*), tão bem traduzida na conhecida clivagem francesa entre *"lois de police"* e *"lois de sûreté"*, que, mais tarde, viria a provocar a cisão entre Direito Administrativo Sancionatório e Direito Penal. Como é evidente, o conceito amplo de *"polícia"* abrangeria igualmente os meios civis e penais de manutenção da ordem e da segurança públicas; aspetos que, porém, não abordarei em detalhe, atenta a finalidade da presente dissertação. Distiguindo aquelas duas dimensões do conceito amplo de *"polícia"* e restringindo-se ao estudo da *"polícia administrativa"*, ver FIRMIN LAFERRIÈRE, *Cours Théorique et Pratique de Droit Public et Administratif*, Tome I, Cotillon, 1854, 416-422; OTTO MAYER, *Derecho Administrativo Alemán* (traduzido por Horacio H. Heredia e Ernesto Krotoschin), Tomo II, Depalma, 1982, 3 e 15-16; GARRIDO FALLA, *Las transformaciones del concepto jurídico de policía administrativa*, cit., 13; IDEM, *Los medios de la policía y la teoria de las sanciones administrativas*, in «RAP», 28 (1959), 34-41; GEORGES VEDEL/PIERRE DEVOLVÉ, *Droit Administratif*, PUF, 1958, 1058-1059; CHARLES DEBBASCH, *Institutions et Droit Administratif*, II – L'action et le contrôle de l'administration, PUF, 1978, 62-63; ANDRÉ DE LA LAUBADÈRE/JEAN-CLAUDE VENEZIA/YVES GADEMET, *Traité de Droit Administratif*, Tome I, 13ª edição, LGDJ, 1994, 745-746; JULIO DURAND, *Sobre los conceptos de "policía", "poder de policía" y "actividad de policía"*, in «RDA», 51 (2005), 193-195.

atuação pública com vista à garantia da *"ordem pública"* e da *"segurança pública"*, mas também engloba o efetivo exercício de poder coercivo[65], contra o perigo que as atuações isoladas dos indivíduos representavam para a manutenção da ordem e da segurança[66]; se necessário, mediante o exercício de *"poder sancionatório público"*[67]. Na sua génese, o *"Polizeistaat"* exige do indivíduo a contenção das suas condutas com reflexo na comunidade, impondo-lhe um dever de não perturbação da *"boa ordem da coisa comum"*[68]. Sempre que tal dever não é acautelado, a administração intervém coercivamente, repondo o respeito pela ordem pública. E isto sem que seja sequer necessária uma intervenção de âmbito jurídico-penal[69].

Porém, progressivamente, aquela noção desdobra-se[70] em *"polícia de segurança"* (*"Sicherheitspolizei"*), assente num mero dever da admi-

---

[65] GÜNTHER VON BERG, *Handbuch des teutschen Policeyrechts*, Band IV, Verlage der Gebruder, 1804, 1-29; OTTO MAYER, *Derecho Administrativo Alemán*, Tomo II, cit., 85-181; GARRIDO FALLA, *Las transformaciones del concepto jurídico de polícia administrativa*, in «RAP», 11 (1953), 11 e 14; IDEM, *Los medios de la polícia y la teoria de las sanciones administrativas*, in «RAP», 28 (1959), 21-32.

[66] GÜNTHER VON BERG, *Handbuch des teutschen Policeyrechts*, Band IV, cit., 1-7; FIRMIN LAFERRIÈRE, *Cours Théorique et Pratique de Droit Public et Administratif*, Tomo I, cit., 415; OTTO MAYER, *Derecho Administrativo Alemán*, Tomo II, cit., 8; ORESTE RANELETTI, *Polizia di sicurezza*, in «Primo Trattato di Diritto Amministrativo Italiano» (org. Vittorio Emanuele Orlando), Società Editrice Libraria, 1908, 286; GARRIDO FALLA, *Las transformaciones del concepto jurísdico de polícia administrativa*, cit., 11; CHARLES DEBBASCH, *Institutions et Droit Administratif*, II – L'action et le contrôle de l'administration, PUF, 1978, 60-61; ANDRÉ DE LA LAUBADÈRE /JEAN-CLAUDE VENEZIA/YVES GADEMET, *Traité de Droit Administratif*, Tome I, cit., 743-745.

[67] ALEJANDRO NIETO, *Derecho Administrativo Sancionador*, cit., 26.

[68] OTTO MAYER, *Derecho Administrativo Alemán*, Tomo II, cit., 11; ORESTE RANELETTI, *Polizia di sicurezza*, cit., passim.

[69] O que, em simultâneo, tem a vantagem de dispensar uma intervenção mais gravosa – porque privativa da liberdade pessoal – sobre a esfera jurídica do cidadãos, mas incrementa o risco de desrespeito pelos direitos e garantias pessoais, na medida em que não beneficia da especial proteção conferida pelas garantias de tipo jurídico-penal. Notando que as *"normas sancionatórias administrativas"* conferem menores garantias do que as *"normas penais"*, ver HUERGO LORA, *Las Sanciones Administrativas*, cit., 156 e 165-167.

[70] OTTO MAYER, *Derecho Administrativo Alemán*, Tomo II, cit., 4-5; ROGÉRIO SOARES, *Direito Administrativo*, Universidade Católica Portuguesa, s.d., 18-21; GARRIDO FALLA, *Las transformaciones del concepto jurídico de polícia administrativa*, cit., 14; ANDRÉ DE LA LAUBADÈRE /JEAN--CLAUDE VENEZIA/YVES GADEMET, *Traité de Droit Administratif*, Tome I, cit., 745-746; JULIO DURAND, *Sobre los conceptos de "policía", "poder de policía" y "actividad de policía"*, in «RDA», 51 (2005), 193-195.

nistração de conteúdo passivo[71] – a quem cabia manter apenas manter o respeito pela propriedade privada e pela segurança –, e *"polícia de prosperidade"* (*"Wohlfahrtspolizei"*), à qual vem associado um dever ativo de promoção das condições necessárias ao progresso humano. Ainda que esta última distinção venha a lançar dúvidas acerca da intensidade e universalidade do exercício de poder coercivo[72], certo é que a ideia de polícia administrativa radicava numa declaração unilateral de vontade, emitida pela administração em virtude de um vínculo de subordinação, por força da qual o administrado fica vinculado a adequar a sua conduta a uma prescrição individual obrigatória, sob pena de constrangimento ao seu cumprimento forçado[73].

---

[71] Esta distinção encontra-se nitidamente próxima da distinção jellinekiana entre *"status negativus libertatis"* e *"status positivus civitatis"*. Cfr. GEORG JELLINEK, *System der Subjektiven Öffentlichen Rechte*, J. C. B. Mohr (Paul Siebeck), 1905, 87.

[72] Alguma doutrina (LORENZ VON STEIN, *Handbuch der Verwaltungslehre und Des Verwaltungsrechts Mit Vergleichung Der Literatur und Gesetzgebung Von Frankreich, England und Deutschland*, Verlag J. B. Totta'fchen Vuchhandlung, 1870, 43-53) entendia que só subsistia um verdadeiro poder de coação quanto à *"sichersheitspolizei"*, mas não já quanto à *"wohlfahrtspolizei"*. Cfr. OTTO MAYER, *Derecho Administrativo Alemán*, Tomo II, cit., 5 e, em especial, a doutrina citada na n.r. 6; GARRIDO FALLA, *Las transformaciones del concepto jurídico de polícia administrativa*, cit., 14.

[73] Devo notar, porém, que, na visão mayeriana, o exercício desse poder coercivo (na fase do Estado de Direito) estava longe de corresponder a um *"modelo autoritarista"* puro. Isto porque o mestre germânico distinguiu claramente entre uma *"fase de execução por coação de polícia"* (OTTO MAYER, *Derecho Administrativo Alemán*, Tomo II, cit., § 23, 113-139), em que a administração deveria apenas atuar no sentido de conduzir o administrado ao cumprimento de prescrição anteriormente desobedecida (por exemplo, mediante a ameaça de sanções administrativas ou do emprego da força) e uma *"fase de execução por coação direta"* (cit., § 24, 141-156), que evidencia um estreito paralelismo com as noções civilistas de *"legítima defesa"* e de *"estado de necessidade"*, por se tratar de uma atuação administrativa imediata, mediante emprego da força, justificada pela defesa do interesse público contra uma ofensa em curso ou contra o perigo de lesão que o ameaça. A principal diferença resulta da circunstância de a *"coação de polícia"* visar a execução de um *"ato administrativo"* já proferido, ao contrário da *"coação direta"*, que dispensa sequer essa anterioridade. A propósito da *"coação de polícia"*, MAYER afirma expressamente: *"O procedimento tem como ponto de partida a ordem, devidamente notificada, de fazer algo. Começa com a ameaça de execução por substituição para o caso de desobediência. (...) É também possível que deva dar-se um prazo para que o indivíduo possa fazer o que se lhe ordenou"* (cit. 129). E, mais adiante: *"O uso da força pode também servir para quebrar a vontade rebelde pelos males que dela resultam. Pode sobretudo aproximar o indivíduo do feito ordenado, de tal modo que a pressão moral que exerce a sensação de força bastará para conduzir ao cumprimento"* (cit., 137).

Sintomática dessa cisão entre Direito Penal e Direito Administrativo foi a progressiva autonomização das *"lois de police"* face às *"lois de sûreté"*. Usualmente integradas numa categoria mais ampla de *"leis de ordem pública"*[74], elas distinguiam-se por as *"lois de police"* corresponderem a normas tipicamente administrativas[75] – pois encarregavam-se da promoção do interesse público, mediante ameaça de emprego de força coerciva –, enquanto as *"lois de sûreté"* se traduziam em normas de natureza penal[76] (ou sancionatória pública, em sentido amplo).

Nos dias de hoje, a distinção mais intuitiva entre um e outro ramo jurídico reside na circunstância de, no limite, o Direito Penal poder desembocar na aplicação de uma sanção privativa da liberdade pessoal[77], enquanto o Direito Administrativo Sancionatório, em sentido amplo,

---

[74] Em defesa da assimilação das *"lois de police et de sûreté"* a um conceito amplo de *"leis de ordem pública"*, ver, entre muitos outros, Pasquale Mancini, *De l'utilité de rendre obligatoires pour tous les États*, cit., 296; François Laurent, *Droit Civil Internacional*, Volume VIII, Librairie Marescq 1881, 154-156; Armand Lainé, *La rédaction du Code civil et le sens de ses dispositions em matière de droit international privé*, in «RDIPDPI», 1905, 20-60 e 443-479; Antoine Pillet, *La marque des Chartreux et les préventions du liquidateur devant les tribunaux français*, cit., 526-528. Em sentido contrário, considerando que as *"lei de ordem pública"* são de aplicação excecional, enquanto manifestação de uma reserva do foro, enquanto as *"lois de police et de sûreté"* corresponderiam a normas de aplicação habitual, o que justificaria a sua autonomização face aquelas, ver Jean Aubry, *De la notion de territorialité en droit international privé* (II), cit., 239; Étienne Bartin, *Principes de droit international privé selon la loi et la jurisprudence françaises*, Volume I, Domat-Montchrestien, 1930, 252-253; Marques dos Santos, *As Normas de Aplicação Imediata*, cit., II Volume, cit., 760-761.

[75] Heinz Mattes, *Problemas de Derecho Penal Administrativo – Historia y Derecho Comparado*, Editorial Revista de Derecho Privado, 1979, 151-152; Marques dos Santos, *As Normas de Aplicação Imediata*, cit., II Volume, cit., 752.

[76] Heinz Mattes, *Problemas de Derecho Penal Administrativo*, cit., 151-152; Marques dos Santos, *As Normas de Aplicação Imediata*, cit., II Volume, cit., 752. Em sentido algo divergente, sustentando a inexistência de uma distinção vincada entre *"delitos de polícia"* e *"delitos penais"*, ver Figueiredo Dias, *Para uma dogmática do direito penal secundário – Um contributo para a reforma do direito penal económico e social português*, in «RLJ», 3714 (1984), 264; Alexandra Vilela, *O Direito de Mera Ordenação Social*, cit., 37-39.

[77] Reinhard Frank, *Die überspannung der staatlichen Strafgewalt*, in «ZStW», 18 (1898), 747; Beleza dos Santos, *Ilícito penal administrativo e ilícito criminal*, cit., 42; Heinz Mattes, *Problemas de Derecho Penal Administrativo*, cit., 173-176; Frank Moderne, *Sanctions administratives et justice constitutionnelle*, cit., 104-109; Ferreira Antunes, *Reflexões sobre o Direito Contra-Ordenacional*, cit., 40; Vasco Pereira da Silva, *Breve nota sobre o Direito sancionatório do ambiente*, cit., 272; Pinto de Albuquerque, *Comentário do Regime Geral das Contra-Ordenações*, cit., 27; Alexandra Vilela, *O Direito de Mera Ordenação Social*, cit., 53 e 63.

apenas se circunscreve a outras formas de sanção, que passam pela restrição de direitos fundamentais distintos da liberdade pessoal. Essa constitui, aliás, outra das vantagens deste último tipo de sanções (não penais): o seu caráter não infamante e, assim, a consequente redução do efeito estigmatizador sobre o sujeito sancionado[78].

Ora, no exercício dos poderes sancionatórios que o Direito Sancionatório Público lhe concede, os órgãos e agentes da ERC tanto se encontram sujeitos a normas de natureza jurídico-administrativa, quando esteja em causa a regulação da tramitação do procedimento administrativo tendente à tomada de decisões sancionatórias, como a normas de natureza jurídico-penal, em especial de índole processual. É dessa dupla vinculação dos órgãos e agentes da ERC que se impõe tratar, de ora em diante.

§ 5. As garantias administrativas na fase procedimental

Qualquer decisão administrativa sancionadora proferida pelos órgãos competentes da ERC contenderá, necessariamente, com direitos fundamentais dos visados, restringindo-os, de modo mais ou menos intenso. Tal circunstância convoca, desde logo, a intervenção de princípios constitucionais[79] como o *"princípio do Estado de Direito Democrático"*, de onde decorre o *"princípio da legalidade"* (ou da *"tipicidade"* de normas restritivas de direitos fundamentais), na sua vertente de garante da *"segurança jurídica"*[80].

---

[78] Fazendo nota desta vantagem, ver BELEZA DOS SANTOS, *Ilícito penal administrativo e ilícito criminal*, cit., 46; ANDREAS FISCHER, *La sanction administrative en droit allemand*, cit., 215; JEAN--MARC SAUVÉ, *Les sanctions administratives en droit public français*, cit., 17; CARLO ENRICO PALIERO/ALDO TRAVI, *La sanzione amministrativa – Profili sistematici*, Guiffrè, 1988, 22-23.

[79] Entre outros, podem destacar-se o *"princípio da proporcionalidade"* (que será desenvolvido no § 8 do presente estudo) e o *"princípio da imparcialidade"* (que será igualmente retomado a propósito do § 10 do presente estudo).

[80] No ordenamento jurídico alemão, face à ausência de uma norma constitucional que expressamente individualize o *"princípio da segurança jurídica"* – aliás, à semelhança do que sucede no caso português –, a doutrina e a jurisprudência constitucional tem procurado extraí-lo do artigo 20º da *"Grundgesetz"* alemã (que consagra o *"princípio do Estado de Direito"*. Assim, ver HARTMUT MAURER, *Manuel de Droit Administratif Allemand* (traduzido por Michel Fromont), LGFJ, Paris, 1994, 28 e 291; HANS JARASS/BODO PIEROTH, *Grundgesetz für die Bundesrepublick Deutschland: Kommentar*, 3ª edição, C. H. Beck, München, 1995, 416-417; HERMANN--JOSEF BLANKE, *Vertrauensschutz im deutschen und europäischen Verwaltungsrecht*, Mohr Siebeck, Tübingen, 2000, 76-101. Esse tem sido o entendimento reiterado e consolidado pelo Tribunal Constitucional português, conforme resulta, entre muitos outros, dos Acórdãos nº 11/83

Importa, desde já, deixar bem claro que o *"princípio da legalidade"* enforma todo o Direito Sancionatório Público, sem que para tal seja necessário reclamar uma aplicação analógica (ou extensiva) do *"princípio da legalidade penal"*[81]. E isto porque a aplicação de uma *"sanção administrativa"*, em sentido amplo, implica sempre uma restrição de um direito fundamental; seja ele o direito de exercício da liberdade de informação e de expressão, da liberdade de imprensa ou o próprio direito de propriedade dos sancionados, que fica posto em crise, no caso da aplicação de uma mera sanção pecuniária (por exemplo, do tipo *"coima"*). Ora, a restrição de um direito fundamental implica sempre a sua prévia, certa e esclarecedora previsão, seja quando esteja em causa um *"direito, liberdade e garantia"* (cfr. artigo 18º, nºs 2 e 3, da CRP), seja quando esteja em confronto um *"direito social"*, pois assim o exige o *"princípio do Estado de Direito"* (cfr. artigo 2º da CRP). Assim sendo, independentemente do específico substrato material do *"princípio da legalidade penal"*, certo é que nenhuma *"norma sancionatória"* pode furtar-se ao estrito respeito do *"princípio da legalidade"*[82]. De onde decorre não ser necessário lançar mão daquele princípio mais específico para garantir o vínculo de previsibilidade a que estão sujeitas todas as *"normas sancionatórias públicas"*.

(Martins da Fonseca), nº 287/90 (Sousa Brito), nº 473/93 (Alves Correia), nº 615/2007 (Ana Guerra Martins), nº 28/2009 (Pamplona de Oliveira), nº 164/2011 (Lúcia Amaral) e nº 285/2011 (Pamplona de Oliveira). Posição essa que é corroborada pela esmagadora maioria da doutrina: BACELAR GOUVEIA, *A irretroatividade da norma fiscal na Constituição Portuguesa*, in «CCTF» 387 (1997), 57; CASALTA NABAIS, *O Dever Fundamental de Pagar Impostos*, Almedina, Coimbra, 1998, 395; ALMIRO DO COUTO E SILVA, *O princípio da segurança jurídica (proteção à confiança), no Direito Público brasileiro e o direito da administração pública de anular seus próprios atos administrativos: o prazo decadencial do art. 54º da Lei do Processo Administrativo da União (Lei nº 9.874/99)*, in «REDE», 2 (2005), 6-7; MARIA DA GLÓRIA GARCIA/ANTÓNIO CORTÊS, *Anotação ao Artigo 266º*, in «Constituição Portuguesa Anotada» (org. Jorge Miranda/Rui Medeiros), Tomo III, Coimbra Editora, 2007, 574; GOMES CANOTILHO/VITAL MOREIRA, *Constituição da República Portuguesa Anotada*, Volume II, 4ª edição, Coimbra Editora, 2010, 803; PEDRO MACHETE, *O princípio da boa fé*, conferência proferida no III Encontro de Professores de Direito Público, 2010, in http://www.estig.ipbeja.pt/~ac_direito/PMachete10.pdf, 4.

[81] Assim, ver DOMÍNGUEZ VILA, *Constitución y Derecho Administrativo Sancionador*, cit., 217-222; ALEJANDRO NIETO, *Derecho Administrativo Sancionador*, cit., 27 e 201-217. Nesse sentido, já se pronunciou igualmente o Acórdão nº 635/2011 (Ana Guerra Martins), do Tribunal Constitucional.

[82] Sobre o âmbito de aplicação do *"princípio da legalidade"*, ver o § 9 do presente estudo.

E o mesmo se diga quanto às demais *"garantias administrativas"* de que beneficiam os sujeitos passivos dessas sanções a aplicar pela ERC, durante a *"fase administrativa"* (ou *"procedimental"*)[83], tais como o *"direito à*

[83] Em boa verdade, o Tribunal Europeu dos Direitos do Homem (TEDH), em interpretação do artigo 6º da respetiva Convenção (CEDH), começou por negar às situações jurídico-administrativas a proteção direta do *"direito à tutela jurisdicional efetiva"*, através do Acórdão *"Lawless"*, proferido em 14 de novembro de 1960. No entanto, progressivamente, o Tribunal de Estrasburgo tem vindo a estender aquelas *"garantias"* ao processo – e, mais importante até, ao procedimento – administrativo, em especial, em matéria de aplicação de sanções administrativas. A mero título de exemplo, ver os Acórdãos *"Ringeisen"*, de 16 de julho de 1971, *"Konig"*, de 28 de junho de 1978, *"Baraona"*, de 08 de julho de 1987; *"Neves e Silva"*, de 27 de abril de 1989;*"H. c/ França"*, de 24 de outubro de 1989; *"Vallée c/ França"*, de 26 de abril de 1994. Sobre esta conceção ampla de *"garantais jurisdicionais"* (e de *"garantias administrativas"*), ver Jean-François Flauss, *Le juge administratif français et la Convention Européenne des Droits de l'Homme*, in «AJDA», juillet/août (1983), 387-401; Ronny Abraham, *Les incidences de la CEDH sur le droit constitutionnel et administratif des États parties*, in «RUDH», 10-11 (1992), 409-418; Idem, *Le juge administratif français et la Cour de Strasbourg*, in «Quelle Europe pour les Droits de l'Homme» (organizado por Paul Tavernier), Bruylant, 1996, 235-247 ; Idem, *Les principes généraux de la protection juridictionnelle administrative en Europe : l'influence des jurisprudences européennes*, in «REDP», 3 (1997), 581-583; Rusen Ergec, *L'incidence du droit du Conseil de l'Europe sur le développement du droit administratif*, in «AP-RDPSA», 1 (1993), 1-11; Frank Moderne, *Sanctions administratives et justice constitutionnelle*, cit., 56-64; Eberhard Schmidt-Abmann, *Zur Europäisierung des Allgemeinen Verwaltungsrechts*, in «Wege und Verfahren des Verfassungslebens – Festschrift für Peter Lerche», 1993, C. H. Beck'sche Verlagsbuchhandlung, 1993, 515; Idem, *Auf dem Wege zu einem Kohärenten Verwaltungsrechtsschutz in Europa*, in «Recht zwischen Umbruch und Bewahrung – Festschrift für Peter Lerche», C.H. Beck, 1993, 1292-1295; García de Enterría, *The extension of the jurisdiction of national administrative courts by Community Law: the judgement of the Court of Justice in «Borelli» and article 5 of the EC*, in «YEL», (1993), 27; Erik Harremoes, *Le droit administratif et la Convention Européenne des droits de l'homme*, in «Pouvoir discrétionnaire de l'administration et problèmes de responsabilité – Actes du 25ᵉ Colloque de droit européen – Oxford (Royaume-Uni), 27-29 septembre, 1995», Conseil de l'Europe, 1997, 2-6; Michael Brenner, *Administrative Judicial Protection in Europe: General Principles*, in «REDP», 3 (1997), 600 ; Giovanni Spadea, *Il giusto processo amministrativo secondo l'art. 6 della CEDU e con cenni al caso italiano*, in «RIDPC», 2 (2000), 369-373; Jean-Marie Delarue, *Actualité de la problématique de la sanction administrative*, cit., 13; Jean-Marc Sauvé, *Les sanctions administratives en droit public français*, cit., 20-21; Jean-Claude Bonichot, *Les sanctions administratives en droit français et la Convention européenne des droits de l'homme*, in «AJDA», spécial (2001), 73-80; Isabel Celeste Fonseca, *Do novo contencioso administrativo e do direito à justiça em prazo razoável*, in «Estudos em Comemoração do 10º Aniversário da Licenciatura em Direito da Universidade do Minho» (separata), 2003, Almedina, 345-355; Pinto de Albuquerque, *Comentário do Regime Geral das Contra-Ordenações*, cit., 13-14.

participação", o *"direito à informação"*, o *"direito à audiência prévia"* ou o *"direito à fundamentação"*[84]. É que, desde logo, importa esclarecer que todos os procedimentos sancionatórios se dividem numa *"fase administrativa"* (ou *"procedimental"*) e numa *"fase jurisdicionalizada"* (ou *"processual"*)[85]. Durante a primeira, a própria administração pública figura como sujeito ativo, enquanto na segunda passam a ser os tribunais os órgãos competentes para dirimir a controvérsia quanto à legalidade da decisão sancionatória tomada. Ora, caso não fossem as garantias concedidas por normas inseridas no capítulo dedicado ao Direito Constitucional Administrativo (cfr. artigos 266º e seguintes da Constituição), essa proteção jurisdicional afigurar-se-ia deveras deficitária[86]. Desde logo, porque só por força

---

[84] Noutra ocasião, já tive oportunidade de pugnar pela jusfundamentalidade destes direitos procedimentais, pelo que a violação do respetivo *"conteúdo essencial"* não pode deixar de ser configurado como fundamento de nulidade da decisão sancionatória administrativa que pretira qualquer uma das formalidades que lhes subjazem. Assim, ver MIGUEL PRATA ROQUE, *Acto nulo ou anulável? – A jusfundamentalidade do direito de audiência prévia e do direito à fundamentação, in* «CJA», 78 (2009), 17-32.

[85] Assim, ver ALEXANDRA VILELA, *O Direito de Mera Ordenação Social*, cit., 378-390. Por sua vez, a jurisprudência constitucional mais recente tem igualmente destacado esta caraterística congénita dos procedimentos administrativos sancionatórios e, em especial, dos procedimentos contraordenacionais. Nesse sentido, o Acórdão nº 278/2011 (Ana Guerra Martins), do Tribunal Constitucional, já realçou que: «*Se atentarmos nos mecanismos próprios do Direito Contra-Ordenacional, verificamos que o legislador operou a uma cisão entre uma fase de aferição administrativa do cometimento do ilícito – "fase administrativa" (artigos 33º a 58º do Decreto-Lei nº 433/82, de 27 de Outubro) – e uma fase de controlo jurisdicionalizado da decisão sancionatória – "fase jurisdicional" (artigos 59º a 75º do Decreto-Lei nº 433/82, de 27 de Outubro). Visando a sanção contra-ordenacional fins de prevenção geral e especial da prática de actos contrários ao bloco de legalidade – que, no entanto, não se revestem de um desvalor jurídico suficientemente forte que justifique a respectiva criminalização –, compreende-se, portanto, que o legislador tenha cometido à própria administração pública os poderes para fiscalizar o cumprimento daquele bloco de legalidade e, em caso de infração, o poder para os sancionar. Essa função corresponde, aliás, à própria essência da função administrativa, ou seja, à execução dos comandos normativos adotados pelos órgãos competentes, em estrita observância e prossecução do interesse público*».

[86] Em defesa da aplicação subsidiária das normas procedimentais administrativas ao Direito Sancionatório Público – nele incluído o próprio Direito Contraordenacional –, ver BELEZA DOS SANTOS, *Ilícito penal administrativo e ilícito criminal*, cit., 54; JEAN-MARC SAUVÉ, *Les sanctions administratives en droit public français*, cit., 19; LEONEL DANTAS, *Considerações sobre o processo das contra-ordenações: a fase administrativa*, cit., 106; SOARES RIBEIRO, *Contraordenações laborais*, cit., 143; SÉRGIO PASSOS, *Contra-ordenações*, cit., 253, § 2 do artigo 33º; PINTO DE ALBUQUERQUE, *Comentário do Regime Geral das Contra-Ordenações*, cit., 151-152. Pelo contrário – porventura, demasiado influenciado por preocupações de garantia do *"interesse público"* pros-

da aplicação de comandos normativos de Direito Administrativo se logra salvaguardar:
i) As *"garantias de imparcialidade"* (cfr. artigos 44º a 51º do CPA), de modo a impedir que a decisão sancionatória, enquanto decisão predominantemente dotada de discricionariedade administrativa, não prossiga fins contrários àqueles que a lei previu[87];
ii) O *"direito de participação"* (cfr. artigo 8º do CPA), nele incluído o *"poder/dever de colaboração"* (cfr. artigo 7º do CPA)[88], durante toda a fase procedimental sancionatória;

seguido pelas entidades administrativas reguladoras encarregues da aplicação de sanções administrativas –, FREDERICO DA COSTA PINTO (cfr. *O ilícito de mera ordenação social*, cit., 81) considera que esta cumulação de *"garantias penais"* e de *"garantias administrativas"* corre o risco de bloqueio e de perda de eficiência do exercício de poderes sancionatórios (não penais). Igualmente em defesa da aplicação subsidiária do regime jurídico das contraordenações, ver CARLOS ADÉRITO TEIXEIRA, *Questões processuais da responsabilidade das pessoas colectivas no domínio do Direito Sancionatório da Regulação*, cit., 115-116; PAULO SOUSA MENDES, *O procedimento sancionatório especial por infracções às regras de concorrência, in* «Direito Sancionatório das Autoridades Reguladoras» (org. Maria Fernanda Palma/Augusto Silva Dias/Paulo Sousa Mendes), Coimbra Editora, 2009, 210, n.r. 7.

[87] Em defesa da aplicação do regime procedimental administrativo relativo aos *"impedimentos, escusas e suspeições"*, ver PINTO DE ALBUQUERQUE, *Comentário do Regime Geral das Contra-Ordenações*, cit., 120. Em sentido contrário, ver LEONES DANTAS, *Considerações sobre o processo das contra-ordenações: a fase administrativa, in* «RMP», 61 (1995), 107.

[88] Apesar de o artigo 7º do CPA estabelecer um *"princípio da colaboração"* – que pressupõe um dever de colaboração dos particulares com a administração, com vista à proteção do *"interesse público"* –, certo é que, sempre que se anteveja a possibilidade de responsabilidade sancionatória (ainda que não penal), a título pessoal, por parte dos sujeitos onerados com esse dever de colaboração, tal dever cessa em homenagem ao *"princípio da dignidade da pessoa"*, do qual deriva a *"proibição de autoincriminação"* (ou *"nemo tenetur se ipsum accusare"*), que se aplica tanto em processo penal como em qualquer outro procedimento sancionatório público (não penal). Sobre esta *"proibição de autoincriminação"*, no âmbito de procedimentos sancionatórios de tipo administrativo, ver VÂNIA COSTA RAMOS, *Corpus Juris 2000 – Imposição ao arguido de entrega de documentos para a prova e «nemo tenetur se ipsum accusare», in* «RMP», 108 (2006), 125-149; AUGUSTO SILVA DIAS/VÂNIA COSTA RAMOS, *O Direito à Não Auto-Inculpação (Nemo Tenetur Se Ipsum Accusare) no Processo Penal e Contra-Ordenacional Português*, Coimbra Editora, Coimbra, 2009, *passim*; ANTÓNIO GAGEIRO, *Modelos de Direito estrangeiro na perspectiva do «enforcement»*, cit., 61-64; CARLOS ADÉRITO TEIXEIRA, *Questões processuais da responsabilidade das pessoas colectivas no domínio do Direito Sancionatório da Regulação*, cit., 128-129; RAUL SOARES DA VEIGA, *Legalidade e oportunidade no Direito Sancionatório das entidades reguladoras*, cit., 149; PAULO SOUSA MENDES, *O procedimento sancionatório especial por infracções às regras de concorrência*, cit., 217-222.

iii) O *"direito à informação"* (cfr. artigos 61º a 64º do CPA)[89], incluindo o acesso a documentos administrativos que constem do procedimento (cfr. artigo 65º do CPA e o regime instituído pela Lei de Acesso aos Documentos Administrativos, aprovada pela Lei nº 65/93, de 26 de agosto, de acordo com a redação conferida pela Lei nº 19/2006, de 12 de julho)[90];

iv) O direito à *"não autoincriminação"* [cfr. artigo 89º, nº 2, alínea *c*), do CPA][91];

---

[89] Em regra, a doutrina tem vindo a extrair esse *"direito à informação"*, exatamente, das especificidades da *"fase administrativa"*, que permanece sujeita às regras do procedimento administrativo que, apesar de restringidas por um *"segredo interno"* do procedimento – que impede o arguido de aceder à totalidade da informação recolhida na fase instrutória –, se apresentam mais flexíveis do que as aplicáveis ao processo penal. Nesse sentido, ver Kurt Rebman/ Werner Roth/Siegfried Herrmann, *Gesetz über Ordnungswidrigkeiten – Kommentar*, Kohlhammer, 2008, § 9 em anotação ao artigo 46º; Luís Guilherme Catarino, *Regulação e Supervisão dos Mercados de Instrumentos Financeiros – Fundamento e Limites do Governo e Jurisdição das Autoridades Independentes*, Almedina, Coimbra, 2010, 665. Ainda assim, na prática, tem-se notado uma tendência para aplicar, subsidiariamente, o regime do *"segredo interno"* vigente no processo penal – mediante decisão dos órgãos administrativos competentes para a aplicação da sanção –, o que contraria a possibilidade, aberta pelo artigo 50º do RGCO, de revelação do conteúdo dos autos ao sujeito passivo da sanção, desde que a mesma não seja atentatória de direitos de terceiros que possam ser afetados por essa revelação. Transpor para o procedimento sancionatório público (não penal) um regime assente na articulação entre juiz e Ministério Público, permitindo aos órgãos administrativos decidir, de modo (demasiado) livre, acerca dessa sujeição a *"sigilo interno"* insere-se numa lógica de secretismo do funcionamento da administração pública que não se coaduna com os princípios constitucionais de transparência e de abertura a que esta está adstrita (cfr. artigos 266º, nº 2, e 268º, nºs 1 e 2, da CRP). Seguindo este tom crítico, ver Pinto de Albuquerque, *Comentário do Regime Geral das Contra-Ordenações*, cit., 199-200.

[90] Com efeito, o *"princío da administração aberta"* – do qual decorre o direito subjetivo à consulta de documentos administrativos (cfr. artigo 268º, nº 2, da CRP) – tem beneficiado, em muito, dos ventos favoráveis do Direito Administrativo Europeu, que tem vindo a disciplinar (seja por via normativa, seja por via pretoriana) o regime de acesso dos particulares aos documentos constantes dos procedimentos administrativos. Para uma resenha da jurisprudência do Tribunal de Justiça da União Europeia (TJUE), em matéria, de direito a acesso aos documentos administrativos constantes de procedimentos sancionatórios públicos, ver Katrin Stoye, *Die Entwicklung des Europäischen Verwaltungsrechts durch das Gericht Erster Instanz – Am Beispiel der Verteidigungsrechte im Verwaltungsverfahren*, Nomos, 2005, 51-76; Pinto de Albuquerque, *Comentário do Regime Geral das Contra-Ordenações*, cit., 16-18.

[91] Devo notar que, mesmo que os regimes sancionatórios especiais não prevejam expressamente esta proibição, tal já decorre da lei procedimental administrativa geral, que garante a possibilidade de *"recusa legítima"* da prestação de informação ou de apresentação de

REGULAÇÃO ADMINISTRATIVA E SANÇÃO

v) O direito à *"audiência prévia"* (cfr. artigos 100º a 103º do CPA), na fase que antecede a tomada de decisão administrativa sancionatória[92];

vi) O *"direito à fundamentação"* (cfr. artigos 124º a 126º do CPA)[93];

vii) E vários outros *"interesses juridicamente protegidos"*, designadamente os que acautelam o respeito, pelos órgãos administrativos, de normas de tramitação procedimental e de competência para a instrução e a decisão[94].

---

documentos, sempre que aquelas importem *"a revelação de factos puníveis"*. Em defesa da aplicação subsidiária desta norma jurídico-administrativa aos procedimentos sancionatórios contraordenacionais, ver Augusto Silva Dias/Vânia Costa Ramos, *O Direito à Não Auto--Inculpação (Nemo Tenetur Se Ipsum Accusare) no Processo Penal e Contra-Ordenacional Português*, cit., 56. No mesmo sentido, ver o Acórdão nº 340/2013 (Cura Mariano), do Tribunal Constitucional.

[92] Em boa verdade, o próprio Supremo Tribunal de Justiça já admitiu como aplicáveis, à *"fase administrativa"* dos procedimentos contraordenacionais, os artigos 100º a 103º do CPA, por intermédio do seu Acórdão de Fixação de Jurisprudência nº 1/2003. Esse tem sido igualmente o entendimento consolidado no TJUE, que tem vincado a garantia de *"audiência prévia"* dos interessados, durante a *"fase administrativa"* de procedimentos sancionatórios, em especial, relativos a infrações do Direito Europeu da Concorrência (ver, a mero título de exemplo, os Acórdãos *"Hoffmann-La Roche c/ Comissão"*, Proc. nº 85/76; *"Michelin c/ Comissão"*, Proc. nº 322/81; *"Bat e Reynolds c/ Comissão"*, Procs. nº 142/84 e nº 156/84; *"Países Baixos c/ Comissão"*, Proc. nº 48/90; *"Guerin Automobiles c/ Comissão"*, Proc. nº C-282/95; e *"Mediocurso c/ Comissão"*, Proc. nº C-462/98). Em sentido próximo, traçando uma ligação entre a consagração do *"direito de audiência prévia"*, em sede de procedimento administrativo, e a sua aplicação em sede contraordenacional, ver Paulo Otero/Fernanda Palma, *Revisão do Regime Legal do Ilícito de Mera Ordenação Social"*, in «RFDUL», 2 (1996), 577; Pinto de Albuquerque, *Comentário do Regime Geral das Contra-Ordenações*, cit., 14-16.

[93] Sobre este direito à fundamentação da decisão sancionatória, ver Frank Moderne, *Sanctions administratives et justice constitutionnelle*, cit., 319-320; Emmanuelle Mignon, *L´ampleur, le sen set la portée des garanties en matière de sanctions administratives*, cit., 101; Pinto de Albuquerque, *Comentário do Regime Geral das Contra-Ordenações*, cit., 238 e 241-242.
Relativamente a procedimentos sancionatórios por violação de Direito da União Europeia, o TJUE tem vindo a acentuar este direito, quer quanto à explicitação dos fundamentos da própria decisão sancionatória (cfr. Acórdãos *"Alemanha c/ Comissão"*, Proc. nº 24/62; *"Hoffmann--La Roche c/ Comissão"*, Proc. nº 85/76), quer quanto à decisão de arquivamento do procedimento (cfr. Acórdãos *"Automec II"*, Proc. nº T-24/90; *"BEUC c/ Comissão"*, Proc. nº T-37/92; e *"BEMIM c/ Comissão"*, Proc. nº T-114/92).

[94] Com efeito, a jurisprudência constitucional tem admitido – sem qualquer oscilação ou hesitação – que o instituto da *"delegação de poderes"* se aplica até quanto à fixação do órgão administrativo competente para prolação da decisão sancionatória pública (não penal), desde que o membro do governo disponha dessa competência e se encontre legalmente habilitado

Porém, não raras vezes, tende a invocar-se normas constitucionais que apenas visam regular a *"fase processual"* dos procedimentos sancionatórios, procurando estender o seu âmbito de proteção à *"fase administrativa"*[95]. Porventura, tal confusão deriva de uma tentativa de transposição da dualidade *"inquérito – julgamento"*, típica do processo penal[96], para com ela regular a tramitação dos demais procedimentos sancionatórios (não pe-

a delegá-la; ou seja, de acordo com o estabelecido pela lei procedimental administrativa. Neste sentido, a mero título exemplificativo, ver os Acórdãos nº 419/97 (Maria Fernanda Palma), nº 237/2003 (Prazeres Beleza) e nº 234/2005 (Vítor Gomes), ambos do Tribunal Constitucional. Aliás, até os autores que negam a aplicação subsidiária da lei procedimental administrativa admitem a aplicação, quanto a esta matéria das regras jurídico-administrativa sobre *"delegação de poderes"*. É o que sucede, a mero título de exemplo, com FERREIRA ANTUNES, *Reflexões sobre o Direito Contra-Ordenacional*, cit., 59-63.
Referindo-se expressamente à possibilidade de *"sanação"* de atos administrativos sancionatórios praticados por órgãos incompetentes, designadamente, por força da cessação de *"atos de delegação de poderes"*, ver PINTO DE ALBUQUERQUE, *Comentário do Regime Geral das Contra--Ordenações*, cit., 120. Na mesma linha, ver o Acórdão nº 179/2005 (Paulo Mota Pinto), do Tribunal Constitucional.
[95] Sem que se refira sequer aos princípios constitucionais, ALEXANDRA VILELA (cfr. *O Direito de Mera Ordenação Social*, cit., 383-384) chega mesmo a sustentar que esta fase inicial, que corre termos perante o órgão administrativo competente, *"também não se apresenta como uma fase de pendor marcadamente administrativista"*. Ao ponto de negar que a mesma possa ser designada de *"fase administrativa"* (cfr. IDEM, cit., 406) por – no seu duvidoso entendimento – considerar que a norma legal que fixa como subsidiariamente aplicável a lei processual penal lhe retira a natureza substancialmente jurídico-administrativa. Em sentido idêntico – e em escritos publicados em data anterior –, ver ainda MÁRIO GOMES DIAS, *Breves reflexões sobre o processo de contra-ordenação*, in «Contra-ordenações (Notas e comentários ao Decreto--Lei nº 433/82, de 27 de Outubro)», ESP, 1985, 130-132; SOARES RIBEIRO, *Contraordenações laborais*, 2ª edição, Almedina, 2003, 135 e 138. Sucede que é a própria Lei Fundamental que distingue entre os *"poderes sancionatórios penais"* e os demais *"poderes sancionatórios públicos (não penais)"*, pelo que a atribuição destes últimos a órgãos administrativos não pode deixar de permanecer sujeita ao respeito pelo bloco de normatividade jurídico-administrativa que garante a sua vinculação ao *"interesse público"*, mediante o cumprimento das normas que regulam o procedimento tendente à tomada de decisões administrativas (designadamente, os artigos 266º, nº 2, e 267º, nº 5, ambos da CRP).
[96] Nesse sentido, apontam os raciocínios de alguma doutrina juspenalista, que afirma, apressadamente – e sem sequer encetar uma reflexão interdisciplinar sobre o bloco de normatividade que vincula a administração pública –, que os órgãos administrativos com competência sancionatória pública (não penal) ficariam exclusivamente sujeitos ao mesmo regime de prerrogativas públicas e de deveres previsto na lei processual penal para a fase de inquérito. Ainda assim, a mesma doutrina tende a cingir a sua análise ao Direito Contraordenacional, não se pronunciando sobre outras tipologias do Direito Sancionatório Público, em sentido amplo. Entre outros, ver FREDERICO DA COSTA PINTO, *O ilícito de mera ordenação social e a ero-*

nais). De certo modo, transformar-se-ia, assim, o Conselho Regulador da ERC num pequeno sucedâneo do Ministério Público[97], transpondo para aqueles a função investigatória e persecutória deste último.
Nada mais errado. A dualidade *"inquérito – julgamento"* visa acautelar o estrito respeito pelo *"princípio do acusatório"*[98], enquanto consequência do respeito pelas garantias de independência e de imparcialidade de quem

são do princípio da subsidiariedade da intervenção penal, cit., 81; ALEXANDRA VILELA, *O Direito de Mera Ordenação Social*, cit., 379-380.

[97] Para uma crítica desta tendência para decalcar o procedimento administrativo sancionatório do processo penal, ver SOARES RIBEIRO, *Contraordenações laborais*, cit., 139. Nesse sentido pronuncia-se, de modo expresso, PINTO DE ALBUQUERQUE, *Comentário do Regime Geral das Contra-Ordenações*, cit., 29, invocando o nº 2 do artigo 41º do RGCO, que determina: «2 – *No processo de aplicação da coima e das sanções acessórias, as autoridades administrativas gozam dos mesmos direitos e estão submetidas aos mesmos deveres das entidades competentes para o processo criminal, sempre que o contrário não resulte do presente diploma»*. Ora, várias razões militam no sentido de negar essa equiparação automática e absoluta entre o órgão administrativo com competência para aplicar uma *"sanção pública (não penal)"* e o Ministério Público: 1º) Desde logo, porque aquele preceito apenas se aplica a um conceito restrito de *"sanção pública (não penal")* – isto é, às contraordenações –, não sendo aplicável às demais sanções de tipo disciplinar, financeiro e administrativo «stricto sensu»; 2º) O preceito legal em causa apenas se refere à fase de aplicação da coima e das sanções acessórias, não sendo claro se pode ser estendido à fase instrutória; tal significa que o legislador teria pretendido apenas garantir que, uma vez tomada a decisão sancionatória, os órgãos administrativos disporiam das mesmas prerrogativas de execução da sanção de que beneficiam as autoridades jurisdicionais e as demais autoridades judiciárias, no caso da execução das *"sanções penais"* e das correspondentes *"sanções acessórias"*; 3º) Mesmo que se admitisse poder extrair-se da letra da lei uma extensão à *"fase instrutória"* – ou seja, a todo o procedimento tendente à deteção, investigação e preparação da decisão sancionatória –, sempre se diria que *"gozar dos mesmos direitos"* e estar *"submetid[o]s aos mesmos deveres"* não significa que os órgãos administrativos gozem de todas as prerrogativas públicas de que dispõem as autoridades judiciárias, na *"fase de inquérito (penal)"*, mas apenas que estes se limitam a gozar de um conjunto de *"direitos subjetivos públicos"* inerentes ao seu estatuto processual (ex: *"direito de impugnação"*, *"direito de reserva e sigilo"*, *"direito aos meios necessários à investigação"*). A opção do legislador pelo conceito de *"direitos subjetivos públicos"* – em detrimento de outro, como aquele que assentasse em *"poderes jurídico-públicos"* – não pode senão ser interpretado no sentido de que os órgãos administrativos não estão habilitados a exercer todas as prerrogativas públicas conferidas às autoridades judiciárias, mas apenas aquelas que possam ser qualificadas como verdadeiros *"direitos subjetivos"*.

[98] Cingindo o *"princípio do acusatório"* ao domínio do processo penal, ver PINTO DE ALBUQUERQUE, *Comentário do Regime Geral das Contra-Ordenações*, cit., 119. Em idêntico sentido, ver Acórdão nº 581/2004 (Paulo Mota Pinto), do Tribunal Constitucional. Adotando uma posição diametralmente oposta, por sustentar a vigência do *"princípio do acusatório"*, no domínio do Direito Contraordenacional, ver FERREIRA ANTUNES, *Reflexões sobre o Direito Contra--Ordenacional*, cit., 52.

julga. Ora, no caso dos procedimentos sancionatórios não penais a cargo da ERC, não se justifica uma tal compressão dos poderes administrativos, visto que o menor grau de interferência e de lesividade das sanções a aplicar não se apresenta incompatível com o exercício simultâneo de *"poderes de instrução"* e de *"poderes de decisão"*[99].

Por outro lado, a sede própria para controlo da legalidade dos *"atos de inquérito penal"* é, precisamente, a sala de audiências dos tribunais criminais, seja na *"fase de instrução"*, seja, mais tarde, na *"fase de julgamento"*[100]. É por isso que se exige uma *"muralha da China"* (*"chinese wall"*) entre quem investiga e quem julga. Dir-se-ia, algo levianamente, que nos procedimentos sancionatórios de tipo administrativo tal não se verificaria, pois quem instrui o procedimento também pode ser competente para decidir[101]. Sucede, porém, que tal argumento só procede quanto à *"fase*

---

[99] Assinalando esta cumulação usual de *"poderes instrutórios"* e de *"poderes decisórios"*, ver JEAN-MARIE DELARUE, *Actualité de la problématique de la sanction administrative*, cit., 14-15; PINTO DE ALBUQUERQUE, *Comentário do Regime Geral das Contra-Ordenações*, cit., 119; ALEXANDRA VILELA, *O Direito de Mera Ordenação Social*, cit., 378 e 419.

[100] Aliás, note-se que, na fase de julgamento, o órgão administrativo competente para aplicação da sanção age como verdadeiro *"réu"* de uma ação de impugnação de decisão administrativa condenatória – que apenas não fica sujeita à lei processual administrativa, quando, no caso dos ilícitos contraordenacionais, a competência jurisdicional seja atribuída aos tribunais judiciais –, gozando, designadamente, do direito ao contraditório e à sustentação da decisão sancionatória. Não se trata, portanto, de um *"assistente"* (ainda que equiparado), conforme preconiza, ainda que *"de iure condendo"*, ALEXANDRA VILELA, *O Direito de Mera Ordenação Social*, cit., 472-478. Em sentido inverso, negando aos órgãos administrativos essa qualidade de *"assistente"* – por transposição subsidiária do regime processual penal, ver CARLOS ADÉRITO TEIXEIRA, *Direito de mera ordenação social: o ambiente como espaço da sua afirmação*, in «RMP», 85 (2001), 87-88; FREDERICO DA COSTA PINTO, *A figura do assistente e o processo de contraordenação*, in «RPCC», 1 (2002), 119.

[101] Em sentido próximo, o Tribunal Constitucional já equacionou estes argumentos, considerando que a concessão de poderes sancionatórios à administração pública não é suscetível de comprometer o *"princípio da separação de poderes"*. No Acórdão nº 278/2011 pode ler-se que: «*E nem se diga que tal função punitiva, exercida pela administração pública, coloca em causa o princípio da separação de poderes, por invadir o âmago da função jurisdicional. Com efeito, por força do nº 2 do artigo 202º da Constituição da República Portuguesa, cabe aos tribunais "assegurar a defesa dos direitos e interesses legalmente protegidos dos cidadãos, reprimir a violação da legalidade democrática e dirimir os conflitos de interesses públicos e privados", mas tal comando constitucional não se opõe ao exercício por várias entidades administrativas de poderes sancionatórios, que visam, precisamente, reprimir a violação da legalidade democrática, e que, aliás, alguma doutrina qualifica como poderes de tipo para-jurisdicional (...)*». E, do mesmo modo, já se havia pronunciado o Acórdão nº 161/90: «*Só os tribunais podem aplicar penas e medidas de segurança. Mas já não cabe no princípio da "reserva do*

administrativa"; e, ainda assim, sujeita à possibilidade de controlo interadministrativo[102] do respeito pelos princípios gerais que vinculam a os

Juiz", por já não ser "administração da justiça", a aplicação de sanções não criminais não restritivas da liberdade: estas podem ser aplicadas pelas autoridades administrativas, desde que se garanta um efectivo recurso aos tribunais e se assegurem ao arguido as necessárias garantias de defesa (o principio da defesa vale, na sua ideia essencial, para todos os domínios sancionatórios)». Mais remotamente, ver ainda, na mesma linha, o Parecer nº 4/81, da Comissão Constitucional. Em sentido idêntico, ver HEINZ MATTES, *Problemas de Derecho Penal Administrativo*, cit, 149; EDUARDO CORREIA, *Direito Criminal*, Volume I, cit., 30; ANDREAS FISCHER, *La sanction administrative en droit allemand*, cit., 215-216; KLAUS TIEDEMANN, *L'influence des príncipes constitutionnels et de la jurisprudence constitutionnelle sur le droit penal allemand*, in «RSCDPC», 1 (1987), 107; HUERGO LORA, *Las Sanciones Administrativas*, cit., 345. Em sentido contrário, apontando a inconstitucionalidade de soluções normativas que atribuam a órgãos administrativos poderes sancionatórios (em especial, de tipo contraordenacional), ver MIGUEL PEDROSA MACHADO, *Contravenção e contra-ordenação – Notas sobre a génese, a função e a crítica de dois conceitos jurídicos*, in «Estudos em Homenagem ao Banco de Portugal», Banco de Portugal, Lisboa, 1998, 43-47.

[102] Com efeito, apesar de a competência sancionatória se encontrar legalmente cometida ao Conselho Regulador – que não só não se encontra sujeito aos poderes de supremacia hierárquica de qualquer outro órgão, como também não se encontra sujeito a quaisquer poderes de superintendência ou de tutela por parte do Governo, conforme resulta, inequivocamente, do artigo 4º dos EstERC, que lhe garante uma ampla independência para prosseguir as suas atribuições –, certo é que o artigo 27º, nº 1, dos EstERC, constitui norma habilitante (cfr. artigo 35º, nº 1, do CPA), para aquele Conselho Regulador possa delegar os seus poderes sancionatórios a funcionários ou agentes da ERC. Ora, presentemente, por força da Deliberação nº 578/2012, publicada no «Diário da República», IIª Série, nº 78, de 19 de abril de 2012, o Conselho Regulador delegou no «Diretor do Departamento Jurídico, com possibilidade de subdelegação, as competências previstas na alínea ac) do nº 3 do artigo 24º dos Estatutos da Entidade Reguladora para a Comunicação Social, relativas à condução do processamento das contraordenações cometidas através de órgão de comunicação social, em matéria afeta ao Departamento Jurídico, cuja competência seja atribuída ao Conselho Regulador pelos Estatutos da ERC ou por qualquer outro diploma legal, incluindo a competência para deduzir acusação e proceder à inquirição de testemunhas, bem como para a elaboração da proposta de aplicação das respetivas coimas e sanções acessórias, com exceção da decisão final do processo cuja competência continua reservada exclusivamente para o Conselho Regulador». Assim sendo, para além da possibilidade de *"reclamação"* (artigos 158º a 165º do CPA), deve equacionar-se a possibilidade de interposição de *"recurso hierárquico"* (artigos 166º a 175º do CPA) de decisões tomadas pelo Diretor do Departamento Jurídico, no uso de poderes delegados, ou por quaisquer outros funcionários ou agentes, no uso de poderes subdelegados.
Admitindo a possibilidade genérica de *"controlo hierárquico"* das decisões proferidas ao longo do procedimento sancionatório, ver MICHEL ROUGEVIN-BAVILLE, *La sanction en matière administrative dans le droit français*, cit., 281-282; ERIK GÖHLER, *Gesetz über Ordnungswidrigkeiten*, cit., § 14 do artigo 47º. Notando que as decisões de arquivamento de procedimentos sancio-

órgãos da ERC, em especial o da imparcialidade[103]. Isto porque qualquer eventual ofensa às normas procedimentais pode ser, mais tarde, impugnada e apreciada pelos competentes tribunais administrativos – como exceção, evidentemente, da matéria contraordenacional (cfr. artigo 75º, nº 2, dos EstERC).

Na verdade, padece de qualquer rigor afirmar-se que a não transposição das normas reguladoras do processo penal, para o seio do procedimento administrativo sancionatório, acarretaria um prejuízo dos particulares ou uma diminuição das suas garantias. Pelo contrário, seria a aplicação mecânica de normas processuais penais, concebidas para a investigação penal e completamente desfasadas da dinâmica própria do funcionamento interno dos órgãos e serviços administrativos[104], à *"fase administrativa"* dos procedimentos sancionatórios que faria perigar a boa

---

natórios podem ser alvo de *"controlo hierárquico"* (mediante recurso), ainda que reportando-se ao regime específico das infrações tributárias, ver PINTO DE ALBUQUERQUE, *Comentário do Regime Geral das Contra-Ordenações*, cit., 25.

Acrescento ainda que a atividade administrativa sancionatória da ERC se encontra sujeita a um intenso *"controlo político"* por parte da Assembleia da República – que não só recebe uma coletânea mensal das suas deliberações (cfr. artigo 73º, nº 1, dos EstERC), como um Relatório Anual das suas atividades (cfr. artigo 73º, nº 2, dos EstERC), como ainda pode convocar os membros do Conselho Regulador para perante ela comparecerem e prestarem os esclarecimentos devidos –, como os respetivos titulares podem ser demitidos, por resolução da Assembleia da República, *"em caso de grave violação dos seus deveres estatutários, comprovadamente cometida no desempenho de funções ou no cumprimento de qualquer obrigação inerente ao cargo"* [cfr. artigo 22º, nº 1, alínea *f*), dos EstERC] ou de dissolução daquele órgão, *"em caso de graves irregularidades no funcionamento do órgão"* [cfr. artigos 22º, nº 1, alínea *g*), e 23º, nº 1, dos EstERC].

[103] Sugerindo a atribuição de poderes a entidades administrativas independentes como um antídoto para este risco de parcialidade decorrente da cumulação da titularidade de um determinado *"interesse público"* com o exercício de poderes de tipo sancionatório, ver JEAN-MARIE DELARUE, *Actualité de la problématique de la sanction administrative*, cit., 15; JEAN-MARC SAUVÉ, *Les sanctions administratives en droit public français*, cit., 18; MARCEL POCHARD, *Autorités administratives indépendantes et pouvoir de sanction*, in «AJDA», spécial (2001), 106-110; DANIEL LECRUBIER, *Les perspectives d'évolution de la sanction administrative vues par le juge judiciaire*, in «AJDA», spécial (2001), 133.

[104] Inúmeras normas se afiguram desprovidas de qualquer sentido, quando aplicadas a esta *"fase administrativa"* dos procedimentos sancionatórios públicos (não penais). É o caso das normas que disciplinam poderes tipicamente exercidos pelo juiz de instrução (artigos 268º e 269º, do CPP) ou pelo Ministério Público (artigos 267º e 283º do CPP), que regulam a fase do *"debate instrutório"* (artigos 286º a 310º, do CPP), que fixam prazos de inquérito (artigo 276º do CPP), que permitem a prova através de escutas telefónicas (artigos 187º e 190º do

aplicação do bloco de normatividade. O completo desconhecimento e afastamento dos sujeitos encarregues da sua aplicação – *v.g.*, membros do Conselho Regulador, funcionários e agentes – face às normas processuais penais é que tenderia a incrementar uma aplicação errática das mesmas, correndo-se assim o risco de diminuição das garantias dos particulares. Cabe, assim, ao Direito Administrativo – e, em particular, à lei procedimental administrativa – regular a *"fase administrativa"* dos procedimen-

---

CPP) ou ainda daquelas relativas à detenção (artigos 254º a 261º, do CPP) ou à prisão preventiva (artigo 202º do CPP).
Bem diferente se afigura a devida ponderação da aplicação das normas processuais penais relativas aos *"meios de prova"*, com particular interesse no caso de *"buscas"* e de *"apreensão de documentos"*. Tem sido abundantemente discutido se os órgãos administrativos, durante um procedimento sancionatório (não penal), podem exercer os mesmos *"poderes jurídico-públicos"* de que goza o Ministério Público e os demais órgãos de polícia criminal, durante a *"fase do inquérito penal"*. Em regra, dir-se-á que não podem aplicar-se diretamente as normas processuais penais que impliquem uma compressão de direitos fundamentais como a *"reserva da intimidade privada"* (artigo 26º, nº 1, da CRP), a *"inviolabilidade do domicílio"* (artigo 34º, nºs 1 a 3, da CRP) e a *"proibição de intromissão nas comunicações e na correspondência"* (artigo 34º, nº 4, da CRP), na medida em que a restrição daqueles direitos pressupõe uma determinação legal explícita, que não autoriza o recurso a métodos analógicos de legitimação de atuações administrativas restritivas. Nesse sentido, ver LEONES DANTAS, *Considerações sobre o processo das contra-ordenações: a fase administrativa*, cit., 117; FERREIRA ANTUNES, *Reflexões sobre o Direito Contra-Ordenacional*, cit., 244, § 7; LOPES DE SOUSA/SIMAS SANTOS, *Regime Geral das Infracções Tributárias – Anotado*, Áreas Editora, 2001, 408, § 3; CARLOS ADÉRITO TEIXEIRA, *Questões processuais da responsabilidade das pessoas colectivas no domínio do Direito Sancionatório da Regulação*, cit., 124-125; LUÍS GUILHERME CATARINO, *Regulação e Supervisão dos Mercados de Instrumentos Financeiros*, cit., 501. Especificamente sobre a questão da *"inviolabilidade do domicílio"* das pessoas coletivas privadas que sejam alvo de regulação e supervisão administrativa pela ERC, já tive oportunidade de lhes negar a proteção constitucional diretamente decorrente do artigo 34º, nº 1, da CRP, na medida em que ela repousa numa ideia de preservação da *"reserva da intimidade privada"*, associada à casa de morada enquanto santuário do indivíduo. Assim, ver MIGUEL PRATA ROQUE, *Os poderes sancionatórios da ERC – Entidade Reguladora para a Comunicação Social*, cit., 404-407. Em sentido concordante, ver MARIA JOSÉ COSTEIRA, *As buscas e apreensões no processo de natureza contraordenacional*, in «Sub Judice», 40 (2007), 31; PINTO DE ALBUQUERQUE, *Comentário do Regime Geral das Contra-Ordenações*, cit., 164. Diferentemente, ver LUÍS GUILHERME CATARINO, *Regulação e Supervisão dos Mercados de Instrumentos Financeiros*, cit., 524. Isto não significa, porém, que as normas relativas a *"buscas"* (cfr. artigos 174º a 177º e 251º do CPP) e a *"apreensão de documentos"* (cfr. artigos 178º a 186º e 252º do CPP) – em especial, os documentos em suporte informático – não possam aplicar-se subsidiariamente à tramitação dos procedimentos sancionatórios públicos (não penais) que se encontram a cargo da ERC, na medida em que os Estatutos daquela entidade administrativa independente não esgotam a disciplina concreta de tais procedimentos.

tos sancionatórios[105] que se encontram a cargo da ERC, ficando para a lei processual penal uma *"função residual"* de regulação subsidiária da respetiva *"fase processual"*, quando não haja previsão na lei processual administrativa que regule determinada questão[106].

Friso bem, contudo, que esta minha posição não desconhece – nem menoriza – a existência de normas expressas que determinem a aplicação subsidiária da lei processual penal à *"fase processual"* de certos procedimentos sancionatórios[107]. Exemplo disso paradigmático é o *"Direito Contraordenacional"*, em que a lei geral fixa como subsidiariamente aplicável a lei processual penal[108]. Refiro-me, pois, em sentido lato, à circunstância

---

[105] Se tal é inegável quanto às várias subtipologias do Direito Sancionatório Público, o mesmo se pode dizer do próprio Direito Contraordenacional. Só assim se interpreta o artigo 33º do RGCO, que determina que o *"processamento das contra-ordenações e a aplicação das coimas e das sanções acessórias competem às autoridades administrativas, ressalvadas as especialidades previstas no presente diploma"*. Ou seja, o respetivo processamento cabe aos órgãos administrativos competentes, que se regem pelas normas procedimentais administrativas (gerais e especiais), salvo quanto às *"especialidades"* previstas naquele regime jurídico contraordenacional. Em sentido idêntico, ver MIGUEL PEDROSA MACHADO, *O que é feito do Regime Geral das "contra-ordenações"?*, in «CCL», 40 (2005), 161.

[106] Isto não significa, porém, a impossibilidade de aplicação subsidiária de normas processuais penais destinadas à garantia de alguns direitos fundamentais dos particulares, tais como as que dizem respeito ao regime de *"buscas"* e de *"apreensão de documentos"*. Sobre estes regimes, ver a n.r. 104.

[107] Aliás, reconheço que o legislador ordinário tem vindo a dar sinais no sentido da sedimentação da aplicação subsidiária da lei processual penal, designadamente quando revoga normas que determinavam a remissão para a lei procedimental administrativa, de modo a aproximar os procedimentos sancionatórios públicos (não penais) do regime jurídico das contraordenações. Disso foi exemplo a revogação do (ex) artigo 19º da Lei da Concorrência (segundo a redação da Lei nº 18/2003, de 11 de junho) – que determinava a aplicação subsidiária da lei do procedimento administrativo aos procedimentos sancionatórios de práticas restritivas da concorrência –, com a subsequente substituição pelo atual artigo 13º da Lei da Concorrência (de acordo com a redação da Lei nº 19/2012, de 8 de maio). Saliento, aliás, que este diploma optou por regular diretamente, através de normas especiais, vários dos procedimentos a adotar durante a *"fase administrativa"* tendente à tomada de decisão sancionatória, respondendo aos apelos de alguma da doutrina mais reputada. Entre outros ver, CARLOS ADÉRITO TEIXEIRA, *Questões processuais da responsabilidade das pessoas colectivas no domínio do Direito Sancionatório da Regulação*, cit., 115-116; PAULO SOUSA MENDES, *O procedimento sancionatório especial por infracções às regras de concorrência*, cit., 210, n.r. 7.

[108] E, ainda assim, considero que a lei procedimental administrativa não pode deixar de ser convocada para a aferição dos vícios da *"decisão sancionatória contraordenacional"*, na medida em que a mesma foi proferida no decurso de um procedimento administrativizado e, portanto, deve estrita obediência ao bloco de normatividade que rege todos os órgãos da admi-

de o Direito Administrativo (substantivo e processual) corresponder ao bloco de normatividade próprio para regular os procedimentos sancionatórios de tipo administrativo, seja na *"fase procedimental"*, seja na *"fase processual"*.

§ 6. As garantias contenciosas na fase jurisdicional

Não raras vezes, procura-se extrair das *"garantias de defesa em processo penal"* a certeza acrescida de que os sujeitos passivos das sanções públicas não penais não se veem privados de direitos fundamentais tão essenciais quanto o *"direito de audiência"* e o *"direito ao contraditório"* (incluindo a *"proibição da indefesa"*)[109]. E, com efeito, a própria Lei Fundamental

---

nistração pública, no exercício de poderes de tipo administrativo. A preterição de formalidades procedimentais ou a violação de direitos como o direito de fundamentação, o direito de audiência prévia ou o direito de informação no decurso do procedimento não podem senão acarretar a ilegalidade da decisão sancionatória e, com ela, a impossibilidade de execução da sanção a que o particular tenha sido condenado.

[109] Deixo uma nota apenas para refutar as acusações brandidas por ALEXANDRA VILELA (cfr. *O Direito de Mera Ordenação Social*, cit., 498) de que a epígrafe do artigo 50º do RGCO deveria ser alterada, *"assim se eliminando qualquer aproximação ao direito administrativo, já que não é ele o subsidiário do ilícito de mera ordenação social"*, por fazer expressa menção ao *"direito de audição"* e o autonomizar face ao *"direito de defesa"*. Ora, tal acusação só pode ser interpretada como uma tentativa (algo desesperada) de entorpecer e descaraterizar a vontade normativa expressa pelo legislador, na letra da lei. Confrontada com um elemento normativo incontornável, que desmente cabalmente a sua tese da integração do *"ilícito de mera ordenação social"* num conceito amplo de *"Direito Penal"*, a autora procura torturar a própria letra da lei, adaptando-a (à força) à sua pré-compreensão. Sucede, porém, que é a própria Constituição (cfr. artigo 32º, nº 10) que expressamente consagra e autonomiza o *"direito de audição"* e o *"direito de defesa"*. Tanto assim é que, mesmo em sede de processo contraordenacional, o Assento de Fixação de Jurisprudência nº 1/2003, do Supremo Tribunal de Justiça – portanto, insuspeito de acalentar uma defesa tendenciosa da aplicação do Direito Administrativo – concluiu que o *"direito de audiência"* deve ser acautelado ao abrigo das normas procedimentais administrativas, designadamente, ao abrigo dos artigos 100º a 103º do CPA. No mesmo sentido, o Tribunal Constitucional também já concluiu não estar ferida de inconstitucionalidade uma interpretação normativa que assente na aplicação subsidiária das normas procedimentais administrativas ao próprio procedimento sancionatório contraordenacional – assim, ver os Acórdãos nº 50/2003 (Prazeres Beleza) e nº 179/2005 (Paulo Mota Pinto). Em defesa da aplicação subsidiária das normas procedimentais administrativas, em matéria de *"direito de defesa"* face a sanções administrativas, ver ainda FRANK MODERNE, *Sanctions administratives et justice constitutionnelle*, cit., 302-315; DOMÍNGUEZ VILA, *Constitución y Derecho Administrativo Sancionador*, cit., 323-331; LEONES DANTAS, *Considerações sobre o processo das contra-ordenações: a fase administrativa*, cit., 106; SOARES RIBEIRO, *Contraordenações laborais*, cit., 143; SÉRGIO PAS-

cura de o esclarecer, sem margem para dúvidas (cfr. artigo 32º, nº 10, da CRP). Contudo, não é demais realçar que, mesmo que tal expressa previsão constitucional não vigorasse, sempre se extrairia tal proteção das normas encarregues de reger a impugnação jurisdicional de atos administrativos[110]. Sendo configuráveis como *"decisões administrativas"*, as decisões sancionatórias já gozariam de uma ampla tutela jurisdicional efetiva, decorrente do nº 4 do artigo 268º da CRP.

E devo ainda salientar que a proteção constitucional decorrente da aplicação subsidiária das *"garantias de defesa em processo penal"* não as abrange em toda a sua plenitude, antes se cingindo ao *"direito de audiência"* e ao *"direito do contraditório"*[111]. Tal constatação sai reforçada, aliás, pelos pró-

sos, Contra-ordenações, cit., 253, § 2 do artigo 33º; PINTO DE ALBUQUERQUE, Comentário do Regime Geral das Contra-Ordenações, cit., 151-152.

[110] Precisamente nesse sentido, ver o Acórdão nº 659/2006 (Mário Torres), nos termos do qual se afirmou que: «É óbvio que não se limitam aos direitos de audição e defesa as garantias dos arguidos em processos sancionatórios, mas é noutros preceitos constitucionais, que não no nº 10 do artigo 32º, que eles encontram esteio. É o caso, desde logo, do direito de impugnação perante os tribunais das decisões sancionatórias em causa, direito que se funda, em geral, no artigo 20º, nº 1, e, especificamente para as decisões administrativas, no artigo 268º, nº 4, da CRP. E, entrados esses processos na "fase jurisdicional", na sequência da impugnação perante os tribunais dessas decisões, gozam os mesmos das genéricas garantias constitucionais dos processos judiciais, quer directamente referidas naquele artigo 20º (direito a decisão em prazo razoável e garantia de processo equitativo), quer dimanados do princípio do Estado de direito democrático (artigo 2º da CRP), sendo descabida a invocação, para esta fase, do disposto no nº 10 do artigo 32º da CRP». Em defesa da impugnabilidade, por via do direito (geral) à tutela jurisdicional efetiva – tanto aplicável a decisões penais, como a decisões administrativas –, ver DOMÍNGUEZ VILA, Constitución y Derecho Administrativo Sancionador, cit., 310-313.

[111] Essa foi, aliás, a posição que obteve vencimento no Tribunal Constitucional (cfr. Acórdão nº 659/2006), que tem vindo a entender, sem oscilações, que os processos jurisdicionais sancionatórios (não penais) não gozam da mesma amplitude das *"garantias penais"*. Nesse acórdão, esclareceu-se que: «Diga-se, desde já, que o invocado nº 10, na sua directa estatuição, é de todo irrelevante para o presente caso. Com a introdução dessa norma constitucional (efectuada, pela revisão constitucional de 1989, quanto aos processos de contraordenação, e alargada, pela revisão de 1997, a quaisquer processos sancionatórios) o que se pretendeu foi assegurar, nesses tipos de processos, os direitos de audiência e de defesa do arguido, direitos estes que, na versão originária da Constituição, apenas estavam expressamente assegurados aos arguidos em processos disciplinares no âmbito da função pública (artigo 270º, nº 3, correspondente ao actual artigo 269º, nº 3). Tal norma implica tãosó ser inconstitucional a aplicação de qualquer tipo de sanção, contraordenacional, administrativa, fiscal, laboral, disciplinar ou qualquer outra, sem que o arguido seja previamente ouvido (direito de audição) e possa defender-se das imputações que lhe são feitas (direito de defesa), apresentando meios de prova e requerendo a realização de diligências tendentes a apurar a verdade». Em sentido idêntico, ver ainda GERMANO MARQUES DA SILVA/HENRIQUE SALINAS, in «Constituição Portuguesa Anotada» (org. Jorge Miranda/Rui Medeiros), Tomo I, Coimbra Editora, 2005, 363. Adotando uma posição bem

prios trabalhos preparatórios da revisão constitucional de 1997, no decurso dos quais foi rejeitada uma proposta de revisão apresentada pelos Deputados do PCP que visava consagrar que os arguidos pudessem beneficiar de *"todas as garantias do processo criminal"*, quando fossem sujeitos a *"processos disciplinares e demais processos sancionatórios"* (cfr. artigo 32º-B do Projeto de Revisão Constitucional nº 4/VII, *in* «Diário da Assembleia da República», IIª SérieRC, nº 20, de 12 de setembro de 1996, 541544, e Iª Série, nº 95, de 17 de julho de 1997, 3412 e 3466).

Esta conclusão afigura-se particularmente decisiva para a aferição das soluções legislativas acerca da efetivação do *"direito ao recurso"* em processos jurisdicionais de impugnação de decisões administrativas condenatórias, decorram eles perante os tribunais administrativos ou perante os tribunais judiciais – isto, no caso das *"sanções contraordenacionais"*. Na medida em que o nº 4 do artigo 268º da CRP não consagra, de modo explícito, um *"direito fundamental ao recurso"* de decisões proferidas pelos tribunais encarregues de dirimir litígios jurídico-administrativos, resta aplicar a jurisprudência constitucional consolidada, que segue no sentido de não decorrer, forçosamente, do *"princípio da tutela jurisdicional efetiva"* um *"direito fundamental ao recurso"*, dispondo o legislador de uma ampla margem de decisão quanto ao sentido e aos limites concretos a que devem obedecer os vários regimes de recurso[112].

---

mais ampla, aparentando extrair do *"princípio da tutela jurisdicional efetiva"* um verdadeiro *"direito fundamental ao recurso"* (para um segundo grau de instância), ver ALEXANDRA VILELA, *O Direito de Mera Ordenação Social*, cit., 342.

[112] Na verdade, encontra-se hoje mais do que pacificado, pela jurisprudência consolidada no Tribunal Constitucional, que não só o *"direito fundamental ao recurso"* (incluindo em processo penal – *vide* artigo 32º, nº 1, da CRP) não inclui um direito a um duplo grau de recurso, como pode mesmo nem sequer justificar um só grau de recurso, quando, em função do diminuto relevo social da questão e da necessidade de proteção de outros bens jurídicos constitucionalmente protegidos – *v.g.*, o direito a obter uma decisão célere –, seja admissível a apreciação por uma só instância jurisdicional. Assim, ver, entre inúmeros outros, os Acórdãos nº 263/09, nº 551/09, nº 645/09, nº 125/10, nº 174/10, nº 276/10, nº 277/10, nº 308/10, nº 314/10, nº 359/10, nº 471/10, nº 213/2011, nº 215/2011, nº 643/2011 e nº 51/2012, todos disponíveis in www.tribunalconstitucional.pt/tc/acordaos/). Para sintetizar este entendimento, veja-se o Acórdão nº 551/09: «*7. O Tribunal Constitucional tem uma jurisprudência consolidada no sentido de que no nº 1 do artigo 32º da Constituição se consagra o direito ao recurso em processo penal, com uma das mais relevantes garantias de defesa do arguido. Mas também que a Constituição não impõe, directa ou indirectamente, o direito a um duplo recurso ou a um triplo grau de jurisdição em matéria penal, cabendo na discricionariedade do legislador definir os casos em que se justifica o acesso à mais alta*

Mas esta constatação não pode legitimar uma interpretação demasiado restritiva do nº 10 do artigo 32º da Constituição, para que se conclua que os interessados apenas gozam de um *"direito de defesa"* e de um *"direito de audiência"* durante a *"fase processual"* de impugnação de decisões sancionatórias proferidas pelo Conselho Regulador da ERC. Ao invés, o modo amplo como a Constituição consagrou um *"direito fundamental à tutela jurisdicional efetiva"*, em sede de processo administrativo (cfr. artigo 268º, nº 4), não pode deixar de garantir um leque bem extensível de prerrogativas processuais. Entre outros direitos decorrentes daquele preceito, podem destacar-se a possibilidade de instauração de: *i)* ação administrativa comum para reconhecimento de direitos, sem que tenha sequer sido proferida decisão sancionatória desfavorável [cfr. artigo 37º, nº 2, alíneas *a)* e *b)*, do CPTA]; *ii)* ação administrativa comum para condenação do Conselho Regulador (ou de funcionário com competência delegada) à não emissão de decisão administrativa lesiva do particular [cfr. artigo 37º, nº 2, alíneas *c)*, do CPTA]; *iii)* ação administrativa especial para impugnação de normas regulamentares que sejam fundamento de decisão sancionatória adotada ou a adotar (artigos 72º a 77º do CPTA); *iv)* procedimentos cautelares com vista a impedir os efeitos lesivos de uma decisão sancionatória adotada ou a adotar (artigos 112º a 134º do CPTA).

§ 7. Âmbito e limites dos poderes de investigação

Na medida em que o presente estudo apenas reflete sobre o papel da ERC enquanto titular de poderes sancionatórios não penais, não curarei aqui da qualificação desta entidade administrativa independente enquanto

---

jurisdição, desde que não consagre critérios arbitrários, desrazoáveis ou desproporcionados. E que não é arbitrário nem manifestamente infundado reservar a intervenção do Supremo Tribunal de Justiça, por via de recurso, aos casos mais graves, aferindo a gravidade relevante pela pena que, no caso, possa ser aplicada (Cfr., entre muitos, a propósito da anterior redacção da alínea f) do nº 1 do artigo 400º do CPP, na peculiar interpretação acima referida do que era a pena aplicável, acórdão nº 64/2006 (Plenário), publicado no Diário da República, II Série, de 19 de Maio de 2006). Essa limitação do recurso apresenta-se como "racionalmente justificada, pela mesma preocupação de não assoberbar o Supremo Tribunal de Justiça com a resolução de questões de menor gravidade (como sejam aquelas em que a pena aplicável, no caso concreto, não ultrapassa o referido limite), sendo certo que, por um lado, o direito de o arguido a ver reexaminado o seu caso se mostra já satisfeito com a pronúncia da Relação e, por outro, se obteve consenso nas duas instâncias quanto à condenação" (citado Acórdão nº 451/03)».

"*órgão de polícia criminal*"[113]. Ao invés, importa centrar-nos na averiguação dos poderes de investigação, de tipo administrativo, que a mesma exerce com vista à descoberta da verdade material e da tomada de decisões administrativas sancionatórias.

Que a ERC assume inegáveis *"poderes de investigação"*, relativamente à prática de ilícitos resultantes do incumprimento do bloco de normatividade aplicável às atividades de comunicação social, dúvidas não restam. Desde logo porque o próprio artigo 45º, nº 1, dos EstERC, equipara os funcionários e agentes daquela entidade administrativa independente a *"agentes de autoridade"*, sempre que atuem no exercício de poderes de fiscalização[114]. Nessa qualidade, aqueles podem aceder às instalações e equipamentos dos sujeitos à supervisão[115], bem como requisitar documentos e informações escritas [cfr. alíneas *a)* e *b)* do nº 1 do artigo 45º dos EstERC]. Mais evidente ainda é a referência ao poder de *"identificar todos os indivíduos que infrinjam a legislação e a regulamentação, cuja observância devem respeitar, para posterior abertura de procedimento"* [cfr. alínea *c)* do nº 1 do artigo 45º dos Estatutos]. Evidentemente, esta identificação corresponde à abertura oficiosa de um procedimento administrativo de tipo sancionatório[116], que deverá acautelar tanto o respeito pelos direitos subjetivos protegidos pela lei procedimental administrativa como, quando aplicável, pela lei

---

[113] A esse propósito, pronunciando-me em sentido afirmativo, ver MIGUEL PRATA ROQUE, *Os poderes sancionatórios da ERC*, cit., 396-398.
[114] Daqui decorre, desde logo e pelo menos, que aqueles funcionários e agentes são equiparados a funcionários públicos sobre eles recaindo dever de denúncia obrigatória da prática de crimes [artigo 242º, nº 1, al. *b)*, do CPP].
[115] Analisando o regime de buscas a cargo da Autoridade da Concorrência, MARIA JOSÉ COSTEIRA qualifica precisamente aquela entidade reguladora como "órgão de polícia criminal", em virtude de deter poderes para realizar buscas nas instalações dos regulados, neste caso, mediante prévia autorização da autoridade judiciária [cfr. nº 2 do artigo 17º da Lei nº 18/2003, de 11 de junho. Assim, ver MARIA JOSÉ COSTEIRA, *"As buscas e apreensões nos processos de natureza contra-ordenacional"*, in «Sub Judice», nº 40, 2007, Julho-Setembro, p. 27].
[116] Numa outra perspetiva, a atividade de supervisão administrativa, de tipo inspetivo, pode ainda resultar na deteção de indícios da prática de crimes (quer puníveis à luz da legislação setorial da comunicação social, quer puníveis a título geral, por exemplo, pelo Código Penal). Nesse caso, os próprios Estatutos da ERC preveem um dever de comunicação ao Ministério Público de quaisquer factos que consubstanciem a prática de ilícitos penais, que resultem do conhecimento obtido pelos seus funcionários ou agentes, no exercício dessas atividades inspetivas (cfr. artigo 67º, nº 3, dos EstERC).

processual penal, quando subsidiariamente aplicável aos procedimentos sancionatórios de tipo contraordenacional.

O mais impressivo dos poderes de investigação detidos pela ERC corresponde ao poder de proceder a averiguações e exames presenciais, nas instalações de entidades sujeitas à sua regulação e supervisão (cfr. artigo 53º, nº 1, dos EstERC). Aliás, tal poder, essencial ao exercício de competências administrativas de tipo sancionatório nem sequer constitui uma excentricidade deste regime de regulação administrativa, visto que quer a ANACOM – Autoridade Nacional de Comunicações (cfr. artigo 12º, nº 1 dos respetivos Estatutos, aprovados pelo Decreto-Lei nº 309/2001, de 07 de dezembro), quer a ASAE – Autoridade de Segurança Alimentar e Económica (cfr. artigo 2º, nº 2, alínea *i*), do Decreto-Lei nº 194/2012, de 23 de agosto], dispõem de idênticos poderes; ou seja, de poderes para inspecionar os locais onde se situem as sedes, instalações ou outros serviços das respetivas entidades reguladas. Ainda assim, desde que se iniciaram os trabalhos preparatórios da Lei nº 53/2005, têm sido suscitadas dúvidas – em especial, pelas entidades representativas dos regulados[117] – relativamente à constitucionalidade daquela solução, designadamente, por aquele poder de busca ser mais amplo do que o genericamente previsto na lei processual penal.

Com efeito, a lei processual penal apenas autoriza os órgãos de polícia criminal a procederem a buscas *"em local reservado ou não livremente acessível ao público"*, mediante a necessária autorização da autoridade judiciária competente, ou seja, pelo juiz de instrução competente [artigos 174º, nº 3, 177º e 269º, nº 1, alínea *a*), todos do CPP], quando estejam em causa buscas domiciliárias, ou pelo Ministério Público [artigos 174º, nº 3 e 270º, nº 2, alínea *d*), todos do CPP], quando estejam em causa buscas noutros

---

[117] A este propósito, ver os Pareceres da Confederação Portuguesa dos Meios de Comunicação Social, de 19 de julho de 2005 (disponível *in* http://www.cpmcs.pt/destaques_detail.php?zID=6&aID=6) e do Sindicato dos Jornalistas, de 21 de Junho de 2005 (disponível *in* www.jornalistas.online.pt/getfile.asp?tb=FICHEIROS&id=138). *Nota-se, contudo, que o modelo de regulação preconizado por estas associações sectoriais assenta, primordialmente, em mecanismos de coregulação (regulação consensualizada entre vários regulados) e de autorregulação (autocontrolo da atividade dos regulados), em detrimento de um modelo em que predomina a heteroregulação, como sucede no caso da Lei nº 53/2005. Ainda assim, é de notar que o artigo 9º dos Estatutos da ERC insta aquela entidade administrativa a promover mecanismos de coregulação e autorregulação. Sobre o conceito de autorregulação, ver* Vital Moreira, *Auto-Regulação Profissional e Administração Pública*, cit., em especial, 52 a 112.

locais não acessíveis ao público. Ainda assim, deve notar-se que o conceito processual penal de busca domiciliária apenas abrange os domicílios habitacionais, mas não já os domicílios profissionais e as sedes de pessoas coletivas[118], conforme, aliás, decorre da redação inequívoca do nº 1 do artigo 177º do CPP, que se reporta a *"busca em casa habitada ou numa sua dependência fechada"*. A alusão às buscas em escritório de advogado ou em consultório médico (cfr. artigo 177º, nº 5, do CPP) – ou seja, em locais onde determinados indivíduos sujeitos ao sigilo profissional exercem a sua atividade – confirma este entendimento[119], na medida em que demonstra uma vontade do legislador em apenas excecionar estes dois casos específicos, aproximando-os ao regime das buscas domiciliárias.

Na medida em que a ERC exerce poderes de inspeção sobre entidades comerciais que prosseguem atividades de comunicação social, poderia procurar traçar-se um paralelismo entre estas atividades e o exercício de advocacia e de medicina, em função de aquelas pessoas coletivas não só beneficiarem de um direito ao *"sigilo comercial"*, como de um direito ao *"sigilo profissional"*, no que diz respeito às matérias que envolvam o exercício de atividade de natureza jornalística [cfr. artigos 6º, alínea *c*), e 11º do Estatuto do Jornalista, aprovado pela Lei nº 1/99, de 13 de janeiro]. Sucede, porém, que não só a enumeração taxativa do nº 5 do artigo 177º do CPP exclui a possibilidade de interpretação analógica, como os Estatutos da ERC – por se integrarem numa lei de valor reforçado – prevalecem sobre aquele diploma codificador. Sucede que estes autorizam-na, sem margem para dúvidas, por intermédio dos seus funcionários ou agentes devidamente credenciados, a proceder a exames, averiguações e buscas nas instalações, equipamentos e sedes das entidades sujeitas à sua regulação e supervisão [artigos 45º, nº 1, alínea *a*) e 53º, nºs 1 e 2, dos Estatutos], independentemente de prévia autorização por autoridade judiciária.

---

[118] Pronunciando-se neste sentido, ver PAULO PINTO DE ALBUQUERQUE, *"Comentário do Código de Processo Penal – à luz da Constituição da República e da Convenção Europeia dos Direitos do Homem"*, 2007, UCP, p. 478. Adoptando esta concepção, ver ainda o Acórdão nº 192/2001, do Tribunal Constitucional, disponível *in* www.tribunalconstitucional.pt.

[119] Afastando a inconstitucionalidade de interpretação normativa que não inclua os domicílios profissionais no regime especial de buscas domiciliárias, com excepção dos escritórios de advogados e consultórios médicos, ver PAULO PINTO DE ALBUQUERQUE, *"Comentário do Código de Processo Penal"*, o.c., p. 479.

Estas operações de inspeção administrativa não podem ser confundidas com as *"buscas"* efetuadas pelo Ministério Público, enquanto titular da ação penal e com vista à obtenção de provas com vista à dedução de acusação pública pela prática de um crime. Pelo contrário, estas *"buscas administrativas"* visam apenas garantir o cumprimento do bloco de normatividade aplicável, através de diligências inspetivas, que constitui uma das principais tarefas da supervisão administrativa. Assim, de certo modo, estas diligências assemelham-se mais a *"buscas preventivas"* do que a verdadeiras *"buscas investigativas"*. Aliás, mesmo em sede processual penal, se admite uma distinção entre *"buscas investigativas"*[120] – que visam reparar a lesão ou punir o risco de lesão de bens juridicamente protegidos, mediante a obtenção de provas que permitam responsabilizar os agentes do crime[121] – das *"buscas preventivas"*[122] – realizadas pelos órgãos de polícia criminal, com vista ao desencorajamento da prática de crimes por parte de sujeitos cujo processo de formação da vontade criminosa ainda se encontra em curso[123].

---

[120] Por sua vez, estas tanto podem ser *"cautelares"*, quando haja risco de perda ou de deterioração de meios de prova detetados no local onde for encontrado um suspeito da prática de um crime (artigo 251º do CPP) ou *"ordinárias"*, quando fiquem sujeitas ao regime-regra de realização de buscas, isto é, quando sejam ordenadas por autoridade judiciária, no decurso do inquérito. A propósito das "buscas cautelares", ver ANA LUÍSA PINTO, *As buscas não domiciliárias no Direito Processual Penal Português*, in «Revista do Ministério Público», 109 (2007), 30-34; MANUEL GUEDES VALENTE, *Revistas e Buscas*, Almedina, 2003, 47.

[121] Em sentido idêntico, associando a noção estrita de *"busca"* a diligências tendentes à recolha de prova para efeitos de determinação da responsabilidade criminal, ver MANUEL GUEDES VALENTE, *Revistas e Buscas*, cit., 47; ANA LUÍSA PINTO, *Aspectos Problemáticos do Regime das Buscas Domiciliárias*, in «Revista Portuguesa de Ciência Criminal», 15 (2005), 421; TERESA PIZARRO BELEZA, *Apontamentos de Direito Processual Penal*, Volume 2, AAFDL, 1993, 149.

[122] Sobre o conceito de *"buscas preventivas"*, ver ANA LUÍSA PINTO, *As buscas não domiciliárias no Direito Processual Penal Português*, cit., 27-30; GUEDES VALENTE, *Revistas e buscas: Que viagem queremos fazer?*, in «I Congresso de Processo Penal», Almedina, 2005, 306-308; IDEM, *Dos órgãos de polícia criminal: natureza, intervenção, cooperação*, Almedina, 2004, 155.

[123] Como exemplo de tais "buscas preventivas", posso referir as ações especiais: *i)* de prevenção criminal previstas no artigo 109º da Lei das Armas (aprovada pela Lei nº 5/2006, de 23 de Fevereiro, que visam controlar e diminuir o uso e porte de arma proibida; *ii)* de inspeção de locais utilizados por menores condenados a internamento em centros educativos previstas no artigo 84º do Decreto-Lei nº 323-D/2000, de 20 de Dezembro; *iii)* de meios de transporte ou em qualquer estabelecimento comercial com vista a prevenir infrações fiscais aduaneiras, nos termos do artigo 49º do Decreto-Lei nº 376-A/89, de 25 de Outubro. Sobre

Esta ideia de prevenção de perigo, presente nas *"buscas preventivas"* aproxima as medidas a adotar do domínio do Direito Administrativo[124], tendo em conta que o Direito Penal corresponde a um ramo do Direito primordialmente preocupado com o facto criminoso, ao invés das meras intenções ou projetos criminosos (não exteriorizados). Mesmo quando sejam praticadas por entidades que, quando no exercício de funções durante a fase do inquérito, são qualificáveis como *"órgãos de polícia criminal"*, aquelas buscas encontram-se diretamente sujeitas às garantias típicas do Direito Administrativo (designadamente, às previstas na lei de procedimento administrativo)[125]. No fundo, a sua finalidade reside na prevenção de atos criminosos, que – a ser realizados – dariam lugar à intervenção do aparelho de investigação criminal do Estado. Contudo, na medida em que os mecanismos de responsabilização penal visam reprimir a lesão (ou a criação de um risco de lesão) de bens jurídicos tutelados por determinada ordem jurídica, bem se compreende que as *"buscas preventivas"* não partilhem de todas as caraterísticas típicas das *"buscas investigativas"*, pois se afiguram menos lesivas da esfera jurídica dos particulares.

Não pretendo sequer negar que, não raras vezes, são as próprias leis especiais que remetem o procedimento dessas *"buscas administrativas"* (ou *"preventivas"*), a título supletivo, para o regime previsto na lei processual penal[126]. Contudo, sempre que não exista previsão expressa na lei

---

estas ações especiais preventivas, ver MANUEL GUEDES VALENTE, *Revistas e Buscas*, Almedina, 2003, 70-79.
[124] Qualificando a prevenção do perigo como a essência da atividade administrativa, ver SÉRVULO CORREIA, *O Direito de Manifestação – Âmbito de Protecção e Restrições*, Almedina, 2006, 98.
[125] Com efeito, ao definir o conceito jusadministrativo de *"polícia"*, MARCELLO CAETANO qualifica-o precisamente com *"o modo de actuar da autoridade administrativa que consiste em intervir no exercício das actividades individuais susceptíveis de fazer perigar interesses gerais, tendo por objecto evitar que se produzam, ampliem ou generalizem os danos sociais que as leis procuram prevenir"*. Assim, ver MARCELLO CAETANO, *Manual de Direito Administrativo"*, Vol. II, cit., 1150. Assim, há que distinguir a atividade policial enquanto *"órgão de polícia criminal"*, ou seja no decurso de um inquérito em curso, da atividade policial enquanto *"polícia administrativa"*, que visa essencialmente a prevenção da violação da legalidade democrática.
No mesmo sentido, ver PEDRO MACHETE, *in* JORGE MIRANDA/RUI MEDEIROS, *Constituição Portuguesa Anotada*, Tomo III, Coimbra Editora, 2007, 655-657 e, em especial, 658-660; MANUEL GUEDES VALENTE, *Dos Órgãos de Polícia Criminal*, cit., 15-21.
[126] É o que ocorre, por exemplo, no caso das ações especiais de prevenção de infrações fiscais aduaneiras, mas apenas quando esteja em causa a prática de um crime (cfr. n.º 2 do artigo 49º do Decreto-Lei n.º 376-A/89, de 25 de outubro). *"A contrario"*, retira-se deste preceito legal

processual penal[127], forçoso se torna concluir que tais *"buscas administrativas"* (ou *"preventivas"*) ficam sujeitas às regras próprias do Direito Administrativo[128].

No caso dos poderes de inspeção detidos pela ERC [artigos 45º, nº 1, alínea *a*), e 53º, nºs 1 e 2, dos EstERC], torna-se evidente que a função predominante dos mesmos é, precisamente, garantir o pleno e adequado exercício dos poderes de supervisão e, mais tarde – em caso de deteção de incumprimento do bloco de normatividade –, dos poderes de sanção de que dispõe o respetivo Conselho Regulador. Eles são, por conseguinte, um instrumento indispensável ao cumprimento das próprias atribuições daquela entidade administrativa independente. Qualquer busca, fundada naqueles artigos, que vise exclusivamente a deteção e perseguição de ilícitos criminais, extravasa o âmbito de atribuições da ERC e, como tal, não se reconduz ao conceito técnico de *"busca administrativa"*. Deve, portanto, ficar sujeita ao regime geral previsto na lei processual penal. Isto não significa, claro está, que a ERC fique impedida de tomar conhecimento fortuito de factos que consubstanciem a prática de crimes. Pelo contrário. Nesses casos – raros, estima-se –, recai sobre si um dever institucional de comunicação dos factos à autoridade judiciária competente (cfr. artigo 67º, nº 3, dos EstERC). Decisivo é que as buscas tenham tido como fim a prossecução das atribuições daquela entidade administrativa independente.

Em suma, as buscas previstas naqueles preceitos legais são qualificáveis, na sua essência, como *"buscas administrativas"*[129]. Tendo o legislador

---

que, sempre que a ação especial não detete a prática de ilícito penal, devem aplicar-se as regras do procedimento administrativo e não a lei processual penal.

[127] Em sentido algo divergente face ao adotado neste estudo, Maria José Costeira preconiza a prevalência aplicativa do regime geral de contraordenações e da lei processual penal, em detrimento da lei processual administrativa. Assim, ver Maria José Costeira, *As buscas e apreensões nos processos de natureza contra-ordenacional*, o.c., p. 27.

[128] Confirmando este entendimento, o artigo 110º, nº 3 da Lei das Armas (aprovada pela Lei nº 5/2006) nem sequer fixa como obrigatório o acompanhamento das operações de polícia por magistrado judicial, remetendo tal decisão para a discricionariedade do comando operacional. Ao agir enquanto polícia administrativa, as forças de segurança devem escrupuloso cumprimento da lei procedimental administrativa. Apenas no caso de buscas domiciliárias, é exigido o acompanhamento do juiz de instrução territorialmente competente (cfr. artigo 111º, nº 1 da Lei das Armas).

[129] Salvo o devido respeito, discorda-se do entendimento de Maria José Costeira, que aparenta confundir buscas com vista ao apuramento da responsabilidade contraordenacional e

constituinte atribuído um extenso leque de poderes àquela entidade administrativa independente, sempre com vista à defesa dos direitos e liberdades fundamentais e à promoção do pluralismo político, exótico seria que a lei ordinária não a tivesse dotado dos meios coercivos necessários a determinar o grau de respeito pela Constituição e pela lei, por parte das entidades reguladas[130]. Assim, estas *"buscas administrativas"* não ficam sujeitas ao regime-regra previsto na lei processual penal, ainda que, – reforce-se – a título meramente fortuito, as atividades inspetivas desenvolvidas possam detetar factos que consubstanciem a prática de ilícitos penais. Como tal, não se afigura como exigível que o procedimento a adotar naquelas *"buscas administrativas"* devesse permanecer sujeito ao regime mais garantístico previsto na lei processual penal geral, designadamente, à necessidade de autorização jurisdicional.

Posto isto, reitero o que já tive oportunidade de concluir noutro estudo[131], ou seja que essas normas atribuidoras de competência para realização de *"buscas administrativas"* não se apresentam sequer contrárias à proibição constitucional de entrada no *"domicílio dos cidadãos contra a sua vontade"* sem a competente autorização jurisdicional (cfr. artigo 34º, nº 2, da CRP)[132]. Desde logo porque a própria letra da Lei Fundamental é inequívoca ao referir-se, como titulares daquele direito fundamental, aos *"cidadãos"*, assim excluindo da sua esfera de proteção as *"pessoas coletivas privadas"*. E essa opção nem constitui razão de espanto, na medida em que o fundamento dessa proibição constitucional radica, precisamente, num propósito de defesa do direito à reserva da intimidade privada dos

---

criminal com buscas puramente administrativas, tendentes à repressão da violação de leis sectoriais da comunicação social, ainda que não deem origem a responsabilidade sequer contraordenacional. Assim, ver Maria José Costeira, *As buscas e apreensões nos processos de natureza contra-ordenacional*, cit., 27.

[130] Destacando os *"atos preventivos de polícia"* como atos típicos de polícia administrativa, ver Marcello Caetano, *Manual de Direito Administrativo*, Vol. II, cit., 1166. Notando que a intervenção da polícia administrativa, nestes casos, visa evitar que os danos sociais que as leis visam evitar se produzam, ampliem ou generalizem, ver Maria da Glória Garcia, *Breve Reflexão sobre a Execução Coactiva dos Actos Administrativos*, in «Comemoração do XX Aniversário», Centro de Estudos Fiscais (Separata), 1983, 15.

[131] Miguel Prata Roque, *Os poderes sancionatórios da ERC*, cit., 404-407.

[132] Para uma análise sistemática deste direito fundamental, ver Ana Luísa Pinto, *Aspectos Problemáticos do Regime das Buscas Domiciliárias*, cit., 428-434; Martins da Fonseca, *Conceito de domicílio face ao art. 34º da Constituição*, in «Revista do Ministério Público», 45 (1991), 45-64.

indivíduos[133]. Por outro lado, mesmo a proibição genérica de entrada durante a noite no domicílio apenas se afigura razoável quando aplicada ao domicílio de indivíduos. Caso contrário, mal se compreenderia que pessoas coletivas (e, em especial, sociedades comerciais) que prosseguem o seu objeto social durante a noite (ex: discotecas, bares, fábricas de pão, cinemas, etc.) fossem beneficiários daquela extensa proteção constitucional[134].

É, pois, incontroverso que os titulares do direito à inviolabilidade do domicílio são apenas os indivíduos, desde que habitem determinada residência, independentemente da concreta relação jurídica que titula o direito subjetivo a nela permanecer[135].

Como é evidente, não pode extrair-se daqui uma total desproteção da sede das pessoas coletivas – *"noção civilística de domicílio"*. A tal ponto que a própria Lei Fundamental assegura que as pessoas coletivas beneficiem dos direitos fundamentais garantidos aos indivíduos, desde que estes sejam *"compatíveis com a sua natureza"* (cfr. 12º, nº 2, da CRP). Ora, sem prejuízo das sedes de pessoas coletivas poderem acoitar bens ou documentos que pertençam ao núcleo mais essencial da intimidade privada dos indivíduos que nela exercem a sua atividade profissional ou comercial, certo é que dificilmente se sufragará o entendimento de que aquelas pessoas coletivas, enquanto tais, gozam de um direito fundamental à reserva da intimidade privada[136]. Visando precisamente uma separação jurídica entre o património pessoal do comerciante e o património social

---

[133] PAULO PINTO DE ALBUQUERQUE, *Comentário do Código de Processo Penal*, cit., 479; GOMES CANOTILHO/VITAL MOREIRA, *Constituição da República Portuguesa Anotada*, cit., 541; MARIA JOSÉ COSTEIRA, *As buscas e apreensões nos processos de natureza contra-ordenacional*, cit., 28.

[134] No mesmo sentido, alguma doutrina demonstra que a lei processual penal geral não proíbe a realização de buscas não domiciliárias durante a noite. Assim, ver MANUEL GUEDES VALENTE, *Revistas e Buscas*, Almedina, 2003, 47, n.r. 56.

[135] Assim, ver GOMES CANOTILHO/VITAL MOREIRA, *Constituição da República Portuguesa Anotada*, cit., 541; MANUEL GUEDES VALENTE, *Revistas e Buscas*, Almedina, 2003, 64; MARIA JOSÉ COSTEIRA, *As buscas e apreensões nos processos de natureza contra-ordenacional*, cit., 29.

[136] Recentemente, e ainda que de modo excessivamente sintético, o Tribunal Constitucional – a propósito do regime do sigilo bancário –, afirmou que as pessoas coletivas (em especial, as sociedades comerciais) não beneficiam, com idêntica intensidade, do direito de reserva à intimidade privada, o que atenuaria os riscos de inconstitucionalidade de um regime de levantamento de sigilo bancário de contas abertas em nome de pessoas coletivas. Assim, ver § 16.2. do Acórdão nº 442/2007 (Sousa Ribeiro). De modo bem mais veemente, recusando que as pessoas coletivas possam fazer-se valer desse mesmo direito à reserva da intimidade

da pessoa jurídica que prossegue atividades comerciais, a criação da personalidade jurídica coletiva envolve uma intensa sujeição a deveres legais de publicidade do seu objeto e da sua ctividade, não se vislumbrando em que medida é que uma pessoa coletiva pudesse beneficiar de um direito ao desenvolvimento de uma vida privada, isenta de escrutínio pela comunidade jurídica e pelas pessoas coletivas públicas encarregues de poderes de supervisão administrativa.

Dando-se, assim, por adquirido que este regime de *"buscas administrativas"* não padece de inconstitucionalidade, com fundamento em violação do direito à inviolabilidade do domicílio, não pode, contudo, negar-se que aquelas são passíveis de colocar em crise outros direitos fundamentais detidos pelas pessoas coletivas privadas que prosseguem atividades de comunicação social, tais como o direito à livre iniciativa privada (artigo 61º, da CRP), o direito de propriedade (artigo 62º, da CRP) ou a própria liberdade de associação (artigo 46º, da CRP), no caso de regulados que não se tenham constituído sob a forma de sociedade comercial. Ainda assim, tal restrição – ou seja, o poder de realização de *"buscas administrativas"* sem prévia autorização judicial – só seria inadmissível se pudesse ser qualificada como desproporcionada. Ora, creio que tal poder de inspeção afigura-se, simultaneamente: *i) "adequado"* – porque logram sempre proteger outros bens jurídicos constitucionalmente protegidos; *ii) "necessário"* – porque, sem a possibilidade de investigar, a ERC ficaria impedida de prosseguir, de modo eficaz, as suas atribuições, não havendo outra medida alternativa que garantisse a descoberta de eventuais violações de deveres jurídicos; *iii) "proporcional em sentido estrito"* – já que não excedem, de modo inaceitável ou excessivamente oneroso, os meios indispensáveis à tutela daqueles bens jurídicos.

Sintomática da proporcionalidade daquela medida normativa é a garantia expressa de que tais *"buscas administrativas"* devem respeitar quer o *"sigilo profissional"* (dos jornalistas) que exerçam funções junto das entidades reguladas, quer do próprio *"sigilo comercial"* destas últimas (cfr. artigo 53º, nº 3, dos EstERC). Menorizando, ao mínimo, a lesividade da medida restritiva, a mesma lei sujeita ainda os dirigentes, funcionários e agentes da ERC a um dever de sigilo sobre factos conhecidos no exercício

privada, ver a declaração de voto do Conselheiro Vítor Gomes, anexa ao *supra* referido Acórdão.

das suas funções cuja violação, no limite, conduzirá à responsabilização penal pela prática do crime de violação de sigilo (cfr. artigo 54º dos EstERC).

§ 8. A cumulação de poderes instrutórios e de poderes de decisão sancionatória

Outra das questões dilemáticas sobre o exercício de poderes sancionatórios pela ERC decorre da falta de separação entre *"competência instrutória"* e de *"competência decisória"*, por parte dos respetivos Estatutos, que ou se limitam a fixar uma competência genérica para exercício de poder sancionatório [*vide*, por exemplo, os artigos 24º, nº 3, alíneas *f*), *x*) e *ac*), e 72º dos EstERC] ou expressamente legitimam uma cumulação entre ambas [cfr. artigo 24º, nº 3, alínea *ac*), dos EstERC][137]. Tal opção legislativa não se apresenta sequer como surpreendente, já que corresponde à solução usualmente adotada nos demais regimes jurídicos especiais de Direito Sancionatório Público (não penal). Essa cumulação corresponde, aliás, a um inegável e relevante indício da autonomia juscientífica desse ramo do Direito. Com efeito, ao contrário do que sucede no âmbito do Direito Penal (cfr. artigo 32º, nº 5, da CRP), não pode dizer-se que vigore, de modo direto, um *"princípio do acusatório"*, nos termos do qual quem investiga o cometimento do *"ilícito administrativo"* não pode, de igual modo, decidir acerca da sua comissão e da sua eventual punição[138].

Sem prejuízo de alguns regimes excecionais aplicáveis a outras matérias[139], certo é que, quanto às sanções administrativas (e contraordena-

---

[137] Noto que, através da referida disposição, tanto se confere ao Conselho de Regulador o poder de *"processamento"* de contraordenações, como o poder de *"aplicar"* as referidas coimas e sanções acessórias.

[138] PAULO SOUSA MENDES, *O procedimento sancionatório especial por infracções às regras de concorrência*, cit., 223; PINTO DE ALBUQUERQUE, *Comentário do Regime Geral das Contra-Ordenações*, cit., 119 e 140; ALEXANDRA VILELA, *O Direito de Mera Ordenação Social*, cit., 419-420.

[139] Um dos exemplos mais impressivos nem sequer diz respeito ao *"ilícito contraordenacional"*, mas antes a um típico *"ilícito financeiro"* – já anteriormente (cfr. § 3) integrado como uma das subtipologias do *"Direito Sancionatório Público"* – e traduz-se no *"poder sancionatório financeiro"* de que dispõe o Tribunal Constitucional, enquanto competência de primeira instância, relativamente a delitos financeiros praticados pelos partidos políticos e pelos respetivos mandatários financeiros. Com efeito, enquanto os artigos 23º, nº 1, 24º, nº 2, e 33º, nº 1, da Lei do Financiamento dos Partidos Políticos e das Campanhas Eleitorais (aprovada pela Lei nº 19/2003, de 20 de junho, e de acordo com a redação conferida pela Lei nº 1/2013, de 03

cionais) a aplicar pela ERC, cabe ao mesmo e exato órgão – o Conselho Regulador – investigar e decidir sobre a sanção a aplicar. E nem sequer a

de janeiro), conferem ao Tribunal Constitucional a *"competência de decisão"*, o artigo 24º, nº 2, do mesmo diploma legal confere *"competência instrutória"* à Entidade das Contas e Financiamentos Políticos.
O segundo exemplo emblemático já diz respeito ao *"Direito Sancionatório Contraordenacional"*. Por força do artigo 38º do Código da Publicidade (aprovado pelo Decreto-Lei nº 330/90, de 23 de outubro, de acordo com a redação que lhe foi conferida pela Lei nº 8/2011, de 11 de abril), a *"competência instrutória"*, relativamente a contraordenações relativas à publicidade cabe ao Instituto do Consumidor, ressalvadas as contraordenações em matéria de publicidade de cuidados médicos ou de medicamentos ou as cometidas por intermédio de meios de comunicação televisivos, que cabem respetivamente, à Direcção-Geral dos Cuidados de Saúde Primários, à Direcção-Geral dos Assuntos Farmacêuticos e aos respetivos serviços competentes nas Regiões Autónomas dos Açores e da Madeira, e, quanto às contraordenações televisivas, à ERC – Entidade Reguladora para a Comunicação Social. Já a *"competência decisória"* fica atribuída à Comissão de Aplicação de Coimas em Matéria Económica e de Publicidade, tal como estabelecida no artigo 39º do Código da Publicidade. A mesma solução dualista – de repartição entre *"competência instrutória"* do Instituto do Consumidor e *"competência decisória"*, pertencente àquela Comissão de Aplicação de Coimas – é reproduzida pela Lei da Publicidade Rodoviária (*vide* os artigos 9º, nº 1, e 10º, nº 1, da Lei nº 6/99, de 27 de janeiro).
Pode ainda referir-se o regime das contraordenações relativas à promoção e comercialização de bens integrados e distribuídos por jornais ou outras publicações periódicas, aprovado pelo Decreto-Lei nº 331/2007, de 09 de outubro. Na verdade, o artigo 4º, nº 1, daquele diploma legal, incumbe a Autoridade da Segurança Alimentar e Económica (ASAE) e a Direção-Geral do consumidor (DGC) da *"competência instrutória"* , relativamente a contraordenações por violação de deveres jurídicos de indicação do preço das unidades ou fascículos integrados e distribuídos, no caso da primeira, e de contraordenações em matéria de publicidade, no caso da segunda. A *"competência decisória"* não cabe, porém, às mesmas entidades administrativas, antes encontrando-se atribuída à Comissão de Aplicação de Coimas em Matéria Económica e de Publicidade, por força do artigo 6º, nº 1 do Decreto-Lei nº 331/2007.
Outro desses exemplos corresponde aos nºs 2 e 3 do artigo 28º da Lei sobre a Exposição Voluntária ao Fumo do Tabaco, aprovada pela Lei nº 37/2007, de 14 de agosto, opera uma cisão entre a *"competência instrutória"* da Autoridade de Segurança Alimentar e Económica (ASAE) ou da Direção-Geral do Consumidor – consoante o *"delito contraordenacional"* seja praticado em estabelecimento comercial sob supervisão da ASAE (ou não) –, e a *"competência decisória"* que cabe à Comissão de Aplicação de Coimas em Matéria de Publicidade.
Por fim, veja-se ainda o caso das contraordenações em matéria de jogo ilegal, cuja *"competência instrutória"* cabe às autoridades policiais autuantes, figurando o Serviço de Inspeção de Jogos do Turismo de Portugal, I.P. como serviço técnico consultivo e pericial, e cuja *"competência decisória"* é exercida pelo membro do Governo responsável pela área da administração interna, ainda que possa delegá-la (cfr. artigo 164º, nºs 1 e 2, da Lei do Jogo).

circunstância de algumas normas constantes de leis especiais, em matéria contraordenacional, distribuírem essas competências entre o Conselho Regulador (*"competência de instrução"*), deliberando em plenário, e o respetivo Presidente (*"competência de decisão"*) logram afastar essa conclusão. É que, independentemente de normas de leis especiais poderem cometer-lhe o poder de decisão sancionatória[140], que envolve a aplicação de uma coima ou sanção acessória, certo é que a norma de competência extraída da alínea *ac)* do n.º 3 do artigo 24.º dos EstERC prevalece sobre tais normas, na medida em que corresponde a uma norma reforçada, por constar de lei aprovada por maioria de 2/3 [cfr. artigos 112.º, n.º 3, e 168.º, n.º 6, alínea *a)*, da CRP]. Para além disso, o Presidente do Conselho Regulador não pode ser considerado como um *"órgão autónomo"*, portador de competências primárias autónomas do órgão colegial a que preside. Com efeito, da configuração dos poderes que lhe são cometidos pelo n.º 1 do artigo 26.º dos EstERC resulta que o Presidente apenas dispõe de competências funcionais secundárias, que apenas visam a coordenação ordinária do órgão colegial e a representação externa da pessoa coletiva pública em causa, figurando o mesmo como um mero *"primus inter pares"*. Esse entendimento sai, aliás, reforçado pelo n.º 3 do artigo 26.º dos EstERC, que exige que a eficácia de quaisquer decisões proferidas pelo Presidente, sobre matérias da competência do Conselho Regulador, fique dependente de posterior ratificação. Assim sendo, só serão válidas as decisões sancionatórias proferidas pelo Presidente (ainda que ao abrigo de normas constantes de lei especial) quando praticadas em situações

---

[140] A mero título de exemplo, o artigo 93.º, n.º 2, da Lei da Televisão distribui a *"competência de decisão"* pelo Presidente do Conselho Regulador (a lei refere-se à *"aplicação das coimas correspondentes"*) e a *"competência de instrução"* à própria ERC (*"sic"*). Abstraindo-nos dessa imprecisão legística – que pressupõe a fixação de uma *"competência"* a uma pessoa coletiva pública, *"in totum"*, e não a um dos seus específicos órgãos –, certo é que aquela lei especial poderia aparentar pretender uma cisão entre *"competência de instrução"* e *"competência de decisão"*. Quer-me parecer, porém, que essa solução radicou apenas num intuito de *"simplificação procedimental"*, de modo a permitir que tais decisões sancionatórias contraordenacionais pudessem ser proferidas apenas pelo Presidente do órgão colegial disso encarregue, assim dispensando o órgão administrativo competente – o Conselho Regulador – dessa incumbência. Conforme demonstro no texto *supra*, a natureza de lei reforçada dos Estatutos daquele entidade administrativa independente impede, porém, que o Presidente possa proferir tais decisões, salvo se as mesmas forem posteriormente ratificadas pelo Conselho Regulador, nos termos do artigo 26.º, n.º 3, dos EstERC.

de urgência e sujeitas a posterior ratificação (cfr. artigo 26º, nº 3, dos EstERC) ou quando decorram do exercício de uma competência sancionatória validamente delegada pelo Conselho Regulador (cfr. artigo 27º, nº 1, dos EstERC).

Assim entendida a repartição de competências sancionatórias entre aquele órgão colegial e o respetivo Presidente, não há como negar essa cumulação de *"competência instrutória"* e *"competência decisória"*[141], na figura do Conselho Regulador. Isto não significa, porém, que a referida cumulação permita um desrespeito dos direitos e garantias do interessado e, em especial, do *"princípio da imparcialidade"*. Com efeito, qualquer órgão administrativo – encarregue do exercício de poder sancionatório público – permanece sempre vinculado ao respeito dos princípios gerais de Direito Constitucional Administrativo, entre os quais, o referido *"princípio da imparcialidade"* (cfr. artigo 266º, nº 2, da CRP). Esse tem sido, aliás, o entendimento do Tribunal Constitucional, que não tem reputado de inconstitucionais normas jurídicas que permitem essa cumulação de competências instrutórias e decisórias, ainda que de tipo sancionatório[142].

Desde logo, na linha daquela jurisprudência constitucional, importa frisar que o Direito Sancionatório Público (não penal) implica, invariavelmente, uma cisão entre a *"fase administrativa"*, de tramitação procedimental com vista à tomada de decisão sancionatória (ou absolutória) e a *"fase jurisdicional"*, em que um tribunal afere dos fundamentos de impugnação daquela decisão[143]. Daqui resulta não serem convocáveis nem o nº 4 do artigo 20º, nem tão pouco o nº 5 do artigo 32º da CRP, quando esteja em causa a aferição da legalidade de atuações sancionatórias do Conselho Regulador, uma vez que aqueles comandos constitucionais apenas

---

[141] Registando esta realidade, ver ALEXANDRA VILELA, *O Direito de Mera Ordenação Social*, cit., 378. Por sua vez, preconizando, *"de iure condendo"*, uma progressiva separação entre a *"competência instrutória"* e a *"competência decisória"*, ver SOARES RIBEIRO, *Contraordenações laborais*, cit., 136-137; JOSÉ ANTÓNIO VELOSO, *Aspectos inovadores do projecto de regulamento da autoridade de concorrência*, in «ROA», 63 (2003), 274; PAULO MARQUES, *Infracções Tributárias*, Ministério das Finanças, Lisboa, 2007, 64; PAULO SOUSA MENDES, *O procedimento sancionatório especial por infracções às regras de concorrência*, cit., 223; RAUL SOARES DA VEIGA, *Legalidade e oportunidade no Direito Sancionatório das entidades reguladoras*, cit., 148; LUÍS GUILHERME CATARINO, *Regulação e Supervisão dos Mercados de Instrumentos Financeiros*, cit., 716, 723 e 750.

[142] Assim, ver Acórdãos nº 278/2011 (Ana Guerra Martins), nº 595/2012 (Vítor Gomes), e nº 49/2013 (Catarina Sarmento e Castro), todos do Tribunal Constitucional.

[143] ALEXANDRA VILELA, *O Direito de Mera Ordenação Social*, cit., 378-390.

se aplicam à tramitação processual perante os órgãos jurisdicionais. Nem sequer por via de um raciocínio analógico se poderia aplicar aqueles preceitos, visto que subsistem outras normas constitucionais especiais que regem a atuação do Conselho Regulador durante a *"fase administrativa"*. É, aliás, por isso que a jurisprudência constitucional tem entendido[144] – e bem – não serem de aplicar diretamente comandos constitucionais consagradores de direitos e garantias de natureza penal – *v.g.*, o princípio da legalidade penal –; isto é, porque a proteção dos particulares sujeitos ao exercício de outros poderes sancionatórios públicos se alcança, de modo satisfatório, através da aplicação de outras normas jurídico-administrativas, especiais ou gerais[145].

Especificamente sobre a cumulação de competências instrutórias e decisórias, poderia discutir-se se a aplicação subsidiária das garantias de defesa em processo penal – resultante do nº 10 do artigo 32º da CRP – apenas abrange a *"fase jurisdicional"*, de impugnação de sanção pública não penal ou se, pelo contrário, se estenderia à respetiva *"fase administrativa"*, de procedimentalização tendente à decisão sancionatória. Estou em crer que tal preceito deve ser interpretado restritivamente, de modo a circunscrever-se às garantias de audiência e de defesa perante o competente órgão jurisdicional. Tal resulta, aliás, do emprego da expressão *"processos sancionatórios"*, ao invés de *"procedimentos sancionatórios"*.

O principal desses mecanismos radica no vício de *"desvio de poder"*[146], que opera como consequência da violação concreta do *"princípio da imparcialidade"*. Ora, o *"desvio de poder"* tanto corresponde a um exercício abusivo de poderes discricionários com vista à prossecução de *"interesses privados"*, como pode igualmente traduzir-se numa prossecução de *"interesse públicos"* divergentes daqueles que presidiram e fundamentaram a tomada de decisão legislativa que autorizou o recurso à discricionariedade[147]. Ora, qualquer decisão administrativa sancionatória do Conselho

---

[144] Sobre este problema, com indicação da correspondente jurisprudência, ver o § 9 do presente estudo.

[145] Em defesa deste entendimento, ver ALEJANDRO NIETO, *Derecho Administrativo Sancionador*, cit., 27 e 201-217.

[146] Identificando o *"desvio de poder"* como um dos possíveis vícios das decisões administrativas sancionatórias, ver MICHEL ROUGEVIN-BAVILLE, *La sanction en matière administrative dans le droit français*, cit., 291-292.

[147] Com efeito, o *"desvio de poder"* corresponde a uma desconsideração da finalidade que presidiu à concessão, pelo legislador, de um poder predominantemente discricionário. Ora, essa

Regulador que se funde num mero intuito de prosseguir finalidades predominantemente endoburocráticas – por exemplo, a mera arrecadação de receita, por via da aplicação de coimas ou de outras sanções pecuniária –, padece do vício de *"desvio de poder"*. Torna-se, portanto, indispensável que o julgador das ações de impugnação de sanções públicas não penais domine, com destreza, a metodologia específica do Direito Administrativo, pois só assim pode aferir, em plenitude, da legalidade da decisão sancionatória.

§ 9. Amplitude e medida da sanção

À semelhança do que sucede noutros ramos do Direito Sancionatório Público – por exemplo, em matéria de regulação administrativa dos setores da banca, dos seguros ou dos mercados de capitais –, os montantes das coimas e o valor económico correspondente à aplicação de outras sanções administrativas não contraordenacionais correm o risco de figurarem como medidas constitucionalmente vedadas, por desproporcionadas[148]. Não raras vezes, o próprio *"quantum"* das coimas e de outras sanções pecuniárias aplicadas pelo Conselho Regulador da ERC podem mesmo exceder, em muito, aquele que corresponderia à substituição de uma *"pena privativa da liberdade"* por *"pena de multa"*[149]. O grau de lesividade

---

finalidade pode desdobrar-se entre um *"interesse público geral"*, de índole estadual, e em vários *"interesses públicos especiais"*, que tanto podem ser de âmbito regional, local ou institucional (ex: institutos públicos, empresas públicas, universidades), quando sejam prosseguidos por pessoas coletivas públicas distintas do Estado. Portanto, tanto pode ocorrer um *"desvio de poder"* com vista à prossecução de *"interesses privados"* – o que, admite-se, corresponderá a situação mais frequente –, como pode verificar-se um exercício de poder discricionário que prossiga um *"interesse público"* distinto daquele que a lei pretendeu prosseguir. Assim, ver MARCELO REBELO DE SOUSA, *Lições de Direito Administrativo*, Volume I, Lex, Lisboa, 1999, 114; MARCELO REBELO DE SOUSA/ANDRÉ SALGADO DE MATOS, *Direito Administrativo Geral – Actividade Administrativa*, Tomo II, Dom Quixote, Lisboa, 2007, 157; FREITAS DO AMARAL, *Curso de Direito Administrativo*, Volume II, 2ª edição, Almedina, Coimbra, 2011, 433.

[148] Basta pensar-se na moldura da sanção contraordenacional aplicável às pessoas coletivas privadas, que oscila entre 50.000 € e 250.000 €, no caso dos Estatutos (cfr. artigos 68º, 69º e 71º dos EstERC), ou entre 75.000 € e 375.000 €, no caso específico das contraordenações muito graves praticadas no domínio de atividades televisivas (cfr. artigo 77º, nº 1, dos EstERC).

[149] Destacando o valor exorbitante das coimas máximas previstas para ilícitos (não penais) financeiros, ambientais ou relativos ao ordenamento do território, ver PAULO OTERO/FERNANDA PALMA, *Revisão do Regime Legal do Ilícito de Mera Ordenação Social*, cit., 562; FERREIRA ANTUNES, *Reflexões sobre o Direito Contra-Ordenacional*, cit., 26-27; JOSÉ ANTÓNIO VELOSO,

(sobre o património) dos particulares afigura-se de tal modo intenso que aquelas *"sanções públicas não penais"* acabam por suplantar as próprias *"sanções penais"*. Tal não pode deixar de convocar uma especial exigência de acautelamento das *"garantias dos particulares"* face àquela atuação pública[150].

O Tribunal Constitucional não tem permanecido indiferente a este fenómeno. Pelo contrário, tem sido recorrentemente confrontado com o problema do eventual excesso na previsão (e aplicação) de *"sanções públicas não penais"*, seja por violação do *"princípio da proporcionalidade"* (cfr. artigos 2º e 18º, nº 2, da CRP), seja mesmo por violação da *"reserva de lei parlamentar"* [cfr. artigo 165º, nº 1, alíneas b) e d), da CRP]. Desde logo, começando por esta dimensão competencial ou orgânica, importa notar que a própria fixação de um regime geral contraordenacional contribui para a limitação da amplitude e da medida concreta das sanções potencialmente aplicáveis. Com efeito, conforme recentemente notado[151], o limite máximo das coimas aplicáveis fixado pelo artigo 17º, nº 2, do Decreto-Lei nº 433/82, de 27 de outubro, não pode deixar de amarrar o legislador governamental. Se é certo que aquele permanece livre para criar novos *"tipos de ilícito contraordenacional"* – pois a Lei Fundamental apenas reserva para o legislador parlamentar a matéria relativa ao seu *"regime geral"* e *"respetivo processo"* [cfr. artigo 165º, nº 1, alínea d), da CRP] –, não menos certo é que só pode fazê-lo desde que se cinja aos pressupostos fixados pelo regime geral contraordenacional. Por conseguinte, qualquer decisão legislativa, tomada por decreto-lei não autorizado, que fixe coimas superiores a 44.891,92 € redunda numa inconstitucionalidade orgânica[152].

Questões hermenêuticas e de sucessão de leis nas sanções do regime geral das instituições de crédito, cit., 44-45; MICHEL DEGOFFE, *L'ambiguité de la sanction administrative*, cit., 31; CARLOS ADÉRITO TEIXEIRA, *Direito de mera ordenação social*, cit., 73-74; PEDRO GONÇALVES, *Direito Administrativo da Regulação*, in «Estudos em Homenagem ao Professor Marcello Caetano», 2006, FDUL, Lisboa, 565; AUGUSTO SILVA DIAS, «Delicta in se» e «Delicta mere prohibita», cit., 513-514, n.r. 1171.

[150] PAULA COSTA E SILVA, *As autoridades administrativas independentes. Alguns aspectos da regulação económica numa perspectiva jurídica*, in «O Direito», 138 (2006), III, 557-558.

[151] Cfr. Acórdão nº 374/2013 (Maria de Fátima Mata-Mouros), do Tribunal Constitucional.

[152] Apesar de as *"contraordenações genéricas"* não suscitarem este tipo de problemas – visto que constam, forçosamente, de uma lei da Assembleia da República que, ainda para mais, assume um valor reforçada [cfr. artigos 112º, nº 3, e 168º, nº 6, alínea a), da CRP], certo que é que

De qualquer modo, desde que não se suscitem problemas de discrepância entre o regime geral e os diversos regimes criadores de sanções contra-ordenacionais e desde que não se suscitem problemas de falta de competência legislativa governamental, a jurisprudência constitucional tem sido particularmente renitente em controlar os limites da *"medida abstrata"* das sanções a aplicar. Em regra, reconhece uma ampla margem de liberdade para tomada de decisões legislativas e apenas tende a intervir quando se verifique uma manifesta violação do *"princípio da proporcionalidade"*, em especial no caso de fixação de sanções flagrantemente excessivas[153].

Porém, ainda que a verificação da inconstitucionalidade dos montantes fixados a título de coimas fique circunscrita a situações de excecional e manifesta desproporção, certo é que o Tribunal Constitucional não se tem abstido de ponderar as circunstâncias concretas que presidem às tomadas de decisão legislativa. Nesse sentido, têm sido censuradas: *i)* a fixação de uma amplitude muito intensa entre o limite mínimo e o limite máximo, pois tal tenderia a libertar o aplicador (e o julgador) de uma adstrição vinculadora aos critérios de decisão legislativa – *"princípio da legalidade"* [cfr. Acórdão nº 547/2001 (Prazeres Beleza)][154]; *ii)* o agravamento dos limites mínimos e máximos em função de uma conduta do

---

inúmeros outros atos legislativos regulam matérias relativas ao exercício de poder sancionatório sobre atividades de comunicação social.

[153] A mero título de exemplo, ver os Acórdãos nº 304/94 (Luís Nunes de Almeida), nº 575/95 (Sousa e Brito) e nº 67/2011 (Ana Guerra Martins), todos do Tribunal Constitucional.

[154] Dessa feita, discutia-se a constitucionalidade de normas sancionatórias contraordenacionais previstas no CMVM, que habilitavam a aplicação de coimas entre 25.000 € e 2.500.00 €. Ao arrepio da tradicional abordagem seguida pelo Tribunal Constitucional – que consiste na mera afirmação da impossibilidade de aferição concreta de uma alegada desproporção do limite máximo da sanção aplicável –, o Acórdão nº 547/2001 (Prazeres Beleza) optou por centrar a sua análise da violação do *"princípio da legalidade sancionatória"*. Com efeito, aquele aresto acabou por concluir que a fixação de uma amplitude muito pronunciada entre os montantes mínimo e máximo da coima a aplicar transferiria para o julgador o poder de determinar o próprio desvalor da conduta praticada, sem um critério objetivo fixado pelo legislador, pois a sanção situar-se-ia num intervalo em que a sanção máxima poderia corresponder a um montante 100 (cem) vezes superior à da sanção mínima. Sobre esta decisão, ver MIGUEL PRATA ROQUE, *Os poderes sancionatórios da ERC – Entidade Reguladora para a Comunicação Social*, cit., 434-437.

interessado à qual não possa ser imputada um particular desvalor da ação ou uma culpa intensa [cfr. Acórdão nº 313/2013 (Pedro Machete)][155].

Aliás, o último daqueles acórdãos evidencia uma notória evolução da posição do Tribunal Constitucional, a propósito da aferição dos limites abstratos das sanções públicas aplicadas, já que aquele não se coibiu de apreciar se a sua fixação, pelo legislador, acautela o respeito por princípios fundamentais num Estado de Direito Democrático, como o *"princípio da culpa"* ou o *"princípio da proporcionalidade"*. Dessa feita, concluiu-se, precisamente, pela inconstitucionalidade de uma solução interpretativa que permita o agravamento da sanção a aplicar, quando não seja imputável ao particular uma conduta censurável que preencha (objetivamente) os pressupostos desse mesmo agravamento. Esta mudança de orientação jurisprudencial corresponde a uma *"posição inquisitiva"* do preenchimento concreto das exigências de proporcionalidade, que não posso deixar de louvar. Aliás, devo ainda notar que esse juízo de ponderação deveria ser formulado em concreto, de modo a evitar – como sucede com a esmagadora maioria das normas sancionatórias contraordenacionais – quer um *"acréscimo automático das coimas aplicáveis a pessoas coletivas"*, quer uma *"ausência de diferenciação em função do volume de negócios"*[156], quer ainda de eventuais situações de *"concurso com outras sanções públicas"*.

---

[155] O Tribunal Constitucional tem vindo a ser sucessivamente confrontado com diversas interpretações extraídas da conjugação dos artigos 3º, nº 1, alínea *b)*, e 9º, nºs 1, alínea *a)*, e 3, ambos do Decreto-Lei nº 156/2005, de 15 de setembro, relativamente ao agravamento – em relação a pessoas coletivas, de € 3 500 para € 15 000 – do limite mínimo da coima que sanciona o fornecedor de bens ou prestador de serviços que não faculte imediatamente o livro de reclamações, no caso de ser requerida pelo utente a presença da autoridade policial a fim de remover essa recusa ou de que essa autoridade tome nota da ocorrência. Tais interpretações diferem em função de o fornecedor de bens ou prestador de serviços persistir ou não na recusa de disponibilização do livro de reclamações, após comparência da autoridade policial no estabelecimento comercial. Através dos Acórdãos nº 62/2011 (Maria João Antunes) e nº 132/2011 (Catarina Sarmento e Castro), o Tribunal Constitucional considerou que uma interpretação, extraída daqueles preceitos, que permitisse o agravamento da coima, em caso de persistência da recusa de apresentação do livro de reclamações não seria inconstitucional. De modo ainda mais intenso, o Acórdão nº 67/2011 (Ana Guerra Martins) mais acrescentou que, mesmo que o fornecedor de bens ou prestador de serviços se conformasse à imposição legal, após a comparência da autoridade policial – ou seja, disponibilizando o livro de reclamações –, se manteria um juízo de não constitucionalidade, visto que a agravação visa punir a não garantia imediata do direito dos consumidores à reclamação.

[156] De futuro, seria ainda de considerar não só o volume de negócios do sujeito passivo da sanção pública não penal, como também outros critérios financeiros, tal como o patrimó-

Ainda assim, importa aguardar por mais desenvolvimentos na tramitação daquele processo, visto que, em função da contradição com o Acórdão nº 67/2011, o primeiro foi alvo de recurso obrigatório para o Plenário. Cabe, portanto, esperar pela tomada de posição definitiva do coletivo de juízes sobre esta questão[157].

No caso específico dos montantes das coimas fixadas pelos Estatutos da ERC, não pode senão concluir-se que eles se coadunam com a orientação jurisprudencial que tem feito caminho. Isto é, apesar dos quantitativos inequivocamente elevados (entre 50.000 € e 250.000 €), certo é que eles não só não traduzem uma amplitude entre o limite mínimo e o limite máximo de tal modo intensa que pudesse colocar em causa o *"princípio da vinculação à normatividade"*[158], por parte do julgador, como não preveem qualquer agravamento desses limites em função de uma conduta do interessado à qual não possa ser imputada um particular desvalor da ação ou uma culpa intensa.

Este breve excurso pelo regime de regulação e de supervisão administrativa da ERC permite evidenciar como o exercício de poderes sanciona-

nio social detido, as receitas de publicidade ou o lucro efetivo auferido. Qualquer um destes critérios permitiria uma aplicação mais consentânea da sanção devida, com efetiva consideração das concretas caraterísticas do sujeito passivo. Evidentemente, a tomada em consideração dessas caraterísticas pessoais poderia ser extraída, por via da aplicação subsidiária do artigo 71º do Código Penal, que rege a determinação da medida concreta da pena.

[157] Ainda que as decisões proferidas em sede de recurso para o plenário (artigo 79º-D da LTC) não gozem de uma eficácia *"erga omnes"*, mas apenas produzam efeito de *"caso julgado"* no âmbito daquele concreto processo de fiscalização concreta, certo é que as mesmas exercem um *"efeito mitigado de precedente"*, visto que os juízes que compõem o coletivo passam a poder antecipar qual a decisão previsivelmente tomada a final, caso as suas decisões sejam divergentes da posição maioritariamente adotada em plenário. Por conseguinte, apesar de tais decisões não se revestirem de um verdadeiro *"efeito uniformizador"* – visto que a futura divergência decisória não fica prejudicada por qualquer efeito automático do precedente –, elas não deixam de exercer um *"efeito harmonizador"*, por via indireta (ou mitigada), já que incentivam a conformação dos juízes com a jurisprudência fixada em plenário. Sobre este *"efeito mitigado de precedente"*, ver MIGUEL PRATA ROQUE, *Declaração de Inconstitucionalidade*, in «Enciclopédia da Constituição Portuguesa» (org. Jorge Bacelar Gouveia/Francisco Pereira Coutinho), Quid Iuris, 2013, 100; IDEM, *Fiscalização Sucessiva Concreta*, ibidem, 168.

[158] Adotando este conceito, em substituição da tradicional designação *"princípio da legalidade"*, ver PAULO OTERO, *Manual de Direito Administrativo*, Volume I, cit., 73-84.

tórios convoca tanto vinculações de índole jurídico-administrativa, como de índole jurídico-penal, que, frequentemente, passam desapercebidas aos aplicadores de Direito Sancionatório Público (não penal). Muitas vezes, a opção por um ou outro ramo da ciência jurídica decorre mais de uma tentativa (tantas vezes, inconfessada) de favorecer a aplicação do Direito Administrativo ou do Direito Penal, em função da própria pertença do proponente a um ou outro e não – como deveria suceder – em função das particulares exigências de cada situação jurídica concreta[159]. Ao longo das páginas que ora findam, procurarei superar essa dicotomia maniqueística, recorrendo aos melhores ensinamentos de cada um desses ramos da ciência jurídica, de modo a obter uma solução tão ótima quanto possível para problemas do quotidiano daqueles que lidam com este regime sancionatório público (não penal).

Em bom rigor – e até ao arrepio do que o subtítulo deste estudo poderia aparentar –, quero crer que o aplicador de Direito Sancionatório Público nem sequer se encontra numa verdadeira encruzilhada, em que se veria confrontado com a opção entre seguir pela via do Direito Administrativo ou pela via do Direito Penal. Bem pelo contrário, a sua própria sobrevivência impõe que esse viajante saiba traçar um novo caminho – se necessário, a corta-mato –, levando consigo quer a bússola que, apontando sempre para a prossecução do interesse público, norteia o pensamento de qualquer jusadministrativista, quer o cantil que conserva as garantias processuais tão caras aos juspenalistas, e que, no limite, salvarão o nosso caminhante dessa sede de Justiça.

Mas, para que tal seja possível, torna-se necessário um diálogo contínuo e crescente entre estes dois domínios do conhecimento jurídico, sem o qual uma justa composição dos interesses, públicos e privados, que se confrontam no domínio da regulação e supervisão administrativa, dificilmente será obtida.

Se o caminho faz-se caminhando... caminhemos, então.

---

[159] De igual modo, muito crítico quanto às tentativas maniqueístas de gládio doutrinário sobre a natureza jurídico-penal ou jurídico-administrativa do Direito Sancionatório Administrativo, ver ALEJANDRO NIETO, *Derecho Administrativo Sancionador*, 23-24. Em sentido próximo, especificamente sobre um certo abandono do estudo dogmático do Direito Contraordenacional, colocado numa *"terra-de-ninguém"*, que medeia os campos onde se entrincheiram jusadministrativistas e juspenalistas, ver PEREIRA DA SILVA, 2009: 296.

O Direito de Resposta e de Retificação[*]

ARONS DE CARVALHO[**]

1. Conceito

O direito de resposta e de retificação ou, como classicamente é designado, o direito de resposta pode definir-se como o *"poder, que assiste a todo aquele que seja pessoalmente afectado por notícia, comentário ou referência saída num órgão de comunicação social, de fazer publicar ou transmitir nesse mesmo órgão, gratuitamente, um texto seu contendo um desmentido, rectificação ou defesa"* (Vital Moreira, 1994). Se encararmos este direito pelo prisma dos órgãos de comunicação social, poderemos considerá-lo como a obrigação que sobre eles recai de difundirem, nos prazos e condições definidas por lei, a refutação ou retificação que a pessoa mencionada, prejudicada ou ofendida numa notícia ou comentário entenda necessária para os corrigir ou rebater.

Este direito, um dos mais antigos e originais no domínio da comunicação social, tem sido encarado de diversas formas, complementares entre si: um contrapeso da liberdade de imprensa e do poder da imprensa; um meio de compensar o desequilíbrio natural entre os titulares dos meios de informação e o cidadão, limitando a liberdade editorial; e uma forma de defender os cidadãos contra os atentados ao seu bom nome e reputação

---

[*] Síntese da apresentação.
[**] Professor Doutor

ou contra notícias inverídicas ou inexatas que lhes digam respeito, isto é, contra juízos de valor, quando ofensivos, e contra referências de facto, se atentatórias do seu bom nome e reputação ou inverídicas. Esclareça-se, todavia, que não se trata tanto de dar à opinião pública uma versão exata dos factos, mas de lhe permitir o acesso à sua versão em igualdade de tratamento com aquela divulgada pelo órgão de comunicação social.

O direito de resposta constitui um direito integrante do direito geral de expressão e informação. É uma concretização do direito de acesso aos meios de comunicação e de participação na formação da opinião pública. Por outro lado, tal como as liberdades de expressão e de reunião, entre outras, é um direito positivo e não se dirige contra o Estado. Representa uma garantia de outros direitos fundamentais, como, entre outros, os direitos de personalidade ou o direito do público à informação. Apesar da sua singularidade, pode ser considerado como equiparável ao direito ao contraditório em processo penal e ao direito de retificação de dados pessoais informatizados (Vital Moreira, ob. cit.).

Embora incentive os órgãos de comunicação social a procurarem um maior rigor, precisamente pelo receio de virem a ser obrigados a publicar um desmentido, o direito de resposta não afeta, diretamente, a liberdade de expressão dos órgãos de comunicação social, mas apenas a sua liberdade editorial. Tal como, aliás, a inserção obrigatória de sentenças judiciais condenatórias ou, no passado, a publicação ou a emissão de notas oficiosas.

Existem outras vantagens na consagração do direito de resposta: é um instrumento direto, eficaz, rápido, pouco dispendioso de defesa do direito ao bom nome e reputação; contribui para o reforço do pluralismo e da veracidade informativos; incentiva o autocontrolo dos jornalistas e dos órgãos de comunicação social, que receiam uma desautorização pública; representa a expressão de um direito de acesso aos meios de informação e de participação na formação da opinião pública; e é uma forma de restabelecer o equilíbrio entre o poder da comunicação social e a defesa eficaz dos direitos da personalidade.

O direito de resposta abrange tudo o que for publicado ou difundido nos órgãos de comunicação social, incluindo sítios na Internet e agências noticiosas: textos, imagens, fotografias, caricaturas, legendas, publicidade, etc.. Não se aplica às publicações não periódicas. É reconhecido a qualquer pessoa singular ou coletiva.

Importa referir igualmente as diferenças entre o direito de resposta e o direito de retificação. Para haver direito de retificação bastam referências *"inverídicas ou erróneas"*, que não afetem a reputação ou boa fama, ou mesmo que sejam favoráveis. O regime jurídico deste direito é o mesmo do direito de resposta, salvo quanto à publicação de textos ou imagens na primeira página, uma vez que a retificação pode ser inserida em página interior ímpar (art. 26º, nºs 4 e 5 da Lei de Imprensa).

2. O direito de resposta na legislação portuguesa e estrangeira

Antes mesmo de ser consagrado na legislação espanhola ou italiana, o direito de resposta foi instituído em Portugal na Lei de Imprensa de 10 de Novembro de 1837: *"toda a pessoa que directa ou indirectamente se julgar ofendida num periódico terá direito de exigir do editor a inserção de uma resposta, contando que não exceda mil letras, ou o dobro de todo o artigo que contiver a ofensa"* (art. 9º).

O direito de resposta figuraria em todas as leis de imprensa desde essa época e na própria Constituição de 1933 (art. 8º, §2º).

Sublinhe-se, ainda, que nas leis de imprensa de 1926 e 1971 se consagrava um *direito de esclarecimento,* conferindo aos cidadãos o direito de requerer ao diretor que esclarecesse se *"referências, alusões ou frases equívocas ou imprecisas"* lhes diziam respeito.

Atualmente, o direito de resposta está consagrado na Constituição. No artigo 37º, nº 4, estabelece-se que *"A todas as pessoas, singulares ou colectivas, é assegurado, em condições de igualdade e eficácia, o direito de resposta e de rectificação..."*. O direito de resposta integra o catálogo constitucional de direitos, liberdades e garantias, sendo, em consequência, diretamente aplicável, independentemente de regulamentação legal, e é oponível a todas as entidades públicas e privadas, nos termos do artigo 18º, nº 2 da Constituição.

O texto constitucional consagra dois princípios estruturais na consagração deste direito: o princípio da igualdade traduz-se na paridade de meios e condições dos titulares do direito face aos órgãos de comunicação de modo a estabelecer um equilíbrio entre o impacto da resposta e a mensagem respondida; o princípio da eficácia concretiza-se através das regras da imediaticidade, segundo a qual a resposta deve ser publicada num prazo determinado e reduzido, e da equivalência, que se concretiza mediante a equivalência entre as formas de difusão da resposta e do texto que a originou.

Os principais diplomas que regulamentam a actividade da comunicação social incluem artigos em capítulos específicos sobre o direito de resposta: os artigos 24º a 27º da Lei de Imprensa (LI, Lei nº 2/99, de 13 de janeiro); os artigos 59º a 63º da Lei da Rádio (LR, Lei nº 54/2010, de 24 de dezembro); os artigos 65º a 69º da Lei da Televisão e dos Serviços Audiovisuais a Pedido (LT, Lei nº 8/2011, de 11 de Abril) e ainda os artigos 24º, nº 1 j), 59º e 60º dos Estatutos da ERC (Lei nº 53/2005, de 8 de Novembro). Como adiante se assinalará, a ERC desempenha um importante papel como instância de recurso relativamente ao alegado incumprimento da legislação neste domínio.

O direito de resposta, que existe em França desde 1822, está consagrado nas legislações da generalidade dos países. A exceção mais significativa é a dos países anglo-saxónicos, onde se considerou inaceitável esta limitação à liberdade editorial, sendo essa inexistência compensada mediante o destaque reconhecido às cartas ao diretor, e também ao papel atribuído a conselhos de imprensa ou a comissões de queixas. Nos EUA, porém, existe um regulamento (*personal attack rules*), aplicado pela FCC, obrigando a ouvir a versão da pessoa atacada na sua honestidade, caráter, integridade ou outras qualidades pessoais através de um operador de rádio ou de televisão.

A doutrina tem assinalado, desde há muito, a existência de duas conceções sobre o alcance do direito de resposta. Segundo a conceção francesa, reconhece-se o direito em face de qualquer texto ou imagem que refira a pessoa em causa (afirmação de facto ou juízo de valor), não interessando se a referência é ofensiva ou inverídica. Visa-se garantir a posição das pessoas face à comunicação social. Segundo a conceção alemã, o direito existe apenas para correção de afirmações relativas a factos e não face a opiniões ou juízos de valor, mesmo se ofensivos. Privilegia-se, neste caso, a ideia de veracidade e objetividade da comunicação social.

O caráter supranacional das emissões de rádio e de televisão incitou várias organizações internacionais a aprovarem documentos de maior ou menor relevância sobre o direito de resposta. Entre eles, refira-se a Convenção da ONU sobre o direito internacional de resposta (elaborada em 1952, está em vigor desde 1962, mas foi ratificada por poucos países...); a Resolução (74)26, de 2 de Julho de 1974 do Comité dos Ministros do Conselho da Europa, que recomenda aos Estados-Membros a adoção de regras sobre o direito de resposta; a Diretiva dos Serviços de

Comunicação Social Audiovisual, antes Diretiva TSF, em cujo artigo 28º se definem os sujeitos ativo e passivo, os bens jurídicos protegidos e o objeto do direito e que, abrangendo a televisão, recomenda a sua aplicação também aos serviços não lineares; a Convenção Europeia da Televisão Transfronteiras, 1989, cujo texto é idêntico ao da Diretiva; a Recomendação Rec(2004)16 do Comité dos Ministros do Conselho da Europa sobre o direito de resposta no novo ambiente dos *media*, que recomenda aos governos que adotem um direito de resposta que permita uma rápida correção de informações inexatas difundidas nos serviços em linha ou nos não lineares; e a Recomendação do Parlamento Europeu e do Conselho de 20 de Dezembro de 2006 (2006/952/CE) relativa à proteção dos menores e ao direito de resposta, que essencialmente defende a aplicabilidade do direito a todos os meios de comunicação em linha.

3. A titularidade e a legitimidade para o exercício do direito

A Lei de Imprensa (art. 24º, nº1) e, com redação idêntica, as leis da rádio e da televisão (respetivamente nos artigos 59º e 65º) atribui a titularidade deste direito a *"Qualquer pessoa singular ou colectiva, organização, serviço ou organismo público, bem como titular de qualquer órgão ou responsável por estabelecimento público, que tiver sido objecto de referências, ainda que indirectas que possam afectar a sua reputação e boa fama"*.

Deverá, no entanto, existir uma interpelação àquela pessoa (singular ou coletiva). Os sujeitos individuais ou grupais supostos defensores em abstrato de interesses atacados não podem invocar legitimidade para responder, mas as organizações representativas de classes profissionais podem invocar o direito, se forem diretamente interpeladas (v. relatório da AACS, 2004). Tal como entidades ou comissões, ainda que sem personalidade jurídica, como, por exemplo, secções de partidos ou comissões de festas, ou grupos circunscritos e suscetíveis de determinação individual (Vital Moreira, ob. cit.). As referências indiretas, não nominais, dão lugar a direito de resposta se forem reconhecidas como dirigidas a um certo e determinado sujeito de direitos por pessoas do seu círculo de relações habitual.

O direito deve ser exercido pelo próprio titular, representante legal ou herdeiro. No caso de titulares de órgãos públicos, os assessores e chefes de gabinete etc., apenas têm legitimidade se essa representação for documentada. Em caso de pluralidade de respondentes, mesmo que legítimos, não será obrigatória a publicação de respostas que sejam meramente redundantes.

4. A amplitude do direito

Uma das questões mais complexas é a aferição da amplitude do direito. Afinal, quem é o juiz do carácter ofensivo, inverídico ou erróneo do conteúdo publicado ou emitido e da oportunidade de exercer o direito de resposta? Apenas o respondente, por quatro razões:

Em primeiro lugar, porque essa avaliação é temperada pelos conceitos sociais de reputação e boa fama. A Diretiva da ERC nº 2/2008 recomenda que *"a apreciação do que possa afectar a reputação e boa fama deve ser efectuada segundo uma perspectiva prevalentemente subjectiva, de acordo com a óptica do visado, ainda que dentro dos limites da razoabilidade".* No mesmo sentido, Manuel Lopes Rocha (1985) tentava definir os factos que podem dar origem ao direito de resposta: Factos que "ofendem directamente a seriedade ou dignidade moral" e também *"uma gama de factos que atingem ou podem atingir, em certo grau, outros valores, como a capacidade intelectual ou profissional, a competência, a aptidão ou diligência no trabalho e até a integridade física, desde que as imputações sejam de natureza a provocar, segundo o sentimento geral, uma ofensa injustificada ao amor próprio de outrem, o desprestígio, o desconceito público, com todas as consequências morais, sociais, ou até económicas".* De outro prisma, um Acórdão do Tribunal da Relação de Lisboa de 13/10/2009 sublinhava outra condição: *"é indispensável que esteja de todo excluído que o respondente possa sentir-se ofendido ou possa ter motivos para contestar a veracidade dos factos, devendo, em caso de incerteza, ser publicada a resposta, pois que é mais grave a recusa de uma resposta devida do que a publicação de uma resposta indevida".*

Em segundo lugar, porque se considera que o diretor não pode decidir em causa própria.

Em terceiro lugar, porque fica sempre ressalvada a possibilidade de o diretor poder acompanhar a resposta de uma breve anotação, embora apenas para apontar qualquer inexactidão ou erro de facto. Acresce que o diretor não pode recusar a publicação invocando uma alegada falsidade da resposta, excepto se esta for notória.

Em quarto lugar, o órgão de comunicação social pode recusar a publicação ou emissão da resposta ou rectificação considerando que há um abuso de direito, o que poderá levar o respondente a recorrer à ERC e (ou) ao tribunal.

Pode-se assim concluir que a legislação portuguesa está mais próxima da francesa...

O direito de retificação tem uma amplitude diferente. É reconhecido o direito a quem tenha sido alvo de referências inverídicas ou erróneas, ainda que desprovidas de natureza desprimorosa e até mesmo se forem favoráveis...

Sublinhe-se também que tem sido entendimento da ERC (cf. Deliberação 19-R/2006, de 10 de Agosto) que quando simultaneamente houver lugar ao exercício dos direitos de resposta e de retificação se aplica o regime do direito de resposta.

5. Harmonização de interesses entre o órgão de comunicação social e o titular do direito de resposta

Como se tem pretendido demonstrar, a legislação em vigor consagra de forma ampla o direito de resposta, como forma de permitir a alguém afetado por um conteúdo difundido num órgão de comunicação social fazer publicar ou transmitir nesse mesmo órgão, gratuitamente, um texto seu contendo um desmentido, retificação ou defesa. Todavia, reconhecendo implicitamente que podem existir outras formas de salvaguardar o interesse do eventual respondente, a legislação (art 24º, nº 4 da LI, 59º, nº 4 da LR e 65º, nº 3 da LT) prevê que o direito fique prejudicado se, com a concordância do potencial respondente, for encontrado outro meio de corrigir ou esclarecer o texto ou imagem em causa. Essa forma alternativa pode beneficiar simultaneamente esse respondente e o órgão de comunicação. Este pode tornar menos visível aos olhos dos consumidores que foi forçado a abdicar da sua plena liberdade editorial devido a algum erro ou incorreção. Aquele pode beneficiar de um espaço menos condicionado do que o concedido ao direito de resposta, podendo mesmo permitir-lhe desfrutar de maior notoriedade, sobretudo na televisão, tanto mais que a lei prevê que o exercício do direito de resposta se concretize através da leitura de um texto por um locutor e não pelo próprio respondente.

Sublinhe-se ainda, no que concerne à amplitude do direito, que o direito de resposta não fica prejudicado pelo facto de o órgão de comunicação ter dado visibilidade à argumentação de um respondente, incluindo um desmentido no texto que deu origem à resposta, nem pela circunstância de, eventualmente, reconhecendo um erro e cumprindo o preceituado na norma 5 do Código Deontológico do Jornalista, o órgão de comunicação social promover *"a pronta rectificação das informações que se revelem inexactas ou falsas".*

6. O direito de resposta e a responsabilidade civil e criminal

O exercício do direito não impede o recurso a meios judiciais, pelo que a difusão da resposta não isenta o órgão de informação de eventual responsabilidade civil ou criminal. Tal como não impede uma queixa à ERC por violação de regras ético-legais. Da mesma forma, os pressupostos do direito de resposta não impõem necessariamente que os factos que o originaram constituam ilícito civil ou penal.

7. Os prazos para o exercício do direito

O direito de resposta é um direito efémero, que só tem utilidade enquanto perdurar o impacto público da notícia a que se pretende responder. Existem pois prazos imperativos para o seu exercício. O direito deve ser exercido (pelo titular, pelo seu representante legal ou pelos herdeiros) no prazo de 30 dias, se se tratar de um diário ou semanário, e de 60 dias nas publicações com menor frequência, a contar da inserção do texto ou imagem (art. 25º, nº 1 da LI). Na rádio e na televisão, o prazo é de 20 dias (arts. 61º, nº 1 da LR e 67º, nº 1 da LT).

No entanto, o prazo suspende-se quando, *"por motivo de força maior"*, as pessoas visadas *"estiverem impedidas de fazer valer o direito cujo exercício estiver em causa"* (arts. 25º, nº 2 da LI, 61º, nº 2 da LR e 67º, nº 2 da LT).

8. Formalidades do exercício do direito

O texto da resposta deve ser remetido ao diretor, mas pode ser dirigido apenas ao órgão de informação. Deve ser invocado o direito de resposta ou o de retificação ou as competentes disposições legais, para distingui-la de uma mera carta ao diretor, cuja publicação depende de opção editorial. O texto da resposta deve conter assinatura e identificação do autor, mas não obriga a cópia do BI (Ac. do TRL de 13/10/2009). A forma de entrega pode variar (em mão, fax, email, etc.), bastando uma prova da sua receção (antes exigia-se carta registada com aviso de receção). A resposta pode conter uma imagem se tal for necessário, proporcional e adequada ao destaque que a resposta exige.

9. Prazo para a difusão da resposta

Uma célere difusão da resposta é considerada como uma condição essencial do pleno reconhecimento do direito. Trata-se afinal da concretização do princípio da eficácia e da regra da imediaticidade.

A Lei de Imprensa estabelece para os jornais diários um prazo de dois dias a contar da receção. Nos semanários, a resposta deve ser no primeiro número impresso após o segundo dia posterior à receção e nas restantes publicações no primeiro número distribuído após o sétimo dia posterior à receção.

Nos operadores de rádio e de televisão, a resposta deverá ser emitida até 24 horas após a receção do texto.

10. Limites ao conteúdo e à extensão da resposta

A legislação impõe que exista uma relação direta e útil com o escrito ou imagem respondidos ou com as referências que a tiverem provocado, pelo que seria inaceitável uma resposta *"de todo alheia ao tema em discussão e irrelevante para desmentir, contestar ou modificar a impressão causada pelo texto a que se responde"* (Vital Moreira, ob. cit., p. 91). Por outro lado, a resposta não pode conter *"expressões desproporcionadamente desprimorosas ou que envolvam responsabilidade civil ou criminal"*, a qual só ao autor da resposta pode ser exigida. São permitidas expressões agressivas, acutilantes ou ofensivas na resposta, se forem proporcionais às usadas no texto que lhe deu origem.

Existem também limites à extensão da resposta: na imprensa, *"300 palavras ou a parte do escrito que a provocou, se for superior, descontando a identificação, a assinatura e as fórmulas de estilo"* (art 25º, nº 4 da LI). A extensão da resposta deve ficar limitada à parte do texto em que são feitas as referências que a motivam (mas não apenas a passagem em que o respondente é mencionado...), se elas forem suficientemente destacáveis do conjunto. Se a resposta for exercida contra uma imagem, deve converter-se a mancha ocupada pela imagem em palavras (MM Bastos e N. Lopes, 2011). No entanto, a resposta pode exceder estes limites, sendo a parte restante publicada em local conveniente à paginação do jornal, mediante pagamento equivalente ao da publicidade comercial redigida constante das tabelas da publicação (art. 26º nº 1 da LI).

Na rádio, a resposta, ou a retificação, não pode exceder *"300 palavras ou o número de palavras da intervenção que lhe deu origem, se for superior"* (art.

61º, nº 4 da LR). Por sua vez, na televisão, a resposta, ou a retificação, não pode *"exceder o número de palavras do texto que lhes deu origem"* (art. 67º nº 4 da LT).

11. Requisitos formais da publicação da resposta

A legislação impõe diversos requisitos formais relativos à publicação das respostas na imprensa, nomeadamente tendo em vista a concretização do princípio da igualdade.

A resposta deverá ser publicada em local aproximado, ou seja, na mesma secção e não necessariamente na mesma página. No entanto, quando a resposta se refira a texto ou imagem publicado na primeira página, ocupando menos de metade da sua superfície, pode ser inserida numa página ímpar interior, desde que se verifique a inserção na primeira página, no local da publicação do texto ou imagem que motivaram a resposta, de uma nota de chamada, com a devida saliência, anunciando a publicação da resposta e o seu autor, bem como a respetiva página (art. 26º nº 4 da LI). Esta aplicação restritiva do princípio da igualdade encontrará a sua justificação no reconhecimento da importância da liberdade editorial, quando se trata da definição dos conteúdos publicados na primeira página, embora, em sinal contrário, se possa referir o impacto redobrado das capas das publicações periódicas, de que tomam conhecimento tantos não compradores de jornais, através de programas de televisão ou pela simples observação das bancas em quiosques ou outros postos de venda (sobre a publicação de textos de resposta na 1ª página, veja-se o Acórdão do STA, de 7/9/2010, proc. nº 0389/10).

Relativamente a retificações de textos ou imagens, o princípio da igualdade é (ainda) mais sacrificado, uma vez que elas, mesmo quando se referem a conteúdos publicados na primeira página, podem ser inseridas em página interior ímpar.

O princípio da igualdade concretiza-se ainda mediante outras regras: na Lei de Imprensa (art. 26º), estabelece-se que o texto da resposta deverá ser publicado com o mesmo relevo e apresentação do escrito ou imagem que a provocou (dimensão e formato da letra, espaçamento entre linhas e outros pormenores gráficos); de uma só vez, sem interpolações nem interrupções ou quaisquer alterações (princípio da integralidade e imutabilidade do texto de resposta); precedida da informação de que se trata de direito de resposta ou de retificação; respeitando o título escolhido pelo respondente ou, caso ele não tenha sido proposto, com um título *neutro* e não com o retomar do título que deu origem à resposta; podendo o diretor, e apenas ele, fazer acompanhar a resposta de *"breve anotação à mesma, da sua autoria, com o fim estrito de apontar qualquer inexactidão ou erro de facto"*. Esclareça-se, no entanto, que tem sido entendimento das entidades reguladoras que a i*nexactidão ou o erro de facto* devem ser manifestos e evidentes; a anotação depende da extensão do texto que motivou a réplica, mas não poderá exceder um terço do espaço ocupado pela resposta e deve ter um tom neutro e não depreciativo (Diretiva 2/2008 da ERC sobre Direito de Resposta) e que, na mesma edição, não deverá ser publicada qualquer contra-argumentação.

Na rádio e na televisão são idênticos os requisitos formais de emissão da resposta (artigos 63º da LR e 69º da LT). A resposta deve ser emitida no mesmo programa ou, caso não seja possível, em hora de emissão equivalente. Por outro lado, a resposta ou a retificação devem ser transmitidas tantas vezes quantas as emissões de referência que as motivou.

No caso dos serviços audiovisuais a pedido, a resposta deve ser incluída em programa a associar, no catálogo, ao programa a que a resposta ou retificação diz respeito, com o mesmo destaque e devidamente identificado como tal. Além disso, a resposta deve manter-se acessível ao público por um período mínimo de 7 dias ou, se superior, pelo tempo de permanência em catálogo do programa onde foi feita a referência que a motivou.

12. Fundamentos e formalidades de recusa de difusão da resposta

O diretor do órgão de comunicação social pode recusar a difusão da resposta com diversos fundamentos: intempestividade ou extemporaneidade da resposta; ilegitimidade do respondente; manifesta ausência de *"todo e qualquer fundamento"*; *a*usência de relação direta e útil com o conteúdo que lhe deu origem; inclusão de expressões desproporcionadamente desprimorosas ou que envolvam responsabilidade civil ou criminal; e excessiva extensão da resposta.

Se assim o decidir, o diretor está obrigado a cumprir um conjunto de formalidades: deve informar o interessado da recusa no prazo de 3 ou 10 dias a contar da receção, consoante seja diário e semanário ou de periodicidade superior, e 48 horas no caso da rádio e da televisão; e deve preceder essa decisão de uma audição prévia do Conselho de Redação.

No caso de utilização na resposta de expressões desproporcionadamente desprimorosas, de excessiva extensão ou de ausência de relação direta e útil, o respondente poderá corrigir o texto da resposta.

A Lei de Imprensa (art. 26º, nº 8) inclui ainda uma norma, até hoje muito pouco invocada e que não tem equiparação na legislação da rádio e da televisão: caso se prove, por sentença transitada em julgado, a falsidade do conteúdo da resposta ou da retificação e a veracidade do escrito que lhe deu origem, o autor da resposta pagará o espaço com ela ocupado pelo preço igual ao triplo da tabela de publicidade do periódico em causa.

13. Especificidade do direito de resposta na rádio e na televisão

É possível assinalar diferenças entre as regras do direito de resposta na imprensa, por um lado, e na rádio e na televisão, por outro. Elas têm a ver essencialmente com a especificidade dos meios em causa. Assim, atendendo ao caráter efémero do som ou da imagem, existe na rádio e na televisão um direito à audição ou ao visionamento da emissão por parte do titular do direito. Os prazos impostos aos operadores são curtos (24h) e suspendem o prazo de resposta. Por outro lado, existem limites mais severos na extensão da resposta: na rádio, 300 palavras ou o número de palavras da intervenção que lhe deu origem, se for superior; na televisão, o número de palavras da intervenção que lhe deu origem. Finalmente, impõe-se que a resposta, lida por um locutor e não pelo respondente (o que atenuará uma instrumentalização do direito de resposta para protagonismo pessoal, mas diminui o seu alcance e impacto) deverá ser transmitida tantas vezes quantas as emissões que a motivaram.

14. A efetivação coerciva do direito e o papel da ERC

No caso de o direito de resposta ou de retificação *"não ter sido satisfeito ou haver sido infundadamente recusado"* (não publicação ou publicação deficiente) pode o interessado recorrer para o tribunal judicial do seu domicílio (no prazo de 10 dias) e (ou) para a ERC (no prazo de 30 dias).

O recurso para a entidade reguladora predomina largamente, sendo mesmo raros os casos de recurso judicial. De facto, a deliberação da entidade reguladora será certamente mais célere e menos dispendiosa para o recorrente. No entanto, se o recorrente utilizar a via judicial (tribunal) e a via administrativa (ERC) e as decisões forem contraditórias, prevalece a via judicial, pelo que a ERC deve suspender a sua apreciação... Mas à ERC compete a verificação dos requisitos formais e dos limites da resposta, mas não o seu mérito ou veracidade...

A ERC tem tido, aliás, um papel muito importante não apenas na apreciação de casos de alegado incumprimento do direito de resposta como na densificação das soluções legislativas sobre a matéria. Entre fevereiro de 2006, quando a ERC substitui a AACS, e o final de 2012, a ERC deliberou sobre 422 queixas por alegado incumprimento do direito de resposta (ou de retificação), o que corresponde a uma média anual de cerca de 60 queixas... Essa larga experiência refletiu-se também na Diretiva 2/2008, de 12 de novembro, sobre direito de resposta, dando continuidade às diretivas da AACS, sobre o mesmo tema, de 14/6/91, 28/6/95 e 15/2/2001.

Sublinhe-se que a grande maioria das deliberações da ERC sobre alegado incumprimento do direito de resposta tem a ver com *casos relativos à imprensa*. Desde 2007 até ao final de 2012, apenas foi presente à ERC um único caso relativo a um operador de radiodifusão, face a 15 na televisão e... 367 na imprensa. Refira-se ainda que, do conjunto de queixas por alegado incumprimento do direito de resposta, 72,7% foram total ou parcialmente deferidas e 23,5% foram indeferidas.

Compete igualmente à ERC acompanhar a execução (ou não...) das suas deliberações. Sempre que constate, oficiosamente ou mediante participação dos interessados, o cumprimento deficiente ou o incumprimento de deliberação que ordene a publicação ou republicação da resposta, a ERC procede à cobrança de sanção pecuniária compulsória ao órgão de comunicação (500 euros/dia de atraso). Por outro lado, a ERC procede ao controlo do cumprimento das deliberações que ordenem a publicação das respostas, independentemente de qualquer participação dos interessados, sempre que o exercício do direito *"vise a manifesta prossecução do interesse público ou a tutela de bens indisponíveis"* (Diretiva nº 2/2008 da ERC sobre direito de resposta) ou *"sempre que esteja em causa o interesse público, como, designadamente, a defesa do regime e das instituições democráticas, da saúde pública, do ambiente, dos direitos dos menores e dos direitos das minorias étnicas"* (Diretiva nº 1/2001 da AACS).

15. Direito de resposta e direito de réplica política

O direito de réplica política está previsto na Constituição (art. 40º, nº 2), na Lei da Rádio (art. 58º) e na Lei da Televisão (art. 64º). É o direito, conferido aos partidos parlamentares que não façam parte do Governo, de ripostar nos serviços públicos de rádio e de televisão às críticas ou juízos de valor que declarações políticas do Governo contenham sobre eles. Não se exige que tenham sido feitas referências inverídicas ou ofensivas da reputação do partido, mas é necessário que ele tenha sido diretamente posto em causa. E só se consideram *declarações políticas do Governo* as realizadas em seu nome, não relevando as declarações de membros do Governo sobre assuntos relativos à gestão dos respetivos departamentos. A duração e o relevo concedidos devem ser iguais aos das declarações que lhe deram origem. Se mais do que um partido o tiver solicitado, o tempo (1 minuto no mínimo) deve ser rateado pelos vários titulares. São aplicáveis, com as devidas adaptações, os procedimentos do direito de resposta.

Este direito começou por ser estabelecido no estatuto da oposição (lei nº 59/77) e depois na Constituição, na sua primeira revisão, em 1982, mas não tem hoje qualquer aplicabilidade, nomeadamente porque não existem já as referidas *declarações políticas do Governo*.

Bibliografia

Moreira, Vital "*O Direito de Resposta na Comunicação Social*", Coimbra Ed., 1994, Coimbra.

Carvalho, A. A., Cardoso, A. M. e Figueiredo, J.P., "*Direito da Comunicação Social*", Texto Ed., 3ª ed., 2012, Lisboa.

Carvalho, A. A., Cardoso, A.M. e Figueiredo, J.P., "**Legislação anotada da Comunicação Social**", Casa das Letras, 2005, Lisboa.

Bastos, M.M. e Lopes, N., "**Comentários à Lei de Imprensa e ao Estatuto do Jornalista**", 2011, Coimbra Ed., Coimbra

Rocha, Manuel Lopes, "**Sobre o direito de reposta na Legislação Portuguesa de Imprensa**" in BMJ, nº 346, 1985.

Direito Eleitoral e Comunicação Social

FERNANDO COSTA SOARES[*]

O tema que vamos desenvolver tem ínsita, à partida, uma aparente e transparente linearidade que logo decorre da interligação e interdependência dos dois tópicos que o integram: direito eleitoral e comunicação social. O quase não poder pensar-se um sem o outro e o facto de a associação de ambos ter raízes tão profundas no consciente coletivo têm como consequência a ideia – e também o sentimento, direi mesmo – de que o binómio por eles formado é não só inseparável, como constitui um dado socialmente adquirido no sentido de a existência de um pressupor a existência do outro. Certo que cada um deles tem o seu conteúdo próprio e o seu campo de aplicação específico; mas o elo de ligação que os une é tão forte, está tão inserido no ser de cada um, que assume uma como que dimensão ontológica cujos contornos tendem a plasmar-se quase numa única identidade; será precisamente por isso que ambos aparecem, agora, abrangidos no mesmo tema.

Essa linearidade – para que aquela consciência aponta – tem na sua base, todavia, um longo percurso de labor, racional e emotivo, que, como tudo o que é humano, está numa transformação permanente e nunca acabada, em termos de, por um lado, conter um incontornável apelo para

[*] Juiz Conselheiro

analisar os elementos que constituíram a sua génese e, por outro, suscitar uma forte pulsão para compreender o seu enquadramento nas sociedades atuais, sem perder de vista a virtualidade do seu futuro desenvolvimento.

Do que decorre que a ligação daqueles tópicos só aparece revestida daquela transparente linearidade numa primeira apreensão da sua existência, mas depois, numa análise mais detalhada da situação e numa reflexão mais profunda do que nos faz associá-los, deparamos com uma realidade complexa, com contornos difíceis de definir, movediços, indetermináveis e de previsibilidade duvidosa.

Essencializando o que foi exposto e passando dos contornos genéricos em que o fizemos para o plano mais concreto da sua exposição, o nosso método será o seguinte:

1) uma análise separada dos dois conceitos do tema – direito eleitoral (delimitado no sentido de o seu objeto ser a designação dos titulares dos órgãos eletivos de soberania, regiões autónomas e do poder local, compreendendo os referendos) e comunicação social – em termos de se conseguir, passando por uma perspetiva histórica direcionada para as suas origens ou fontes materiais, uma dilucidação dos mesmos;

2) uma reflexão sobre a interpenetração dinâmica de que são animados de modo a alcançar algumas conclusões sobre o que tem sido e o que será, no futuro, o seu relacionamento não só a nível teórico mas, também, a nível prático;

3) uma análise de diplomas legislativos sobre direito eleitoral – fontes em sentido formal – e seus reflexos sobre a comunicação social e sobre a necessidade da regulamentação jurídica desta última, bem como das atribuições de duas das entidades com competência legal para apreciar e sancionar a violação das respetivas normas, quais sejam, para o que ora importa, a ERC e a CNE; pontos de possível conflitualidade entre ambas, nomeadamente no tratamento jornalístico das candidaturas em períodos eleitorais e referendários;

4) orientação interpretativa de tais normas, sistemicamente consideradas, que se perfilha como mais adequada a evitar aquela conflitualidade;

5) algumas situações concretas ocorridas nos mencionados períodos onde se verificou conflitualidade e outras áreas de intervenção dos órgãos de comunicação social onde, nos mencionados períodos, aquela pode também ocorrer.

1. O direito eleitoral
1.1. Fontes Materiais: Povo e Estado

A base última do direito eleitoral, no sentido supra referenciado, encontra-se, quanto a nós, na formação dos Estados. Do que dimana que o Estado pode perspetivar-se como elemento conformado e elemento conformador do direito eleitoral. Vejamos porquê:

Sabendo-se como é difícil abranger nas formas lapidares das chamadas definições os conceitos, bem mais complexos, que lhes estão subjacentes, a definição, precisamente, pelo seu sintetismo, é uma ferramenta que pode servir de introito a uma investigação mais alargada daqueles conceitos; será esse caminho que nos facilitará, depois, uma análise do relacionamento entre eles, nomeadamente, e para o que agora importa, dos que constituem o nosso tema.

Nesta linha, e começando pelo direito eleitoral, podemos dizer que ele é o complexo de normas jurídicas que disciplinam os pressupostos e processo de designação dos vários titulares dos órgãos eletivos do Estado, através de sufrágio direto, secreto e periódico livremente manifestado, no âmbito de um Estado de Direito democrático.

Assim delineado o direito eleitoral, logo decorre que, por um lado, a sua fonte são as normas jurídicas que o integram, normas jurídicas essas que dimanam dos órgãos do Estado uma vez constituído, mas, por outro lado, que a base última onde acaba por entroncar é o grupo de cidadãos, o povo, que integra aquele Estado e que vota para a constituição daqueles órgãos; diremos que naquele primeiro aspeto se pode perspetivar uma qualificação de fonte de direito num sentido formal e, no segundo, num sentido material.

Esta descida, digamos assim, às fontes do direito eleitoral tem o interesse, a nosso ver, de, ao passar-se pela análise da história que lhes está subjacente, irmos deparando com pontos de interceção com o outro polo do nosso tema, a comunicação social, o que melhor permitirá fazer uma ulterior abordagem da temática no seu conjunto.

Comecemos pelo que entendemos ser fonte material do direito eleitoral.

O Estado – que para o que ora nos interessa não será um qualquer dos que se têm formado ao longo da história mas, tão-só, como aludimos, o chamado Estado de Direito democrático, representativo ou Estado

Constitucional – constitui, através dos seus órgãos, a base do direito eleitoral. O Estado, neste sentido, é um fenómeno histórico-cultural com uma etiologia diversificada, mas cuja essência se poderá reconduzir a uma atávica necessidade de toda a sociedade humana ter uma organização política, organização esta que, respirando a complexidade crescente dos fenómenos socioculturais tende, em determinado momento, a ter no seu substrato uma tripartição de poderes, quais sejam os consabidos poderes legislativo, executivo e judicial, poderes esses legitimados pelo voto popular e constitucionalmente garantidos.

Tal momento surge como resultado de correntes filosóficas várias, nas quais, em termos gerais, será de salientar o Iluminismo, e teorias contratualistas daí derivadas – em que pontificaram, entre outros, Locke, Voltaire, Montesquieu, Rosseau e Kant – e de movimentos económicos, sociais e políticos – onde tem lugar relevante a Revolução Francesa – que, conjugadamente, acabam por conduzir à forma de Estado de que nos estamos a ocupar.

Neste enfoque, poderemos dizer que o Estado é uma criação cultural europeia, surgindo em momentos diversos nas várias partes da Europa mas que, tendo o seu dealbar na crise do sistema político medieval, o feudalismo (séculos XIII-XIV), culmina nos tratados de Vestefália (1648) que, como se sabe, «...põem termo à Guerra dos Trinta Anos e, simultaneamente, selam a rutura religiosa da Europa, o fim da supremacia política do Papa (mesmo nos países católicos) e a divisão da Europa em diversos Estados independentes, cada qual compreendido dentro de fronteiras precisas» (refere-se Jorge Miranda, in «Manual de Direito Constitucional- Preliminares, O Estado e Sistemas Constitucionais» – Tomo I, 9ª Ed., pág. 80). Assim como poderemos dizer que o Estado Constitucional é, igualmente, uma criação cultural europeia – sem esquecer o contributo dos Estados Unidos, com a primeira Constituição escrita em sentido moderno – porque baseado numa Constituição reguladora de toda a sua organização política, constituição essa norteada não só pelas correntes filosóficas e pela conjuntura socioeconómica e política suprarreferidas, que desabrocharam no Velho Continente no dealbar dos séculos XVII e XVIII, mas também pela ideia de direito que, parafraseando Castanheira Neves «...é a intenção axiológica da realização comunitária», ideia essa que remonta à civilização greco-romana.

Essa Constituição terá de ser perspetivada não só a nível formal – no sentido de porvir dos órgãos criados adrede com poder para a elaborar

– mas também a nível substantivo, material ou original, visualizando-se, agora, o próprio poder originário que a criou.

Tal poder – que se reconduz a um processo político-jurídico de agir – é o detido pela entidade – força política ou social, movimento militar, monarca ou outro órgão ou grupo – que toma a decisão de infletir a ordem existente para criar uma outra, assumindo a inerente responsabilidade histórica; e visa determinar a existência, de forma soberana e em nome de todo um povo, de uma Constituição fundante de um Estado com uma base territorial estável, com a finalidade de prosseguir e alcançar os objetivos político-sociais e socioeconómicos nele refletidos e enquadrados.

Aquele poder, originariamente consubstanciado apenas em alguns setores de uma sociedade, v.g. por questões relacionadas com a hereditariedade, com a possessão de bens, com fatores de ordem religiosa ou de família, tem a orientá-lo, não obstante, uma vertente de raiz cultural norteada por uma filosofia que tem como matriz a ideia de que toda aquela sociedade, todas as pessoas que a integram, e que formam um povo, têm direito a participar desse poder que acaba por se dirigir e a ser de todos.

Resulta, deste modo, uma interligação incontornável entre Estado, compreendendo o seu povo, e a Constituição. Do que resulta, também, que aquele Estado Constitucional se baseará numa Constituição fundadora e reguladora da sua organização e da sua relação com os cidadãos, com um governo onde se dissocia a titularidade e o exercício do poder, radicando aquele no povo e sendo o último conferido a governantes eleitos por toda a coletividade e com normas limitativas através da sua tripartição nos moldes apontados.

Não se pode alcançar esta realidade sem se ter a consciência de que a radicação última daquele poder constituinte no povo é que permite falar de um princípio conducente a uma democracia, no sentido de implicar o poder, desse mesmo povo, de escolher todos ou alguns dos seus governantes através de uma qualquer forma de eleição.

A Constituição no sentido que se vem a tratar – qual seja o de elemento fundador do Estado Constitucional, representativo ou de direito e que se plasma em escrito – marca definitiva e acentuadamente as divergências com os estados antecedentes, nomeadamente o estado estamental,[1]

---

[1] O estado estamental ou estado de classes é um estado medieval que, com Max Weber, é perspetivado para significar não um corpo homogéneo estratificado, mas uma teia de

estado absoluto e estado polícia, colocando «....Em vez da tradição o contrato social; em vez da soberania do príncipe, a soberania nacional e a lei como expressão da vontade geral; em vez do exercício do poder por um só ou seus delegados, o exercício por muitos, eleitos pela coletividade; em vez da razão do Estado, o Estado como executor de normas jurídicas; em vez de súbditos, cidadãos, e a atribuição a todos os homens, apenas por serem homens, de direitos consagrados nas leis» (autor citado in «Teoria do Estado e da Constituição», pág. 69).

Ressalta do exposto, tal como se começou por referir, que o Estado Constitucional moderno radica, ideologicamente, no Iluminismo e individualismo e, por este caminho, no contrato social.

É fundamental, quanto a nós, a ideia da crescente afirmação da pessoa humana, do indivíduo, a partir do Renascimento e a culminar no Iluminismo.

A filosofia do Iluminismo, da qual são expoentes, entre outros, Kant e Voltaire, ao polarizar no homem, e na razão, a força determinante dos movimentos sociais e do comportamento humano e que teve, a nível prático, um dos seus expoentes máximos na Revolução Francesa, acabou por conferir ao ser humano, só por o ser e individualmente considerado, direitos que até então lhe tinham sido negados ou, se conferidos, o tinham sido em termos desiguais e sem garantias. Grande conquista da humanidade, que não resistimos a citar, A Declaração dos Direitos do Homem e do Cidadão, votada pela Assembleia Nacional Francesa, proclama no seu artº 1º: «Os homens nascem livres e são livres e iguais em direitos, as instituições políticas só podem fundar-se na utilidade comum.» e, no seu artº 6º: «A lei é a expressão da vontade geral. Todos os cidadãos têm o direito de concorrer, pessoalmente ou através dos seus representantes, para a sua formação...», assim como, no artº 16º: «Qualquer sociedade em que não esteja assegurada a garantia dos direitos, nem estabelecida a separação de poderes, não tem Constituição».

É esta centralização no indivíduo dos direitos de intervir na condução política da sociedade em que está inserido que o acaba por transfigurar em cidadão, por lhe atribuir cidadania, da mesma feita que transforma aquela sociedade num povo, entendido este como o destinatário per-

relacionamentos que constitui um poder capaz de influir em determinados campos de atividades.

manente da ordem jurídica estatal. Temos, pois, que a cidadania é um «status» alcançado por progressos sucessivos de correntes filosóficas apoiadas e realizadas, na prática, por movimentos e transformações sociais, «status» esse que é, ao mesmo tempo, um direito fundamental das pessoas entendidas agora como cidadãos. Como resultado prático desse direito, a cidadania vem a representar a capacidade do povo a que respeita de intervir e participar no estado democrático.

Esta transformação tem na base uma forma de Iluminismo que encarou o homem na sua individualidade, sentimento, vontade e imaginação e não apenas na perspetiva da sua «raison raisonnante». É consabido como o grande fautor dessa teorização e entendimento do Iluminismo foi Rousseau que, com o seu «Contrat Social», é um marco fundamental no pensamento da Revolução Francesa tal como o é, igualmente, na resolução da questão que, simplificadamente, se pode reduzir à pergunta que colocou a ele próprio: «Como pode o homem, que nasceu livre e em parte alguma o é, construir o estado de modo que este se torne legítimo?» (Cabral de Moncada, «Filosofia do Direito e do Estado» – vol.1º, pág.230).

Para conciliar a liberdade da pessoa humana com a necessidade de a sociedade, em que aquela mesma pessoa participa, se orientar por regras de direito, a que tem de obedecer, Rousseau criou a ideia de «vontade geral», uma vontade que tem algo de distinto da vontade psicológica dos seus membros, mas também da vontade de todos ou da maioria, antes existindo uma interpenetração entre elas.[2] A ideia ou princípio da vontade geral, a que está ligada a do contrato social, vai permitir que, através de tal contrato, se opere a alienação de cada associado, com todos os seus direitos, a favor da comunidade, mantendo-se, dentro da mesma condição, a igualdade de todos. Se aquele princípio, com a sabida contradição entre o liberalismo individualista de que partia e a conclusão de autoritarismo a que podia chegar, acabou por revelar as limitações próprias do seu tempo, lega-nos, não obstante, a ideia, básica da democracia, de que o voto, expresso em eleições, é a manifestação de vontade dos cidadãos, e com ela a do povo, de transferir para a realidade política em que se insere, o Estado, os direitos que lhe são imanentes; essa transferência, por seu

---

[2] A vontade geral tem na base a ideia da cedência, de um para todos e de todos para cada um, dos interesses comuns, interesses estes que são o prolongamento ou generalização dos interesses individuais que ficam representados no Estado cujos órgãos sejam integrados por titulares escolhidos mediante votos.

turno, legitima a capacidade do Estado, ele próprio um resultado da vontade popular, de, através de órgãos próprios, elaborar as leis que administrem e regulem as relações sociais de toda a comunidade. É por este caminho que se chega ao Estado visto como um todo, como instituição fundação, como uma organização política fundamental consubstanciada numa Constituição que garante a ordem das relações entre os poderes em que se desdobra, das relações entre estes e os cidadãos, os limites da autoridade, os direitos dos súbditos em face dela e o modo de participação destes no poder (Moncada, ob. cit., vol. 2º pág.171).

Interligando o que vem de ser exposto, logo será de concluir que a autêntica fonte de direito, em sentido material, do direito eleitoral é, no fundo, a vontade dos cidadãos, enquadrados naquela cidadania, de criar um estado constitucional balizado por normas com a força categórica, a que se poderá chamar soberania, capaz de garantir eleições livres e igualitárias para escolher quem os represente no poder.

O direito de sufrágio, o direito dos cidadãos de votarem – capacidade eleitoral ativa – em eleições e serem eleitos para cargos públicos – capacidade eleitoral passiva – com a apontada etiologia, constitui, pois, a base conducente, o motivo determinante do corpo de normas capazes de, posteriormente, garantir a liberdade e igualdade de voto e que consubstanciarão as fontes, agora em sentido formal, do que começámos por definir como direito eleitoral.

O povo e o Estado formam a dicotomia onde radica, pelo exposto, a fonte primeira, a fonte material, como lhe temos vindo a chamar, do direito eleitoral. É isto mesmo que a nossa Constituição consagra, nomeadamente, no seu artº 10º quando preceitua que o «... povo exerce o poder político através do sufrágio universal, igual, directo, secreto e periódico, do referendo e das demais formas previstas na Constituição.», bem como na sua Parte III – Organização do Poder Politico.

Se a Constituição consagra o povo como a fonte material do direito eleitoral, já que é através do sufrágio que aquele acaba por exercer o poder político através dos seus representantes, ela constitui, também, a primeira fonte de direito eleitoral em sentido formal.

Chega-se, assim, por este caminho, às fontes do direito eleitoral no sentido acabado de apontar e de que, infra e oportunamente, iremos tratar.

1.2. Comunicação Social:

No seguimento do exposto, logo se vê a profunda interdependência entre direito eleitoral e comunicação social[3]; antes de a analisarmos, todavia, e dentro do método que anteriormente nos propusemos, teceremos algumas considerações sobre o que entendemos por comunicação social.

De forma muito simples, começaremos por dizer que a comunicação social é um ramo de conhecimento que estuda o relacionamento humano sobre questões que envolvem a interação dos sujeitos em sociedade[4]. Do que logo resulta que a comunicação social não esgota toda a comunicação humana pois, tal como permanentemente está a acontecer, há uma comunicação inter-individual e intergrupal onde as pessoas se manifestam umas perante as outras, dentro do âmbito das suas próprias vivências, sendo-lhes indiferente, em determinado momento – pelo menos numa primeira aparência – a sociedade em que se integram e participam. Pois bem, se este último tipo de comunicação é fundamental para o relacionamento dos indivíduos – sendo despiciendo entrar em considerações sobre qual possa ser o seu objeto, dado que ela, no fundo, se traduz no próprio devir da sua existência – a comunicação social não é menos importante pois que, sem ela, não seria nunca possível dar a todos os homens a consciência da sua valia, em termos humanos, e da sua capacidade, em termos igualitários, de se organizarem e participarem na condução das suas vidas, o que vem a significar, na essência, que sem tal forma de comunicação o homem não teria possibilidade de se organizar social e politicamente.

Se é possível pensar numa interação de sujeitos harmónica – em termos de se alcançarem consensos – na medida, porém, em que a sociedade tem de se organizar politicamente, objetivo que é como que um imperativo de sobrevivência, aquela interação, enquanto politicamente considerada, é indissociável, quanto a nós, da dissimetria das relações

---

[3] Lapidar no sentido de expressar essa interdependência, socorrendo-nos de um meio de comunicação que se considera como um audiovisual, está o célebre filme de John Ford «The man who schot Liberty Valance».

[4] Esta definição parece-nos suscetível de ver ínsita na comunicação social a capacidade para dar voz aos interesses cognitivos comuns nos seres humanos, com a sua função causal na ação social, segundo distingue Habermas, nomeadamente quanto ao interesse técnico – conhecer e controlar o mundo à nossa volta – e ao interesse de conseguirmos entender-nos uns com os outros e colaborarmos em atividades comuns.

sociais. Na verdade, como nota Georges Balandier, «se estas relações se instaurassem com base numa perfeita reciprocidade, o equilíbrio social seria automático e o poder estaria votado ao esgotamento»; é «...na heterogeneidade de uma determinada sociedade, no conflito resultante dos interesses diversos e opostos (que) o poder político faz intervir uma referência comum que garante a ordem social. Essa é a função do Estado.».

Do que dimana que a comunicação social, ao estudar aquela interação numa perspetiva política, não pode deixar de aparecer, também, indissociável do Estado e, logo, dos processos conducentes à formação deste, nomeadamente da já referida vontade popular e modo de a expressar que vêm, em última análise, a traduzir-se em eleições e respetivo direito eleitoral.

Previamente à entrada no nó górdio da ligação entre comunicação social e direito eleitoral – que, de resto, já se vem anunciando mas que será sublinhada – não se resiste a elencar algumas etapas da comunicação social que nos parecem fundamentais e onde se vai desenhando, cada vez mais acentuadamente, aquela ligação.

1.2.1. Sem pretendermos ser exaustivos, não podíamos esquecer, não obstante, o papel fundamental que na comunicação social tiveram a fala, a imagem e o gesto antes do nascimento da escrita alfabética, na qual é de salientar o alfabeto grego (nascido entre os séculos VIII e IX a.C.) que permitiu uma melhor transcrição da língua falada e, com a sua abstração, reforçou a tendência de a escrita ser independente da língua, da mesma feita que permitiu uma maior e melhor transmissão conceitual.

O alfabeto grego foi um produto das grandes transformações sociais que afetaram a Grécia desde 1.100 a. C. – que acabaram por a conduzir à forma moderna da organização da cidade (polis) e aos valores da democracia – assim como foi, em simultâneo, um factor de cimentação e difusão dessa mesma organização e valores. De facto, se na retórica – onde a organização do discurso tendente a convencer e a persuadir começou por ser primordial – se valorizava o orador, o certo também é que não pode pensar-se a retórica sem uma base escrita; é precisamente através desta e da respetiva organização do discurso que a retórica se difundiu em termos de, nomeadamente a partir da flexibilização nela inserida por Aristóteles – onde a acentuação da lógica dedutiva não a coloca à margem de finalidades estéticas – em termos de, dizíamos, transmitir os valores próprios da cidade e da democracia.

O alfabeto grego é o veículo que haveria de transportar, mais tarde, a paideia com toda a sua carga cultural e civilizacional e que, se bem vemos, terá constituído mesmo a matriz do helenismo. O conceito de paideia, enriquecido quando Aristóteles a aparenta e gemina com a politeia (fundamental para o conceito de polis) tem ínsita a formação do homem como homem da polis, como cidadão vivente num Estado com todos os direitos e deveres daí decorrentes, sendo óbvio que tal nunca poderia acontecer sem uma comunicação social.

Não obstante, e sem esquecer o contributo do Império Persa, foi preciso esperar pela civilização romana – posterior ao processo de transição da cultura grega para a romana e subsequente domínio e apogeu de Roma, que integrou sucessivamente os reinos helenísticos – com o seu alfabeto próprio e as suas ideias de império e «pax romana», para nos depararmos com uma verdadeira sociedade de comunicação e uma cultura da comunicação social.

A consolidação imperial que Roma levou a efeito, norteada pela «pax» que posteriormente implantou, não seria possível sem uma cultura de «... assimilação e de incorporação, como o testemunhará a integração progressiva, num conjunto original, da cultura grega, das influências orientais e, por fim, do cristianismo», a que se poderão acrescentar ainda as culturas de outros povos submetidos; e isto sem perder de vista, como logo se vê, os fundamentos político-jurídicos do Império, pois só desse modo ele poderia revestir-se de uma legítima soberania capaz de o fazer perdurar.

Eivada de pragmatismo, a cultura romana não poderia libertar-se da necessidade de uma permanente informação, precisamente com vista a manter uma coesão social fundante da unidade do Império. Daí que a retórica se tivesse profissionalizado, sem que, não obstante, tal impedisse o progresso do documento escrito em moldes de conseguirem, ambos, difundir a informação e desenvolver a comunicação.

Essa intensa circulação da informação e comunicação era, naturalmente, facilitada pelo facto de o latim ter sido usado como língua administrativa em todas as províncias conquistadas e incorporadas no Império. Após a queda do Império Romano do Ocidente, com a consequente fragmentação territorial e subsequente isolamento de algumas províncias, assistiu-se ao nascimento de novas línguas, algumas influenciadas pelo latim, como as chamadas línguas novi ou neo-latinas, o que, naturalmente, dificultou a comunicação, comunicação esta que, aliás, não teria a mesma premência, até por razões administrativas, que tinha nos tempos imperiais.

Caraterizada pela formação de reinos independentes e pela sua economia agrícola, bem como pela deterioração das infraestruturas de comunicação do Império, a Alta Idade Média – desde 476, fim do Império Romano do Ocidente, até ao ano 1.000 – acompanha a ruralização da Europa e, com ela, a existência de poucos contactos comerciais externos, com um correspondente défice a nível de comunicação. A formação e desenvolvimento crescentes do feudalismo, com as suas classes sociais estratificadas e demarcação territorial consequente, estão, igualmente, na base de uma comunicação social diminuta.

A situação manter-se-ia durante os primeiros tempos da Baixa Idade Média, sendo preciso esperar pelo século XIII para se começar a assistir ao desenvolvimento de uma informação que, posteriormente, com os Descobrimentos e o Renascimento, e todo o desenvolvimento socioeconómico daí resultante, se poderá cognominar de universal.

1.2.2. Como denominador comum deste desenvolvimento, simultaneamente como causa e consequência, pode encontrar-se o Humanismo que, enquanto corrente de pensamento e sensibilidade a colocar o homem no centro do Universo, cria uma necessidade cada vez mais profunda de comunicação e de troca de informações e de notícias que, com o apuramento técnico envolvente, vem a desembocar no incontornável marco de difusão de ideias e intensificação da comunicação que é o progresso da imprensa. O génio de Gutenberg, aperfeiçoando o material do impressor e melhorando a tipografia, acaba por florescer no livro impresso[5] que o espírito mercantil do Renascimento transforma num instrumento eficaz de comunicação, da mesma feita que o transforma num objeto comercial.

Sem entrar no problema de saber se aquela invenção é causa ou efeito do contexto apontado, diremos, em síntese, que a imprensa e seus desenvolvimentos subsequentes levam a que a comunicação social se intensifique ao ritmo de uma proporção geométrica. Como é consabido «...A transformação do documento escrito em livro impresso é frequentemente apresentada como o símbolo das mutações intelectuais e sociais

---

[5] E, já no séc. XVIII, nos jornais.

que caraterizam a saída da Idade Média e que transformaram o documento escrito num incomparável documento de comunicação» («A Explosão da Comunicação» de Philippe Breton/Serge Proulx, pág. 52).

Potenciada pelos humanistas (nunca sendo demais lembrar Erasmo), com a sua preocupação de constituir «redes» entre si – as quais bem se poderão considerar como preâmbulo, embora distante, das modernas conceções de comunicação – a comunicação social iria prosseguir, nas subsequentes etapas da história, com um desenvolvimento imparável, não sendo possível imaginar o Iluminismo e a Revolução Francesa sem o debate social que só aquela permitia.

A nova liberdade do indivíduo-cidadão, e a democracia que lhe estava imanente, supunha uma escolha e essa escolha só poderia ser feita com informação; a comunicação social era, deste modo, posta ao serviço dos novos ideais sociopolíticos.

Na Revolução Francesa – onde os ideais democráticos greco-romanos marcavam indelével presença – procurou-se reinventar a democracia direta, sendo a imprensa a forma de comunicação que melhor permitia um contacto direto entre políticos e leitores cidadãos e desempenhando, por isso, o papel de um intermediário imediato entre o povo e os seus representantes. Mais do que isso, a imprensa – que sofre uma autêntica explosão com o aparecimento de um número crescente e incontável de tiragens de periódicos por toda a França – deixa de ser um mero reflexo do jogo político, para passar a deter um papel de ator central, em termos de contribuir para a aceleração dos acontecimentos subsequentes e ser determinante para a formação da opinião pública.

No seu longo percurso para a liberdade, sendo de recordar que uma das alterações à Constituição dos Estados Unidos garante a «liberdade de comunicação dos pensamentos e opiniões» como «um dos direitos mais preciosos do homem», a imprensa adquire, no século XIX, o estatuto máximo de meio de comunicação social ao serviço das liberdades democráticas entretanto conquistadas.

1.2.3. Depois dos primeiros passos do telégrafo, do telefone e da telefonia sem fios nos finais daquele século, é no século XX que a rádio se assume como uma força determinante na condução da opinião pública, a ponto de poder criar naquela uma convicção de existência real do que é transmitido. O episódio da «Guerra dos Mundos» de H.G. Wells, posto no ar por Orson Welles, que nos dispensamos de pormenorizar, é bem sintomático da capacidade dos novos meios de comunicação de criar no público a ideia de que a ficção é uma efetiva realidade.

Os desenvolvimentos do século passado, e já do atual, no setor dos media – edição, imprensa, rádio, televisão e telefone, nomeadamente o telemóvel com ligações à internet e esta última, com uma oferta de informação variada e abundante e onde a imagem ganha uma cada vez maior força expansiva – e da informática como técnica de tratamento da informação, designadamente através do computador, levaram a uma evolução complexa onde, por um lado tendem a homogeneizar-se – sob o impacto do «paradigma digital» – e, por outro, a manter diferenças fundamentais, competindo aos primeiros a chamada cultura da argumentação e à última a cultura da evidência. O alargamento da eletrónica a todas as técnicas de comunicação, com base naquele paradigma, não se reduz, todavia, a fenómenos eletrónicos, mas integra também um sistema de valores, enquadrados na chamada filosofia «neomecanicista» que afirma, na essência, que o conjunto de fenómenos naturais, biológicos, sociais e humanos depende do cálculo lógico, é, materialmente, cálculo lógico. O impacto desses valores a nível comunicacional levou a que a conceção tradicionalmente argumentativa da informação fosse abalada por uma ideologia da objetividade da informação que, se conserva interesse enquanto baliza contra a manipulação de factos ou tentativas de desinformação, perde-o quando tenta submeter às retóricas da evidência e da demonstração «...os enunciados que dependem do debate, da pluralidade de perspetivas ou de uma escolha de valores, isto é, o essencial dos enunciados que constituem o conteúdo da comunicação social e, em, resumo, da vida de todos os dias». («A Explosão da Comunicação» cit. pág. 125)

Nesse magma cultural onde homem e máquina se digladiam e disputam – quem não se lembra do dramático diálogo entre Hall, o computador da perfeitíssima e infalível geração 900 e o Dr. Bowman (Keir Dullea), o cibernauta que acaba por se assumir como o protagonista e chefe da missão, nesse pioneiro e incontornável filme que é «2001 – Uma Odisseia no Espaço» de Stanley Kubrick? – em que a cibernética estuda o controle das comunicações e busca analogias entre um e outra e tenta, porventura, salvar os dois, numa sociedade onde a comunicação social é uma realidade «a se» entre o ser que comunica e a realidade virtual que é capaz de criar; nesse magma cultural, dizia-se, que lugar restará para o homem do discurso retórico e argumentativo, cada vez mais distante e nostálgico do seu inicial paradigma greco-romano? E que lugar, nessa tensão, será reservado à comunicação social, servidora, à partida, daquele discurso? Será mesmo de perguntar, cada vez com maior ansiedade, se os meios de comunicação social, mormente os audiovisuais, não se transformarão – se é que não estão já, em grande parte, transformados – na própria mensagem que era dado transmitirem, tal é a força atrativa dos media, em termos de, transformando-a, se constituírem em sucedâneos ideológicos capazes de criarem uma democracia meramente virtual?

Mais não será preciso dizer para se aferir, mesmo perfunctoriamente, da aguda problemática que se levanta à volta da comunicação social já no nosso tempo e que será, certamente, maior ainda no futuro.

2. Interligação dos dois conceitos delimitativos do tema

Do que vem de dizer-se em 1.1. e 1.2., logo resulta como os dois polos do nosso binómio estão numa incontornável interdependência em termos de, pelo menos a nível das democracias consolidadas, básicas que são para a existência do direito eleitoral, não ser viável uma distinção que, em abstrato, delimite com precisão o âmbito de cada um deles. Nos alvores do Estado de direito democrático baseado na soberania popular, no pluralismo de expressão e organização política democrática, dada a sua apontada etiologia – onde podem ser várias as fontes da sua formação, chegando mesmo a poder ser uma via revolucionária, como foi, nomeadamente, o caso da Constituição Portuguesa de 1976, que teve origem na Revolução de 25 de Abril de 1974 – pode pensar-se que a comunicação social assume um valor discreto, precisamente pela necessidade, muitas vezes, de sigilo dos movimentos fundadores. Aí, pelo menos a nível das causas próximas, o que pode ter tido uma importância definitiva serão comunicações entre grupos ou mesmo interpessoais, que escapam ao conceito de comunicação social no sentido expresso. Não obstante, a nível de causas remotas, a comunicação social, malgrado censurada, poderá ter tido já um papel importante na formação de uma opinião pública e, daí, na formação da consciência cívica – de início em alguns grupos assumidos como representantes do povo – conducente à democracia e mesmo à sua consolidação.

Do que parece não haver dúvidas é de que, uma vez processada aquela consolidação, os meios de comunicação social e seu livre funcionamento não poderão existir sem a garantia do Estado de direito democrático; sem embargo, também este não poderá continuar a existir sem ser alimentado pelo voto dos seus cidadãos que tem de ter na base uma informação orientadora, senão mesmo formadora da consciência política e que não pode deixar de ser veiculada por aqueles mesmos meios.

A formação da opinião pública – onde não podem deixar de se situar, sectorialmente, a orientação e sensibilidade político partidárias – tem na origem a difusão de ideias partilhadas e controvertidas pelos diversos atores sociopolíticos, sem esquecer os poderes económicos, fatalmente intervenientes nas sociedades capitalistas. Gozando da liberdade de pensamento e de expressão, é o uso dos media, todavia, que vai permitir àqueles atores a difusão de tais ideias com a finalidade de, informando e procurando convencer as massas da bondade dos seus programas, alcançarem democraticamente o poder politico. Uma vez este alcançado, serão os mesmos atores, agora numa posição inversa, que, através daqueles media, procederão à difusão de novas correntes de opinião, eventualmente adversas, iniciando um novo ciclo de conquista do poder, sem que seja possível, nessa alternância, separar o poder constituído das suas ideias fundadoras transmitidas pela comunicação.

Democracia e comunicação social estão, pois, condenadas a uma indissociabilidade que nem a tensão daquela adversidade pode separar, a menos que, perversamente, uma daquelas correntes de opinião subjugue a outra em termos de a afastar da área de possíveis conflitos. Deste modo, se no plano do ser tal indissociabilidade é inquestionável, há, não obstante, um outro elo de ligação entre aquelas duas realidades, este no plano do dever ser; com efeito, a tensão derivada de uma comunicação social veiculada por interesses e ideologias díspares, e mesmo antagónicas, necessita – para a própria sobrevivência da alternância democrática da sociedade em que se situa – de normas disciplinadoras capazes de delimitarem, por um lado, o campo existencial de cada uma delas e, por outro lado, capazes de dirimirem conflitos patentes ou virtuais entre si; serão normas de apaziguamento, passe o termo, com uma capacidade e estrutura capazes de garantir, de forma sustentada, a coexistência das duas realidades de que se tem vindo a tratar: democracia e comunicação social.

Vem a lume, como assim, e como já se disse noutra perspetiva, um direito eleitoral – básico em democracia e impensável sem ela – com capacidade de delimitar com precisão o seu âmbito de aplicação e resolver aqueles conflitos, se se desencadearem, como terá de surgir um direito da comunicação social ditado por idênticos motivos.

Por este caminho se chega ao anunciado ponto da nossa exposição (final de 1.1.) que consiste, como aludimos, numa análise das fontes formais do direito eleitoral que reputamos de maior importância, em cuja aplicação a CNE tem um papel determinante; mas, como igualmente se disse, sem perder de vista: por um lado, o seu relacionamento com a comunicação social, cuja regulação compete à ERC, e, por outro – na dinâmica interpretativa das normas respetivas – os possíveis pontos de contacto, com uma eventual conflitualidade deles decorrente, entre as atribuições daquelas duas entidades.

3. **Fontes formais do direito eleitoral e da comunicação social; competência da CNE dentro do direito eleitoral e competência da ERC na regulação da comunicação social; pontos de confluência nuclear das atribuições da ERC e CNE, com a existência de possível conflitualidade entre as duas entidades, nomeadamente a nível do tratamento jornalístico das candidaturas e intervenientes em períodos eleitorais e referendários**

3.1. Correndo o risco de ser algo fastidiosos, entendemos que, para melhor compreensão do cerne do nosso problema, devemos enumerar os diplomas que nos parecem constituir os alicerces fundamentais do nosso direito eleitoral. É uma enumeração meramente informativa pois nem todos terão interesse para a nossa subsequente exposição. São eles:

Constituição da República Portuguesa
Artº 10º – (Sufrágio universal e partidos políticos)
PARTE III – Organização do poder político – Título I Princípios Gerais (art.s 108º a 119º)
Artº 113º – (Princípios gerais de direito eleitoral)
TÍTULO II – Presidente da República (CAPÍTULO I) – Estatuto e eleição (arts. 120º e sgs.)

Eleição para o Presidente da República
– PEPR – Lei Eleitoral do Presidente da República – Decreto-Lei nº 319-A/76, de 3 de maio

Eleição para a Assembleia da República
- LEAR – Lei Eleitoral da Assembleia da República – Lei nº 14/79, de 16 de maio
- Organização do processo eleitoral no estrangeiro – Decreto-Lei nº 95-C/76, de 30 de janeiro
- Designação dos mandatários das listas pelos círculos eleitorais de fora do território nacional – Decreto-Lei nº 411-B/79 de 3 de outubro

Eleição para a Assembleia Legislativa da Região Autónoma dos Açores
- LEALRAA – Lei Eleitoral da Assembleia Legislativa da Região Autónoma dos Açores – Decreto-Lei nº 267/80, de 8 de agosto
- Estatuto Político-Administrativo da Região Autónoma dos Açores – Lei nº 13/91, de 5 de agosto

Eleição para a Região Autónoma da Madeira
- LEALRAM – Lei Eleitoral da Assembleia Legislativa da Região Autónoma da Madeira – Lei Orgânica nº 1/2006, de 13 de fevereiro
- Estatuto Político-Administrativo da Região Autónoma da Madeira – Lei nº 13/91, de 5 de agosto

Eleição para os Órgãos das Autarquias Locais
- LEOAL – Lei Eleitoral dos Órgãos das Autarquias Locais – Lei Orgânica nº 1/2001, de 14 de agosto (artº 1º, nº 1)
- Regras do exercício do direito de voto e de elegibilidade nas eleições autárquicas dos cidadãos da União residentes num Estado-membro de que não tenham a nacionalidade – Diretiva nº 94/80/CE, de 19 de dezembro
- Limites à renovação sucessiva de mandatos dos órgãos executivos das autarquias locais – Lei nº 46/2005, de 29 de agosto
- Regime de gestão limitada dos órgãos das autarquias locais e seus titulares – Lei nº 47/2005, de 29 de agosto
- Quadro de competências e regime jurídico de funcionamento dos órgãos dos municípios e freguesias – Lei nº 169/99, de 18 de setembro
- Regime jurídico da tutela administrativa – Lei nº 27/96, de 1 de agosto

Eleição dos Deputados ao Parlamento Europeu
- LEPE – Lei Eleitoral do Parlamento Europeu – Lei nº 14/87, de 29 de abril
- LEAR – Lei Eleitoral da Assembleia da República (aplicável por força do disposto na LEPE) – Lei nº 14/79 de 16 de maio
- Ato relativo à eleição dos representantes ao Parlamento Europeu por sufrágio universal direto – 20 de setembro de 1976
- Sistema de exercício do direito de voto e de elegibilidade nas eleições para o Parlamento Europeu dos cidadãos da União Europeia residentes num Estado-membro de que não tenha a nacionalidade
- Diretiva nº 93/109/CE, de 6 de dezembro

Eleição para o Conselho das Comunidades Portuguesas
- Competências, modo de organização e funcionamento do Conselho das Comunidades Portuguesas – Lei nº 66-A/2007, de 11 de Dezembro
- Aprova os modelos dos termos de posse e aceitação e do termo de aceitação de substituto dos membros CCP – Portaria nº 392/2008, de 4 de junho

Referendo Nacional
- LORR – Lei Orgânica do Regime do referendo – Lei nº 15-A/98, de 3 de abril

Referendo Local
- LORL – Regime Jurídico do Referendo Local – Lei Orgânica nº 4/2000, de 24 de agosto.

Dentre a legislação complementar limitar-nos-emos a referenciar aquela que poderá ser objeto da análise das competências da ERC e CNE:

Regulamentação do artº 3º da Lei nº 10/2000, de 21 de Junho (Lei das Sondagens)

Regime jurídico da publicação ou difusão de sondagens e inquéritos de opinião – Lei nº 10/2000, de 21 de junho

Afixação e inscrição de mensagens de publicidade e propaganda – Lei nº 97/88, de 17 de agosto – e Tratamento jornalístico às diversas candidaturas – Decreto-Lei nº 85-D/75, de 26 de fevereiro, que é essencial no âmbito da temática a desenvolver.

3.2. De uma leitura transversal a todos esses diplomas legais logo resulta, como nota essencial, que todos pretendem garantir o direito de voto dos cidadãos e o seu exercício em plena liberdade, em circunstâncias de igualdade e de idênticas oportunidades. Se esta finalidade tem o seu maior apoio no direito eleitoral, nem por isso o direito da comunicação social lhe é estranho podendo antes constituir, em certas situações, um complemento daquele outro direito.

Aquele circunstancialismo de igualdade de oportunidades e tratamento não discriminatório conferido aos cidadãos e partidos políticos que os enquadrem, eleitoralmente perspetivados, tem, a nível das normas que o garantem, pontos de confluência entre as atribuições da ERC e da CNE dos quais melhor resultará a apreensão da interligação entre estas duas entidades. Um dos pontos nucleares dessa confluência opera-se, quanto a nós e como aludimos, no quadro das atribuições e competência da CNE e da ERC relativamente ao tratamento jornalístico das candidaturas em períodos eleitorais e referendários, certo como é que as ideologias políticas perfilhadas pelas candidaturas permitem, também, o seu enfoque como correntes de pensamento que, efetivamente, são.

Por isso, e pelo que também se disse em 2., teremos de fazer umas breves considerações sobre o que são a CNE e a ERC, e a problemática da atuação destas duas entidades naqueles períodos; o que implicará, para melhor apreensão dos contornos desta última, que se acabe, oportunamente, por indicar algumas diretivas e deliberações da ERC, e respetiva fundamentação, sobre questões que, a nosso ver, competiriam à CNE.

3.2.1. *A Comissão Nacional de Eleições*

A Comissão Nacional de Eleições é um órgão da administração eleitoral com funções de regulação e de natureza disciplinar relativamente a todos os atos de recenseamento e de eleições para órgãos de soberania, das regiões autónomas e do poder local, bem como das eleições dos Deputados para o Parlamento Europeu e dos referendos (artigos 1º, nº 3, e 5º da Lei nº 71/78, de 27 de dezembro, artigo 16º da Lei nº 14/87, de 29 de abril, artigo 252º da Lei nº 15-A/98, de 3 de abril, e artigo 224º da Lei Orgânica nº 4/2000, de 24 de agosto).

Como já entendeu o Tribunal Constitucional, a CNE é «*um órgão sui generis de «administração eleitoral», autónomo relativamente ao Governo, e não integrado na organização administrativa deste dependente – um órgão que o legislador instituiu para justamente lhe confiar, em razão da mesma autonomia ou «independência», um conjunto de tarefas no domínio em causa que entendeu distrair ou retirar do âmbito de competência dos órgãos e agentes do Poder Executivo*" (Acórdão nº 165/85).

A CNE e os seus titulares são orgânica e funcionalmente independentes face a qualquer outro órgão de Estado, o que se traduz na inexistência de ordens ou instruções ou sequer de diretivas vinculantes, na ausência de controlo de mérito e na ausência de título representativo dos seus membros, pois estes não representam as entidades que os designaram, nem estão sujeitos a orientações destas.

Entre outras, é atribuição da Comissão Nacional de Eleições assegurar a igualdade de oportunidades de ação e propaganda das candidaturas – alínea d) do artigo 5º da Lei nº 71/78, de 27 de dezembro, o que envolve toda a atividade que vise diretamente ou indiretamente promover candidaturas, seja dos candidatos, dos partidos políticos, dos titulares dos seus órgãos ou agentes, das coligações ou dos grupos de cidadãos proponentes, bem como a que se desenvolve com vista aos atos referendários.

Neste âmbito é questão central o tratamento conferido pelos órgãos de comunicação social às diferentes candidaturas ou aos intervenientes no referendo, sendo da maior importância zelar por que as candidaturas beneficiem de uma cobertura jornalística igualitária.

A necessidade de garantir a igualdade e a não discriminação das candidaturas tem a sua origem no princípio de direito eleitoral, constitucionalmente consagrado, da igualdade de oportunidades e de tratamento das diversas candidaturas, proclamado na alínea b) do nº 3 do artigo 113º da Constituição da República Portuguesa, aplicável ao referendo por força do nº 9 do artigo 115º da Lei Fundamental.

Tal princípio basilar é reafirmado e desenvolvido nas várias leis eleitorais e dos referendos, exigindo-se dos órgãos de comunicação social que façam a cobertura das campanhas dando um tratamento jornalístico não discriminatório às diversas candidaturas ou aos partidos e grupos de cidadãos eleitores intervenientes na campanha para o referendo.

A igualdade de tratamento jornalístico das candidaturas e dos partidos políticos e grupos de cidadãos é, nas palavras do Supremo Tribunal de Justiça, um princípio estruturante face à importância que a informação representa no desenvolvimento de uma sociedade democrática e no papel que os partidos políticos e outras forças políticas desempenham na formação da opinião pública e da vontade popular. (cf. Acórdão de 04.10.2007, Proc. 07P809).

Os poderes fiscalizadores da CNE não se circunscrevem ao período restrito da campanha eleitoral. O controlo da CNE é exercido "*não apenas quanto ao acto eleitoral em si mas de forma abrangente de modo a incidir também sobre a regularidade e a validade dos actos praticados no decurso do processo eleitoral*" (Acórdão do TC nº 605/89).

"*É a especial preocupação em assegurar que estes actos (eleições e referendos), de crucial importância para um regime democrático, sejam realizados com a maior isenção, de modo a garantir a autenticidade dos seus resultados, que justifica a existência e a intervenção da CNE, enquanto entidade administrativa independente*" (Acórdão do TC nº 312/2008).

Os especiais deveres impostos aos órgãos de comunicação social em períodos eleitorais e referendários, em matéria de tratamento jornalístico das candidaturas ou de intervenientes no referendo, são exigidos a partir da publicação do decreto que marque a data do ato eleitoral ou do referendo, nos termos do artigo 1º da Lei nº 26/99, de 3 de maio (cf. ainda Acórdão do TC nº 391/2011).

3.2.2. *A Entidade Reguladora para a Comunicação Social*

A Lei nº 53/2005, de 8 de novembro, criou a Entidade Reguladora para a Comunicação Social (ERC), extinguindo a Alta Autoridade para a Comunicação Social, e aprovou os seus Estatutos. A ERC é uma pessoa coletiva de direito público, com natureza de entidade administrativa independente (artigo 1º da Lei nº 53/3005 e artigo 1º dos Estatutos).

A ERC exerce os necessários poderes de regulação e de supervisão de todas as entidades que, sob jurisdição do Estado Português, prossigam atividades de comunicação social em Portugal (artigo 6º dos Estatutos).

Constitui objetivo da regulação do sector da comunicação social, entre outros, promover e assegurar o pluralismo cultural e a diversidade de expressão das várias correntes de pensamento (alínea a) do artigo 7º dos Estatutos).

São atribuições da ERC, na parte ora relevante, garantir a efetiva expressão e o confronto das diversas correntes de opinião, em respeito pelo princípio do pluralismo e pela linha editorial de cada órgão de comunicação social (artigo 8º, alíneas d) e e) dos Estatutos).

O mencionado quadro legal tem consagração constitucional, dispondo o nº 1 do artigo 39º da CRP, sob a epígrafe "Regulação da comunicação social":

Cabe a uma entidade administrativa independente assegurar nos meios de comunicação social: (...) f) A possibilidade de expressão e confronto das diversas correntes de opinião (...).

3.2.3. Tratamento jornalístico das candidaturas e dos intervenientes nos períodos eleitorais e referendários, respetivamente

Entremos agora, especificadamente, para além do que a propósito da conceituação da CNE e da ERC se aludiu, no tratamento jornalístico das candidaturas e intervenientes nos referenciados períodos.

O princípio basilar, constitucionalmente garantido como se referiu já, da igualdade de oportunidades e de tratamento das diversas candidaturas a nível da comunicação social, é desenvolvido no DL nº 85-D/75, de 26 de fevereiro, e reafirmado nas várias leis eleitorais, vinculando todas as entidades públicas e privadas.

Idêntica exigência se encontra prevista na Lei Orgânica do Regime do Referendo, nomeadamente no seu artº 54º e sgs., em termos de ser conferido igual tratamento aos partidos e grupos de cidadãos eleitores intervenientes no esclarecimento das questões submetidas a referendo.

Recorrendo ao plasmado no DL nº 85-D/75, podemos retirar um conjunto de regras mínimas que asseguram a igualdade de tratamento das candidaturas, que sumariamente a seguir se descreve:

- Divulgação noticiosa obrigatória dos comícios, sessões de esclarecimento e propaganda, ou equivalentes, promovidos pelas diversas candidaturas, bem como do essencial das bases programáticas dos partidos políticos, coligações ou frentes, em obediência a diversos fatores;
- Às notícias ou reportagens de factos ou acontecimentos de idêntica importância deve corresponder um relevo jornalístico semelhante, quer ao nível de espaço, quer no que respeita ao aspeto e relevo gráfico;
- Não pode conceder-se maior destaque a determinadas candidaturas em detrimento das outras, com o fundamento, designada-

mente, na pretensa maior valia de um candidato e a irrelevância político-eleitoral de outro. Ao invés, impõe aquele dever que, sendo necessário, se faça investigação própria, sendo mesmo de exigir, nessa base, que, não havendo condições de garantir informação equivalente de todas as candidaturas, não se publique a de qualquer delas, em prejuízo das demais;
– Não podem adotar-se condutas que conduzam à omissão de qualquer uma das candidaturas presentes ao ato eleitoral, ignorando as respetivas ações de campanha;
– Na parte meramente noticiosa ou informativa, é expressamente proibido incluir comentários ou juízos de valor ou, de qualquer forma, dar um tratamento jornalístico tendente a defraudar a igualdade de tratamento das candidaturas, devendo as notícias ser transmitidas de forma objetiva;
– As matérias de opinião, de análise política ou de criação jornalística não podem assumir uma forma sistemática de propaganda de certas candidaturas e respetivas posições ou de ataque a outras e o espaço ocupado não pode exceder o que é dedicado à parte noticiosa e de reportagem;
– Deve ser recusada a publicação de textos que contenham matéria que possa constituir crime de difamação, calúnia ou injúria, ofensas às instituições democráticas e seus legítimos representantes ou incitamentos à guerra, ao ódio ou à violência.

As candidaturas que se considerem prejudicadas por algum órgão de comunicação social haver violado as disposições legais podem reclamar para a CNE em exposição devidamente fundamentada, a qual, após ouvir os interessados e promover as diligências consideradas necessárias, se concluir pela existência de elementos que possam indiciar a violação da lei, fará a competente participação ao Ministério Público (artigo 12º do DL 85-D/75).

No âmbito das eleições autárquicas e dos referendos, são da competência da CNE a apreciação e respetiva aplicação das coimas correspondentes a contraordenações praticadas por empresas de comunicação social, com recurso para a Secção Criminal do Supremo Tribunal de Justiça.

3.2.4. Do enquadramento exposto em 3.2.1., 3.2.2. e 3.2.3. decorre que:
- Os órgãos de comunicação social estão sujeitos, a todo o tempo, aos deveres de garantia e de promoção do <u>pluralismo político-partidário</u>, respeitando a efetiva expressão e o confronto das diversas correntes de opinião;
- Esses deveres intensificam-se em períodos eleitorais e referendários, em termos de se tornarem mais precisos e exigentes, impondo a lei que os órgãos de comunicação social confiram um <u>tratamento jornalístico igualitário</u> às candidaturas ou aos intervenientes na campanha para o referendo, o que envolve toda a atividade que vise diretamente ou indiretamente promover candidaturas, ideias ou opções políticas, desenvolvidas naqueles períodos temporais especiais.

Assim, de um **tratamento jornalístico plural**, exigível a todo o tempo, passa-se para um **tratamento jornalístico igualitário** nos períodos especiais de eleições e de referendos.

No primeiro caso, **compete à ERC** assegurar que os órgãos de comunicação social dão expressão à pluralidade de correntes de opinião e pensamento, designadamente através dos partidos políticos, como agentes centrais da vida política.

Em períodos eleitorais ou referendários, isto é, a partir da publicação do decreto que proceda à marcação das eleições ou dos referendos, **compete à CNE** intervir e garantir o tratamento jornalístico igualitário dos candidatos, dos partidos políticos e dos grupos de cidadãos eleitores.

Assim sendo, iniciado o período eleitoral ou referendário e em matéria de tratamento jornalístico político-eleitoral, afigura-se que a competência pertence em exclusivo à CNE e, em última instância, aos tribunais: *Tribunal Constitucional,* no caso de deliberações da CNE tomadas no decurso do processo eleitoral ou referendário, ao *Supremo Tribunal de Justiça,* no caso de aplicação de coimas, ou aos *tribunais comuns,* no caso de ações criminais.

Com efeito, o quadro legal que rege os processos eleitorais e referendários é de natureza **especial,** dele resultando deveres acrescidos ou mais exigentes do que aqueles que vigoram a todo o tempo e, por consequência, um regime sancionatório mais grave, tudo com vista a <u>reforçar a sua eficácia</u> no respeitante às campanhas eleitorais e referendárias.

Por isso, a análise do tratamento jornalístico em períodos eleitorais e referendários é necessariamente diferente da análise do pluralismo na sua vertente política, por ser mais exigente (porque impõe uma *igualdade* de tratamento e não um mero *pluralismo* político) e mais abrangente (por se dirigir a todas as atividades que promovam candidaturas/candidatos, no sentido de obter o voto, o que excede a atividade desenvolvida pelos partidos políticos a todo o tempo e, dentro destes, excede aqueles que têm representações em órgãos de soberania ou do poder local).

E essa atribuição está confiada à CNE, enquanto órgão superior da administração eleitoral, cuja relação com os restantes órgãos se encontra definida no artigo 7º da Lei nº 71/78, de 27 de dezembro: *"No exercício da sua competência, a Comissão Nacional de Eleições tem sobre os órgãos e agentes da Administração os poderes necessários ao cumprimento das suas funções"*.

3.2.5. Não obstante, basta atentar na **Diretiva da ERC 2/2009** de 29 de Julho de 2009, publicitada na sua página oficial, para se concluir que existe, efetivamente, a possibilidade de colisão entre os poderes da ERC e da CNE.

Com efeito, e apesar das diretivas da ERC não terem carácter vinculativo mas tão-só se destinarem a incentivar padrões de boas práticas, reza assim o texto daquela diretiva:

1. *É aplicável, nos períodos eleitorais, um princípio geral de igualdade de oportunidades de acção e propaganda das candidaturas durante as fases da pré--campanha e da campanha eleitoral, tal como consagrado na Constituição, na Lei e na jurisprudência dos tribunais.*

2. *Da aplicação deste princípio geral resulta que, durante os períodos eleitorais, não são invocáveis critérios que procurem "justificar" a presença de uma ou mais candidaturas, em detrimento de outras.*

3. *Este princípio é aplicável a todos os órgãos de comunicação social e, designadamente, àqueles que contem com colaboradores regulares em espaços de opinião, (inseridos ou não em blocos informativos, no caso da televisão), sob a forma de comentário, análise, coluna ou outra, pelo que deve ser garantida a todas as candidaturas, de forma eficaz, a igualdade de oportunidades acima referida.*

4. *Quando não assegurem tal tratamento, os órgãos de comunicação social que possuam como colaboradores regulares, em espaços de opinião, na qualidade de comentadores, analistas, colunistas ou outra forma de colaboração equi-*

valente, membros efectivos e suplentes das listas de candidatos aos actos eleitorais a realizar ainda no ano corrente – eleições Legislativas e Autárquicas – deverão suspender essa participação e colaboração desde a data de apresentação formal da lista da respectiva candidatura no Tribunal Constitucional até ao dia seguinte ao da realização do acto eleitoral.

5. *No caso da rádio e da televisão, são também abrangidas pelo disposto no número anterior as participações de candidatos noutros géneros de programas que lhes proporcionem visibilidade acrescida, nomeadamente de entretenimento ou culturais.*

6. *No que se refere a debates e entrevistas, sempre que estes ocorram, deverá ser assegurada a presença, ainda que não necessariamente simultânea, de representantes de todas as candidaturas.*

7. *O disposto nos números anteriores abrange os órgãos de comunicação social dos sectores da imprensa, rádio e televisão, de âmbito nacional, regional e local, os respectivos sítios na Internet e os jornais digitais.*

E o mesmo está, aliás, patenteado nas deliberações que a seguir se referem:

– Na **Deliberação 2/PLU-I/2007** a ERC, após uma análise preliminar da participação, concluiu que havia indícios de uma cobertura jornalística eventualmente discriminatória de candidatura à eleição da C.M. de Lisboa, em violação do disposto no artigo 49º da LEOAL e de que a competência para verificar a ocorrência do respetivo ilícito e aplicar a sanção era da Comissão Nacional de Eleições. Por isso, entendeu que deveria transitar para esta outra entidade reguladora, nessa matéria, a queixa em causa.

Todavia, face às competências que detém relacionadas com a garantia do pluralismo e do rigor e objetividade informativos, considerou ser defensável que a ERC apreciasse a participação, desde que o fizesse sob o prisma do desrespeito do dever dos periódicos de assegurarem uma informação plural e, sobretudo, uma informação rigorosa e objetiva.

Da análise que fez quanto à competência para intervir, transcrevem-se as seguintes passagens:

...Com efeito, se um determinado candidato é, ostensivamente, ignorado por um órgão de comunicação social, tal conduta consubstancia certamente um tratamento discriminatório – que viola, por isso, a lei eleitoral –, mas também um tratamento jornalístico que ignora o dever de assegurar uma informação plural

e que padece de falta de rigor e objectividade, em violação das normas deontológicas e ético-legais que devem nortear a actividade jornalística.

Na verdade, o jornalista deve procurar que a informação publicada tenha um conteúdo ajustado à realidade e com reduzido grau de indeterminação, o que pressupõe uma posição de distanciamento, neutralidade e de independência em relação ao acontecimento relatado e uma atitude não-discriminatória relativamente às fontes de informação e aos actores das notícias.

Além disso, e independentemente da argúcia da argumentação do denunciado, haverá que destacar, apenas, que na notícia objecto da presente Deliberação não foram convidadas onze pessoas, segundo o bom critério que o jornal entendesse estabelecer. Foram, isso sim (e como tal apresentados), convidados onze dos doze candidatos às eleições intercalares para a Câmara de Lisboa.

<u>Porém, prevendo expressamente a lei a competência da CNE para fiscalizar</u> o cumprimento do princípio da igualdade de tratamento das diversas candidaturas, com eventual aplicação dos correlativos mecanismos contraordenacionais, <u>entende o Conselho que não deve pronunciar-se, nesse específico contexto, sobre a participação subscrita pelo PNR.</u>

<u>Cumpre-lhe, sim, extrair as devidas ilações, no quadro de intervenção que lhe assiste, da forma como o periódico visado (in)cumpriu, in casu, as exigências decorrentes do respeito pelo rigor e pluralismo informativos.</u> O que se passa a fazer, em sede de deliberação...

– Na **Deliberação 4/PLU-I/2010** a ERC debruça-se sobre a *questão de saber se, no caso vertente, as atribuições e competências próprias da ERC se cruzam com as competências atribuídas pela Lei eleitoral à Comissão Nacional de Eleições,* que estabelece que no período eleitoral *"os órgãos de comunicação social que façam a cobertura da campanha eleitoral devem dar um tratamento jornalístico não discriminatório às diversas candidaturas",* dando assim concretização ao artigo 113º, nº 3, da CRP, que consagra o princípio de igualdade de oportunidades e de tratamento das diversas candidaturas.

E desenvolve da seguinte forma:

De acordo com o artigo 39, nº 1, alínea f), da CRP, "Cabe a uma entidade administrativa independente assegurar nos meios de comunicação social: a possibilidade de expressão e confronto das diversas correntes de opinião".

Também nos Estatutos da ERC, no artigo 7º, alínea a), se preceitua como objectivos da regulação "Promover e assegurar o pluralismo cultural e a diversidade de expressão das várias correntes de pensamento, através das entidades que pros-

seguem actividades de comunicação social sujeitas à sua regulação"", fazendo ainda parte das suas atribuições "Garantir a efectiva expressão e o confronto das diversas correntes de opinião, em respeito pelo princípio do pluralismo (...) ", tal como previsto no artigo 8º, alínea e).

Assim, <u>no espírito e na letra da lei está presente a ideia de essencialidade da intervenção da entidade reguladora em sectores particularmente sensíveis a valores como os da imparcialidade, rigor e pluralismo. É, pois, pelo prisma do dever dos periódicos de assegurarem uma informação plural, objectiva e rigorosa</u> (deveres previstos nos artigos 3º da Lei de Imprensa, aprovada pela Lei nº 2/99, de 13 de Janeiro, e 14º, nº 1, alínea a), do Estatuto dos Jornalistas, aprovado pela Lei nº 1/99, de 13 de Janeiro) <u>que este Conselho Regulador procederá à análise da queixa em apreço</u>.

É inquestionável a importância que o princípio do pluralismo, na sua vertente de pluralismo político-partidário, tem no quadro de um sistema político democrático. É através do conhecimento das diversas tendências ideológicas que podemos ter cidadãos mais esclarecidos e preparados para participarem no processo eleitoral. Papel de relevo assumem, neste contexto, os órgãos de comunicação social, enquanto veículos privilegiados de transmissão de informação.

O dever de pluralismo, a que estão adstritos os órgãos de comunicação social, assume importância redobrada em períodos eleitorais, onde deve ser dado, tanto quanto possível, espaço mediático equivalente aos vários actores políticos para que estes possam apresentar as suas ideias e debater os seus pontos de vista, sendo dever desta Entidade assegurar que os cidadãos tenham acesso a uma informação mais rica, isenta e diversificada.

4. Do que resulta que a ERC, salvaguardada embora pela intenção de garantir o pluralismo de correntes de opinião, nomeadamente políticas, acaba por interferir em matéria da exclusiva competência da CNE tal como é a garantia da igualdade de tratamento jornalístico das candidaturas e intervenientes em períodos eleitorais e referendários respetivamente.

É manifesto, pois, que se tem verificado uma colisão de poderes e subsequente conflitualidade entre as atuações daquelas duas entidades.

Sem embargo, face à imperatividade e clareza das normas citadas, pode entender-se que nesta, como noutras matérias que contendem com o domínio eleitoral, não há quaisquer conflitos de competências: as atribuições, os poderes e as competências específicas da Comissão Nacional de Eleições em período eleitoral não só não podem ser exercidas por terceiros como, por outro lado, ela detém sobre todos os órgãos e agentes da administração os poderes necessários ao seu exercício.

Na verdade, se o pluralismo da comunicação social, em geral, é o objeto essencial da ação do regulador, assegurar a igualdade de tratamento jornalístico das candidaturas em período eleitoral é atribuição própria da Comissão Nacional de Eleições, criada, primeiro, em lei eleitoral e, posteriormente, por lei especial aprovada pela Assembleia da República no exercício do seu poder exclusivo de legislar em matérias eleitorais. Este poder inclui, entre outros, o de desencadear processos sancionatórios através da Procuradoria da República ou de sancionar os agentes, proprietários e diretores dos órgãos de comunicação social quando se trata de contencioso de mera ordenação social – nas eleições autárquicas e referendos – sendo que, neste último caso, das decisões sancionatórias da Comissão Nacional de Eleições cabe recurso direto para a secção criminal do Supremo Tribunal de Justiça.

Este poder inclui também o de decretar providências cautelares na matéria, como recentemente o reconheceu o Tribunal Constitucional.

Se estas considerações se podem tecer para alicerçar a ideia de ausência de conflitualidade entre ERC e CNE, o certo é que o conteúdo político-doutrinário das candidaturas se insere, como não pode deixar de ser, em correntes de pensamento, domínio em que a ERC interfere por direito próprio. Por outro lado, todavia, não se pode ignorar – e isto deve ser sublinhado – que a igualdade de tratamento das candidaturas em processo eleitoral, nomeadamente a nível jornalístico, é elemento essencial para a aferição do caráter justo e livre da eleição, aferição que, em última e decisiva instância, não é feita por peritos, observadores ou quaisquer entidades, mas pelo sujeito da ação política, o povo, entendido como o conjunto de indivíduos e instituições que, em cada momento histórico, legitimam através do voto, ainda que teoricamente, o exercício do poder soberano. E a supervisão do processo eleitoral, como se disse, compete à CNE.

Sendo assim, como não há um instituto de regras para resolução dos conflitos de competência entre ERC e CNE, como os cidadãos e as candidaturas têm o inequívoco direito de saber com segurança e clareza a quem se hão-se dirigir para defenderem os seus direitos e como a inexistência de tais conflitos é um desiderato que a lei não pode deixar de prosseguir, é necessário consolidar uma orientação interpretativa de todo o sistema de normas aplicáveis capaz de arredar essa mesma conflitualidade.

Neste contexto, parece-nos que a interpretação que melhor conseguirá aquele desiderato será a seguinte:

Nos períodos eleitorais e referendários, isto é, a partir da publicação no DR do diploma que marque as eleições ou os referendos, é a CNE – dado que a al. d) do cit. art.º 5.º da Lei n.º 71/78 de 27 de dezembro não foi revogada pelos Estatutos da ERC – que tem competência para assegurar o tratamento jornalístico igualitário de todas as candidaturas e intervenientes, assim como para garantir, perante a comunicação social, o pluralismo de correntes de opinião político-partidárias (abrangentes de coligações ou grupos de cidadãos).

Na verdade, a falta daquele pluralismo pode traduzir-se numa diminuição das garantias do tratamento jornalístico igualitário, garantias estas que, como se viu, só à CNE dizem respeito.

E nem se diga que esta interpretação esvazia os poderes da ERC, já que, por um lado, eles ficam intocáveis fora daqueles períodos, por outro, as correntes de pensamento cuja pluralidade ela garante não se reduzem à política e, finalmente ainda, nunca será de esquecer que as campanhas eleitorais e referendárias são pilares da democracia que é, em última análise, a garante da multicultura em que se insere aquela pluralidade.

Não existe, pois, qualquer princípio hermenêutico que obste a tal entendimento. Ele é, a nosso ver, o que melhor salvaguarda as esferas de competência daquelas duas entidades à luz desta ideia básica e fundamental: o valor essencial a defender é o da democracia política, legitimada através do voto, já que dele dependem todas as outras liberdades. E essa defesa, não será demais repeti-lo, compete, sem sombra de dúvidas, à CNE.

Face a tudo o que se expôs, resulta legítima, a nosso ver, a conclusão de que seria inteiramente consentâneo, dentro do ordenamento jurídico vigente, que a ERC deliberasse no sentido de se excluir, «ab initio» e sem tergiversações de tomar conhecimento, nos referenciados períodos, de quaisquer queixas ou participações sobre tratamento jornalístico discriminatório de candidaturas ou intervenientes, remetendo-as, desde logo, para CNE «in totum», sem segmentar aquelas perspetivas e apropriar-se da que, erroneamente, entende ser-lhe atribuída.[6]

---

[6] Este entendimento tem plena fundamentação nos art.ºs 33.º e 34.º do Código do Procedimento Administrativo.

Se se disser, não obstante, que a interpretação defendida não é sustentável, de todo em todo, pela letra da lei, retorquiremos que o problema deveria passar, então, do plano do «de jure constituto» para o do «de jure constituendo» em termos de aquela ficar legalmente consagrada.

5. **Referem-se, seguidamente, alguns casos concretos de tratamento jornalístico das candidaturas em que a ERC, contra a nossa posição interpretativa defendida em 4.–, tomou posição e deliberou, bem como outras áreas de intervenção dos órgãos de comunicação social nos referenciados períodos onde podem verificar-se, também, pontos de conflitualidade.**

5.1. **Registo da atuação da ERC em períodos eleitorais/referendários no que se refere ao tratamento jornalístico das candidaturas**

Consultada a página oficial da ERC na internet, verifica-se que, naturalmente com a finalidade de garantir o *pluralismo político*, foram tomadas diversas deliberações que envolvem o tratamento jornalístico de candidatos ou entidades proponentes de candidaturas em períodos eleitorais e, inclusive, de partidos políticos ou grupos de cidadãos em períodos referendários.

5.1.1. *Deliberações*

Em sede de deliberações emitidas sobre factos ocorridos em períodos eleitorais e com referência a partidos políticos ou candidatos, são de registar as seguintes:

E nem se diga que esse mesmo entendimento se sobrepõe à competência da ERC, subtraindo-a, porque a existir qualquer violação do direito de resposta ela subsumir-se-á a uma conduta contraordenacional para a qual só aquela entidade teria competência – artºs 8º al. f) e 67º dos respetivos Estatutos. É que a liberdade de expressão, nomeadamente de propaganda politica nos períodos eleitorais e referendários (que os artºs 37º, 38º e 113º nº 3 al. b) da a CR consagram, bem como todas as leis eleitorais) como que consome, abrangendo-o, o direito de resposta; e, nesses períodos, e não só durante a campanha eleitoral, a fiscalização do exercício e efetivação dessa liberdade compete à CNE, incluindo a aplicação de coimas às respetivas contraordenações, por força do artº 1º da Lei nº 26/99 de 3 de Maio que veio estender a aplicação dos princípios reguladores de propaganda, que ela também consagra, à data da publicação do decreto que marque a data do ato eleitoral ou do referendo.

RN-11.02.2007
– **Deliberação 3/PLU-TV/2007 – Queixa do Partido Ecologista "Os Verdes" contra a RTP, relativa ao tratamento noticioso da conferência de imprensa do Conselho Nacional do Partido Ecologista "Os Verdes" do dia 6 de Janeiro de 2007**

O PEV alegou tratamento discriminatório e falta de pluralismo quanto à cobertura noticiosa da conferência de imprensa do Conselho Nacional do PEV do dia 6 de Janeiro de 2007 (que tinha como objetivo analisar a situação política nacional, nomeadamente quanto ao referendo sobre a Interrupção Voluntária da Gravidez a realizar em Fevereiro de 2007).

O período referendário, relativo ao referendo nacional de 11 de fevereiro de 2007, teve início em 30 de novembro de 2006.

A ERC promoveu o contraditório e procedeu à análise dos factos, tendo considerado que à data da conferência de imprensa não se aplicam as exigências adicionais de igualdade de tratamento dos partidos e grupos de cidadãos eleitores intervenientes, porque o período de campanha para o referendo se iniciou a 30 de Janeiro de 2007 e terminou em 9 de Fevereiro de 2007, e vale, por isso, a liberdade editorial do operador.

A ERC deliberou chamar a atenção da RTP para a obrigação de garantir um tratamento equilibrado das intervenções das diversas forças partidárias, em conformidade com os objetivos estipulados no Contrato de Concessão do Serviço Público e em cumprimento do dever de pluralismo a que está vinculada nos termos da Constituição e da Lei.

– **Deliberação 5/DF-I/2007 – Denúncia apresentada pela 'Plataforma Não Obrigada' contra a revista 'Sábado'**

Estava em causa a reportagem denominada 'Dentro do Não', publicada na edição de 8 de Fevereiro de 2007 (penúltimo dia da campanha).

A ERC promoveu o contraditório e procedeu à análise dos factos, considerando que, no que respeita à observância do pluralismo de opiniões e do princípio do seu igual tratamento, *deve observar-se que se trata, durante a fase da campanha referendária, de matéria da competência da Comissão Nacional de Eleições, nos termos do artigo 12º do Decreto-Lei nº 85-D/75, de 26 de Fevereiro, que, regulando o tratamento jornalístico às diversas candidaturas, expressamente remete para aquela sede a apreciação de eventuais violações desse diploma.*

Concluiu, assim, que não lhe cumpre a emissão de qualquer juízo sobre este específico aspeto, pela simples razão de ele ser absorvido, neste preciso quadro temporal – e só nele –, pelas competências de uma outra autoridade administrativa independente.

Quanto ao restante e considerando que a utilização de meios dissimulados de obtenção de informações não encontra justificação e que nas afirmações produzidas na peça foram excedidos os limites da imparcialidade exigível à jornalista, colocando-se, com isso, em causa o princípio pelo respeito pela isenção e rigor informativos, a ERC deliberou instar a 'Sábado' a salvaguardar devidamente aqueles princípios básicos do exercício da atividade jornalística.

AL-INT / C.M. Lisboa -15.07.2007
– Deliberação 2/PLU-I/2007 – Participação do Partido Nacional Renovador contra o jornal 24horas

No âmbito das eleições intercalares para a Câmara Municipal de Lisboa de 15 de julho de 2007, o PNR alegou que "*o periódico, ostensivamente, ao longo de toda a campanha, para além de não dar qualquer cobertura à actividade do PNR, nem sequer mencionou a existência da candidatura do nosso Partido*".

A ERC promoveu o contraditório e procedeu à análise dos factos, tendo concluído que os factos indiciavam uma cobertura jornalística eventualmente discriminatória da campanha eleitoral do PNR, em violação do disposto no artigo 49º da LEOAL e, ainda que não tivesse competência para aplicar a coima prevista na LEOAL (da competência da CNE) considerou defensável que a ERC apreciasse a participação do PNR, desde que o fizesse sob o prisma do desrespeito do dever dos periódicos de assegurarem uma informação plural e, sobretudo, uma informação rigorosa e objetiva. Assim entendeu que não devendo pronunciar-se, no específico contexto da igualdade de tratamento das diversas candidaturas, sobre a participação do PNR, cumpre-lhe extrair as devidas ilações, no quadro de intervenção que lhe assiste, da forma como o periódico visado incumpriu, in casu, as exigências decorrentes do respeito pelo rigor e pluralismo informativos, tendo deliberado:

1. Instar o diário 24horas a satisfazer escrupulosamente o respeito pela isenção informativa e pelo princípio da não discriminação;

2. Remeter o processo para Comissão Nacional de Eleições, entidade responsável pela apreciação e sancionamento dos casos de desrespeito do dever de tratamento igualitário das diversas candidaturas, em sede de campanha eleitoral.

Esta deliberação foi alvo de reclamação por parte do jornal "24horas", tendo dado origem à Deliberação 3/PLU-I/2007 de 20 de dezembro, que confirmou o teor da deliberação reclamada (e na qual a ERC teve de tecer considerações, de natureza interpretativa, sobre o disposto nos artigos 49º e 212º da LEOAL).

– Deliberação 6/PLU-TV/2007 – Queixa de António Garcia Pereira contra a SIC Notícias

O participante alegou tratamento discriminatório dado pela SIC Notícias à sua candidatura, em virtude da organização de um debate televisivo entre apenas algumas das candidaturas à Câmara de Lisboa, marcado para o dia 19 de junho de 2007 (já no período eleitoral).

A ERC considerou que o facto de o legislador não lhe atribuir competência para a aplicação de sanção específica relativa à violação da igualdade entre as diversas candidaturas *a inibe de apreciar tal situação de incumprimento de forma autónoma, fora do quadro mais alargado de desempenho da atividade televisiva.*

Apesar disso e, sem prejuízo das competências e esfera de ação próprias da CNE, O Conselho Regulador da ERC *reprovou de forma pública e veemente os termos em que a SIC Notícias se propõe realizar, hoje, o anunciado debate entre apenas alguns dos candidatos à Câmara de Lisboa, com assumida exclusão de cinco.*

– Deliberação 7/PLU-TV/2007 – Igualdade de oportunidades e não discriminação em período eleitoral

A ERC tomou esta deliberação genérica fundamentada no *teor de comentários e críticas produzidos no espaço público, a respeito da forma como alguns órgãos de comunicação social têm feito a cobertura jornalística da pré-campanha relativa às próximas eleições para a Câmara de Lisboa* e por verificar que *o tratamento dado às diversas candidaturas nem sempre se tem pautado pelo respeito do princípio elementar da igualdade de oportunidades e tratamento.*

Analisadas as queixas que lhe foram concretamente dirigidas pelos candidatos António Garcia Pereira e Helena Roseta, a ERC:

- Reiterou as preocupações expressas no seu comunicado de 19 de Junho último, estendendo-as, agora, ao conjunto dos órgãos de comunicação social que têm dado tratamento jornalístico discriminatório a algumas das candidaturas;

- Recomendou, em especial, ao serviço público de rádio e de televisão, no uso dos poderes específicos de escrutínio e regulação que assistem a este Conselho, a escrupu-

losa observância do princípio da igualdade de oportunidades e tratamento de todos os candidatos às presentes eleições autárquicas.

PE -07.06.2009
– Deliberação 2/PLU-I/2010 – Queixa da Direção da Organização Regional de Aveiro do Partido Comunista Português contra o Diário de Aveiro

O PCP alegou desigualdade de tratamento na cobertura jornalística das atividades e posições públicas assumidas, elencando um conjunto de peças jornalísticas do Diário de Aveiro sobre iniciativas e eventos partidários ocorridos entre março e julho de 2009 no distrito.

Saliente-se que o período eleitoral teve início no dia 24 de março, relativo às eleições do Parlamento Europeu de 7 de junho de 2009, e que estavam em causa diversos tipos de eventos do PCP, uns relacionados com as eleições do Parlamento Europeu (cujo período eleitoral estava em curso) ou com as eleições legislativas e autárquicas (ainda não marcadas), e outros relacionados com atividade corrente do partido (ex: jornadas parlamentares ou conferências de imprensa relativas a assuntos locais).

A ERC promoveu o contraditório e procedeu à análise dos factos, tendo apreciado, entre outros, a atuação do Diário de Aveiro em matéria de tratamento jornalístico não discriminatório das diversas candidaturas ao Parlamento Europeu e concluído que não foram apurados factos que provem ter existido por parte do Diário de Aveiro, relativamente ao PCP e à CDU, um tratamento contrário ao estabelecido pelo princípio da não discriminação durante a campanha eleitoral para o Parlamento Europeu.

Por fim, deliberou não dar provimento à queixa da DORAV do PCP contra o jornal Diário de Aveiro.

– Deliberação 21/CONT-TV/2010 – Participação da Comissão Política Regional da Madeira do Partido Social Democrata contra o serviço de programas RTP Madeira

A participação teve por objeto o noticiário das 21 horas da RTP-M, emitido nos dias 30 e 31 de maio de 2009, pela emissão de duas reportagens no âmbito da cobertura da campanha do PSD Madeira às eleições para o Parlamento Europeu, alegando que foram feitos comentários pouco abonatórios para o candidato.

Os referidos factos correram em período de campanha eleitoral.

A ERC procedeu à análise dos factos e deliberou arquivar a participação.

AR -27.09.2009
– Deliberação 4/PLU-TV/2010 – Participação de Manuel Monteiro, cabeça de lista do Partido Nova Democracia, pelo Círculo Eleitoral de Braga, nas Eleições Legislativas, contra o serviço de programas RTP N

O participante alegou que, no dia 4 de setembro de 2009, o serviço de programas RTPN promoveu um debate com alguns cabeças de lista às eleições legislativas, pelo círculo eleitoral de Braga e não foi convidado.

A ERC promoveu o contraditório, procedeu à análise dos factos e deliberou arquivar a participação, por entender que a exclusão de uma candidatura de um debate isolado dificilmente constitui fundamento apto a justificar a conclusão de que se verificou um défice de pluralismo e por ter constatado que a RTPN contemplou, no conjunto dos espaços de informação diária analisados e nos espaços de opinião, a presença de representantes das quinze candidaturas às eleições legislativas, cumprindo o princípio geral da igualdade de oportunidades das diferentes candidaturas.

AL -11.10.2009
– Deliberação 4/PLU-I/2010 – Participação de João Paulo Carvalho Guerreiro contra o jornal "O Alvaiazerense", por desrespeito pela Directiva 2/2009 do Conselho Regulador da Entidade Reguladora para a Comunicação Social, sobre a participação de candidatos a eleições em debates, entrevistas e outros espaços de opinião nos órgãos de comunicação social

O queixoso alegou que o jornal "O Alvaiazerense", ao ter publicado, na sua edição de 30 de Agosto de 2009, um artigo da autoria de Carlos Simões, então candidato a presidente da assembleia de freguesia de Maças de Caminho, e diretor do jornal "O Alvaiazerense", não respeitou o teor da Diretiva mencionada supra.

A ERC promoveu o contraditório e procedeu à análise dos factos e considerou que, uma vez que à data da edição em causa estava em curso o período eleitoral, o Denunciado deveria ter suspendido as funções editorialistas do diretor em conformidade com o disposto na Diretiva 2/2009, pois este era também candidato independente à presidência da assembleia de freguesia de Maçãs de Caminho, pelo que, *Não tendo suspendido como editorialista o diretor da publicação e candidato a presidente da assembleia de freguesia, o Denunciado violou os princípios da imparcialidade, rigor e pluralismo, a que estava adstrito, circunstância que colocou em objectiva desvantagem os restantes candidatos, por não lhes ter sido dada a oportunidade de se expressarem, em termos de opinião, nas páginas do jornal.*

A ERC deliberou:

1 – Instar o jornal "O Alvaiazerense" ao cumprimento de deveres de pluralismo durante os períodos eleitorais, em consonância com as recomendações da Diretiva da ERC 2/2009, de 29 de Julho de 2009;

2 – Advertir o jornal "O Alvaiarense" para o cumprimento dos deveres éticos e deontológicos que devem nortear a atividade jornalística, abstendo-se, designadamente, de publicar editoriais do diretor de jornal quando este assuma, simultaneamente, a condição de candidato, privilégio não conferido pelo jornal a outros candidatos ao mesmo órgão autárquico.

PR -23.01.2011
– Deliberação 3/PLU-TV/2011 – Queixa subscrita por Luís Filipe Botelho Ribeiro, contra a RTP, a SIC e a TVI, relativa a um pretenso tratamento informativo discriminatório das candidaturas às eleições para a Presidência da República e, em particular, aos debates a dois entre alguns candidatos a essa eleição, transmitidos por aquelas estações no período de pré-campanha eleitoral.

O participante alegou um tratamento discriminatório, por partes das televisões denunciadas, à sua alegada candidatura à Presidência da República (a não cobertura e não divulgação das iniciativas que foi promovendo e de que deu prévio conhecimento às direções de informação das denunciadas e a sua exclusão dos debates organizados entre alguns candidatos e transmitidos entre os dias 14 e 29 de Dezembro de 2010).

A ERC procedeu à análise dos factos e deliberou não dar provimento à queixa apresentada, determinando o respetivo arquivamento, por entender que é aos candidatos – e não aos meros pré-candidatos, como o Queixoso nunca deixou de ser – que, expressamente, se refere a letra da Lei nº 26/99 e a letra do Decreto-lei nº 319-A/76, de 3 de maio (LEPR).

AR -05.06.2011
- Deliberação 2/PLU-R/2011 – Participações relativas à edição do Fórum TSF de 28 de Abril de 2011, que teve como convidado José Sócrates enquanto candidato às Eleições Legislativas de 5 de Junho de 2011
O programa em causa foi emitido em período eleitoral, que teve início em 7 de abril de 2011.

A ERC promoveu o contraditório, procedeu à análise dos factos e deliberou *Não dar seguimento à Participação, determinando o respectivo arquivamento, por não haver indícios de desrespeito pelos deveres de garantia de uma programação e informação independentes do poder político ou económico, nem pelos deveres de pluralismo, rigor e isenção da informação, não se registando, assim, qualquer violação por parte da Denunciada dos seus deveres enquanto operador de rádio.*

- Deliberação 2/PLU/2011- Queixa do CDS-PP Açores contra a Lusa – Agência de Notícias de Portugal S.A.
No âmbito das eleições da Assembleia da República de 5 de junho de 2011, o CDS-PP alegou que *no dia 1 de Junho de 2011, em período de campanha eleitoral e sem qualquer justificação, a agência Lusa não deu cobertura a uma ação de campanha do cabeça de lista do CDS-PP pelo círculo eleitoral dos Açores.*

O período de campanha eleitoral decorreu entre 22 de maio e 3 de junho de 2011.

A ERC promoveu o contraditório, procedeu à análise dos factos e deliberou não dar provimento à participação recebida, por não se terem recolhido indícios suficientes no sentido de comprovar a violação do princípio do pluralismo político-partidário, e, ainda, informar a CNE da Deliberação, bem como da Queixa que a originou.

No final da apreciação pode ler-se: *Acresce que, por a Queixa remeter para o período de campanha, deverá ser dado conhecimento da presente Deliberação, bem como da participação que a originou, à Comissão Nacional de Eleições para que esta, caso o entenda justificado, analise a situação do seu prisma de competências.*

5.1.2. *Relatórios*
A ERC também procede à elaboração de **relatórios sobre a cobertura jornalística das eleições, com referência às candidaturas e aos candidatos**. Fê-lo nas eleições intercalares para a Câmara Municipal de Lisboa

de 15 de julho de 2007, nas eleições da Assembleia da República de 27 de setembro de 2009 e de 5 de junho de 2011 e, ainda, nas eleições do Presidente da República de 23 de janeiro de 2011.

Os resultados da análise da cobertura jornalística são registados em Relatórios, que posteriormente são adotados em Deliberações:

AL-INT/C.M. Lisboa/2007 – a análise feita incidiu sobre a cobertura realizada pelos blocos informativos das 20h00 dos serviços de programas de televisão, RTP1, SIC e TVI e, ainda, pela imprensa diária de expansão nacional (Correio da Manhã, Diário de Notícias, Jornal de Notícias, Público e 24 Horas), pelos semanários Expresso e Sol e pelo diário gratuito Destak (cf. Deliberação 9/PLU-TV/2007 e Balanço da Cobertura realizada pela Imprensa);

AR/2009 – a análise feita incidiu sobre a cobertura realizada pelos blocos informativos da noite da RTP1, RTP 2, SIC, TVI, RTPN, SIC Notícias e TVI 24, pela imprensa de âmbito nacional (Correio da Manhã, Jornal de Notícias, 24 Horas, Público, Diário de Notícias, I, Diário Económico, Weekend Económico, Jornal de Negócios, Expresso, Sol, Visão, Sábado, Focus) e, ainda, pelos serviços de programas de radiodifusão RDP – Antena 1, Rádio Renascença, TSF e Rádio Clube Português.

Na deliberação tomada (Deliberação 1/PLU/2010) a ERC identificou diversos aspetos com referência a cada um dos órgãos de comunicação social e classificou-os, um a um, como *positivo* ou *negativo*. No final, mais deliberou:

- Proceder à abertura de processo contraordenacional à publicação periódica Público e ao operador TVI, por recusa de colaboração com a ERC no envio dos elementos solicitados por ofício, relativos ao cumprimento da Diretiva 2/2009.
- Remeter à Comissão Nacional de Eleições os citados relatórios, atentas as atribuições daquela Entidade, para os efeitos tidos por convenientes.

PR-2011 – a análise feita incidiu sobre a cobertura realizada pelos principais blocos informativos da RTP1, RTP2, SIC e TVI e pela imprensa de expansão nacional (Correio da Manhã, Diário de Notícias, I, Jornal de Notícias, Público, Expresso e Sol). Deliberou:

- Adotar o relatório da cobertura jornalística das eleições presidências 2011, na televisão e na imprensa.

- Dar conhecimento à Comissão Nacional de Eleições do referido relatório, para os efeitos tidos por convenientes. (Deliberação 1//PLU/2011)

AR-2011 – a análise feita incidiu sobre a cobertura realizada pelos principais blocos informativos da RTP1, RTP2, SIC, TVI, Antena 1, Rádio Renascença, TSF e, ainda, pela imprensa Correio da Manhã, Diário de Notícias, Jornal de Notícias, Público, i, Expresso e Sol.

Foi emitida uma Nota à Imprensa em 8 de julho de 2011para divulgação dos **resultados da monitorização e análise da cobertura jornalística da campanha eleitoral** para as eleições legislativas antecipadas de 5 de Junho de 2011.

5.1.3. *Fundamentação invocada pela ERC*
Para a análise da cobertura jornalística das eleições é invocada a competência relacionada com a garantia do pluralismo, resultante das seguintes disposições legais:
- artigo 39º, nº 1, alínea f) da CRP: *assegurar a possibilidade de expressão e confronto das diversas correntes de opinião;*
- artigo 7º, alínea a), dos Estatutos – *promover e assegurar o pluralismo cultural e a diversidade de expressão das várias correntes de pensamento;*
- artigo 8º, alíneas d) e e) dos Estatutos – *garantir o respeito pelos direitos, liberdades e garantias* e *garantir a efetiva expressão e o confronto das diversas correntes de opinião, em respeito pelo princípio do pluralismo e pela linha editorial de cada órgão de comunicação social;*
- artigo 24º, nº 3, alíneas a) e ab) dos Estatutos – *fazer respeitar os princípios e limites legais aos conteúdos difundidos pelas entidades que prosseguem atividades de comunicação social, designadamente em matéria de rigor informativo e de proteção dos direitos, liberdades e garantias pessoais* e *assegurar a realização de estudos e outras iniciativas de investigação e divulgação nas áreas da comunicação social e dos conteúdos, no âmbito da promoção do livre exercício da liberdade de expressão e de imprensa e da utilização crítica dos meios de comunicação social.*)

Em especial, na Deliberação 1/PLU/2011 (relativa à cobertura jornalística no âmbito das eleições do Presidente da República de 2011) é referido que:

...o princípio da igualdade de oportunidades e tratamento entre as candidaturas a uma eleição tem clara consagração na nossa Ordem Jurídica – tanto na Constituição como nas leis eleitorais –, pelo que os órgãos de comunicação social, em especial o serviço público de televisão, devem tratar de forma igual, e sem discriminações, todos os candidatos, bem como as iniciativas que estes levarem a cabo;

...Relembrando que a ERC tem, por força da Constituição da República Portuguesa e dos seus Estatutos, competências relacionadas com a garantia do pluralismo;

...Considerando que, no uso dos poderes específicos de escrutínio e regulação que lhe assistem, cabe ao Conselho Regulador analisar as tendências e padrões da cobertura jornalística de actos eleitorais, proporcionando, deste modo, ao público em geral, mas sobretudo aos regulados, uma ferramenta de reflexão e diagnóstico que permita o aperfeiçoamento futuro da cobertura de um importante acto da democracia, como são as eleições.

A par das referidas disposições legais e para <u>apreciação das queixas e tomada de deliberações</u>, a ERC invoca as seguintes disposições legais dos Estatutos:
- artigo 7º, alínea d) – *Assegurar que a informação fornecida pelos prestadores de serviços de natureza editorial se pauta por critérios de exigência e rigor jornalísticos, efectivando a responsabilidade editorial perante o público em geral dos que se encontram sujeitos à sua jurisdição, caso se mostrem violados os princípios e regras legais aplicáveis;*
- artigo 8º, alíneas a) e j) – *Assegurar o livre exercício do direito à informação e à liberdade de imprensa* e *Assegurar o cumprimento das normas reguladoras das actividades de comunicação social;*
- artigo 24º, alíneas q) e t) – *Proceder à identificação dos poderes de influência sobre a opinião pública, na perspectiva da defesa do pluralismo e da diversidade, podendo adoptar as medidas necessárias à sua salvaguarda* e *Arbitrar e resolver os litígios que surjam no âmbito das actividades de comunicação social, nos termos definidos pela lei, incluindo os conflitos de interesses relacionados com a cobertura e transmissão de acontecimentos qualificados como de interesse generalizado do público que sejam objecto de direitos exclusivos e as situações de desacordo sobre o direito de acesso a locais públicos.*

Recorre, ainda, a competências próprias decorrentes do artigo 55º – *Qualquer interessado pode apresentar queixa relativa a comportamento susceptível de configurar violação de direitos, liberdades e garantias ou de quaisquer normas legais ou regulamentares aplicáveis às actividades de comunicação social* – e do artigo 64º, nº 1 – *O conselho regulador, oficiosamente ou mediante queixa de um interessado, pode adoptar decisões em relação a uma entidade individualizada que prossiga actividades de comunicação social* – (ambos do Estatuto).

Das várias deliberações tomadas pela ERC resulta, como regra, que aquela entidade, apesar de reconhecer a competência da CNE, procede à apreciação de factos ocorridos em períodos eleitorais e referendários que envolvam os partidos políticos, grupos de cidadãos ou candidatos e delibera sobre os mesmos, designadamente arquivando por falta de indícios de violação da lei (inclusive, das normas eleitorais).

Também é de salientar que, nos casos referidos, raramente deu conhecimento dos factos à Comissão Nacional de Eleições, mesmo quando concluiu existir violação da lei e advertiu o órgão de comunicação social visado.

5.2. Outras áreas de intervenção, nos referenciados períodos, dos órgãos de comunicação social onde poderá ocorrer, também, conflitualidade entre ERC e CNE

Liberdade de expressão e comunicação
Publicidade Comercial
Tempos de Antena
Divulgação de sondagens ou inquéritos de opinião
Intervenção na véspera e no dia da votação

5.2.1. *Liberdade de expressão e de informação*
Em todas as leis eleitorais é protegido o *princípio da liberdade de expressão e informação*, decorrente dos artigos 37º e 38º da CRP, numa norma com o seguinte teor:

1 – No decurso da campanha eleitoral não pode ser imposta qualquer limitação à expressão de princípios políticos, económicos e sociais, sem prejuízo de eventual responsabilidade civil ou criminal.

2 – Durante o período da campanha eleitoral não podem ser aplicadas às empresas que explorem meios de comunicação social, nem aos seus agentes, quaisquer sanções por actos integrados na campanha, sem prejuízo da responsabilidade em que incorram, a qual só pode ser efectivada após o dia da eleição.[7]

---

[7] Cf. Artigos 48º da LEPR, 58º da LEAR, 60º da LEALRAA, 61º da LEALRAM e 42º da LEOAL.

O mesmo se encontra previsto nas leis que regulam os referendos:
Durante o período de campanha para o referendo não pode ser movido qualquer procedimento nem aplicada qualquer sanção a jornalistas ou a empresas que explorem meios de comunicação social por actos atinentes à mesma campanha, sem prejuízo da responsabilidade em que incorram, a qual só pode ser efectivada após o dia da realização do referendo. [8]

A liberdade de expressão é um dos direitos fundamentais consagrados na CRP e consiste no direito de cada cidadão exprimir e divulgar livremente o seu pensamento através da palavra, da imagem ou de qualquer outro meio. É um instrumento inerente ao exercício das demais liberdades (liberdade de opinião, informação e propaganda), na medida em que todas elas necessitam da livre expressão e intercâmbio de ideias e opiniões para se concretizarem.

Abrange uma vertente *negativa*, que se traduz em a mesma não poder sofrer impedimentos nem discriminações, mas também uma vertente *positiva*, que se concretiza no direito à expressão.

O exercício deste direito encerra em si mesmo o direito de acesso, em condições de igualdade, aos meios de expressão, mormente os de comunicação social. Devido ao seu constante exercício pelos cidadãos, partidos políticos e candidatos, encontra-se em múltiplas ocasiões em colisão com o exercício de demais direitos, liberdades e garantias.

A liberdade de informação tem por objeto o direito que a todos assiste de informar, de se informar e de ser informado, sem impedimentos nem discriminações. O exercício pleno desta liberdade, nas suas três vertentes, é imprescindível no acompanhamento dos processos eleitorais, contribuindo para um melhor esclarecimento dos cidadãos.

Ao impossibilitar a aplicação de sanções às empresas que explorem meios de comunicação social durante o período legal de campanha, o legislador pretendeu garantir a liberdade de informação durante este período sensível que antecede a realização de uma eleição.

No entanto, o facto de se encontrar vedada a aplicação de sanções não significa que haja impedimento à intervenção oportuna da CNE no sentido de fazer respeitar as disposições vigentes em matéria de tratamento jornalístico das candidaturas, uma vez que é lícito a toda a autoridade

---

[8] Artigo 48º da LORR (com conteúdo semelhante, o artigo 46º da LORL).

pública tomar medidas provisórias que, face a comprovado perigo de inobservância com sequências irreparáveis, acautelem ou, no mínimo, exerçam pressão no sentido de acautelar o respeito pela lei.

Aliás, esta intervenção vai ao encontro de uma recomendação da OSCE no sentido de que as participações relacionadas com órgãos de comunicação social devem ser avaliadas ainda antes do dia da eleição de modo a permitir uma resolução em tempo útil (Relatório produzido pela missão de observação eleitoral levada a cabo pela OSCE, aquando da eleição dos Deputados à AR de 27/09/2009).

Foi o que ocorreu no âmbito da eleição da ALRAM de 09/10/2011, perante o comportamento de dois jornais, tendo a CNE emitido injunções em vista a impedir, ainda em tempo útil, considerando a proximidade do ato eleitoral, que pudessem continuar a praticar atos suscetíveis de violar o DL nº 85-D/75, de 26 de fevereiro.

5.2.2. *Publicidade Comercial*

Dispõem todas as leis eleitorais e dos referendos que a partir da publicação do decreto que marque a data da eleição ou convoque o referendo é proibida a propaganda política feita direta ou indiretamente através dos meios de publicidade comercial.

A referida proibição existe no nosso ordenamento jurídico desde 1975, com a entrada em vigor do DL nº 85-D/75, de 26 de fevereiro (artigo 10º).

A única exceção prevista na lei diz respeito à publicidade redigida, permitindo-se os anúncios de realizações ou iniciativas de campanha, desde que não ultrapassem o tamanho determinado na lei (1/8 ou ¼ de página, consoante os casos) e se limitem a utilizar a denominação, símbolo e sigla da força política e as informações referentes à realização anunciada.

A CNE tem entendido que as estações de rádio de âmbito local podem emitir *spots*, cujo conteúdo seja idêntico ao previsto para a imprensa, mediante a análise prévia de cada caso.

De entre os meios de publicidade comercial, encontram-se, assim, os órgãos de comunicação social, competindo-lhes zelar pelo cumprimento da referida norma proibitiva.

A violação da norma relativa à publicidade comercial, prevista em cada lei eleitoral, pune as entidades promotoras e as empresas proprietárias dos órgãos de comunicação social. Em eleições autárquicas e nos referendos, compete à CNE aplicar as coimas correspondentes, com recurso para a Secção Criminal do Supremo Tribunal de Justiça.

5.2.3. *Tempos de Antena*

Os órgãos de comunicação social (operadores de televisão e de rádio, públicas e privadas, definidos em cada lei eleitoral) estão obrigados a emitir tempos de antena de candidatos a Presidente da República ou representantes por si nomeados, partidos políticos, coligações e grupos de cidadãos concorrentes, bem como dos intervenientes no referendo nacional.

A organização e distribuição dos tempos de antena são competência da CNE (à exceção das eleições autárquicas, que cabe ao tribunal da comarca).

Neste âmbito, são deveres das estações de televisão e de rádio:
– Reservar diariamente os tempos de emissão definidos na lei;
– Indicar o horário das emissões à CNE (ou ao tribunal da comarca, em eleições autárquicas);
– Informar as forças políticas do prazo limite de entrega do material de gravação e de quais as características técnicas dos respetivos suportes;
– Assinalar o início e o termo dos blocos dos tempos de antena com separadores do exercício do direito de antena (Exemplificando: "Os tempos de antena que se seguem são da exclusiva responsabilidade dos intervenientes", "Os tempos de antena transmitidos foram da exclusiva responsabilidade dos intervenientes");
– Identificar o titular do direito de antena no início e termo da respetiva emissão, através da sua denominação (Exemplificando: "Tempo de antena da candidatura do partido x).
– Assegurar aos titulares do direito de antena o acesso aos indispensáveis meios técnicos para a realização das respetivas emissões, se for o caso;
– Registar e arquivar, pelo prazo de um ano, as emissões correspondentes ao exercício do direito de antena.

O exercício do direito de antena de qualquer candidatura é suspenso, entre outros, se forem usadas expressões ou imagens que possam constituir difamação ou injúria, ofensa às instituições democráticas, apelo à desordem ou à insurreição ou incitamento ao ódio, à violência ou à guerra ou se for feita publicidade comercial.

A suspensão, que é independente de responsabilidade civil e criminal e é requerida ao Tribunal Constitucional pelo Ministério Público por iniciativa própria ou por solicitação da CNE ou de qualquer candidatura interveniente, pode ir de um dia ao número de dias que faltarem para o termo da campanha e será observada em todas as estações televisivas e radiofónicas, mesmo que a infração se verifique apenas numa delas.

O Estado, através do Ministério da Administração Interna, compensa as estações de rádio e de televisão pela utilização do tempo de antena correspondente às emissões, mediante o pagamento de quantias constantes de tabelas fixadas por comissões arbitrais e homologadas pelo Governo.

O não cumprimento dos deveres relacionados com a emissão de tempos de antena constitui contraordenação punível com coima, cuja aplicação cabe à CNE, em todos os atos eleitorais e referendários.

5.2.4. *Divulgação de sondagens ou inquéritos de opinião*

É proibida a publicação, difusão, comentário, análise e projeção de resultados de qualquer sondagem ou inquérito de opinião, direta ou indiretamente relacionados com atos eleitorais ou referendários, **desde o final da campanha até ao encerramento das urnas em todo o País, competindo à ERC a aplicação da respetiva coima, em caso de violação** [artigos 10º nº 1 e 17º nº 1 alínea e) da Lei nº 10/2000, de 21 de junho].

A realização de sondagens no dia da eleição ou de realização de referendo, junto dos locais de voto, sobre a intenção de voto dos eleitores, a denominada *sondagem à boca das urnas*, está expressamente prevista na lei (artigo 11º da Lei nº 10/2000).

A sua concretização está sujeita a regras específicas, **competindo à CNE autorizar a realização de sondagens em dia de ato eleitoral ou referendário, credenciar os entrevistadores indicados para esse efeito e fiscalizar o cumprimento das respetivas regras, bem como anular, por ato fundamentado, autorizações previamente concedidas** (artº 16º da Lei nº10/2000 de 21 de junho).[9]

---

[9] A referenciada ideia de que a fiscalização dos especiais deveres impostos aos órgãos de comunicação social em períodos eleitorais e referendários – que, logicamente, culminam no próprio dia da eleição – compete à CNE tem manifesta expressão nesta norma, que bem

A difusão dos resultados destas sondagens nos órgãos de comunicação social só pode ter lugar a partir das 20 horas (hora de fecho das urnas nos Açores), competindo à ERC verificar o cumprimento desta regra e aplicar a respetiva coima.

5.2.5. *Intervenção na véspera e no dia da votação*

O dever de respeito pelo chamado *período de reflexão*, véspera e dia de eleição ou referendo, tem por objetivo impedir que haja uma ingerência no processo de formação ou determinação da consciência política dos cidadãos, devendo estes dias ser preservados de qualquer tipo de mensagem de conteúdo propagandístico.

Neste âmbito, cabe aos órgãos de comunicação social abster-se de transmitir notícias, reportagens ou outros programas e anúncios que possam ser entendidos como promoção de uma determinada candidatura ou candidaturas.

A informação veiculada pelos órgãos de comunicação social naquele período deve nortear-se pela ausência de referências à eleição e ao combate eleitoral.

Os agentes dos órgãos de comunicação social podem deslocar-se às assembleias ou secções de voto para a obtenção de imagens ou de outros elementos de reportagem, devendo, para o efeito:

a) Identificar-se perante a mesa antes de iniciarem a sua atividade, exibindo documento comprovativo da sua profissão e credencial do órgão que representam;
b) Não colher imagens, nem de qualquer modo aproximar-se das câmaras de voto a ponto de poderem comprometer o carácter secreto do sufrágio;
c) Não obter outros elementos de reportagem que possam violar o segredo do voto, quer no interior da assembleia, quer no exterior dela;
d) De um modo geral não perturbar o ato eleitoral.

As imagens ou outros elementos de reportagem obtidos nos termos referidos só podem ser transmitidos após o encerramento das assembleias ou secções de voto.

---

pode servir de básico argumento sistemático para fundamentar a interpretação que sufragámos.

O incumprimento das normas que preveem as regras acima indicadas é sancionado pela CNE, através de participação ao Ministério Público ou de aplicação da coima correspondente, consoante os casos.

Lisboa, 18 de maio de 2013

Algumas referências bibliográficas
«Manual de Direito Constitucional-Preliminares, O Estado e Sistemas Constitucionais» – 9ª ed. Jorge Miranda
«Teoria do Estado e da Constituição», Jorge Miranda
«Filosofia do Direito e do Estado», Cabral de Moncada
«A Explosão da Comunicação Social», Philippe Breton/Serge Proulx
«Casos e Temas de Direito da Comunicação», Manuel Teixeira Victor Mendes
«Marketing Político», Lourdes Martins Salgado
«O Campo dos Media», Adriano Duarte Rodrigues
«O Processo de Persuasão Política», Paula Espírito Santo
«Política & Jornais – Encontros Mediáticos», Isabel Nery
«A Democracia Virtual», Léo Scheer
«Mass Media», Pierre Sorlin
«O Poder da Imagem», René Huyghe
«Introdução à Análise da Imagem», Martine Joly
«A Sociedade do Espectáculo», Guy Debord
«A Sociedade Transparente» de Gianni Vattimo, Edições 70, 1991
«A Imaginação Simbólica» de Gilbert Durand, Edições 70, 2000
«Teleantropos» de Emanuel Dimas de Melo Pimenta, Editorial Estampa, 1999

A Actividade Jornalística
à Luz da Jurisprudência Penal[*]

FREDERICO DE LACERDA DA COSTA PINTO[**]

I. O «império da lei» e o papel da jurisprudência penal na resolução de conflitos axiológicos

1. É sabido que o Direito Penal corresponde a uma área do sistema jurídico onde os argumentos de legalidade são particularmente relevantes. Não há crime nem há pena sem lei e esta deve ser expressa e prévia em relação aos factos que se propõe valorar. De igual modo, o exercício da acção penal é em regra legalmente vinculado quer na promoção, quer na não promoção do processo.

A interiorização destes valores corresponde a uma dimensão essencial do Estado de Direito, com dignidade constitucional (artigo 29º, nº 1, da Lei Fundamental), e tem atrás de si uma pretensão de controlo fundamental sobre o exercício do poder punitivo do Estado, revelando-se uma garantia efectiva da segurança dos cidadãos (protecção da confiança).

---

[*] Texto correspondente à comunicação apresentada ao I Curso de Pós-graduado sobre Direito da Comunicação Social, organizado pelo ICJF (FDUL) e a ERC, na Faculdade de Direito da Universidade de Lisboa, em 25 de Maio de 2013.
[**] Doutor em Direito. Professor convidado da FDUNL. Assessor do Conselho Directivo da CMVM. O presente texto expressa ideias exclusivamente pessoais que em caso algum podem ser atribuídas à CMVM.

A génese desta exigência de legalidade no direito penal encontra-se claramente na teorização da segunda escolástica sobre os limites das «leis odiosas» (lei penais, leis fiscais e leis que anulavam contratos), sendo incorporada no conceito de crime pelos penalistas da Renascença, assumida e desenvolvida depois pelos jusracionalistas iluminados e, através deles, afirmada depois pelos teóricos do Estado e pelos criminalistas do Iluminismo[1]. Entre nós, a sua formulação inequívoca encontra-se pelo menos em meados do século XVIII (1754) em João Tomás de Negreiros, sendo assumida algumas décadas depois também por Melo Freire e Ribeiro dos Santos, aquando do debate sobre o projecto do novo código de direito público (1789) e no projecto de código criminal apresentado a D. Maria II (1786)[2].

2. Com um lastro como este, de cerca de quatro séculos, a paulatina afirmação do princípio da legalidade criminal tem levado muitas vezes à secundarização da actividade judicial: por razões de estratégia política (como aconteceu no Iluminismo, em que a sobrevalorização da lei constituiu uma forma de limitar o poder dos juízes, conotados com o Antigo Regime), como estratégia de afirmação científica da doutrina (como se verificou em boa parte do século XX) ou como efeito erosivo de uma imprensa que, nas suas visões parciais e pouco informadas, distorce não raras vezes a imagem do funcionamento do poder judicial. Efeito acentuado (com raras excepções) pela notória incapacidade de comunicação da generalidade das autoridades judiciárias com os meios de informação.

3. Esta desvalorização da actividade judicial não tem, contudo, qualquer adesão à realidade. As decisões dos tribunais são espaços de resolução de conflitos e de vivência da lei penal absolutamente decisivos para a compreensão e modelação do Direito vigente. Através delas estabiliza-se,

---

[1] Informação e desenvolvimentos sobre esta linhagem histórica em FREDERICO DE LACERDA DA COSTA PINTO, *A categoria da punibilidade na teoria do crime*, Tomo I, Coimbra: Almedina, 2013, p. 88 e ss. Para o estudo da constitucionalização desta garantia, JOSÉ DE SOUSA E BRITO, «A lei penal na Constituição», *in* Jorge Miranda (coord.), *Estudos sobre a Constituição*, vol. II, Lisboa: Petrony, 1978, p. 197 e ss. A sua leitura e implicações actuais podem ver-se em JORGE DE FIGUEIREDO DIAS, *Direito Penal. Parte Geral*, 2ª edição, Coimbra: Coimbra Editora, 2007, p. 177 e ss.

[2] FREDERICO DE LACERDA DA COSTA PINTO, *A categoria da punibilidade* (cit. nt 1), Tomo I, p. 170 e ss.

clarifica-se e delimita-se o âmbito da lei e, dessa forma, a extensão das condutas proibidas. Por vezes, confirma-se, nega-se ou reconstrói-se o direito legislado e resolvem-se conflitos axiológicos de dimensão significativa. As decisões dos tribunais têm assim um alcance jurídico e temporal que transcende o conflito que procuram resolver: adquirem um valor persuasivo e argumentativo para casos futuros e para a compreensão do âmbito da lei. Ao ponto de se poder afirmar que, pelo menos em alguns ramos do Direito, quem não conhecer as tendências jurisprudenciais não conhece verdadeiramente o Direito vigente nessas áreas[3].

4. Se há domínio em que estas funções da jurisprudência são particularmente evidentes é o campo do direito penal de imprensa, designadamente na resolução do conflito entre a *liberdade de informar* e os limites decorrentes da *tutela penal de bens jurídicos fundamentais*[4]. A importância das decisões judiciais vai ao ponto de, em algumas matérias, os tribunais formularem *regras de conduta* que devem ser seguidas para evitar a ilegalidade da actividade jornalística ou de censurarem comportamentos, integrando-os claramente na esfera de vigência da lei (o que vale por dizer que os proíbem ou que confirmam a sua proibição legal).

É exactamente isso que se pretende documentar com o presente texto, através do qual procurarei responder à questão de saber em que medida têm os tribunais portugueses contribuído para delimitar a actividade jornalística regulada por lei. Como se poderá ver – concorde-se ou não – as decisões tribunais portugueses têm efectivamente delimitado aquilo que os jornalistas podem ou não podem fazer no exercício da liberdade de imprensa. Vejamos em que termos.

---

[3] Sobre os problemas e a importância do desenvolvimento judicial do direito, LARENZ, *Metodologia da Ciência do Direito*, 2ª edição, tradução de José Lamego, Lisboa: Fundação Calouste Gulbenkian, 1989, p. 433 e ss. Com um enquadramento mais vasto, CASTANHEIRA NEVES, «O princípio da legalidade criminal. O seu problema jurídico e o seu critério dogmático», *Digesta*, volume 1º, Coimbra: Coimbra Editora, 1995, p. 349 e ss.

[4] Para o enquadramento destas tensões axiológicas, MANUEL DA COSTA ANDRADE, *Liberdade de imprensa e inviolabilidade pessoal. Uma perspectiva jurídico-criminal*, Coimbra: Coimbra Editora, 1996, p. 28 e ss e 191 e ss; JOSÉ DE FARIA COSTA, *Direito Penal da Comunicação. Alguns escritos*, Coimbra: Coimbra Editora, 1998, p. 45 e ss. Elementos de grande interesse sobre vários casos reais que ilustram esta conflitualidade encontram-se ainda em FRANCISCO TEIXEIRA DA MOTA, *O Tribunal Europeu dos Direitos do Homem e a Liberdade de Expressão*, Coimbra: Coimbra Editora, 2009.

II. O direito de informar e a violação do segredo de justiça

5. As duas últimas décadas do século XX foram particularmente tensas quanto à relação entre a liberdade de imprensa e o regime legal do segredo de justiça. Tensão alimentada pela proliferação de uma série de casos em que a comunicação social revelava conteúdos processuais sujeitos a segredo de justiça, invocando para tal a liberdade de imprensa, e por alguma incerteza jurídica quanto à questão de saber se os jornalistas estavam ou não sujeitos aos deveres de reserva inerentes ao regime legal desse segredo. Dúvidas que, em minha opinião, não tinham razão de ser à luz do tipo legal do artigo 371º do Código Penal e do regime processual de sujeição legal do inquérito criminal a segredo: a liberdade de imprensa da comunicação social tem como limite constitucional directo a relevância criminal dos factos, e os jornalistas, podendo invocar segredo das fontes, não podem contudo divulgar informação processual sujeita a segredo de justiça enquanto este durar[5]. Regime que já vigorava antes da reforma penal de 2007, razão pela qual a sua explicitação no tipo legal do artigo 371º do Código Penal não se traduziu em encontrar uma incriminação nova[6].

O que, em sim mesmo, não impede o exercício da liberdade de imprensa, pois a comunicação social é livre de investigar e divulgar o facto histórico com relevância noticiosa; o que não pode é usar o processo penal sujeito a segredo de justiça como fonte de informação para o efeito[7].

6. A jurisprudência portuguesa continuou a reflectir estas tensões, assumindo, contudo, nos últimos anos, uma maior clareza quanto à questão de saber se os jornalistas se incluem ou não no círculo normativo dos destinatários das normas relativas ao segredo de justiça ou se este, diversamente, vincula apenas os sujeitos e participantes processuais.

Dos vários arestos publicados, podemos ter em conta para o efeito um proferido ainda antes da reforma de 2007 e outro depois da mesma.

---

[5] Desenvolvimentos em FREDERICO DE LACERDA DA COSTA PINTO, «Segredo de justiça e acesso ao processo» in *Jornadas de Direito Processual Penal e Direitos Fundamentais,* coord. científica de Maria Fernanda Palma, Coimbra: Almedina, 2004, p. 66 e ss.
[6] Assim, FREDERICO DE LACERDA DA COSTA PINTO, «Publicidade e segredo na revisão do Código de Processo Penal», *Revista do CEJ* 9 (2008), p. 39 e ss.
[7] Assim, MEDINA DE SEIÇA, *Comentário Conimbricense do Código Penal,* dir. Jorge Figueiredo Dias, volume III, Coimbra: Coimbra Editora, 2001, artigo 371º, anotação § 10 (p. 650).

Assim, o *acórdão do Tribunal da Relação de Guimarães*, de 24.01.2005 (Miguez Garcia) considerou que um jornalista que publica conteúdos de um processo em fase final de inquérito sujeito a segredo de justiça incorre no crime respectivo à violação desse segredo. Para o efeito, considerou irrelevante a identificação da forma como o arguido acedeu ao conteúdo do acto processual ou a ausência de contacto com o processo enquanto interveniente formal no mesmo. Essencial seria, na sua perspectiva, a obtenção dos elementos processuais e a sua divulgação ilegítima durante a vigência do segredo[8].

O mesmo entendimento está subjacente ao *acórdão do Tribunal da Relação do Porto*, de 09-02-2009 (Maria Leonor Esteves), quando afirma que as alterações de 2007 ao texto do artigo 371º do Código Penal e ao regime do segredo de justiça, previsto no artigo 86º do Código de Processo Penal, não implicaram a descriminalização da conduta relativamente a factos praticados antes daquela data.

Pode com alguma segurança afirmar-se que actualmente a jurisprudência nacional inclui os jornalistas no âmbito da proibição penal de divulgação do conteúdo de actos processuais sujeitos a segredo de justiça. E, em consequência, vigora para estes uma proibição de divulgação do conteúdo desses actos enquanto durar o regime de segredo (que, actualmente, se for decretado, vigora apenas na fase do inquérito).

III. Liberdade de imprensa e tutela da honra e do bom nome

7. A liberdade de imprensa revela igualmente uma particular aptidão para entrar em colisão com bens jurídicos pessoais como a imagem, o bom nome, a credibilidade socioprofissional ou a reputação. Não só pelo conteúdo das revelações feitas como também pela forma como certas informações são destacadas, empoladas ou exageradas em relação a esses conteúdos. O que pode resultar, por exemplo, dos termos usados num texto, de uma imagem associada ao mesmo, de expressões usadas num título ou de alguma imprecisão histórica na narrativa desenvolvida ou na notícia divulgada[9].

---

[8] Este e os demais acórdãos que se citam ao longo do texto encontram-se em *www.dgsi.pt*.
[9] Sobre o tema, logo no início da vigência do novo Código Penal, JORGE DE FIGUEIREDO DIAS, «Direito de informação e tutela da honra no Direito Penal de Imprensa português», *RLJ* ano 115º, 1982/1983, p. 100 e ss. Agora, salientando as lacunas da lei vigente em função da evolução tecnológica, MANUEL DA COSTA ANDRADE, «A tutela da imagem na Alemanha

Casos desta natureza motivam não raras vezes a apresentação de queixas criminais por atentados à honra e ao bom nome dos visados ou a instauração de acções cíveis para reparação de danos sofridos, isoladamente ou em conjunto.

8. O *acórdão do Tribunal da Relação de Lisboa*, de 11-09-2012 (João Ramos de Sousa), apesar de ter sido proferido por uma secção cível, relaciona-se com matéria com relevância penal e apresenta um conjunto de conclusões de grande significado prático para a condução e valoração jurídica da actividade jornalística.

O caso que contempla pode sintetizar-se do seguinte modo: um meio de comunicação social divulga uma notícia de acordo com a qual tinha sido apresentada na Procuradoria-Geral da República uma participação criminal contra o presidente de uma entidade pública, por alegada violação de segredo de justiça e acesso indevido a dados pessoais. A pessoa visada pela suposta participação criminal (o presidente da entidade em causa) considerou tais factos atentatórios da sua honra, consideração profissional e percurso curricular.

O Tribunal veio a considerar improcedente o pedido de indemnização deduzido, fazendo prevalecer a legitimidade da notícia e a liberdade de imprensa em detrimento da sua limitação. Mas, simultaneamente, teceu várias considerações sobre o exercício da liberdade de imprensa que se traduziram na formulação de regras de conduta para os jornalistas, clarificando desse modo as fronteiras da primeira e ilustrando algumas permissões de actuação para os segundos.

Assim, reconheceu, por exemplo, que a liberdade de imprensa comporta a possibilidade de serem usados alguns meios – como destaques, frases isoladas, organização gráfica da notícia – que podem implicar algum exagero da notícia ou alguma provocação do destaque. Em segundo lugar, admitiu ainda que incorrecções ligeiras numa notícia não põem em causa o exercício da liberdade de imprensa, pois – afirma – o jornalista não é um historiador e muito menos um tribunal a apurar factos. Finalmente, considerou que existem limites para os erros factuais ou as

---

e em Portugal (esboço comparatístico, em busca de um novo paradigma normativo)», *in Direito Penal, Fundamentos dogmáticos e político-criminais, Homenagem ao Prof. Peter Hünerfeld*, Coimbra: Coimbra Editora, 2013, p. 735 e ss.

imprecisões toleráveis, afirmando que a liberdade de imprensa não lhes poderia dar cobertura em caso de consciência da falsidade desses factos ou de uma investigação negligente por parte do jornalista.

Em suma, a liberdade de imprensa implica a liberdade de apresentar os conteúdos da forma que o jornalista considerar mais adequada e a investigação jornalística não tem que ser exaustiva e rigorosa como uma actividade científica ou uma indagação judicial, mas deve respeitar padrões de boa-fé e de diligência profissional, sendo por isso incompatível com a divulgação consciente de notícias incompletas ou falsas ou cuja investigação não tenha respeitado as regras deontológicas da profissão.

IV. Filmagem de arguidos detidos: exposição pública, direito à imagem e intromissão na vida privada?

9. Uma constelação de casos que tem motivado particulares divergências na sua análise e valoração consiste na captação e divulgação de imagens de arguidos em situações públicas, como a entrada e saída de tribunais, o seu transporte policial ou a filmagem (ou fotografia) da detenção em si mesma.

O *perp walk*, na terminologia do sistema norte-americano (*perpretator walk* ou, em tradução não literal, a exposição pública do arguido), condensa em si todas as tensões e contradições do sistema judicial (e policial) na sociedade de informação. De um lado, o propósito de evidenciar a eficácia do sistema penal e da actuação policial, procurando obter ganhos de credibilidade e (no caso do sistema norte-americano) a captação de potencial eleitorado para o apoio a políticas securitárias. Acabando na prática por criar uma pressão invisível sobre o sistema judicial, expondo-o à censura pública se a sentença final não for congruente com a imagem de culpabilidade instalada socialmente, pois «o efeito-de-pelourinho»[10] incide directamente sobre o arguido e reflexamente sobre as instâncias judiciárias. Do outro, a preservação do direito à imagem do arguido (com a inerente proibição de humilhações públicas) e necessidade de evitar a derrogação mediática da presunção de inocência, através da sua exibição em contextos de associação explícita ou semiótica a inferências de culpabilidade (acompanhamento policial com manifestações de contacto e

---

[10] MANUEL DA COSTA ANDRADE, *Liberdade de imprensa e inviolabilidade pessoal* (cit. nt. 4), p. 55 e ss.

controlo físico, uso de algemas, indumentária prisional, posicionamento em sala de audiências, etc.)[11].

10. No *acórdão do Tribunal da Relação de Lisboa*, de 24.01.2007 (Ricardo Silva), foi julgado um caso que permite convocar este problema e estas valorações.

Em síntese, uma cadeia de televisão filmou um detido (suspeito de ter esfaqueado e morto uma mulher) à saída do tribunal, sem ter o seu consentimento. O crime tinha causado grande repercussão social na comunidade e isso justificava o acompanhamento noticioso do caso feito pela estação de televisão. Esta foi condenada no âmbito de um processo de contraordenação instaurado pela Alta Autoridade para a Comunicação Social ao pagamento de uma coima, por ter violado os limites da liberdade de informação. O caso subiu à Relação de Lisboa, em recurso da decisão proferida pelo 3º Juízo Criminal de Oeiras de manter a decisão sancionatória da autoridade administrativa.

Não sendo um caso especificamente criminal, tem grande interesse para aferir a relevância da liberdade de imprensa num processo sancionatório de direito público (processo de contra-ordenação).

Para o efeito, o Tribunal da Relação de Lisboa ponderou se existia ou não o desrespeito da liberdade de imprensa por derrogação dos limites da liberdade de programação e se ocorreria uma violação da intimidade da vida privada e do direito à imagem, como poderia resultar da decisão recorrida. Às duas questões a resposta oferecida pela Relação de Lisboa foi negativa. Assim, considerou, por um lado, que o envolvimento de uma pessoa num processo de natureza penal coloca tal matéria «manifestamente fora da esfera de protecção do direito à reserva da vida privada, pelo que a violação noticiosa desse envolvimento não é lesiva desse direito» (*loc. cit.*, pag. 9). À segunda questão, contrapôs, por outro lado, a verificação de uma excepção de notoriedade do visado, relativa a uma situação pública (envolvimento num processo criminal) e de interesse público (pags 10 a 12). Por estas razões, acabou por concluir que a conduta da estação televisiva não realizava o tipo legal de infracção imputada, anulando a decisão condenatória anterior (pag. 15).

[11] Sobre o tema e o debate nos Estados Unidos da América, com muita informação, MATT TOPOROWSKI, «When Cameras become as Deadly as Guns: The Constitutionality of Perp--Walks», 2011, texto disponível em *www.nyls.edu*, em 25 de Novembro de 2013.

O caso documenta de forma expressiva a tensão entre o direito à imagem e o exercício da liberdade de imprensa. A argumentação usada pelo Tribunal da Relação é convincente quanto à exclusão da matéria do domínio da reserva da vida privada, mas pode perder algum valor persuasivo quando invoca a exclusão da tipicidade a partir do simples envolvimento num processo, pois esse é exactamente o ponto problemático que dificilmente pode constituir também o critério de solução do caso. A relativa compressão do direito à imagem só é plausível quando se aceite que também o cidadão comum ganha o estatuto de notoriedade (ocasional) a partir do envolvimento num processo criminal, o que significa que essa cláusula não pode ser entendida de forma estática e fechada, mas sim aberta à dinâmica dos acontecimentos sociais[12]. E tendo sempre como limite intransponível a oposição expressa do visado ou das autoridades judiciárias.

V. Uso de câmaras ocultas numa reportagem sobre «doping» no desporto

11. A utilização de câmaras ocultas em reportagens jornalísticas constitui actualmente uma das matérias mais controvertidas nos meios da comunicação social de vários países. Um tema que, também entre nós, gera reacções que vão da censura e interdição à tolerância pontualmente justificada, em alguns casos de estado de necessidade ou de interesse público atendível, sem olvidar que tal opção por meios ocultos (que expõem o interlocutor do jornalista a uma situação de engano e de vulnerabilidade, com subsequente exposição pública) desafia critérios deontológicos e convoca valorações fundamentais, também atinentes ao Direito Penal[13].

---

[12] Sobre a possibilidade de variação subjectiva do círculo da notoriedade na sociedade de informação, MANUEL DA COSTA ANDRADE, *Liberdade de imprensa e inviolabilidade pessoal* (cit. nt. 4), p. 158 e 190, e p. 250-252, quanto à exclusão de tais matérias da reserva da vida privada, e p. 261 e ss, quanto à delimitação o círculo da notoriedade histórico-social.

[13] De grande interesse para o efeito é a DELIBERAÇÃO nº 6-Q/2006 da ENTIDADE REGULADORA PARA A COMUNICAÇÃO SOCIAL, que versando sobre um caso real (uma reportagem televisiva feita a partir de imagens captadas numa escola de forma oculta para parte dos intervenientes) adopta (não sem pontuais divergências) a Recomendação 3/2006, de 27 de Julho, disponível em *www.erc.pt*, em 25 de Novembro de 2013.

12. No *acórdão do Tribunal da Relação de Lisboa*, de 10-03-2004 (Manuel Braz) foi tratado um caso que implicou um conjunto de decisões jurídicas sobre a possibilidade de uso de câmaras ocultas em reportagens.

Em síntese, um jornalista fez-se passar por dirigente desportivo regional e filmou de forma oculta uma conversa com um médico – suspeito em vários círculos sociais e judiciais de alimentar um circuito clandestino de *doping* – no consultório deste. Nesse contacto, o jornalista obteve conselhos sobre o uso de *doping*, foram referidos casos em que o médico esteve envolvido e, por sugestão do médico, acabou por adquirir um lote de anfetaminas para «os seus atletas». O filme foi depois difundido na televisão numa reportagem sobre o tema.

Os jornalistas envolvidos foram condenados em primeira instância por crime de difamação agravada (artigos 180º, nº 1 e 183º, nº 3, do Código Penal). Contudo, o Tribunal da Relação de Lisboa, no acórdão citado, anulou em recurso a decisão condenatória da primeira instância e absolveu-os, considerando que (1) a prova era proibida («utilização de um meio enganoso») para ser usada contra o médico, mas que (2) era admissível para sustentar a defesa dos arguidos (em nome da prossecução do interesse público). Acrescentou ainda que os jornalistas não tinham que confirmar os factos de envolvimento do médico noutros casos de *doping* porque tal não lhes era verdadeiramente exigível (tratava-se, em sua perspectiva, de matéria policial).

13. Neste acórdão o Tribunal da Relação de Lisboa fez eco de uma distinção fundamental no domínio das provas proibidas e autonomizou o direito de defesa dos jornalistas perante a imputação do crime de difamação agravada. Para além disso, reconheceu a aplicabilidade de uma causa de justificação específica, prevista no artigo 180º, nº 2, do Código Penal, relativa à prossecução de interesses legítimos[14] na obtenção e divulgação

---

[14] Sobre o conteúdo, fundamento e limites desta causa de justificação, veja-se Augusto Silva Dias, *Alguns aspectos do regime jurídico dos crimes de difamação e injúrias*, Lisboa: AAFDL, 1989, p. 38 e ss; Manuel da Costa Andrade, *Liberdade de imprensa e inviolabilidade pessoal* (cit. na nt. 4), p. 317 e ss, e p. 380 e ss; Maria da Conceição Valdágua, *A dirimente de realização de interesses legítimos nos crimes contra a honra* (separata de CEJ (org.), *Jornadas de Direito Criminal. Revisão do Código Penal*), Lisboa: CEJ, 1998, maxime p. 246-251; agora, Paulo Pinto de Albuquerque, *Comentário ao Código Penal, 2ª edição*, Lisboa: UCP, 2010, artigo 180º, anotação 15 e ss; José de Faria Costa, *Comentário Conimbricense do Código Penal*, direc-

da informação relativa ao circuito clandestino do comércio e uso de substâncias dopantes.

As duas linhas de argumentação do Tribunal merecem inteira concordância. É correcta a separação entre a prova proibida (porque obtida com um meio enganoso, como previsto no artigo 126º, nº 2 do Código de Processo Penal) para efeitos de aferição da responsabilidade do médico (nos processos em que o mesmo responda) e o exercício do direito de defesa dos jornalistas no processo em que são arguidos. É que as gravações ocultas realizadas pelos jornalistas são usadas no processo em que estes respondem por difamação agravada como meios de prova da causa de justificação de realização de interesses legítimos e da boa-fé dos jornalistas quanto à verdade dos factos (conhecidos em parte por contacto directo com o visado) e estão por isso ao serviço da defesa e não da incriminação do médico em causa[15]. Por outro lado, trata-se de revelar ao público em geral a existência de um circuito clandestino e ilícito de comercialização de substâncias dopantes, cujo uso adultera a verdade desportiva, põe em perigo a saúde dos atletas e expõe os dirigentes à usura comercial de quem vende os produtos. Factos cujo conhecimento e divulgação correspondem à realização de interesses legítimos, com tutela jurídica inequívoca, exactamente aqueles que são postos em causa com o tráfico destas substâncias, e o interesse público em conhecer informativamente essa realidade e lhe pôr termo por vias legais.

De notar, finalmente, que não tem que ser realizada prova plena sobre os factos em causa, como bem nota o Tribunal, pois não se trata de responsabilizar o médico (naquele ou noutro processo com base nessa prova) mas de aferir a legitimidade de actuação dos jornalistas e a sua defesa perante a imputação de uma denúncia caluniosa. Para o efeito, não é necessária a prova plena: basta a comprovação da existência de indícios objectivos e sérios de que tal facto é verdadeiro para a dirimente de realização de interesses legítimos ter efeitos[16].

ção de Jorge de Figueiredo Dias, Tomo I, 2ª edição, Coimbra: Coimbra Editora, 2012, artigo 180º, anotações de § 37 e ss.

[15] Para uma leitura desta função de defesa das provas proibidas que, em tal caso, passam a ser meios de prova admissíveis, LUIS BÉRTOLO ROSA, «Consequências processuais das proibições de prova», *RPCC* 20 (2010), p. 251 e ss.

[16] Neste sentido, expressamente, MARIA DA CONCEIÇÃO VALDÁGUA, *A dirimente de realização de interesses legítimos* (cit. nt. 14), p. 248.

VI. Quebra judicial de segredo de jornalista

14. O envolvimento dos jornalistas em processos criminais pode implicar a sua intervenção em três qualidades distintas: podem surgir como ofendidos e assistentes, podem ser indicados como testemunhas ou podem ser visados como arguidos.

A questão que se coloca é a de saber se o seu estatuto processual tem ou não relevância para a matéria da quebra de sigilo profissional a que o jornalista está vinculado[17] e se o regime se altera perante diferentes estatutos processuais.

No caso de ser ofendido ou assistente é pouco provável que seja invocado o segredo de jornalista, na medida em que isso poderia frustrar a sua pretensão de impulsionar o processo. De qualquer modo, se o problema se suscitar o regime é equivalente à invocação de segredo por uma testemunha (*ex vi* artigo 145º, nº 3, do CPP): invocação do segredo, aferição judicial da legitimidade dessa escusa e eventual recurso para a quebra o mesmo pelo tribunal superior (artigo 135º do CPP)[18].

Problema distinto é o de saber se tal incidente de quebra pode ter lugar quando o jornalista é arguido no processo. A jurisprudência portuguesa revela em regra alguma relutância na promoção da quebra do segredo de jornalista, pelos valores que estão em causa. Mas, de qualquer modo, a quebra do segredo quando o jornalista é arguido segue um regime completamente distinto daquele em que a quebra do segredo é suscitada quando o jornalista é testemunha. Vejamos porquê.

15. O *acórdão do Tribunal da Relação do Porto*, de 05-07-2006 (Luis Gominho) analisou uma situação em que o Ministério Público na fase de inquérito solicitou a quebra do segredo profissional do jornalista que tinha tido acesso a elementos de um processo sujeito a segredo de justiça que depois publicou. Inquirido – na qualidade de arguido – sobre as fontes da sua informação, o jornalista invocou o regime de segredo, o que motivou o incidente de quebra promovido pelo Ministério Público. Os autos subiram à Relação do Porto que considerou, por unanimidade, que o incidente de quebra do segredo profissional não podia ser desen-

---

[17] Cfr. artigo 11º (sigilo profissional) da Lei nº 1/93, de 13 de Janeiro, que contém o Estatuto do Jornalista, alterado e republicado pela Lei nº 64/2007, de 6 de Novembro.
[18] Em pormenor, PAULO PINTO DE ALBUQUERQUE, *Comentário do Código de Processo Penal*, 4ª edição, Lisboa: UCP, 2011, artigo 135º, anotações 1 e ss, em especial anotação 24.

cadeado em relação a jornalistas quando estes têm no processo a qualidade de arguidos.

Ou seja, o Tribunal considerou que o estatuto de arguido e o seu direito ao silêncio se sobrepõem ao regime do segredo profissional. O que bem se compreende: o exercício do direito ao silêncio pelo arguido não admite entre nós qualquer modalidade de quebra por decisão judicial e, por isso, carece de sentido promover a quebra do segredo jornalístico quando o arguido (jornalista) em caso algum poderia ser obrigado a falar.

16. Diferente é a situação quando o jornalista surge no processo como testemunha. Nesse caso, a lei já admite a quebra do segredo por intervenção judicial superior, nos termos acima descritos. Mas a quebra do segredo jornalístico gera quase sempre tensões jurídicas que expressam os interesses em conflito: de um lado, a necessidade de descoberta da verdade material no âmbito do processo e, do outro, a preservação do segredo das fontes enquanto dimensão fundamental da liberdade de imprensa num Estado de Direito, com garantia constitucional explícita (artigo 38º, nº 2, alínea b), da Constituição)[19].

A tensão entre os dois corpos de valores fez-se por exemplo sentir no *acórdão do Supremo Tribunal de Justiça*, de 09-02-2011 (Santos Cabral), a partir do seguinte caso: um jornal divulgou no seu *site* um filme que documentava uma cena de indisciplina numa sala de aula. O JIC pretendeu saber quem tinha entregado o filme aos jornalistas. O director do jornal invocou o sigilo profissional. Seguiu-se o incidente de quebra e a Relação dispensou o jornalista do segredo, determinando a prestação de depoimento. Houve recurso para o STJ que, em apertada síntese, decidiu nos seguintes termos: o sigilo profissional do jornalista é – reconheceu o Supremo – uma garantia institucional da liberdade de informar e envolve relações de lealdade entre o jornalista e a fonte. Contudo, no caso concreto, foi confirmada a quebra do segredo por tal se revelar essencial para a descoberta da verdade e por estar em causa um ilícito penal amplificado com a divulgação pública e a continuação do segredo.

---

[19] Sobre os contornos deste regime de segredo, PAULO PINTO DE ALBUQUERQUE, *Comentário do Código de Processo Penal* (cit. nt. 18), artigo 135º, anotação 24. Desenvolvimentos em JOÃO ZENHA MARTINS, «O segredo jornalístico, a protecção das fontes de informação e o incidente processual de quebra de escusa de depoimento», *RMP* 108 (2006), p. 83 e ss.

A decisão não foi pacífica, tendo existido votos em sentido contrário. Compreensivelmente, diga-se, porque os argumentos usados para quebrar o segredo neste caso se fossem generalizados acabariam por inutilizar o sigilo das fontes em todo e qualquer processo, já que a descoberta da verdade material no processo é um objectivo permanente. A função pública da não revelação das fontes do jornalista (um regime ao serviço da liberdade de imprensa)[20] exige, em primeiro lugar, uma ponderação nítida, expressiva e inequívoca sobre a real necessidade da quebra do segredo das fontes no caso concreto; depois, a comprovação fundamentada da maior dignidade dos interesses a prosseguir com o sacrifício do anonimato das mesmas e, em terceiro lugar, a demonstração de que a revelação das fontes constitui o meio adequado para garantir a protecção de tais interesses.

Só uma comprovação do interesse preponderante feita nestes termos (ou equivalentes) pode constituir um ponto de equilíbrio aceitável entre os interesses em conflito[21]. Tanto mais que o sigilo profissional dos jornalistas tem particularidades que o tornam diferente de outros segredos profissionais: surge configurado como um dever específico da profissão, não respeita à informação (pois esta, mesmo sigilosa, deve ser divulgada) mas sim à sua fonte e adquire uma conotação pública enquanto componente da liberdade de imprensa no Estado de Direito[22].

VII. Direito de crítica e liberdade de imprensa

17. É inequívoco que a liberdade de imprensa implica também liberdade de juízo crítico[23]. O jornalista não se limita necessariamente a revelar factos e histórias: essa selecção expressa em si mesma uma certa valoração dos factos; mas, para além disso, especialmente em algumas áreas, é inevitável (e esperável) que a descrição factual seja apoiada ou acompanhada de uma leitura crítica da realidade que justifique essa mesma

---

[20] João Zenha Martins, (cit. nt. 19) *RMP* 108 (2006), p. 91 e ss.
[21] Sobre as formas de concretizar o interesse preponderante nestes casos, em pormenor, João Zenha Martins, (cit. nt. 19) *RMP* 108 (2006), p. 117 e ss.
[22] João Zenha Martins, (cit. nt. 19) *RMP* 108 (2006), p. 101 e ss.
[23] Sobre esta associação, Manuel da Costa Andrade, *Liberdade de imprensa e inviolabilidade pessoal* (cit. nt. 4), p. 232 e ss.

divulgação noticiosa e evidencie critérios de valoração, como acontece em relação à apreciação da actuação de políticos ou de poderes públicos[24].

Tais juízos críticos podem colidir com a pretensão de respeito inerente à tutela da honra, da credibilidade, do prestígio ou da confiança social e profissional das pessoas e entidades, como aconteceu no caso tratado pelo *acórdão do Tribunal da Relação de Lisboa*, de 24.01.2013 (Fernando Estrela): um jornalista e comentador político escreveu um artigo em que relatou as relações e interesses negociais entre um membro do governo e uma empresa privada de construção que realizava obras públicas. O jornalista escreveu na sua crónica semanal que os contratos celebrados eram um mau negócio para o Estado e que ele próprio se sentia roubado pelos intervenientes e seus advogados.

Tratava-se da questão de saber se existia ou não com a publicação de tal escrito um crime de ofensa à credibilidade, prestígio ou confiança das pessoas e entidades envolvidas (art. 187º do Código Penal). O Tribunal deu uma resposta negativa, considerando, por um lado, que a crítica era objectiva e continha opiniões fundamentadas e, por outro, que o comportamento correspondia ao uso da liberdade de expressão e ao direito de crítica em nome de interesses públicos. Em conclusão, não existia crime por falta de tipicidade.

A legitimidade do direito de crítica é, em minha opinião, indissociável da qualidade da investigação jornalística, da fundamentação dos juízos de valor e da garantia de audição prévia da opinião dos visados. O que não limita antes reforça o direito de crítica como componente essencial da liberdade de imprensa, pois dessa forma não se legitimam condutas que violem os padrões de diligência profissional.

A conclusão a que o Tribunal chegou no caso em apreço só se pode sufragar e os seus fundamentos assentam na legitimidade da crítica objectiva (portanto, não pessoalizada), nos interesses públicos envolvidos, na importância da sua apreciação política e na fundamentação factual dos juízos de valor formulados.

---

[24] MANUEL DA COSTA ANDRADE, *Liberdade de imprensa e inviolabilidade pessoal* (cit. nt. 4), p. 237 e ss e p. 307 e ss, sobre os fundamentos e limites desta liberdade de crítica.

Nota final

18. Os tribunais portugueses têm (bem ou mal, consoante a avaliação que se faça de cada caso) clarificado o âmbito da lei penal relativamente aos jornalistas. Essa clarificação tem assumido duas dimensões distintas: por um lado, declarando a sujeição dos jornalistas a normas de conduta do Direito Penal (por exemplo, as normas que impõem o respeito pelo segredo de justiça) e, por outro, estabelecendo a concordância prática entre os interesses conflituantes que se revelam em cada uma das situações analisadas. Designadamente, neste último caso, resolvendo as tensões entre a liberdade de imprensa e limites decorrentes da tutela penal da honra, entre o direito de informar e o direito à imagem, entre o direito de informar e respeito pelo segredo de justiça ou entre a liberdade de crítica e a pretensão social ou profissional de respeito.

Noutro plano, o segredo jornalístico (em especial o sigilo das fontes) parece assumir entre nós um valor reforçado, na lei (pelas suas diferenças em relação a outros segredos profissionais) e na jurisprudência (pela cautela exigida quanto à revelação das fontes). Raramente a quebra desse segredo é assumida de forma pacífica nos tribunais colectivos.

Das decisões dos tribunais resultam ainda por vezes normas de conduta com valor (pelo menos) persuasivo, normas que sugerem como podem os jornalistas proceder e o que não podem os jornalistas fazer.

Significa isto que, para além daquilo que a Constituição e a lei proclamam sobre a liberdade de imprensa, é também no dia-a-dia da comunicação social e nas decisões judiciais que a mesma se confirma ou se nega. Como parte essencial do Estado de Direito.

A Publicidade na Televisão

LUÍSA ROSEIRA[*]

O presente texto tem por base as notas que serviram de suporte à aula que foi leccionada no curso de Pós-graduação sobre Direito da Comunicação Social da Faculdade de Direito da Universidade Lisboa, ao lado de ilustres académicos e magistrados, circunstância que muito me honrou.

A minha intervenção, dedicada ao tema "Publicidade na Televisão", continha na sua apresentação uma forte componente prática, suportada na exposição e no visionamento de peças exemplificativas dos vários conceitos de publicidade televisiva consagrados na "*Lei da Televisão e dos Serviços Audiovisuais a Pedido*".

A divulgação por esta via da referida intervenção fica, em grande medida, empobrecida pela natural ausência daquele suporte digital. Não obstante, proponho-me, nas páginas que se seguem, apresentar, em traços gerais, o regime jurídico da publicidade na televisão.

I. Prólogo

A razão de ser da regulamentação jurídica da publicidade advém, desde logo, de duas necessidades fundamentais: a proteção dos consumidores e a tutela das empresas concorrentes do anunciante.

[*] Vogal do Conselho Regulador da ERC

No que diz respeito à primeira vertente, aquela que será aqui objeto de uma breve análise, a proteção dos consumidores merece «tutela constitucional», sendo os consumidores titulares de um direito constitucional consagrado no artigo 60º da Constituição da Republica Portuguesa (CRP). É interessante analisar, desde logo, a própria geografia desta tutela que, na revisão constitucional de 1989, abandonou o seu lugar originário, a constituição económica, passando a ter assento na Parte I da CRP.

Segundo Gomes Canotilho e Vital Moreira[1] *"a requalificação constitucional dos direitos dos consumidores não é, de resto, senão um reflexo do crescimento da importância dos consumidores no contexto dos denominados «direitos de terceira geração», tanto a nível nacional, como a nível da União Europeia, bem como o desenvolvimento da codificação do direito do consumo."*.

A publicidade é alvo de tratamento no nº 2 do supracitado artigo 60º da CRP segundo o qual *"a publicidade é disciplinada por lei, sendo proibidas todas as formas de publicidade oculta, indireta ou dolosa"*. Duas notas importantes se extraem desta disposição: a reserva de lei, ao determinar a disciplina da publicidade por via legal e a referência a dois dos princípios basilares da publicidade o **princípio da identificabilidade** e o **princípio da veracidade**.

Até 1980 existia uma lacuna no ordenamento jurídico português, pois este não regulava especificamente a matéria da publicidade. Assim, no ano de 1980, surge a primeira legislação nacional "publicitária" – o DL nº 421/80, de 30 de setembro – que acolheu diversas normas disciplinadoras de atividade publicitária buscadas na lei francesa, inglesa, irlandesa, italiana, espanhola e brasileira. Esta legislação está relacionada com o movimento da *defesa do consumidor*, iniciado na década de 60 pelo Presidente norte-americano John F. Kennedy, que, todavia, só merece desenvolvimento em Portugal depois da Constituição de 1976.

Em 1983, aquele diploma viria a ser revogado pelo DL nº 303/83, de 28 de junho, que visava principalmente compaginar esta regulamentação jurídica com o DL nº 433/82, de 27 de outubro, o qual institui o regime geral das contraordenações.

Subsequentemente, em 1990, depois da adesão de Portugal à Comunidade Económica Europeia (CEE), surge o atual regime jurídico da

---

[1] J. J. Gomes Canotilho e Vital Moreira, "Constituição da República Portuguesa Anotada", vol. I, Coimbra Editora 2007, anotação ao artigo 60º.

publicidade, comumente conhecido como Código da Publicidade – DL nº 330/90, de 23 de outubro – no qual o legislador nacional reconhece a crescente importância e alcance da publicidade na atividade económica procedendo, também, a uma harmonização com a legislação comunitária referente a esta matéria, mediante a transposição das Diretivas 84/450//CEE e 89/552/CEE, relativa à coordenação de certas disposições legislativas, regulamentares e administrativas dos Estados-membros quanto ao exercício da atividade de radiodifusão televisiva, conhecida como *Diretiva Televisão sem Fronteiras*, e a Convenção Europeia sobre a Televisão Transfronteiriça.

O Código da Publicidade já sofreu, até ao presente, mais de uma dezena de alterações, a última das quais em 2012, através da Lei da Televisão e dos Serviços Audiovisuais a Pedido). Estas inúmeras alterações são, também, explicáveis pelo facto de estarmos perante um setor «criativo», onde surgem frequentemente novas formas de publicidade e em que, por norma, o legislador tende a ser reativo.

É digno de registo que em Portugal, ao invés do que sucede noutros ordenamentos jurídicos, o legislador optou por consagrar expressamente uma definição de publicidade. Na verdade, reza o nº 1 do artigo 3º do DL nº 330/90, de 23 de outubro, que:

"Considera-se publicidade, para efeitos do presente diploma, qualquer forma de comunicação feita por entidades de natureza pública ou privada no âmbito de uma atividade comercial, industrial, artesanal ou liberal com o objetivo direto ou indireto de:
a) *Promover, com vista à sua comercialização ou alienação, quaisquer bens e serviços;*
b) *Promover ideias, princípios, iniciativas ou instituições.".*

Deste modo, como refere Brito Correia[2] *"... a publicidade é, por natureza, um ato de comunicação. Pode ser praticado por uma pessoa de qualquer natureza. Singular ou coletiva, privada ou pública, profissional ou não. Característica específica é que tenha por objetivo promover a alienação de bens, prestação de serviços ou adesão do consumidor a ideias, princípios, iniciativas ou instituições no âmbito de uma atividade profissional, industrial, artesanal ou liberal. Tem, normalmente, um fim lucrativo. Traduz-se na divulgação de textos, imagens ou sons tendentes a*

---

[2] Luis Brito CORREIA, *"Direito da Comunicação Social"*, Vol. II, Almedina 2005, pág. 155.

influenciar a inteligência e as emoções das pessoas para as levar a querer adquirir bens ou serviços embora respeitando (ao menos aparentemente) a sua liberdade de decisão.".

Já o artigo 4º do referido diploma distingue a atividade publicitária da publicidade e define a primeira como o *"conjunto de operações relacionadas com a difusão das mensagens publicitárias junto dos seus destinatários, bem como as relações jurídicas e as técnicas daí emergentes entre anunciantes, agências de publicidade e entidades que explorem os suportes publicitários ou que exerçam a atividade publicitária, designadamente a conceção, criação, planificação e distribuição publicitárias."*.

Temos, assim, a atividade publicitária considerada como a prática organizada e sequencial desta forma de comunicação.

Uma nota merece ainda o conceito *de "mercado"* sobre a publicidade: para Philip Kotler[3], a publicidade surge como *"qualquer forma, não pessoal, de apresentação ou promoção de ideias, bens ou serviços, paga por um patrocinador identificado."*. São, deste modo, apontados dois caminhos para esta técnica de comunicação persuasiva: *(i)* a publicidade dita comercial (*promoção de bens e serviços*), enquanto variável de um *mix* de comunicação, inserido numa estratégia de marketing e *(ii)* a publicidade enquanto elemento chave na comunicação de causas e valores sociais, ao serviço do interesse público, a publicidade social ou comunitária (*promoção de ideias*).

I. A Publicidade na Televisão

A publicidade na televisão reveste-se de grande importância, quer pelo seu impacto junto do público, quer pelo espaço e tempo que ocupa na "pantalha", quer pelas quantias que movimenta (constitui parte substancial do mercado publicitário), quer ainda por constituir, especialmente quando em "sinal aberto", uma fonte imprescindível e muito relevante do financiamento deste meio de comunicação.

Assim, a publicidade através da televisão é alvo de uma regulamentação mais detalhada, que consta não só do Código da Publicidade, mas também da respectiva lei setorial[4]. O desiderato fundamental desta

---

[3] Philip KOTLER, *"Marketing Management"*, Prentice-Hall, New Jersey 1988.
[4] A publicidade televisiva é alvo de regulamentação específica, pela primeira vez, na Lei da Televisão de 1998 (Lei nº 31-A, de 18 de julho) que deu cumprimento à Diretiva do Conselho nº 89/552/CE. Assim, é regulamentado o tempo reservado às mensagens publicitárias e

"dupla regulamentação" está relacionado com o facto de se considerar que o consumidor televisivo deve estar protegido/salvaguardado de interrupções inoportunas, que coloquem em causa o seu conforto enquanto consumidor e, ainda, de se entender que no âmbito da atividade televisiva se deve aplicar à publicidade os limites impostos à liberdade de programação dos operadores.

Na atualidade, a alteração introduzida pela Lei nº 8/2011[5] [6], de 8 de abril, à Lei nº 57/2007, de 30 de julho – Lei da Televisão e dos Serviços Audiovisuais a Pedido, doravante designada LTV – é deveras relevante para efeitos da publicidade televisiva. A própria Proposta de Lei nº 29/XI, na sua exposição de motivos, ressalva que a presente alteração legislativa visa transpor para o direito interno a Diretiva relativa aos "Serviços de Comunicação Audiovisual" (Diretiva 2007/65/CE do Parlamento Europeu e do Conselho, de 11 de Dezembro de 2007) na qual assume especial relevância a matéria das comunicações comerciais audiovisuais.

A Diretiva 2007/65/CE veio alterar a Diretiva 89/552/CE (Diretiva Televisão sem Fronteiras), implementando mudanças substanciais no regime da publicidade, em consequência da verificação de alterações do mercado (caracterizado por um substancial aumento da oferta televisiva através do número de canais disponibilizados) e dos hábitos dos consumidores (a evolução tecnológica que permite ao público alterar a sua forma tradicional de consumo televisivo, designadamente mediante a gravação de programas). Subsequentemente, no ano de 2010, é revogada a sobredita Diretiva Televisão sem Fronteiras, pela Diretiva 2010/13/EU, do Parlamento Europeu e do Conselho, de 10 de março, pela denominada Diretiva "Serviços de comunicação Social Audiovisual", doravante Dire-

---

às mensagens de televenda (cfr. artigo 32º do sobredito diploma). Sendo a matéria referente a inserção televisiva de conteúdos comerciais tratada no Código da Publicidade.

[5] A Lei nº 8/2011, de 11 de abril, veio proceder à 1ª alteração à Lei da Televisão, aprovada pela Lei nº 27/2007, de 30 de julho, à 12ª alteração ao Código da Publicidade, aprovado pelo DL nº 330/90, de 23 de outubro, e à 1ª alteração à Lei nº 8/2007, de 14 de fevereiro, que procede à reestruturação da concessionária do serviço público de rádio e de televisão, transpondo a Diretiva nº 2007/65/CE, do Parlamento Europeu e do Conselho, de 11 de dezembro.

[6] O legislador nacional opta por reunir num único diploma, a LTV, a regulamentação, quer dos tempos da publicidade e da televenda, quer da definição e inserção da generalidade dos conteúdos comerciais. Não obstante, o Código da Publicidade e a legislação avulsa aplicável preveem todos os princípios gerais e as restrições quanto ao conteúdo e ao objeto das comunicações comerciais.

tiva SCSA, que tem por desiderato principal a promoção de um mercado comum de produção e distribuição de programas audiovisuais. Saliente--se que, no domínio da publicidade televisiva e das comunicações comerciais audiovisuais, esta Diretiva de 2010 consolida, tão-somente, o regime da aludida Diretiva, de 2007, não contendo alterações significativas.

Refira-se no entanto, que, mesmo nas áreas especificamente abrangidas pela Diretiva SCSA, os Estados-membros podem aplicar regras mais restritivas ou pormenorizadas de interesse geral, designadamente em matéria de publicidade, aos fornecedores de serviços de comunicação social sob sua jurisdição, desde que seja assegurada a conformidade destas regras com os princípios gerais do direito da União Europeia.

O regime jurídico, consagrado na Diretiva SCSA, visa assegurar um equilíbrio entre dois vetores: as comunicações comerciais audiovisuais como uma receita indispensável de financiamento de certos serviços de programas e, por outro lado e ao mesmo tempo, os interesses dos telespectadores, enquanto consumidores – os quais foram também incluídos –, sendo que estas comunicações comerciais não devem revestir um carácter de tal forma intrusivo que coloquem em causa a integridade das obras e/ou conforto dos consumidores/telespectadores.

Desta forma, assistiu-se a uma flexibilização do regime jurídico, nela se destacando: a extinção do limite diário para emissão de publicidade, a abolição dos limites existentes entre as interrupções publicitárias e a transferência para os operadores da determinação da oportunidade para a inserção da publicidade.

Do exposto não resulta, porém, que não existam limitações para a inserção de publicidade. De facto estabeleceu-se o limite mínimo de 30 minutos para a interrupção de longas-metragens e desenvolveu-se um regime mais restritivo para os programas infantis, mediante a imposição de um limite mínimo de 30 minutos entre interrupções publicitárias, ao invés dos anteriores 20 minutos, proibindo-se a difusão de mensagens publicitárias em programas de duração inferior a 30 minutos.

A simplificação do regime é igualmente aplicável às televendas, às quais é imposto apenas um limite quantitativo: os blocos de televendas devem ter uma duração mínima ininterrupta de quinze minutos.

Verificou-se, também, a inclusão e a regulamentação de novas formas de publicidade, designadamente a colocação de produto, que constitui prática corrente entre os operadores, consubstanciada na participação, financeira ou não, das empresas nas produções audiovisuais, tendo como contrapartida a presença dos seus produtos nas obras.

Saliente-se, por fim, a clarificação das regras relativas à responsabilidade e independência editorial do operador de serviços de comunicação audiovisual, na medida em que o patrocínio e a colocação de produto são proibidos sempre que influenciem o conteúdo dos programas, afetando a responsabilidade e a independência editorial do fornecedor do serviço de comunicação social.

a) A publicidade televisiva na Lei da Televisão e dos Serviços Audiovisuais a Pedido

A aludida alteração à LTV, introduzida no ano de 2011, assume especial relevo em matéria de publicidade, sendo, desta feita, introduzido o conceito geral de **comunicação comercial audiovisual**, que consiste na *"apresentação de imagens, com ou sem som, destinada a promover, direta ou indiretamente, os produtos, os serviços ou a imagem de uma pessoa singular ou coletiva que exerce uma atividade económica, incluindo a publicidade televisiva, a televenda, o patrocínio colocação do produto, a ajuda à produção e a autopromoção"* – cfr. alínea e) do nº 1 do artigo 2º.

A secção III do supracitado diploma normativo tem como objeto as comunicações comerciais audiovisuais, destinando-se a subsecção I à publicidade televisiva e à televenda.

A **publicidade televisiva** vem definida no artigo 2º, nº 1, alínea r), da LTV como *"a comunicação comercial audiovisual difundida em serviços de programas televisivos a troco de remuneração ou retribuição similar, ou com carater autopromocional, por uma pessoa singular ou coletiva, pública ou privada, relacionada com uma atividade comercial, industrial, artesanal ou profissão liberal, com o objetivo de promover o fornecimento mediante pagamento, de produtos ou serviços, incluindo bem imóveis, direitos ou obrigações.".*

O artigo 40º da LTV visa a regulamentação do tempo reservado à publicidade televisiva, sendo importante destacar que foi abolida a referência ao limite diário de *spots* de publicidade. Assim, o único "diapasão" disponível para a contabilização do tempo dedicado à publicidade passa a ser a hora (período compreendido entre duas unidades de hora), sendo estabelecido um limite máximo de 10% do tempo de publicidade hora (6 minutos) para serviços de programas televisivos de acesso condicionado[7] e um limite máximo de 20% (12 minutos) para serviços de programas televisivos de acesso não condicionado livre[8] ou com assinatura[9]. Saliente-se que, não obstante na legislação anterior, referente ao exercício da atividade televisiva, o limite de tempo de publicidade ser aferido, também, diariamente, sempre existiu uma distinção entre os limites de tempo publicitário aplicáveis aos serviços de programa de acesso condicionado, sendo estes mais restritivos comparativamente aos demais serviços de programas de acesso não condicionado. Esta diferenciação tem a sua justificação no facto de o consumidor/telespectador pagar já especificamente para fruição desse serviço de programas, razão que determina que o operador esteja nestes casos especialmente coartado na livre disposição do tempo que possui quanto a interrupções televisivas para publicidade[10].

O nº 2 do artigo 40º da LTV determina que não são contabilizados para efeitos de tempo reservado à publicidade:
- As autopromoções: a comunicação social audiovisual difundida pelo operador televisivo relativa aos seus próprios serviços ou produtos, bem como as obras cinematográficas ou audiovisuais em que tenham participação financeira;
- As telepromoções: a publicidade televisiva inserida no decurso de interrupção cénica de um programa através de um anúncio de bens ou serviços pelo respetivo apresentador;
- Os blocos de televenda;

---

[7] São de acesso condicionado os serviços de programas televisivos disponibilizados ao público mediante contrapartida específica, não se considerando como tal a quantia devida pelo acesso à infra-estrutura de distribuição, bem como pela sua utilização – nº 6 do artigo 8º da LTV.

[8] São de acesso não condicionado livre os serviços de programas televisivos disponibilizados ao público sem qualquer contrapartida – nº 7 do artigo 8º da LTV.

[9] São de acesso não condicionado com assinatura os serviços de programas televisivos disponibilizados ao público mediante uma contrapartida pelo acesso à infra-estrutura de distribuição ou pela sua utilização – nº 7 do artigo 8º da LTV.

[10] A publicidade no Serviço Público de Televisão é regulada no Contrato de Concessão celebrado pelo Estado Português e a RTP, S.A.. O artigo 23º do contrato de concessão estabelece as regras referentes à publicidade comercial: na RTP 1 a publicidade comercial não pode exceder os 6 minutos por hora e na RTP 2 não pode haver publicidade comercial.

– A produção de produtos conexos, ainda que não sejam próprios, diretamente relacionados com os programas dos operadores televisivos.

Para efeitos de aferição do tempo dedicado à publicidade televisiva o artigo 41º-C da LTV deverá, também, ser referido uma vez que exceciona de qualquer limitação o tempo de emissão destinado à identificação do patrocínio, da colocação do produto e da ajuda à produção. São também ilimitadas todas as mensagens que digam respeito a serviços públicos ou a fins de interesse público e apelos de teor humanitário transmitidos gratuitamente.

Um dos princípios basilares do regime jurídico da publicidade é o **princípio da identificabilidade,** que consiste na obrigação de a publicidade ser inequivocamente identificada como tal qualquer que seja o meio de difusão utilizado. O legislador consagra esta obrigação especificamente na LTV: *"a publicidade televisiva e a televenda devem ser facilmente identificáveis como tais e claramente separadas da restante programação"* – nº 1 do artigo 40º-A.

No que concerne à televisão é consagrada a obrigação da existência de separadores visuais e acústicos entre programas e nas suas interrupções, devendo o separador inicial conter de forma percetível a menção «*Publicidade*».

A inserção da publicidade passa a ser regulada de forma muito menos restritiva pelo nº 1 do artigo nº 40º- B, que transpõe o vertido na Diretiva SCSA (artigo 20º), no sentido de competir aos operadores a determinação da oportunidade para inserção da publicidade e da televenda. É, deste modo, deixado ao critério dos operadores de televisão a oportunidade de interrupção para inserção da publicidade, embora deva ser respeitada a integridade dos programas (tendo em conta as suas interrupções naturais, duração e natureza). Saliente-se que é ainda suprimido o intervalo mínimo de 20 minutos entre pausas publicitárias consecutivas do mesmo programa, permitindo que os operadores escolham o momento mais apropriado para inserirem publicidade nas suas emissões.

Todavia, existem derrogações a este princípio, designadamente no caso de determinadas categorias de programas que necessitam de proteção específica, a saber: obras cinematográficas, filmes concebidos para televisão, programas de informação política, noticiários e programas infantis só poderão ser interrompidos uma vez em cada período mínimo de 30 minutos e, quanto aos últimos, desde que a sua duração programada seja superior a idêntico período.

A publicidade televisiva em ecrã fracionado (difusão simultânea ou paralela de conteúdos editoriais e publicitários através de duas imagens distintivas visíveis no mesmo ecrã) mereceu na LTV a sua primeira regulamentação. Esta técnica de veiculação da publicidade é proibida em programas infantis, noticiários, programas de informação politica, difusão de serviços religiosos, emissão de obras criativas programas de debates ou entrevistas. Ainda no âmbito da identificação e separação da publicidade com fracionamento do ecrã, a publicidade está delimitada a um máximo de 1/4 do ecrã e deverá ser identificada de forma percetível.

Quanto à publicidade isolada mantém-se, na redação atual da LTV, o seu carater excecional. Todavia a mesma passou a ser admitida no âmbito da transmissão de acontecimentos desportivos[11].

Quanto à **televenda** (comunicação comercial audiovisual que consiste na difusão de ofertas diretas ao público, com vista ao fornecimento de bens ou serviços mediante pagamento), aplicam-se as regras da publicidade aludidas, com as seguintes especificações: *(i)* é vedada a televenda em ecrã fracionado, a televenda no decurso de programas infantis, a televenda no decurso da difusão de serviços religiosos e *(ii)* consagra-se a obrigatoriedade dos blocos de televendas terem uma duração mínima ininterrupta de quinze minutos.

As outras formas de comunicação comercial audiovisual, mercê de regulamentação pelo ordenamento jurídico português a saber, patrocínio, colocação do produto, ajuda à produção, comunicações audiovisuais virtuais e a publicidade interativa, constam da subsecção II, da secção III da LTV.

b) O patrocínio

A regulamentação do patrocínio – a comunicação comercial audiovisual que consiste na contribuição feita por pessoas singulares ou coletivas, públicas ou privadas, que não sejam operadores de televisão, operadores

---

[11] Ao invés do que acontecia, quando a matéria da inserção era regulamentada pelo Código da Publicidade, o legislador nacional esqueceu-se de contemplar uma sanção para a violação desta norma no regime sancionatório da LTV.

de serviços audiovisuais a pedido ou produtores de obras audiovisuais, para o financiamento de serviços de programas televisivos ou serviços audiovisuais a pedido, ou dos seus programas, com o intuito de promover o seu nome, marca, imagem, atividades ou produtos[12] – transitou do Código da Publicidade para a atual Lei da Televisão (cfr. artigo 41º).

Tratou-se, contudo, de uma modificação bem mais de ordem sistemática e adjetiva, do que propriamente substantiva quanto ao anterior regime, pois mantém-se a distinção do patrocínio relativamente à publicidade no que diz respeito ao primeiro não poder incitar à compra ou locação dos serviços do patrocinador ou de terceiro, mantendo, também, a aplicação dos princípios da identificabilidade e da independência relativamente aos programas patrocinados, tal como se mantém a proibição de patrocínio dos serviços noticiosos e programas de informação politica[13].

c) A colocação do produto

A colocação do produto consiste na *"inclusão ou referencia a um bem ou serviço, ou à respetiva marca comercial, num programa, a troco de pagamento ou retribuição similar"* (alínea d) do nº 1 do artigo 2º da LTV). Esta forma de comunicação comercial audiovisual constitui prática corrente entre os operadores, consubstanciada na participação, financeira ou não, das empresas nas produções audiovisuais, tendo como contrapartida a presença dos seus produtos nas obras.

A Comissão Europeia verificou que esta prática, originária dos Estados Unidos, era levada a cabo em vários países da União Europeia[14], sem qualquer tratamento jurídico adequado que garantisse a proteção

---

[12] Artigo 2º, nº 1, alínea o), da LTV.
[13] A Diretiva "SCSA" estabelece, também, no seu artigo 10º, restrições em função da atividade da empresa patrocinadora. No ordenamento jurídico português estas proibições constam de lei especiais, uma vez que são aplicáveis aos diferentes meios e formas de comunicação comercial.
[14] Na Diretiva Televisão sem Fronteiras a colocação do produto não era objeto de qualquer menção. Porém, a leitura do seu artigo 10º, referente à obrigação da identificabilidade da publicidade televisiva e do nº 2 do artigo 3º, que se referia à publicidade clandestina, e dado que a colocação do produto compromete o princípio da separação entre a publicidade e o conteúdo editorial, parecia levar a crer que existia uma proibição implícita. No entanto, a Comunicação interpretativa de 2004 da Comissão Europeia veio restringir a aplicação deste último artigo, provocando uma dualidade de regimes nos Estados-membros, uns que viabilizavam a colocação do produto e outros que a proibiam.

dos consumidores e que estabelecesse regras claras antecipadamente conhecidas por todos os intervenientes. A colocação do produto, contrariamente à publicidade tradicional, tem lugar no interior dos programas e constitui uma fonte de recursos apetecível, suscetível de resistir ao *zapping*.

Importa ter presente as diferentes posições que tal questão suscitou e suscita: *(i)* por um lado, constitui uma forma de encontrar novos meios de financiamento para as produções europeias que concorrem com as produções americanas, as quais abertamente recorrem à prática da colocação de produto; *(ii)* por outro lado, a necessidade de assegurar a integridade das obras e a proteção dos telespectadores. Assim sendo, procurou-se um justo equilíbrio entre os interesses em confronto, mediante o estabelecimento de regras mínimas que, ora garantam a necessária segurança jurídica, decorrente do enquadramento legal, aos operadores e demais intervenientes, ora assegurem a proteção dos consumidores, que atualmente são confrontados com a colocação de produto sem qualquer informação ou salvaguarda. O regime estabelecido na Diretiva SCSA no seu artigo 11º, proíbe, por princípio, a colocação de produto, abrindo excepções quanto a determinadas categorias de programas (obras cinematográficas, filmes e séries concebidas para serviços de programas televisivos ou serviços audiovisuais a pedido, programas de desporto e programas de entretenimento ligeiro), salvo decisão em contrário de um Estado-membro[15]. No caso de programas infantis, é expressamente consagrada a proibição da colocação de produto.

O legislador português, nos nºs 1 a 6 do artigo 41º- B da LTV, regulamenta a questão da colocação do produto e segue, na íntegra, o legislador comunitário quanto ao âmbito da derrogação da inibição. Subsequentemente, são estabelecidas as condições de aplicação desta prática, com referência ao princípio da identificabilidade, que consagra a obrigatoriedade de identificação dos programas onde exista colocação do produto, no início e fim de programas, e sempre que existe uma recomeço após interrupção publicitária, quando tenham sido produzidos ou encomendados pelo operador.

---

[15] O Estado-membro que optou por uma posição mais restritiva foi o francês, admitindo a colocação de produto somente no âmbito das obras cinematográficas, ficções audiovisuais e vídeos musicais.

A existência de colocação de produto não pode, em circunstância alguma, influenciar o conteúdo dos programas de um modo que afete a responsabilidade e a independência editorial do fornecedor do serviço de comunicação social, nem pode encorajar diretamente a sua compra ou locação, mediante referências promocionais específicas.

O relevo indevido a produtos, serviços ou marcas comerciais no âmbito desta prática é também objeto de cautela por parte do legislador que, por essa razão, o proíbe, designadamente em duas circunstâncias: *(i)* quando não existam razões editoriais que o justifiquem, *(ii)* quando possa induzir o consumidor em erro no que concerne à sua natureza ou pela forma recorrente como aqueles elementos são apresentados ou postos em evidência.

d) A ajuda à produção

A ajuda à produção consiste na inclusão ou referência a título gratuito a um bem ou serviço num programa. A diferença desta prática relativamente à colocação do produto está relacionada com o facto de aqui não ser concedida qualquer pagamento ou retribuição similar, pelo que é admitida relativamente à generalidade de programas, apenas se excecionando, no âmbito do nº 8 do artigo 41º-B, a aplicação desta prática quando seja suscetível de prejudicar o desenvolvimento físico e mental dos menores, nomeadamente quanto a alimentos e bebidas que contenham substâncias, cuja presença no regime alimentar não é recomendada.

Refira-se, todavia que, no âmbito desta prática, são aplicáveis as normas referentes à identificabilidade, independência editorial, proibição de encorajamento à aquisição e do relevo indevido, explanadas na colocação do produto.

É importante ressalvar que nas situações em que a ajuda à produção tenha um valor comercial significativo, aplica-se o regime mais restritivo da colocação do produto. O valor comercial significativo é determinado mediante acordo celebrado entre os operadores de televisão e de serviços audiovisuais a pedido e sujeito a ratificação da Entidade Reguladora para a Comunicação Social (ERC). Na ausência ou na falta de subscrição do acordo referido no número anterior, o valor comercial significativo é definido pela ERC, ouvidos os operadores do sector, devendo em qualquer caso ter como referência o valor comercial dos bens ou serviços envolvidos e o valor publicitário correspondente ao tempo de emissão em que o bem ou serviço seja comercialmente identificável, designadamente através da exibição da respetiva marca, acrescido do tempo de identificação imediatamente anterior ou posterior ao programa, de acordo com o tarifário publicitário de televisão mais elevado em vigor à data da primeira emissão do programa ou da sua primeira disponibilização a pedido.

e) As comunicações comerciais audiovisuais virtuais

A comunicação comercial audiovisual virtual, definida pela LTV na alínea f) do n.º 1 do artigo 2.º como *"a comunicação comercial audiovisual resultante da substituição, por meios eletrónicos, de outras comunicações comerciais"*, deve respeitar as seguintes condições, definidas no artigo 41.º-B: a mesma só pode ser inserida em locais onde previamente existam e sejam visíveis comunicações comerciais desde que não lhes seja dado maior relevo, carecendo do acordo dos organizadores do evento transmitido e dos detentores dos direitos de transmissão, impondo-se, ainda, a obrigação de informação dos consumidores, no início e no fim de cada programa em que ocorra.

A aludida disposição normativa do artigo 41.º-B estabelece, ainda, a proibição da sua inserção em obras criativas, programas de debates e entrevistas.

f) A publicidade interativa

"A interatividade constitui uma possibilidade tecnológica que permite inverter o sentido tradicional da comunicação das massas, passando o recetor a comunicar com o emissor. A sua utilização com fins publicitários permite estimular a reação do público em relação ao anúncio, abrindo a via para novas formas de publicidade, que se têm vindo a desenvolver com grande eficácia em diferentes formatos."[16].

Com o *switch off* da TV Digital, a questão da interatividade na televisão passa a ser considerada como preponderante no panorama audiovisual. Comummente, o conceito de interatividade é confundido com o de interação e, se por um lado, a televisão do século XX apenas propiciava uma mensagem unidirecional, atualmente criaram-se condições para a multidirecionalidade na comunicação audiovisual. Na passagem da tecnologia analógica para a digital, o telespetador deixa de ser um mero recetor do

---

[16] Alberto Arons CARVALHO, António Monteiro CARDOSO, e João Pedro FIGUEIREDO, *"Direito da Comunicação Social"*, Texto Editora 2012, pág. 437.

conteúdo – embora ainda sem total controlo perante os conteúdos, pois segue marcas e caminhos pré-determinados – tendo passado a deter a opção de reação.

Uma das principais forças motrizes para a televisão interativa é o potencial comercial interativo da publicidade através das compras *online* e da colocação de produtos interativos[17].

Em virtude destas mudanças, a LTV admite a possibilidade da inclusão da publicidade interativa, como decorre do disposto no artigo 41º-C, segundo o qual *"é permitida a inclusão em espaços publicitários inseridos nos serviços de programas televisivos ou nos serviços audiovisuais a pedido de funcionalidades, que permitam a passagem para ambiente interativo que contenha publicidade, com exceção daquelas transmitidas no decurso de programas infantis e nos cinco minutos imediatamente anteriores e posteriores à sua transmissão."*

A passagem a ambiente interativo que contenha publicidade é obrigatoriamente precedida de um ecrã intermédio de aviso que contenha informação inequívoca sobre o destino dessa transição e que permita facilmente o regresso ao ambiente linear.

As dinâmicas de mercado e as alterações tecnológicas têm propiciado a definição de um novo panorama de publicidade televisiva, que não se confina à publicidade nos intervalos, nem dentro dos programas, extrapolando as limitações da "caixa negra". A publicidade interativa lança, pois, novos desafios para o enquadramento jurídico desta realidade hodierna, legitimando a sempre desejada e inevitável evolução do audiovisual.

III. Epílogo

De forma genérica e simplificada, procurei deixar aqui descritos os principais aspetos do regime jurídico da publicidade na televisão, com especial destaque para as alterações ocorridos em 2011, bem como algumas notas alusivas ao que o desenvolvimento tecnológico tem trazido a esta matéria.

Todavia, será sempre sensato registar que num setor, como este, movido pela criatividade e pela inovação, pela oportunidade de negócio e pelo

---

[17] Ao contrário das inserções tradicionais de produtos, a colocação de produtos interativos (IPPL) num ambiente de televisão interativa (ITV) entrega a mensagem publicitária somente mediante solicitação do consumidor.

"furo" da novidade, a realidade ultrapassa por vezes a legislação. O que hoje parece ser atual e abrangente, amanhã poderá deixar de fora novas formas de publicidade que inevitavelmente vão sendo criados no e pelo mercado.

Porto, 26 de Julho de 2013

Direito da União Europeia e Comunicação Social

J. N. CUNHA RODRIGUES[*]

A problemática dos *mass media* está em íntima conexão com o ambiente cultural que caracteriza as sociedades contemporâneas.[1]

Com a expressão "cultura de massa", tem-se aludido a um fenómeno que teve a sua origem na industrialização e que se expandiu com o desenvolvimento tecnológico, padronizando as ideias e os comportamentos, potenciando o conformismo e criando mecanismos de manutenção e reforço da ordem estabelecida, mediante a difusão de estereótipos ou de avaliações favoráveis.

Não estão tanto em jogo as ideologias dominantes como os valores e os estilos de vida.

Estes movimentos provocam a perda da exclusividade por parte das elites que se vêem expostas às massas e, quando não absorvidas, enfraquecem o seu poder de influência.

Por outro lado, o enfraquecimento dos laços tradicionais (família, comunidade, associações de ofícios e de crentes, etc) contribui para afrouxar o tecido cognitivo da sociedade e para preparar as condições que conduzem ao isolamento e à alienação das massas.

---

[*] Procurador-Geral da República ap. e ex-juiz do Tribunal de Justiça da União europeia.
[1] Cfr., nesta matéria, Cunha Rodrigues, *Comunicar e Julgar*, Minerva, 1999.

A cultura de massa caracteriza-se igualmente pela tendência para a homogeneização da diversidade, fenómeno que certos autores denominam de "sincretismo".

Os *media* encontram-se condicionados por factores muito diversos, em que contam a cultura e a estrutura sóciopolítica.

Peter Humphreys escrevia, em 1996, que, na Europa Ocidental, se observavam duas tendências.

De um lado, uma tendência de "dominância".

Nos países em que era visível esta situação, o controlo dos *media* residia em elites ou em classes dirigentes; a propriedade ou o controlo das empresas jornalísticas estavam centralizados e concentrados num conjunto relativamente pequeno mas poderoso de interesses que estandardizavam e rotinavam os *media*; os *media* cultivavam uma visão selectiva da realidade, decidida de cima para baixo, e procuravam reforçar os mais altos centros de interesses; era reduzido o pluralismo de opinião; os *media* tendiam para actuar como instrumento de consolidação da ordem estabelecida.

A esta tendência opunha-se outra que o Autor denominava de "pluralista".

Para esta, o poder dos *media* estava submetido a um controlo social e institucional que não era dominado por uma única elite; estava aberto a interesses e grupos políticos, sociais e culturais competitivos; encontrava-se balanceado entre um número significativo de fontes autónomas; estava receptivo a mudanças e ao controlo democrático; era visto como bem cultural; a produção era livre de coacção, censura e domínio editorial; apresentava uma banda larga de diferenciação opinativa; permitia uma ampla expressão das minorias; produzia uma audiência diferenciada, fragmentada, activa e reactiva; e exercia um papel importante como "quarto poder".

Como é natural, estes modelos não se realizam, em nenhum país, na sua pureza.

Encontram-se misturados.

Humprheys considerava que as democracias liberais da Europa Ocidental aspiram ao modelo pluralista, embora reconhecesse a tendência, verificada em todas as sociedades, para a formação de "elites de poder" ou "establishments" que exercem a sua influência através de regulação burocrática ou de redes sócio-económicas.

A globalização, os avanços tecnológicos, a erosão da legitimidade representativa e o *sobrepoder* dos mercados, influenciaram visceralmente os *media*, criando novas condições de concorrência e abrindo o mercado a diferentes actores.

Por outro lado, as páginas *on line*, os blogues e a multiplicação de canais televisivos expandiram a apetência para o conhecimento em tempo real e estreitaram a relação entre poder político, poder económico e *media*.

Com a crise económica, estes factores criaram condições para a debilitação da profissão jornalística.

Não classificarei o panorama nacional.

Permito-me, no entanto, actualizar um ou outro elemento resultante da evolução verificada nos últimos vinte anos, indicando uma série de relações *causa/efeito* que conduziram à intervenção do legislador comunitário.

Estas relações poderiam sintetizar-se nos seguintes postulados:

1. A concentração da propriedade gerou maior dependência dos profissionais em relação aos proprietários de grandes empresas;
2. As novas tecnologias, nomeadamente a passagem à tecnologia numérica na produção e difusão de conteúdos audiovisuais e a entrada no mercado de novos meios de comunicação e serviços de informação mudaram substancialmente no que respeita a quantidade de produtos e modos de difusão;
3. O crescimento do número de *media* não garantiu, por si só, a diversidade de conteúdos;
4. Ainda que tenha alargado consideravelmente o acesso a diferentes fontes de informação e de opinião, a Internet não suplantou os *media* tradicionais no papel conformador da opinião pública;
5. Graças à evolução tecnológica, os editores de jornais difundiram, cada vez mais, conteúdos por meio da Internet e ficaram, por consequência, largamente dependentes de receitas publicitárias;
6. Os *media* passaram a constituir uma ferramenta de influência política e o seu papel de vigilância da democracia ficou exposto a um risco considerável, visto que as empresas privadas tornaram-se principalmente motivadas pelo lucro;
7. Em muitos Estados membros, grandes empresas do sector dos *media* conquistaram posições importantes e, mesmo, dominantes, o que trouxe riscos para a sua independência e capacidade de acesso aos mercados;
8. A contribuição de empresas multinacionais neste sector parecia ser, em alguns Estados membros, essencial para revitalizar a paisa-

gem mediática, apesar das condições de trabalho e de remuneração constituírem um problema;
9. A precaridade de emprego e de garantias sociais de um crescente número de jornalistas converteu-se num instante problema;
10. Sendo as sociedades de *media* indispensáveis para assegurar o pluralismo e a preservação da democracia, as empresas não se implicaram suficientemente em práticas ligadas à ética dos negócios e à responsabilidades social;
11. Certos *media* comerciais utilizavam, cada vez mais, conteúdos gerados por utilizadores privados, sobretudo conteúdos audiovisuais, tendo como contrapartida somas módicas, o que suscitou problemas de ética e de protecção da vida privada e constituiu uma prática que submete os jornalistas e outros profissionais dos *media* à pressão de uma concorrência desleal;
12. Os blogues representaram uma nova contribuição para a liberdade de expressão e foram cada vez mais utilizados pelos profissionais dos *media* e pelos particulares.

Estes pressupostos levaram a União europeia a formular algumas orientações com a finalidade primordial de assegurar o pluralismo da informação.

Segundo estas orientações, o modelo audiovisual europeu deveria fundar-se no equilíbrio entre um serviço público forte, independente e pluralista e um sector comercial dinâmico. Frequentemente, os *media* de serviço público sofrem de financiamento inadequado e de pressões políticas. A promoção da educação para os *media* dos cidadãos deveria ser apoiada. Encontrando-se a sociedade submetida a um caudal de informações e comunicações instantâneas e de mensagens em estado bruto, a triagem de informação necessitaria de competências específicas.

Se nos interrogarmos sobre o interesse crescente do direito da União pelos *media*, a resposta não abstrairá de três vectores: a) a centralidade da informação e da comunicação na construção democrática; b) a importância económica da empresa jornalística; c) os conflitos jurídicos que atravessam toda a actividade dos *media*.

Estamos nas margens de dois grandes vulcões: de um lado, o poder dos *media* disparou, num mundo globalizado, adquirindo condições para influenciar a vida democrática, económica e social; do outro lado, ocorreu uma erosão crescente da autonomia individual.

Esta realidade está a gerar um considerável enfraquecimento dos direitos fundamentais. Atrever-me-ia a dizer que o funcionamento dos *media*, pela sua influência directa ou pelo seu papel como instância crítica, é um dos mais importantes instrumentos para a defesa do património civilizacional.

Uma correcta análise da situação exige uma referência ao fundo histórico de onde viemos.

É como reacção à hecatombe da segunda grande guerra que emergem, na Europa, dois movimentos de protecção do indivíduo. Por um lado, o Conselho da Europa e o seu documento matricial, a Convenção europeia dos direitos do homem, assinada, em Roma, em 4 de Novembro de 1950, que promoveu os direitos fundamentais numa base de protecção da dignidade da pessoa e da promoção de paz, democracia e progresso. Por outro lado, o Tratado de Paris, de 18 de Abril de 1951, que criou a Comunidade europeia do carvão e do aço e os Tratados de Roma, de 25 de Março de 1957, que fundaram a Comunidade europeia da energia atómica e a Comunidade económica europeia.

Tratava-se, já então, de uma visão dualista da sociedade, embora convergente.

Por uma via, garantia-se a liberdade e os direitos fundamentais; por outra, também aqui com um objectivo orientado para a democracia, visava-se o desenvolvimento.

Pode dizer-se, numa lógica identificada com o espírito do tempo, que a Comunidade europeia do carvão e do aço se destinava a garantir e a partilhar o aprovisionamento de matérias primas essenciais ao relançamento da industrialização, a Comunidade europeia da energia atómica retirava da tragédia de Hiroshima e Nagazaki ensinamento e sugestão para explorar a utilização da energia atómica em tempo de paz e a Comunidade económica europeia tinha por objectivo uma integração que pudesse ser motor de desenvolvimento, por meio da criação de um mercado comum.

Esta Europa dos anos cinquenta não era, por assim dizer, uma Europa a duas velocidades. Mas era seguramente uma Europa "funcionalizada" por duas dimensões: a dos *direitos fundamentais*, especialmente agilizada pelo Conselho da Europa, e a das *liberdades económicas*, prosseguida pelas Comunidades.

A vertente comunitária estava centrada sobre uma ideia (a de *povos*) ainda longe da noção de cidadão.

O preâmbulo do Tratado da Comunidade económica europeia di-lo claramente quando fala em estabelecer os fundamentos de uma união cada vez mais estreita entre os povos europeus, de assegurar o progresso económico e social e de consolidar a paz e a liberdade.

Quanto a direitos fundamentais, a Convenção europeia dos direitos do homem reproduzia, em geral, os que, com origem nas grandes declarações revolucionárias, vinham sendo incorporados nas constituições de muitos Estados.

Já as liberdades económicas assentavam em quatro grandes princípios: liberdade de circulação de trabalhadores, liberdade de circulação de capitais, liberdade de prestação de serviços e direito de estabelecimento.

Em linguagem simples, queria isto dizer que, na Europa comunitária, os cidadãos de cada Estado membro podiam trabalhar, prestar serviços, estabelecer-se e levar e trazer capitais.

A tensão entre as duas dimensões (direitos fundamentais e liberdades económicas) era incontornável.

Ora, por estranho que pareça, e não é, foram os tribunais alemães que primeiramente a puseram em causa, apelando a que o Tribunal de Justiça esclarecesse qual era o verdadeiro significado desta dualidade e quais eram as suas implicações.

Como é sabido, a questão dos direitos fundamentais tornou-se, numa Alemanha destruída e dominada por sentimentos de culpa e necessidade de redenção, um dos grandes *leit-motifs*.

É neste ponto que ganha contornos a jurisprudência comunitária.

A grande "provocação" surgiria no início da década de 70, quando uma jurisdição alemã reenviava uma questão ao Tribunal de Justiça, expondo, com alguma dose de ironia, que seria de ter em conta que a Alemanha apenas tinha aceitado entrar na Comunidade económica europeia porque supunha que o direito comunitário era da mesma natureza que o direito constitucional interno, isto é que os princípios estruturantes deste direito seriam salvaguardados pelo direito comunitário.

O Tribunal de Justiça, que tinha conseguido contornar a questão em acórdãos anteriores, não se furtou, desta vez, a dirimi-la, abrindo a motivação com um título solene que anunciava novos tempos:

"Sobre a protecção dos direitos fundamentais na ordem jurídica comunitária".

E, de seguida, proclamou que o respeito pelos direitos fundamentais faz parte integrante dos princípios gerais de direito de que o Tribunal assegura o cumprimento e que a salvaguarda destes direitos, inspirando-se nas tradições constitucionais comuns aos Estados membros, deve ser garantida no quadro da estrutura e dos objectivos da Comunidade.

Começa aqui (acórdão de 14 de Maio de 1974, *Internationale Handelgesellschaft*) a saga dos direitos fundamentais.

O Acto Único europeu (1986), o Tratado de Maastricht (1992) e o Tratado de Amesterdão (1997) coroam esta evolução.

O Acto Único inseriu no preâmbulo a resolução dos Estados membros de promoverem, em conjunto, a democracia, baseando-se nos direitos fundamentais reconhecidos pelas Constituições e pelas leis dos Estados membros, na Convenção europeia dos direitos do homem e na Carta Social europeia. O Tratado de Maastricht declarou que a União respeitaria os direitos fundamentais garantidos pela Convenção europeia dos direitos do homem ou resultantes das tradições constitucionais comuns aos Estados membros, como princípios gerais de direito comunitário. O Tratado de Amesterdão acrescentou que a União se baseia nos princípios de liberdade, democracia, respeito pelos direitos fundamentais e liberdades fundamentais e pelo Estado de direito, princípios comuns aos Estados membros.

Entretanto, o Tratado de Maastricht instituíra a cidadania europeia.

A partir de um acórdão de 20 de Setembro de 2001 (*Grzelczyk*) a cidadania europeia passou a ser citada pelo Tribunal de Justiça como tendo vocação para se transformar no estatuto fundamental dos cidadãos dos Estados membros.

Pela aplicação do princípio de não discriminação mas igualmente pelo reconhecimento de que a cidadania comporta um núcleo duro de direitos que não podem ser postergados e tendem mesmo para a expansão (daí, a vocação para que a cidadania se converta em estatuto fundamental), a jurisprudência da União encontrou resposta para muitas carências ou lacunas de protecção.

Gozava já, assim, a União de um quadro confortável de protecção de direitos quando, no ano 2000, é proclamada a Carta dos direitos fundamentais da União europeia que viria a adquirir força jurídica obrigatória, no dia 1 de Janeiro de 2009, com a entrada em vigor do Tratado de Lisboa.

A Carta intervém num contexto em que se cruzam dinamismos de sinal contrário: por um lado, uma maior integração produzida pela eliminação de pilares e pelo reforço do quadro de direitos fundamentais (nomeadamente pela adesão da União à Convenção europeia dos direitos do homem) e, por outro lado, um reforço do papel dos Estados membros, designadamente no quadro do princípio de subsidiariedade.

A Carta respondia a um antiquíssimo projecto.

Como se diz no preâmbulo, a Carta reafirma, no respeito pelas atribuições e competências da Comunidade e da União e na observância do princípio da subsidiariedade, os direitos que decorrem, nomeadamente, das tradições constitucionais e das obrigações internacionais comuns aos Estados membros, do Tratado da União europeia e dos Tratados comunitários, da Convenção europeia dos direitos do homem, das Cartas Sociais aprovadas pela Comunidade e pelo Conselho da Europa, bem como da jurisprudência do Tribunal de Justiça e do Tribunal europeu dos direitos do homem.

Em termos, por assim dizer, constitucionais, são de referir, na Carta, o artigo 11º que proclama a liberdade de expressão e de informação e o respeito pela liberdade e pluralismo dos meios de comunicação social e o artigo 16ª que reconhece a liberdade de empresa. Há, todavia, um conjunto de disposições que compreendem transversalmente um grande número de actividades, nomeadamente a jornalística. Assim, a protecção de dados pessoais (artigo 8º), a liberdade profissional e o direito de trabalhar (artigo 15º), o direito de propriedade (artigo 17º), a não discriminação (artigo 21º), o direito à informação e à consulta dos trabalhadores na empresa (artigo 27º), o direito de negociação e de acção colectiva (artigo 28º), a protecção em caso de despedimento sem justa causa (artigo 30º), condições de trabalho justas e equitativas (artigo 31º), segurança social e assistência social (artigo 34º), protecção da saúde (artigo 35ª), defesa dos consumidores (artigo 38º) e direito de acesso aos documentos (artigo 42º).

Muitos destes direitos estavam já consagrados na Convenção europeia dos Direitos do Homem.

É de notar que as disposições da Carta têm por destinatários as instituições e órgãos da União, na observância do princípio da subsidiariedade, bem como os Estados-Membros, apenas quando apliquem o direito da União (artigo 51º). Quando a Carta contenha direitos correspondentes aos direitos garantidos pela Convenção, o sentido e o âmbito desses direitos são iguais aos conferidos pela Convenção, a não ser que a Carta garanta uma protecção mais extensa ou mais ampla (artigo 52º).

Um dos aspectos mais interessantes da invocação dos direitos fundamentais, no espaço mediático, é o abuso da liberdade de expressão.

Vou referi-lo apenas de passagem, pois está mais directamente conexionado com a Convenção europeia dos direitos do homem.

A penalização do abuso encontra a sua origem, em França, numa sessão da Assembleia Nacional, de 24 de Agosto de 1789, durante a qual os Revolucionários discutiram uma proposta que dizia: "Constituindo a livre comunicação do pensamento um direito do cidadão, não pode ser restringida senão na medida em que lese o direito de outrem". São, a este propósito, de recordar as palavras de Mirabeau: " Damos-vos um escritório para escrever uma carta caluniosa, uma imprensa para fazer um libelo. É necessário que sejais punidos quando um delito for praticado. Isto é repressão não restrição. É o delito que se pune. Não devemos restringir a liberdade dos homens com o pretexto de que querem cometer delitos".

Esta retórica explica, ainda hoje, em larga medida, o problema de liberdade de imprensa.

A apetência incontornável pelos *media*, não impediu que o Direito da União tardiamente passasse à regulação.

O dilema *regulação/auto-regulação* tem um lastro a que a construção europeia foi sensível.

Em termos gerais, pode dizer-se que todo o ordenamento relativo a actividade económica é aplicável a empresas jornalísticas e, aqui, avultam os delicados problemas de concentração e fusão de empresas e de auxílios de Estado. Propriamente nas relações laborais, de ambiente ou de consumo, as particularidades da actividade jornalística não excluem a aplicação do Direito de União vertidas num conjunto significativo de regulamentos e directivas.

O despertar do interesse do direito da União pela comunicação social teve um dos seus pontos altos com a publicação, em 14 de Junho de 1984, do Livro Verde sobre o estabelecimento do mercado comum de radiodifusão, nomeadamente por satélite e por cabo, documento que serviu de base à directiva do Conselho de 3 de Outubro de 1989, dita "directiva televisão sem fronteiras".

A directiva "televisão sem fronteiras" constitui a pedra angular da política audiovisual da CE.

A directiva foi emendada em 1997 e teve o seu último desenvolvimento em 2010.

Antes de a abordarmos, citaremos a Resolução do Parlamento europeu de 25 de Setembro de 2008 – Concentração e pluralismo dos *media* na União europeia – que testemunha, de uma forma mais geral, o interesse que referimos.

A União confirma o seu empenho na defesa e na promoção do pluralismo dos media, pilar essencial do direito à informação e à liberdade de expressão, consagrado no atrigo 11º da Carta dos direitos Fundamentais da União europeia, princípios fundamentais para a preservação da democracia, do pluralismo cívico e da diversidade cultural.

Para a União, a noção do pluralismo dos *media* não pode limitar-se ao problema da concentração da propriedade das empresas mas suscita igualmente questões relativamente aos serviços públicos de radiodifusão, ao poder político, à concorrência económica, à diversidade cultural, ao desenvolvimento das novas tecnologias, à transparência bem como às condições de trabalho dos jornalistas.

Assim sendo, os serviços públicos de radiodifusão devem dispor de recursos e de instrumentos necessários para serem realmente independentes em relação a pressões políticas e às forças do mercado.

No estado actual das coisas, os serviços públicos de radiodifusão entraram, sem motivo e em detrimento da qualidade dos seus conteúdos, numa concorrência com os canais comerciais para assegurar a participação no mercado, passando a privilegiar a satisfação dos gostos do grande público em vez da qualidade.

Numa Resolução anterior, tinha sido sublinhado o papel específico do serviço público de radiodifusão como fonte de informação e de observação imparcial e independente, e de conteúdos inovadores e variados respondendo a normas e práticas de elevada qualidade, bem como foro de debate público e meio de promoção de uma participação democrática mais vasta.

A União reconhece que, segundo a experiência, a concentração sem restrições, da propriedade ameaça o pluralismo e a diversidade cultural e que um sistema exclusivamente fundado na concorrência de mercado não constitui uma medida que garanta por si mesma o pluralismo dos *media*.

Segundo a União, o modelo de dois pilares (baseado em serviços públicos e privados de televisão e de *media* audiovisuais) deu provas, na Europa, no que respeita ao reforço do pluralismo e deveria continuar a ser desenvolvido.

O Parlamento exortou à preservação do pluralismo, tendo em vista a manutenção do modelo social e democrático europeu, considerou que a concentração da propriedade cria um ambiente favorável ao monopólio do mercado de publicidade e impede a entrada de novos actores, recomendou que as autoridades nacionais de regulação devem procurar um equilíbrio entre as suas missões e a liberdade de expressão cuja protecção incumbe aos tribunais, sublinhou a necessidade de um controlo independente dos *media* e encorajou a divulgação da propriedade dos *media*.

Estas referências evidenciam a natureza do Direito da União.

A protecção dos direitos fundamentais combina-se com a regulação económica para dar lugar a disposições dotadas de complexidade que traduzem os desafios colocados à comunicação social. O *valor/notícia* da informação está, cada vez mais, em conexão com o *valor de mercado* da empresa jornalística.

Como sugestões para o debate, partiremos de três casos de justiça.

Um caso recente e do maior relevo, conta já com as Conclusões proferidas pelo Advogado-Geral Niilo Jääskinen, em Dezembro passado.

A situação é a seguinte:

O artigo 3º-A, nºs 1 e 2, da Directiva 89/552, emendada por directivas posteriores, dispõe:

«1. Cada Estado-Membro poderá tomar medidas de acordo com o direito comunitário por forma a garantir que os organismos de radiodifusão televisiva sob a sua jurisdição não transmitam com carácter de exclusividade acontecimentos que esse Estado-Membro considere de grande importância para a sociedade, de forma a privar uma parte considerável do público do Estado-Membro da possibilidade de acompanhar esses acontecimentos em directo ou em diferido na televisão de acesso não condicionado. Se tomar essas medidas, o Estado-Membro estabelecerá uma lista de acontecimentos, nacionais ou não nacionais, que considere de grande importância para a sociedade. Fá-lo-á de forma clara e transparente, e atempadamente. Ao fazê-lo, o Estado-Membro em causa deverá também determinar se esses acontecimentos deverão ter uma cobertura ao vivo total ou parcial, ou, se tal for necessário ou adequado por razões objectivas de interesse público, uma cobertura diferida total ou parcial.

2. Os Estados-Membros notificarão imediatamente à Comissão as medidas tomadas ou a tomar ao abrigo do nº 1. No prazo de três

meses a contar da notificação, a Comissão verificará se essas medidas são compatíveis com o direito comunitário e comunicá-las-á aos outros Estados-Membros, pedindo o parecer do comité criado para o efeito. A FIFA pediu a anulação do acórdão do Tribunal Geral de 17 de Fevereiro de 2001, no qual o Tribunal Geral confirmou a validade da Decisão 2007/479/CE, através da qual esta última aprovou a inscrição de todos os jogos do Campeonato do Mundo da FIFA (a seguir «Campeonato do Mundo) na lista nacional do Reino Unido e no Reino da Bélgica.

Nos termos do considerando 18 da Directiva 97/36, «[...] é essencial que os Estados-Membros possam adoptar medidas tendentes à protecção do direito à informação e a assegurar o acesso alargado do público à cobertura televisiva de acontecimentos nacionais ou não nacionais de grande importância para a sociedade, tais como os Jogos Olímpicos, os Campeonatos do Mundo e Europeu de Futebol; que, para este efeito, os Estados-Membros mantêm o direito de adoptar medidas compatíveis com o direito comunitário, tendentes a regular o exercício pelos emissores sob a sua jurisdição dos direitos de exclusividade para a cobertura televisiva dos referidos acontecimentos».

A UEFA pedira a anulação do acórdão do Tribunal Geral de 17 de Fevereiro de 2011, no qual o Tribunal Geral confirmou a validade da decisão 2007/730/CE através da qual a Comissão aprovou a inscrição da totalidade do Campeonato Europeu de Futebol da UEFA (a seguir «EURO») na lista nacional do Reino Unido.

As conclusões têm por objecto dois recursos referentes ao exame que incumbe à Comissão Europeia, no tocante à lista de acontecimentos de grande importância para a sociedade de um Estado-Membro que cada Estado-Membro pode estabelecer, nos termos do nº 1 do artigo 3º- A da Directiva 89/552/CEE.

O objectivo da inscrição de um acontecimento na lista nacional consiste em assegurar a um vasto público a possibilidade de acompanhar o acontecimento em directo ou diferido numa televisão com acesso livre. Num prazo de três meses a contar da notificação feita por um Estado-Membro, a Comissão tem a obrigação de verificar a compatibilidade da lista nacional com o direito da União, bem como de a notificar aos outros EstadosMembros, com o objectivo de assegurar o seu reconhecimento mútuo.

Segundo o Advogado-Geral, havia que interpretar o artigo 3º- A da Directiva e analisar a natureza da posição jurídica de um organizador de acontecimentos desportivos à luz dos direitos fundamentais da União.

As listas nacionais, na acepção do artigo 3º- A da Directiva, constituem actos relativos a grandes acontecimentos culturais e desportivos cujo alcance exceda amplamente o fenómeno do futebol, em função das opções dos Estados-Membros. Figuram nomeadamente na lista, na Bélgica, a final do concurso de música Reine Elisabeth e o campeonato da Bélgica de ciclismo; no Reino Unido, a taça do mundo de críquete e as finais de ténis de Wimbledon.

No contexto do processo de verificação das listas nacionais, consideradas no seu conjunto, a fundamentação das decisões da Comissão deve ser examinada globalmente, para não conduzir a uma divisão artificial dos actos em questão.

A principal questão jurídica suscitada nos processos submetidos ao Tribunal de Justiça prende-se com a concepção do poder de controlo que é atribuído à Comissão, nos termos do artigo 3º- A da Directiva que resulta de um modelo de competências discricionárias situadas a vários níveis de um processo decisório em Direito da União. Uma outra questão de natureza transversal refere-se à alegada violação do direito de propriedade.

O Advogado-Geral entendeu que o controlo que a Comissão está habilitada a exercer sobre o exercício do poder discricionário do Estado Membro na determinação das listas nacionais está limitado à averiguação da existência de um manifesto erro de apreciação. A Comissão teria, em particular, o dever de verificar o processo de determinação das listas nacionais, à luz dos critérios de transparência e de clareza. Além disso, teria a obrigação de assegurar que as listas nacionais não estabelecem uma derrogação a liberdades fundamentais mais ampla do que a aceite pelo legislador da União quando adoptou o artigo 3º- A da Directiva.

Para o Advogado-Geral, o legislador da União atribuiu à Comissão Europeia unicamente um poder de controlo da conformidade das listas nacionais, e não um poder de substituição ou de uniformização que compreenderia a faculdade de fixar ela própria a lista nacional com base nas propostas nacionais. No entanto, no processo decisório, a Comissão não poderia limitar-se a um automatismo na verificação das listas nacionais. Nos limites do seu poder discricionário, deveria respeitar, designadamente, o princípio da boa administração, ao qual está associada a obrigação, para a instituição competente, de examinar, com cuidado e imparcialidade, todos os elementos relevantes do caso.

O Advogado-Geral parte do princípio de que a Directiva pretendeu conciliar o objectivo da livre prestação de serviços no domínio da radiodifusão televisiva com o da protecção do direito à informação no contexto das diversidades culturais dos Estados-Membros.

O segundo aspecto refere-se ao direito de propriedade no domínio da organização das competições desportivas.

As questões relativas à relação entre o sector desportivo e os meios de comunicação social assumiram uma importância crucial, pelo facto de os direitos de transmissão se terem tornado a primeira fonte de rendimentos do desporto profissional na Europa. No presente caso, tanto a UEFA como a FIFA tinham invocado, nos articulados e na audiência, a problemática da violação do direito de propriedade.

Como instâncias dirigentes do futebol europeu e internacional, a UEFA e a FIFA são organizações emblemáticas neste domínio do desporto. Ambas são titulares de diferentes direitos de propriedade intelectual que lhes proporcionam uma fonte de rendimentos de que se aproveitam para financiar grandes encontros desportivos e favorecer o desenvolvimento do desporto a longo prazo.

A UEFA e a FIFA alegaram um lucro cessante no tocante aos direitos de transmissão televisiva de que são titulares exclusivas, com o fundamento de que o círculo de pessoas interessadas por tal transacção ficaria substancialmente restringido.

Uma vez que, nos articulados, tanto a UEFA como a FIFA tinham referido a protecção resultante dos direitos fundamentais, importa recordar, mais em pormenor, que, nos termos do artigo 17º, nº 1, da Carta dos Direitos Fundamentais da União Europeia), «[t]odas as pessoas têm o direito de fruir da propriedade dos seus bens legalmente adquiridos, de os utilizar, de dispor deles e de os transmitir em vida ou por morte. [...] É protegida a propriedade intelectual». As explicações respeitantes a este artigo indicam que o mesmo corresponde ao artigo 1º do Protocolo Adicional nº 1 à Convenção Europeia para a Protecção dos Direitos do Homem e das Liberdades Fundamentais (a seguir «Protocolo nº 1»).

A vocação do artigo 1º, do Protocolo nº 1 corresponde ao objectivo de precaver o indivíduo contra qualquer violação do Estado ao respeito dos seus bens. Em conformidade com a jurisprudência do Tribunal europeu dos direitos do homem, a pessoa que alega a violação do direito de propriedade tem a obrigação de demonstrar a existência de tal direito. O conceito de propriedade «pode abranger tanto 'bens existentes' como valores patrimoniais, incluindo, em algumas situações bem definidas, créditos". Segundo a abordagem clássica, o direito de propriedade na acepção do artigo 1º do Protocolo nº 1 engloba, portanto, o *jus in re*, o *jus ad personam* e os direitos de propriedade intelectual.

Ora – recorda o Advogado-Geral –, o Tribunal de Justiça julgou nos processos *FAPL* e *Murphy*, que os eventos desportivos, incluindo os jogos de futebol, não podem ser considerados criações intelectuais e não podem ser protegidos a título do direito de autor. Sendo assim, a situação dos recorrentes sob a égide da Carta, corresponderá à posição que a UEFA e a FIFA constituíram de facto e de direito, por um lado, através dos acordos contratuais celebrados, designadamente, com os atletas, os espectadores, os clubes desportivos e os organismos de radiodifusão e, por outro, através de um controlo do acesso aos estádios, resultante dos contractos celebrados com os seus proprietários, e de um controlo dos equipamentos correspondentes aos mesmos.

Uma vez que a interpretação do conceito de «bens» na acepção do artigo 1º do Protocolo nº 1, é independente em relação às qualificações formais do direito interno e assume um carácter mais vasto, a posição jurídica da UEFA e da FIFA poderia ser equiparada a um direito de propriedade na acepção do Protocolo nº 1.

O Advogado-Geral considerou que, vista a ponderação dos interesses decorrente da Directiva, o legislador da União tinha o direito de impor limitações ou restrições ao direito de propriedade invocado pela UEFA e pela FIFA, nomeadamente em nome dos direitos fundamentais de outrem, como o direito à informação. Por conseguinte, a apreciação efectuada pelo legislador da União no quadro da Directiva, segundo a qual a exclusividade do direito do organizador de um acontecimento desportivo pode ser limitada, não constituiria um obstáculo à fruição pacífica dos bens ou um controlo ilegítimo do seu uso, na acepção do Protocolo.

As conclusões denotam, como atrás referi, que é incontornável o nexo entre o funcionamento da comunicação social e os direitos fundamentais, aqui accionado pelo Direito da União, nomeadamente, por remissão à Carta e à Convenção.

O segundo caso foi apreciado num acórdão pronunciado em processo de reenvio prejudicial. O aresto é exemplo do amplo e sugestivo terreno de especulação em que nos encontramos.

Trata-se do acórdão do Tribunal de Justiça de 22 de Janeiro passado, em que são partes principais as empresas *Sky Österreich GmbH* e *Österreichischer Rundfunk*.

Vejamos.

A Directiva 89/552, conforme alterada pela Directiva 2007/65, foi revogada pelo artigo 34º, 1º parágrafo, da Directiva 2010/13, cujo considerando 48 enuncia:

> «Os operadores televisivos podem adquirir com carácter de exclusividade direitos de transmissão televisiva de acontecimentos de grande interesse para o público. No entanto, é essencial promover o pluralismo através da diversidade de produção de informação e de programas em toda a União [Europeia] e respeitar os princípios reconhecidos pelo artigo 11º da Carta dos Direitos Fundamentais da União Europeia [a seguir 'Carta']».

O considerando 55 da Directiva 2010/13 tem a seguinte redacção:

> «A fim de salvaguardar a liberdade fundamental de receber informação e garantir a total e devida protecção dos interesses dos telespectadores da União, quem exercer direitos exclusivos de transmissão televisiva de um acontecimento de grande interesse para o público deverá conceder a outros operadores televisivos o direito de utilizar curtos extractos em programas de informação geral, em condições justas, razoáveis e não discriminatórias, tendo na devida conta os direitos exclusivos. Tais condições deverão ser comunicadas atempadamente antes da ocorrência do acontecimento de grande interesse para o público, de modo a dar aos outros interessados tempo suficiente para exercerem aquele direito. [...] Esses curtos extractos poderão ser utilizados para emissões à escala da União Europeia por qualquer canal, incluindo os canais temáticos desportivos, e não deverão exceder 90 segundos. O direito de acesso a curtos extractos apenas deverá ser aplicado a nível transfronteiriço quando tal for necessário. Por conseguinte, o operador televisivo deverá solicitar em primeiro lugar o acesso a outro operador televisivo estabelecido no mesmo Estado-Membro que tenha direitos exclusivos de transmissão do acontecimento de grande interesse para o público. O conceito de

programas de informação geral não deverá abranger a compilação de curtos extractos em programas com fins de entretenimento. [...]»
O artigo 15º da mesma Directiva dispõe:
«1. Os Estados-Membros devem assegurar que, para efeitos de curtos resumos noticiosos, qualquer operador televisivo estabelecido na União tenha acesso, em condições justas, razoáveis e não discriminatórias, a acontecimentos de grande interesse para o público, transmitidos com carácter de exclusividade, por um operador televisivo sob a sua jurisdição.
2. Se outro operador televisivo estabelecido no mesmo Estado-Membro que o operador televisivo que solicita o acesso tiver adquirido direitos exclusivos de transmissão do acontecimento de grande interesse para o público, o acesso deve ser solicitado a esse operador.
3. Os Estados-Membros devem assegurar que tal acesso seja garantido permitindo aos operadores televisivos escolherem livremente curtos extractos a partir do sinal do operador televisivo transmissor, devendo, no mínimo, identificar a fonte, a menos que tal não seja exequível.
4. Em alternativa ao nº 3, os Estados-Membros podem estabelecer um sistema equivalente que proporcione o acesso numa base justa, razoável e não discriminatória através de outros meios.
5. Os curtos extractos devem ser utilizados exclusivamente em programas de informação geral e só podem ser utilizados em serviços de comunicação social audiovisual, a pedido se o mesmo programa for oferecido em diferido pelo mesmo fornecedor de serviços de comunicação social"

Os factos apurados no processo principal são os seguintes:
A Sky foi autorizada pela KommAustria a difundir por satélite o programa televisivo digital codificado denominado «*Sky Sport Austria*».
Por contrato de 21 de agosto de 2009, esta sociedade adquiriu os direitos.
Referindo-se, nomeadamente, ao artigo 52º, nº 1, da Carta, o *Bundeskommunikationssenat* interrogava-se sobre se uma disposição de uma directiva que impede as autoridades de um Estado-Membro de prever uma indemnização com vista a compensar a referida ingerência no

direito de propriedade é conforme com o princípio da proporcionalidade. Considerava que o artigo 15º, nº 6, da Directiva 2010/13, que prevê que os Estados-Membros devem definir as formas e as condições relativas ao direito de realizar curtos resumos noticiosos, não pode compensar essa ingerência. O *Bundeskommunikationssenat* entendia que é necessário, tendo designadamente em conta o princípio da proporcionalidade, adoptar uma norma que permita tomar em consideração as circunstâncias do caso concreto e, em especial, o objecto dos direitos exclusivos de radiodifusão televisiva, bem como o montante pago pelo titular pela aquisição destes direitos, para calcular uma compensação financeira adequada.

No processo, o Tribunal de Justiça começou por apreciar uma questão de aplicação de leis no tempo suscitada pela jurisdição de reenvio, que me dispenso de pormenorizar. Depois, abordou um problema de interesse mais geral: o de interpretar o artigo 16º da Carta que dispõe que «[é] reconhecida a liberdade de empresa, de acordo com o direito da União e as legislações e práticas nacionais».

Segundo o Tribunal, a protecção conferida pelo referido artigo 16º da Carta compreende a liberdade de exercer uma actividade económica ou comercial, a liberdade contratual e a livre concorrência, como decorre das explicações relativas a este mesmo artigo.

A liberdade contratual abrange, nomeadamente, a livre escolha do parceiro económico (v., neste sentido, acórdão de 10 de julho de 1991, *Neu e o.*, C-90/90 e C-91/90), bem como a liberdade de determinar o preço de uma prestação (v., neste sentido, acórdãos de 22 de Março de 2007, *Comissão/Bélgica*, C-437/04, e de 19 de abril de 2012, *FTex*, C-213/10).

O artigo 15º da Directiva 2010/13 tem como consequência que o titular de direitos exclusivos de radiodifusão televisiva não pode escolher livremente os operadores televisivos com os quais celebra um acordo relativo à atribuição de um direito de realização de curtos resumos noticiosos. Do mesmo modo, atendendo ao nº 6 desse artigo, disposição sobre a qual o órgão jurisdicional de reenvio questiona o Tribunal de Justiça, o titular de direitos exclusivos de radiodifusão televisiva não poderá decidir livremente o preço a que fornece o acesso ao sinal para efeitos da realização de curtos resumos noticiosos. Esta disposição impede, nomeadamente, esse titular de fazer os operadores televisivos que realizem curtos resumos noticiosos participar nos custos de aquisição dos direitos exclusivos de radiodifusão televisiva. Nestas condições, esse artigo 15º, nº 6, constitui uma ingerência na liberdade de empresa dos titulares de direitos exclusivos de radiodifusão televisiva.

Todavia, – precisa o acórdão – em conformidade com a jurisprudência do Tribunal de Justiça, a liberdade de empresa não constitui uma prerrogativa absoluta, mas deve ser tomada em consideração em relação à sua função na sociedade (v., neste sentido, acórdãos de 9 de Setembro de 2004, *Espanha e Finlândia/Parlamento e Conselho*, C-184/02 e C-223/02) e de 6 de setembro de 2012, *Deutsches Weintor*, C-544/10, e jurisprudência referida).

A liberdade de empresa pode ser sujeita a um amplo leque de intervenções do poder público susceptíveis de estabelecer, no interesse geral, limitações ao exercício da actividade económica.

Esta circunstância reflecte-se, nomeadamente, no modo como deve ser aplicado o princípio da proporcionalidade, nos termos do artigo 52º, nº 1, da Carta.

Em conformidade com esta última disposição, qualquer limitação do exercício dos direitos e das liberdades consagrados na Carta deve estar prevista na lei, respeitar o seu conteúdo essencial e deve, no respeito do princípio da proporcionalidade, ser necessária e responder efectivamente a objectivos de interesse geral reconhecidos pela União ou, caso seja necessário, de protecção dos direitos e das liberdades de terceiros.

O Tribunal considerou que o artigo 15º, nº 6, da Directiva 2010/13 não afecta o conteúdo essencial da liberdade de empresa. Com efeito, esta disposição não impede o exercício da actividade empresarial, enquanto tal, do titular de direitos exclusivos de radiodifusão televisiva. Além disso, não exclui que este titular possa desfrutar do seu direito, efectuando, ele próprio, a título oneroso, a retransmissão do acontecimento em causa ou, ainda, cedendo este direito por via contratual, a título oneroso, a outro operador televisivo ou a qualquer outro operador económico.

Para o Tribunal de Justiça, no tocante à proporcionalidade da ingerência constatada, há que recordar que o princípio da proporcionalidade exige, segundo jurisprudência assente do Tribunal de Justiça, que os actos das instituições da União não excedam os limites do que é adequado e necessário para a realização dos objectivos legítimos prosseguidos pela regulamentação em causa, sendo que, quando se proporcione uma escolha entre várias medidas adequadas, se deve recorrer à menos restritiva, e que os inconvenientes causados não devem ser desproporcionados relativamente aos objetivos prosseguidos (acórdãos de 8 de julho de 2010, *Afton Chemical*, C-343/09) e 23 de outubro de 2012, *Nelson e o.*, C-581/10 e C-629/10 e jurisprudência referida).

O Tribunal pôs em evidência que a comercialização, com carácter exclusivo, de acontecimentos de grande interesse para o público é actualmente crescente e susceptível de limitar, de maneira considerável, o acesso do público à informação relativa a estes acontecimentos. Neste aspecto, o artigo 15º da Directiva 2010/13 visa, como decorre dos seus considerandos 48 e 55, salvaguardar a liberdade fundamental de receber informações, garantida pelo artigo 11º, nº 1, da Carta, e promover o pluralismo na produção e na programação das informações na União, protegido pelo nº 2 do mesmo artigo 11º.

O Tribunal de Justiça entendeu que a salvaguarda das liberdades protegidas pelo artigo 11º da Carta constitui incontestavelmente um objetivo de interesse geral (v., neste sentido, acórdãos de 22 de dezembro de 2008, *Kabel Deutschland Vertrieb und Service*, C-336/07) e de 6 de setembro de 2011, *Patriciello*, C-163/10). Esta importância é manifesta-se, em particular, no caso de acontecimentos de grande interesse para o público. Por conseguinte, impõe-se concluir que o artigo 15º da Diretiva 2010/13 prossegue efetivamente um objetivo de interesse geral.

Do mesmo modo, considerou que o artigo 15º, nº 6, da Directiva 2010/13 é adequado para garantir a realização do objetivo prosseguido. Com efeito, esta disposição permite que qualquer operador televisivo realize efetivamente curtos resumos noticiosos e, assim, informe o público dos acontecimentos de grande interesse para este último que são objeto de uma comercialização exclusiva, garantindo a estes operadores o acesso aos referidos acontecimentos. Este acesso é-lhes garantido independentemente, por um lado, do seu poder comercial e da sua capacidade financeira assim como, por outro, do preço pago pela aquisição dos direitos exclusivos de radiodifusão televisiva, das negociações contratuais.

O legislador da União podia legitimamente considerar que uma regulamentação que prevê uma compensação financeira dos titulares de direitos exclusivos de radiodifusão televisiva que exceda os custos que resultem directamente do fornecimento do acesso ao sinal não permitiria atingir o objectivo prosseguido de forma tão eficaz como uma regulamentação, como o artigo 15º, nº 6, da Diretiva 2010/13, que limita uma compensação financeira eventual ao montante destes custos e que, por conseguinte, esta regulamentação era necessária.

Já no que diz respeito à competência dos Estados Membros para definirem as formas e as condições relativas ao direito de realizar curtos resumos noticiosos aquele legislador estabelece uma ponderação adequada entre as exigências decorrentes da liberdade fundamental de receber informações e as da liberdade de empresa. Considera que só uma norma que preveja o pagamento de uma compensação financeira que leve em conta, nomeadamente, o objeto dos direitos exclusivos de radiodifusão televisiva em causa e o montante pago pelo titular para a aquisição destes direitos deveria ser considerada proporcionada.

O legislador da União deveria efectuar uma ponderação entre, por um lado, a liberdade de empresa e, por outro, a liberdade fundamental dos cidadãos da União de receberem informações, a liberdade e o pluralismo dos meios de comunicação social.

Quando estão em causa vários direitos e liberdades fundamentais protegidos pela ordem jurídica da União, a apreciação do eventual carácter desproporcionado de uma disposição do direito da União deve respeitar a necessidade de conciliação das exigências ligadas à proteção dos diferentes direitos e liberdades e um equilíbrio justo entre eles (v., neste sentido, acórdãos de 29 de janeiro de 2008, *Promusicae*, C-275/069 e *Deutsches Weintor*, já referido).

Ao estabelecer exigências relativas à utilização dos extractos do sinal, o legislador da União pretendeu assegurar uma regulamentação precisa do alcance da ingerência na liberdade de empresa e do benefício económico eventual que os operadores televisivos podem retirar da realização de um curto resumo noticioso.

Com efeito, o artigo 15º da Directiva 2010/13 prevê que os curtos resumos noticiosos sobre o acontecimento que seja objeto de uma retransmissão exclusiva não possam ser emitidos em qualquer tipo de programas de televisão, mas apenas em programas de informação geral. Assim, é excluída uma utilização dos extractos do sinal em programas de diversão, que têm um impacto económico mais importante do que os programas de informação geral, em conformidade com o considerando 55 da Diretiva 2010/13.

Tendo em conta, por um lado, a importância que reveste a salvaguarda da liberdade fundamental de receber informações, a liberdade e o pluralismo dos meios de comunicação social garantidos pelo artigo 11º da Carta e, por outro lado, a protecção da liberdade de empresa, nos termos conferidos pelo artigo 16º, o Tribunal de Justiça reconheceu que, o legislador da União podia adoptar regras como as previstas no artigo 15º da Directiva 2010/13, que contemplam limites à liberdade de empresa, privilegiando ao mesmo tempo, atendendo à necessária ponderação dos direitos e dos interesses em causa, o acesso do público à informação em relação à liberdade contratual.

Por isso, o Tribunal decidiu que o exame da questão prejudicial submetida não revelava nenhum elemento susceptível de afectar a validade do artigo 15º, n 6, da Directiva 2010/13.

O último caso tem por objecto as recentíssimas conclusões da Advogada-Geral Juliane Kokott, (16 de maio) apresentadas no Processo 234/12, *Sky Italia s.r.l.*

A questão é a seguinte:

A maioria das televisões europeias transmite publicidade em intervalos mais ou menos regulares. Esta publicidade que o espectador vê frequentemente como uma interrupção inoportuna do programa transformou-se, há muito tempo, num factor económico cuja relevância não deve ser subestimada e constitui uma importante fonte de receitas para o organismo de radiodifusão televisiva. Não admira, pois, que dê permanentemente azo a litígios.

Para proteger adequadamente os interesses dos telespectadores e garantir condições o mais uniformes possível de concorrência para todos os organismos de radiodifusão televisiva estabelecidos na Europa, o direito da União prevê um limite máximo de transmissão de publicidade televisiva de 20% num período de 60 minutos. Esta regra consta da Directiva «Serviços de Comunicação Social Audiovisual» (Directiva 2010/13/CE) que substituiu a anterior Directiva «Televisão sem fronteiras» (Directiva 89/552/CEE).

Dentro dos limites estabelecidos pelo direito da União são permitidas regras de direito nacional mais rigorosas relativas à publicidade televisiva. A Itália fez uso desta possibilidade ao estabelecer distintos limites máximos de transmissão para publicidade televisiva para organismos de radiodifusão televisiva paga e organismos de radiodifusão televisiva de sinal aberto. Assim, em 2011, podia ser transmitido um máximo de 14% de publicidade num período de 60 minutos nos canais italianos de radiodifusão televisiva paga, ao passo que nos canais privados de radiodifusão televisiva de sinal aberto o limite máximo era de 18%.

Quando um dos canais pagos de radiodifusão televisiva *da Sky Italia* transmitiu, num serão, mais publicidade televisiva do que a permitida ao abrigo da legislação nacional, a autoridade reguladora competente aplicou uma coima a esta empresa. A *Sky Italia* impugna agora judicialmente esta coima, invocando, designadamente, a incompatibilidade da legislação italiana com o direito da União. A empresa *Reti Televisive Italiane (RTI)* pertencente ao grupo *Mediaset*, que é o maior organismo privado de radiodifusão televisiva de sinal aberto na Itália, também é interveniente no processo principal.

Os intervenientes no processo principal discutem, em particular, se os distintos limites máximos de transmissão para a publicidade televisiva são compatíveis com o princípio geral de direito da União da igualdade de tratamento e se são susceptíveis de lesar a liberdade e a pluralidade dos meios de comunicação social.

O quadro de direito da União do presente caso é representado, no plano do direito secundário, pela Directiva 2010/13, em cujo capítulo VII «Publicidade televisiva e televenda» se encontra o seguinte artigo 23º, n. 1:

«A percentagem de tempo consagrada a *spots* de publicidade televisiva e a spots de televenda num dado período de 60 minutos não deve exceder 20%.»

Determinante no direito italiano é o Decreto legislativo nº 177 do Presidente da República, de 31 de julho de 2005, relativo ao texto único dos serviços de meios audiovisuais e radiofónicos cujo artigo 38º («Limite máximo de transmissão») teve uma nova redacção:

"A transmissão de mensagens publicitárias por parte da concessionária do serviço público geral de radiodifusão televisiva não pode exceder 4% do horário semanal de programação nem 12% de cada hora; um eventual excesso, que, de modo algum poderá superar 2% numa hora, deve ser compensado na hora anterior ou seguinte.

A transmissão de publicidade televisiva por organismos de radiodifusão televisiva de sinal aberto, incluídos os analógicos, no âmbito nacional, que não a concessionária do serviço público geral de radiodifusão televisiva, não pode exceder 15% do horário diário de programação, nem 18% de uma hora determinada e distinta; um eventual excesso, que, de modo algum poderá superar 2% numa hora, deve ser compensado na hora anterior ou seguinte [...];

A transmissão de publicidade televisiva por organismos de radiodifusão televisiva paga, incluindo os analógicos, não pode exceder em 2010, 16%, em 2011, 14%, e, a partir de 2012, 12% de uma hora determinada; um eventual excesso, que, de modo algum poderá superar 2% numa hora, deve ser compensado na hora anterior ou seguinte [...].

As duas questões prejudiciais do *Tribunale Amministrativo Regionale per il Lazio* visam esclarecer se o direito da União proíbe que o direito interno dos Estados Membros preveja distintos limites máximos de transmissão de publicidade televisiva, consoante esta publicidade seja transmitida na televisão paga ou na televisão privada de sinal aberto. Enquanto a primeira questão analisa esta problemática do ponto de vista da igualdade de tratamento dos organismos de radiodifusão televisiva e por referência às liberdades fundamentais do mercado interno europeu, a segunda questão concentra-se no aspeto da liberdade e da pluralidade dos meios de comunicação social.

A Advogada-Geral começou por referir que a venda de tempos de transmissão de publicidade televisiva é realizada num mercado específico. Este mercado distingue-se do mercado dos consumidores finais no qual, em última instância, são transmitidos os programas de televisão. Por esse motivo, o simples facto de no mercado dos consumidores finais poder haver, do ponto de vista dos telespectadores, diferenças objectivas entre os organismos de radiodifusão televisiva não permite concluir automaticamente que essas diferenças também existem no plano prévio da comercialização de tempos de transmissão de publicidade televisiva. Pelo contrário, no presente caso, não existem indícios dessas diferenças, quer do ponto de vista dos próprios organismos de radiodifusão televisiva, quer ainda do ponto de vista dos anunciantes.

No que diz respeito aos organismos de radiodifusão televisiva, estes, ao comercializarem tempos de transmissão de publicidade televisiva, concorrem directamente entre si por clientes anunciantes e, deste modo, em última instância, por receitas para financiar os seus programas de televisão, independentemente de a publicidade televisiva ser ou não a sua única fonte de rendimentos. Todos os organismos de radiodifusão televisiva se encontram, pois, entre si, numa situação semelhante, no que diz respeito à comercialização de tempos de transmissão de publicidade televisiva.

Para os anunciantes, também não é directamente determinante se os seus *spots* publicitários são transmitidos nos canais pagos de radiodifusão televisiva ou nos canais de radiodifusão televisiva de sinal aberto. Pelo contrário, para os clientes anunciantes está, em primeira linha, em causa o preço a pagar pelos tempos de transmissão adquiridos e se com a sua publicidade conseguem atingir o *grupo alvo* certo com quotas de visionamento tão elevadas quanto possível.

Se um legislador nacional pretender, nestas circunstâncias, garantir receitas de publicidade mais elevadas para os organismos de radiodifusão televisiva de sinal aberto, tal pretensão está em contradição com os objectivos fundamentais da Directiva 2010/13 que pretende garantir a livre concorrência e a igualdade de tratamento entre os organismos de radiodifusão televisiva.

A análise de uma legislação como a italiana segundo o critério do princípio fundamental geral da igualdade de tratamento de direito da União – continua o Advogado-Geral – varia em função do objectivo por ela prosseguido.

Se estiver em causa a protecção dos consumidores contra publicidade televisiva em excesso, os distintos limites máximos de transmissão de publicidade televisiva na televisão paga e na televisão privada de sinal aberto são compatíveis com o princípio da igualdade de tratamento. Em contrapartida, se estiver em causa a preocupação de garantir receitas de publicidade mais elevadas para os organismos privados de radiodifusão televisiva e, assim, um melhor financiamento, o princípio da igualdade de tratamento proíbe que se prevejam limites máximos de transmissão de publicidade televisiva distintos na televisão paga e na televisão privada de sinal aberto. Compete ao órgão jurisdicional de reenvio analisar qual dos dois possíveis objectivos legislativos prevalece no artigo 38º do Decreto legislativo 177/2005 e retirar daí as necessárias conclusões, tendo em conta o princípio geral da igualdade de tratamento.

Para a Advogada-Geral, no que se refere a liberdades fundamentais do mercado interno europeu, em princípio, as disposições opõem-se a qualquer medida nacional que, embora aplicável sem discriminação em razão da nacionalidade, seja susceptível de afectar ou de tornar menos atractivo o exercício das liberdades fundamentais garantidas pelo Tratado. Contudo, essa limitação não existe se os efeitos de uma medida forem demasiado aleatórios e demasiado indirectos, por forma a porem em causa o exercício das referidas liberdades fundamentais.

Em primeiro lugar, no que diz respeito à liberdade de estabelecimento e à livre circulação de capitais, só muito dificilmente se pode reconhecer a existência de uma ligação entre estas duas liberdades e os limites máximos de transmissão de publicidade televisiva, tal como aplicáveis na Itália. É certo que, estes limites máximos de transmissão são mais baixos na Itália para a televisão paga do que para a televisão de sinal aberto. Contudo, os efeitos dessa diferença no tempo de transmissão de publicidade – pelo menos, segundo as informações de que dispõe o Tribunal de Justiça – parecem demasiado aleatórios e indiretos para poderem influenciar seriamente eventuais decisões de investimento de organismos de radiodifusão televisiva estrangeiros ou de investidores estrangeiros no mercado italiano da radiodifusão televisiva. Por conseguinte, não existe uma restrição à liberdade de estabelecimento ou à livre circulação de capital.

Em contrapartida, uma regulamentação estatal do limite máximo de transmissão de publicidade televisiva, tal como a que vigora na Itália, pode constituir uma restrição à livre prestação de serviços, uma vez que limita a possibilidade de os organismos italianos de radiodifusão televisiva, em geral, e os organismos de radiodifusão televisiva paga, em particular, difundirem publicidade em proveito de anunciantes estabelecidos noutros Estados-Membros.

De facto, segundo a jurisprudência, a restrição às liberdades fundamentais garantidas nos tratados só é admissível se prosseguir um objectivo legítimo, compatível com o Tratado, e se se justificar por razões imperiosas de interesse geral. Nesse caso, a restrição deve ainda ser adequada a garantir a realização do objectivo prosseguido e não deve ultrapassar o que é necessário para o alcançar.

A este respeito – acrescenta a Advogada-Geral –, devem ter-se em conta as considerações acima tecidas em relação ao princípio geral da igualdade de tratamento. Assim, a eventual intenção do legislador de «garantir receitas de publicidade mais elevadas para os organismos de radiodifusão televisiva de sinal aberto», ou seja, uma consideração de natureza puramente económica, não pode, normalmente, ser considerada como objetivo legítimo adequado a justificar uma restrição da livre prestação de serviços no domínio da publicidade televisiva. Em contrapartida, a protecção dos consumidores que são os telespectadores contra a publicidade excessiva constitui uma razão imperiosa de interesse geral susceptível de justificar restrições à livre prestação de serviços. A questão de saber qual destes objectivos é prosseguido por uma legislação como a italiana deve apenas ser apreciada pelo órgão jurisdicional de reenvio.

Se o órgão jurisdicional de reenvio concluir, tal como a AGCOM na decisão controvertida, que o artigo 38º do Decreto legislativo 177/2005 se destina a proteger os consumidores que são os telespetadores contra a publicidade excessiva, terá de analisar se a restrição relativa ao limite máximo de transmissão de publicidade televisiva na televisão paga de 14% num período de 60 minutos, que estava em vigor em 2011, era adequado e necessário para alcançar este objectivo.

Tomando por base as informações de que o Tribunal de Justiça dispõe no presente processo, concluiu a Advogada-Geral que nada se opõe a que a restrição controvertida relativa ao limite máximo de transmissão de publicidade televisiva na televisão paga seja considerada proporcionada, atendendo ao objectivo da protecção dos consumidores. Em particular, o mero facto de os limites máximos de transmissão de publicidade televisiva serem diferentes na televisão paga e na televisão privada de sinal aberto não permite concluir que uma legislação como a italiana é incoerente. Com efeito, conforme acima exposto, a referida diferença baseia-se em circunstâncias objectivas.

Com a sua segunda questão, o órgão jurisdicional de reenvio pretende, no essencial, saber se diferentes limites máximos de transmissão de publicidade televisiva, tal como previstos no direito italiano, são compatíveis com a liberdade e a pluralidade dos meios de comunicação social, se distorcerem a concorrência e favorecerem a criação ou o reforço de uma posição dominante no mercado da publicidade.

Apreciando esta questão, a Advogada-Geral recorda que o princípio da liberdade e da pluralidade dos meios de comunicação social, tal como consagrado no artigo 11º, n. 2, da Carta dos Direitos Fundamentais, tem importância primordial numa sociedade democrática A Directiva 2010/13 também prossegue o objectivo de evitar restrições ao pluralismo e à liberdade da informação televisiva).

Tendo em conta a importância que a publicidade televisiva tem para o financiamento da actividade de radiodifusão televisiva, não se pode excluir à partida a existência de uma distorção da concorrência entre os organismos de radiodifusão televisiva, se alguns deles, devido às restrições especiais relativas aos limites de transmissão que lhes foram impostas, puderem fazer menos uso desta fonte de financiamento do que outros.

No entanto – precisam as Conclusões – a questão de saber se distintos limites máximos de transmissão de publicidade televisiva efectivamente conduzem a uma distorção da concorrência dessa natureza entre os diferentes tipos de organismos de radiodifusão televisiva depende de uma série de factores, nomeadamente, do grau de dependência do respectivo organismo em relação à publicidade como fonte de financiamento e da existência de outras fontes a partir das quais o mesmo possa eventualmente financiar a sua programação televisiva.

O facto de um organismo de radiodifusão televisiva deter uma posição particularmente forte na comercialização de tempos de transmissão de publicidade televisiva não significa por si só que outros organismos de radiodifusão televisiva não possam, em paralelo com o mesmo, concorrer de modo eficaz pelos telespectadores no que diz respeito aos seus respectivos programas televisivos.

Além disso, nem todas as alterações das condições de concorrência entre os organismos de radiodifusão televisiva põem necessariamente em causa a liberdade e a pluralidade dos meios de comunicação social.

Contudo, o artigo 11º, nº 2, da Carta dos Direitos Fundamentais é contrário a uma legislação nacional reguladora da actividade televisiva que seja susceptível de distorcer a concorrência entre os organismos de radiodifusão televisiva de uma forma considerável e, desse modo, criar o risco sério de lesar a liberdade e a pluralidade dos meios de comunicação social.

À luz das destas considerações, a Advogada-Geral propõe ao Tribunal de Justiça que responda do seguinte modo ao pedido de decisão prejudicial submetido pelo *Tribunale Amministrativo Regionale per il Lazio*:

"Uma legislação nacional que, abaixo do limite máximo de transmissão de 20% num período de 60 minutos fixado para a publicidade televisiva, no artigo 23º, nº 1, da Directiva 2010/13/UE, preveja um tempo de transmissão mais curto para a televisão paga do que para a televisão privada de sinal aberto,

    – é incompatível com o artigo 4º, n. 1, da directiva, em conjugação com o princípio geral da igualdade de tratamento de direito da União e com o artigo 56ºTFUE, na medida em que prossiga o objectivo de

garantir aos organismos de radiodifusão televisiva de sinal aberto receitas de publicidade mais elevadas, apesar de estes últimos não terem aparentemente uma desvantagem concorrencial;
– é compatível com o artigo 4º, n. 1, da directiva, em conjugação com o princípio geral da igualdade de tratamento de direito da União e com o artigo 56º TFUE, na medida em que prossiga de uma forma proporcional o objectivo de proteger os consumidores que são os telespectadores contra a publicidade televisiva excessiva.

Compete ao órgão jurisdicional nacional analisar qual destes dois objectivos é prosseguido pela legislação nacional e, caso esta prossiga os dois objectivos, qual deles prevalece".

Estes casos ilustram os problemas suscitados pelas relações entre o Direito da União e a comunicação social.

Sendo abundantes e com tendência para a expansão as disposições de Direito da União que regulam a comunicação social, pareceu-me mais indicado apresentar o plano axiológico e relacional em que se desenrolam que proceder a uma exposição descritiva das normas.

Utilizei, assim, o método dos casos.

Vamos, então, discuti-los.

O Tribunal Europeu dos Direitos do Homem e a Liberdade de Imprensa: Os Casos Portugueses

FRANCISCO PEREIRA COUTINHO[*]

SUMÁRIO: 1. Introdução; 2. Difamação; 2.1. Considerações gerais; 2.2. O direito à reputação e ao bom nome na Convenção Europeia dos Direitos do Homem; 2.3. Casos portugueses; 2.3.1. "Lopes Gomes da Silva"; 2.3.2. "Urbino Rodrigues"; 2.3.3. "Colaço Mestre e SIC – Sociedade Independente de Comunicação, S. A."; 2.3.4. "Costa Moreira"; 2.3.5. "Laranjeira Marques da Silva"; 2.3.6. "Público – Comunicação Social S. A. e outros"; 2.3.7. "Conceição Letria"; 2.3.8. Comentário; 3. Privacidade; 3.1. Considerações gerais; 3.2. Caso português: "André Neves"; 3.3. Comentário; 4. Segredo de justiça; 4.1. Considerações gerais; 4.2. Casos portugueses; 4.2.1. "Campos Dâmaso"; 4.2.2. "Laranjeira Marques da Silva"; 4.2.3. "Pinto Coelho"; 4.3. Comentário; 5. Considerações finais.

1. Introdução

I. Os media são os "cães de guarda" dos valores democráticos[1]. A linguagem metafórica pertence ao Tribunal Europeu dos Direitos do Homem

---

[*] Professor do Instituto Superior de Ciências Sociais e Políticas da Universidade de Lisboa, onde leciona a disciplina de Ética e Direito da Comunicação Social no curso de Ciências da Comunicação.

[1] "Observer e Guardian contra Reino Unido", acórdão do TEDH de 26 de novembro de 1991, queixa n.º 13585/88, n.º 59, al. b), disponível em http://www.echr.coe.int.

(TEDH) e tem subjacente uma das justificações filosóficas para a proteção da liberdade de expressão: se não conhecerem as questões politicamente relevantes para a *polis,* os cidadãos não podem participar no respetivo processo político.

Nas sociedades contemporâneas, em que o fluxo de informação com que o cidadão é confrontado não encontra paralelo na história, os media desempenham um papel insubstituível de filtragem do debate político. A livre circulação de opiniões e informações através da comunicação social afigura-se mesmo essencial ao funcionamento dos Estados de direito democráticos, ao servir de garantia contra intervenções estaduais abusivas ou erradas, e ao reduzir os custos sociais resultantes das decisões públicas, as quais são mais facilmente acomodadas se forem conhecidas pelos cidadãos e se estes tiverem tido a oportunidade de as influenciar. Por essa razão, o grau de proteção da liberdade de imprensa constitui um dos indicadores geralmente escolhidos para "medir a democracia" nos Estados[2].

II. A Convenção para a proteção dos Direitos do Homem e das Liberdades Fundamentais, mais conhecida como Convenção Europeia dos Direitos do Homem (CEDH)[3], apresenta como propósito a promoção dos "ideais e valores de uma sociedade democrática"[4], identificados pela jurisprudência do Tribunal especificamente criado para a aplicar com "o pluralismo, a tolerância e a abertura de espírito"[5]. A sua concretização efetiva depende, em larga medida, da existência de uma imprensa livre do controlo estadual, razão pela qual o nº 1 do art. 10º da CEDH, alude, como corolário do direito à liberdade de expressão, ao direito a "transmitir" e do público a "receber informações e ideias" sobre todas as matérias

---

[2] Cfr. os critérios definidos pela "Freedom House" em http://www.freedomhouse.org/report/freedom-world-2012/methodology (acedido a 1 de outubro de 2013).

[3] A CEDH foi assinada em Roma a 4 de novembro de 1950, tendo entrado em vigor a 3 de setembro de 1953. Foi aprovada através da Lei nº 65/78, de 13 de outubro, tendo o respetivo instrumento de ratificação sido depositado a 9 de novembro de 1978, data que marca o seu início de vigência na origem jurídica portuguesa à luz do art. 8º, nº 2, da Constituição.

[4] "Kjeldsen, Busk Madsen e Pedersen contra Dinarmarca", acórdão do TEDH de 7 de dezembro de 1976, queixas nº 5095/71, 5920/72 e 5926/72, disponível em http://hudoc.echr.coe.int, nº 53.

[5] "Handyside contra Reino Unido", acórdão do TEDH de 7 de dezembro de 1976, queixa nº 5493/72, disponível em http://hudoc.echr.coe.int, nº 49.

de interesse público. O "direito a informar" exige, portanto, fundamentalmente um dever (negativo) de abstenção dos Estados[6].

A proteção conferida à liberdade de imprensa não podia ser total, sob pena de a desregulação do "quarto poder" colocar em risco os referidos "ideais e valores democráticos". O nº 2 do art. 10º da CEDH admite que a liberdade de imprensa seja objeto de limitação, uma vez que o seu exercício implica também "deveres e responsabilidades", podendo ser submetida "a certas formalidades, condições, restrições ou sanções, previstas pela lei, que constituam providências necessárias, numa sociedade democrática, para a segurança nacional, a integridade territorial ou a segurança pública, a defesa da ordem e a prevenção do crime, a proteção da saúde ou da moral, a proteção da honra ou dos direitos de outrem, para impedir a divulgação de informações confidenciais, ou para garantir a autoridade e a imparcialidade do poder judicial". Este preceito configura uma exceção à liberdade de expressão, razão pela qual deve ser interpretado restritivamente, devendo qualquer limitação à liberdade de imprensa ser "estabelecida de forma convincente"[7].

III. A liberdade de imprensa abrange "qualquer pessoa" (art. 10º, nº 1, da CEDH), seja jurídica ou natural[8], incluindo tanto jornalistas como editores e proprietários[9]. Protege a publicação de imagens e de formas de expressão escrita e oral, tanto de teor valorativo como factual, divulgadas por qualquer meio de difusão, sejam jornais, rádio, televisão ou a *internet*. Inclui também afirmações polémicas ou sarcásticas, especialmente se em causa estiverem questões do foro político, onde "a invetiva muitas vezes toca em questões pessoais; estes são os riscos do jogo político e parte e parcela do debate aberto de ideias, os garantes de uma sociedade

---

[6] Este direito pode, em circunstâncias excecionais, impor um dever de ação do Estado, por exemplo de proteção de órgão de comunicação social representativo de uma minoria étnica de ataques de particulares (v. caso "Özgür Gündem contra Turquia", acórdão do TEDH de 16 de março de 2000, queixa nº 23144/93, disponível em http://hudoc.echr.coe.int).
[7] "Observer e Guardian contra Reino Unido", acórdão do Tribunal Europeu dos Direitos do Homem de 26 de novembro de 1991, cit., nº 59, al. a).
[8] "Autronic AG contra Suiça", acórdão do TEDH de 22 de maio de 1990, queixa nº 12726/87, disponível em http://hudoc.echr.coe.int, nº 47.
[9] Andrew Nicol, Gavin Millar e Andrew Sharland, Media Law & Human Rights, 2ª Edição, OUP, 2009, p. 15.

democrática"[10]. Proibida é, contudo, linguagem que coloque em causa os valores de uma sociedade democrática, a saber linguagem revisionista, racista ou que incite o ódio ou à violência (art. 17º da CEDH).

IV. O TEDH não é uma instância de recurso das decisões judicias internas. Em resposta a uma queixa, o tribunal de Estrasburgo julga apenas se os Estados limitaram o direito de informar o público garantido pelo nº 1 do art. 10º da CEDH e, em caso afirmativo, se essa restrição é permitida por lei e pode ser justificada com base em alguma das exceções previstas no segundo número do mesmo artigo[11]. Se for o caso, submete a restrição à liberdade de imprensa ao teste da sua "necessidade numa sociedade democrática". Para o efeito, verifica (i) se a medida corresponde a uma "necessidade social imperiosa", (ii) se é proporcional – i. e. se a necessidade poderia ser provida por meios menos restritivos e se a medida é adequada à finalidade prosseguida – e (iii) se os fundamentos invocados pelas autoridades nacionais para justificar a medida são "relevantes e suficientes"[12].

Às autoridades nacionais é reconhecida alguma margem de apreciação na determinação da existência de uma "necessidade social imperiosa" e na definição das medidas que podem ser adotadas como resposta a essa necessidade. O controlo dos "deveres e responsabilidades" dos jornalistas deve, por exemplo, ter em conta o impacto do meio de comunicação utilizado, devendo o seu escrutínio ser mais rigoroso para os jornalistas da televisão e da rádio do que para aqueles que trabalham na imprensa escrita[13].

A amplitude dos "poderes discricionários" dos Estados neste âmbito está essencialmente dependente do "interesse geral ou público" da peça jornalística – i. e. de esta ter subjacente "um problema que o público

---

[10] "Lopes Gomes da Silva contra Portugal", acórdão do TEDH de 28 de setembro de 2000, queixa nº 37698/97, disponível em http://hudoc.echr.coe.int/, nº 34.
[11] Nos termos do art. 35º, nº 1, da CEDH, as queixas dirigidas ao TEDH só podem ser apresentadas após o esgotamento dos recursos internos e no prazo máximo de seis meses após a decisão final das instâncias judiciais nacionais.
[12] "Sunday Times contra Reino Unido", acórdão do TEDH de 26 de abril de 1979, cit., nº 62.
[13] "Jersild contra Dinamarca", acórdão do TEDH de 23 de setembro de 1994, queixa nº 15890/89, disponível em http://hudoc.echr.coe.int, nº 31.

tenha interesse em saber"[14]. Uma vez que o debate político está no epicentro do funcionamento das democracias participativas modernas, o tribunal de Estrasburgo procede ao controlo das intervenções estaduais que restrinjam a liberdade de imprensa, sendo particularmente exigente no controlo de medidas que "sejam suscetíveis de desencorajar a difusão de informação em matérias de interesse público"[15]. Para o efeito analisa toda a factualidade que esteve na origem no litígio, a qual engloba todos os argumentos e meios de prova invocados no plano nacional e internacional, não se limitando a uma mera apreciação da decisão nacional objeto de recurso[16].

As restrições à liberdade de imprensa podem assumir formas variadas[17]. O TEDH analisa sempre a natureza e a gravidade da medida restritiva, apreciando, no contexto do caso, o seu efeito dissuasor sobre a liberdade de expressão do jornalista. Por esta razão, é particularmente exigente quando estão em causa condenações em penas de prisão ou no pagamento de indemnizações de valor muito elevado[18].

---

[14] "Tønsbergs Blad AS e Haukom contra contra Noruega", acórdão do TEDH de 1 de março de 2007, queixa nº 510/04, disponível em http://hudoc.echr.coe.int, nº 87.

[15] "Bergens Tidende e outros contra Noruega", acórdão do TEDH de 2 de maio de 2000, queixa nº 26132/95, disponível em http://hudoc.echr.coe.int, nº 52.

[16] Entre outros, "Lingens contra Áustria", acórdão do TEDH de 8 de julho de 1986, queixa nº 9815/82, disponível em http://hudoc.echr.coe.int, nº 40.

[17] Raquel Resende, "A liberdade de imprensa na Convenção Europeia dos Direitos do Homem", Ana Maria Guerra Martins (coord.), *Estudos de Direito Europeu e Internacional dos Direitos Humanos*, Almedina, 2005, p. 112, para além da obrigação de divulgação das fontes, refere: "as proibições, as recusas ou a apreensão das autorizações de difusão, de transmissão de emissões de rádio ou de televisão; as sanções penais e disciplinares infringidas em virtude de uma determinada publicação ou da revelação de informações ou opiniões; as sentenças judiciais que concedam indemnizações em caso de difamação; as injunções determinadas por ordem do juiz de restringir a publicação de certas informações ou de reembolsar os benefícios da publicação de informações confidenciais ou secretas; as apreensões e proibições de circulação de publicações; as proibições de publicar, manifestar sem autorização dos poderes públicos, as proibições de fazer entrevistas e de produzir programas ou de participar em emissões de rádio ou de televisão; as proibições de fazer publicidade comercial; as proibições do direito de exercer a profissão de jornalista ou de autor e as restrições de acesso às informações".

[18] Cfr., respetivamente, "Cumpănă e Mazăre contra Roménia", acórdão do TEDH de 17 de dezembro de 2004, queixa nº 33348/96, disponível em http://hudoc.echr.coe.int, e "Marônek contra Eslováquia", acórdão do TEDH de 19 de abril de 2001, queixa nº 32686/96, disponível em http://hudoc.echr.coe.int. A Recomendação da Assembleia Parlamentar do

As autoridades estaduais podem impor limitações à liberdade de imprensa com base no nº 2 do art. 10º da CEDH ou com fundamento noutros preceitos da Convenção. É o caso, designadamente, do art. 6º, nº 1, relativo ao direito a um julgamento equitativo, o qual admite limitações à cobertura jornalística de um julgamento, "quando a bem da moralidade, da ordem pública ou da segurança nacional numa sociedade democrática, quando os interesses de menores ou a proteção da vida privada das partes no processo o exigirem, ou, na medida julgada estritamente necessária pelo tribunal, quando, em circunstâncias especiais, a publicidade pudesse ser prejudicial para os interesses da justiça". Por sua vez, o art. 8º da CEDH, relativo ao direito à privacidade, exige aos Estados "a adoção de medidas que garantam o respeito pela vida privada nas relações entre particulares"[19]. Ou seja, atribui-lhes uma obrigação (positiva) de proteção efetiva do direito à privacidade, que determina um dever de adoção de medidas que protejam a vida privada dos particulares contra intrusões dos media. Finalmente, os arts. 14º a 16º da CEDH podem fundar ingerências estaduais fundadas na necessidade de punir peças jornalísticas que (i) consubstanciem uma blasfémia que discrimine uma determinada religião (art. 14º), (ii) ameacem a vida da nação em caso de guerra ou outra emergência pública (art. 15º) ou (iii) possam ser qualificadas como "discursos de ódio" que tenham como objetivo colocar em causa direito ou liberdade reconhecido pela Convenção.

No caso de declarar a existência de uma violação à liberdade de expressão, e caso o direito interno do Estado não permita senão imperfeitamente obviar às consequências de tal violação, o TEDH pode atribuir à parte lesada uma reparação razoável se o entender necessário (art. 41º da CEDH). Esta reparação não inclui, em regra, danos morais, os quais se consideram ressarcidos pela própria decisão do TEDH.

IV. Este artigo analisa o acervo de acórdãos do TEDH e decisões da Comissão Europeia dos Direitos do Homem que se debruçaram sobre

---

Conselho da Europa nº 1577, de 4 de outubro de 2007, "Para uma descriminalização da difamação", exorta os Estados a, entre outras medidas, abolirem imediatamente a pena de prisão para os casos de difamação e a revogarem normas legislativas que concedam proteção acrescida para figuras públicas (*Revista do Ministério Público*, nº 114, 2009, pp. 215 a 224).

[19] "X e Y contra Holanda", acórdão do TEDH de 26 de março de 1985, queixa nº 8978/80, disponível em http://hudoc.echr.coe.int, nº 23.

restrições à liberdade de imprensa em Portugal[20]. Divide-se em três secções temáticas onde se discutem casos de difamação, de violação do direito à reserva da vida íntima privada e de violação do segredo de justiça.

2. Difamação
2.1. Considerações gerais

Na ordem jurídica portuguesa, uma peça jornalística tem conteúdo difamatório quando impute a alguém, mesmo sob forma de suspeita, "um facto, ou formular sobre el(e) um juízo, ofensivos da sua honra ou consideração, ou reproduzir uma tal imputação ou juízo". Esta conduta é punida com pena de prisão até 6 meses ou com pena de multa até 240 dias, exceto se a imputação for feita para realizar interesses legítimos e for provada a sua verdade ou tiver havido fundamento sério para, em boa fé, a reputar verdadeira. A invocação da verdade não releva, todavia, se a notícia disser respeito a ato relativo à intimidade da vida privada e familiar. A aferição da existência de boa fé está dependente do cumprimento das regras deontológicas de confirmação da veracidade das fontes (art. 180º, nº 1 a 4, do Código Penal).

2.2. O direito à reputação e ao bom nome na Convenção Europeia dos Direitos do Homem

I. A fundamentação para a ingerência estadual em processos de difamação perante o TEDH baseia-se no argumento de que a crítica jornalística viola a reputação e o bom nome do ofendido. Este direito não está diretamente previsto em nenhuma disposição da CEDH[21], mas é protegido como parte integrante da "proteção dos direitos de outrem", em nome

---

[20] Procura assim ser um contributo para suprir a insuficiência de estudos nacionais sobre a jurisprudência do TEDH detetada por Cecília MacDowell Santos, Ana Cristina Santos, Madalena Duarte e Teresa Maneca Lima, "Portugal e o Tribunal Europeu dos Direitos Humanos: reflexões sobre a literatura jurídica", *Revista do Ministério Público*, 117, 2009, p. 139.

[21] Esta ausência é criticada por Jean-François Flauss, "The European Court of Human Rights and the Freedom of Expression", *Indiana Law Journal*, 84, 3, 2009, p. 846, que refere ser paradoxal que a Convenção proteja explicitamente direitos fundamentais de menor importância (como o direito ao respeito pela correspondência alheia) e marginalize um dos elementos essenciais do princípio da dignidade da pessoa humana, reconhecido no art. 12º da Declaração Universal dos Direitos do Homem e no art. 17º dos Pactos Internacionais sobre Direito Civis e Políticos.

dos quais são admissíveis limitações à liberdade de expressão (art. 10º, nº 2, da CEDH).

A resposta a queixas apresentadas por jornalista condenado judicialmente por difamação parte, em regra, da alusão à importância social da imprensa. O TEDH considera que os media têm a missão de transmitir informações e ideias sobre questões políticas, bem como sobre outros temas de interesse geral, devendo fazê-lo não só em relação "a informações ou ideias acolhidas favoravelmente ou consideradas inofensivas ou indiferentes, mas também a todas as que ferem, chocam ou causam inquietação. Assim o exigem o pluralismo, a tolerância e a abertura de espírito, sem as quais não pode haver uma sociedade democrática"[22].

As restrições à liberdade de imprensa permitidas pelo nº 2 do art. 10º da CEDH são, por isso, interpretadas restritamente e analisadas casuisticamente de acordo com o conteúdo da peça jornalística. O TEDH distingue para o efeito entre declarações de facto (notícia) e julgamentos de valor (opinião), considerando que se as notícias podem ser provadas, as opiniões não se prestam a demonstração de veracidade, pelo que tornam impossível para um jornalista a expressão de uma opinião se a verdade é a única defesa disponível[23]. Por outras palavras, saber se uma afirmação é uma declaração de facto (notícia) ou um juízo de valor (opinião) constitui factor decisivo no nível de proteção que recebe à luz da CEDH – se se tratar de um julgamento de valor receberá proteção ampla, quase absoluta, caso a opinião prestada não seja desprovida de base factual e seja feita de boa fé[24], ou surja num contexto de resposta a afirmações do mesmo teor (princípio da reciprocidade). Salvaguardada está, portanto, a adoção de "opiniões minoritárias que possam parecer destituídas de mérito, pois, em matérias em que é improvável que qualquer certeza exista, seria particularmente desrazoável restringir a liberdade de expressão a ideias geralmente aceites"[25]. A distinção entre notícia e opinião deve, em todo o caso, ficar bem clara aos olhos do público.

---

[22] "Janowsky contra Polónia", acórdão do TEDH de 21 de janeiro de 1999, queixa nº 25716/94, disponível em http://hudoc.echr.coe.int, nº 30, i).
[23] "Lingens contra Áustria", acórdão do TEDH de 8 de julho de 1986, nº 46.
[24] "Jerusalém contra Áustria", acórdão do TEDH de 27 de fevereiro de 2001, queixa nº 26958/95, disponível em http://hudoc.echr.coe.int, nº 43 a 47.
[25] "Hertel conta Suiça", acórdão do TEDH de 25 de agosto de 1998, processo nº 59/1997//843/1049, disponível em http://hudoc.echr.coe.int, nº 50.

No que diz respeito aos factos, o TEDH considera que estes devem ser relatados com honestidade, rigor e exatidão, ouvindo-se as partes com interesses atendíveis no caso[26]. Tal apenas não é necessário se a informação veiculada foi obtida através de fontes oficiais (ainda que não públicas) ou transmitida através de citação direta[27]. O art. 10º da CEDH protege, portanto, não apenas a substância das notícias e opiniões, como também a forma como os jornalistas as comunicam. O TEDH não irá, designadamente, aplicar o seu ponto de vista sobre se determinadas declarações devem ser difundidas ou se devem ser objeto de contraditório, considerando "não lhe competir escolher a técnica de reportagem adotada pelos jornalistas"[28].

2.3. Casos portugueses
2.3.1. *"Lopes Gomes da Silva"*[29]

I. A edição de 10 de junho de 1993 do jornal *Público* continha editorial, assinado pelo seu diretor (Vicente Jorge Silva), onde se faziam as seguintes considerações sobre o candidato escolhido pelo CDS/PP para concorrer às eleições autárquicas em Lisboa (Silva Resende):

"(...) (o presidente do CDS/PP) foi capaz de ultrapassar a mais grosseira das caricaturas (...). A prova aí está, na impensável escolha da direção do CDS para encabeçar a lista do partido à presidência da Câmara de Lisboa. Basta ler os excertos dos artigos recentes de Silva Resende no *Jornal do Dia*, que publicamos nestas páginas, para se fazer uma ideia da personagem que o novo Partido Popular quer candidatar ao principal município do país. Será inverosímil e grotesco – mas é verdadeiro. Nem nas arcas mais arqueológicas e bafientas do salazarismo seria possível desencantar um candidato ideologicamente mais

---

[26] "Pedersen e Baadsgaard contra Dinamarca", acórdão do TEDH de 17 de dezembro de 2004, queixa nº 49017/99, disponível em http://hudoc.echr.coe.int, nº 78, onde se refere que os jornalistas «devem agir de boa fé e com uma boa base factual e fornecer informação "credível e precisa" de acordo com a ética do jornalismo».

[27] "Selistö contra Finlândia", acórdão do TEDH de 16 de novembro de 2004, queixa nº 56767/00, disponível em http://hudoc.echr.coe.int, nº 59 e 60.

[28] "Jersild contra Dinamarca", acórdão do TEDH de 23 de setembro de 1994, cit., nº 31.

[29] "Lopes Gomes da Silva contra Portugal", acórdão do TEDH de 28 de setembro de 2000, cit.. Este acórdão foi anotado por Eduardo Maia Costa, "Liberdade de Imprensa – Restrições para proteção do bom nome e da reputação", *Revista do Ministério Público*, nº 84, 2000, pp. 179 a 191.

grotesco e boçal, uma mistura tão inacreditável de reacionarismo alarve, sacristanismo fascista e anti-semitismo ordinário.

Qualquer figura destacada do Estado Novo ou qualquer presidente da Câmara de Lisboa durante o anterior regime passariam por insignes progressistas em comparação com este brilhante achado (...)."

Na mesma edição do jornal e na mesma página do editorial, foram publicados numerosos excertos de artigos de Silva Resende no *Jornal do Dia*, de que era diretor, entre os quais:

(i) "O calvo judeu (Fabius), que passa a vida nas intervenções públicas a clamar pela laicidade e pela República (para os bons entendedores estes dois pilares da impiedade religiosa e patriótica chegam para se lhe decifrar os intentos) sentenciou a seguir às eleições que foram vencidas nas urnas por causa da prática política e não por causa do ideais políticos." (*Jornal do Dia*, de 6 junho de 1993).

(ii) "A loja Maçónica e a Sinagoga judaica, mesmo quando não imponham seus ritos e práticas iniciáticas, namoram sempre os donos do Poder, quando não se dá o caso de ser através dessas centrais de influência oculta que eles obtêm a investidura nos cargos públicos. Só o *Front National* de *Le Pen* constitui exceção a essa penetração mais ou menos subtil. O lepenismo é alcunhado de racista e perseguido por todos os processos imagináveis, que vão desde a agressão na rua, a sabotagem dos comícios e a calúnia organizada até à conformação de leis iníquas que os impeçam de progredir no tecido e principalmente nas escalas do Poder. Não é que o *Front* seja uma força isenta de alguns pecados da política, certamente, mas é a única força política que abertamente luta pelo restauro de uma França paladina da civilização cristã, oposta do esquerdismo que desde 1789 lhe vem minando as energias nacionais e transformando a sua bandeira no lábaro das heresias postas a correr mundo." (*Jornal do Dia*, de 27 de maio de 1993).

(iii) «Tenho pesar muitas vezes de versar assuntos que respiram o hálito de Satanás. Mas a cidade dos homens tem de tudo e não oferece dúvidas de que o Maligno utiliza em toda a extensão o principado do mundo, devastado pelo pecado. (...) Vai para dez anos, fez-se em França um inquérito sobre o pecado. Vasta maioria dos inquiridos foi de parecer que o pecado não existia, que se tratava de um "tabu" inventado pelo obscurantismo medieval. O enorme retrocesso desta resposta dá-nos ideia da decadência dos costumes e dos abismos em que resvala a sociedade contemporânea.» (*Jornal do Dia*, de 5 de junho de 1993).

(iv) "A maior parte das pessoas continua a ignorar que o Hitler e Mussolini eram socialistas e que foi nessa qualidade que conquistaram o Poder nos respectivos países valendo-se de todas as manhas e violência que os cânones da Esquerda lhes outorgavam." (*Jornal do Dia*, de 8 de junho de 1993).

Na sequência da publicação do editorial, Silva Resende apresentou uma queixa-crime contra Vicente Jorge Silva junto do Ministério Público de Lisboa e, a 21 de abril de 1994, deduziu acusação pela prática do crime de difamação cometido através da imprensa (abuso de liberdade de imprensa). Publicou também na edição de 12 de junho de 1993 do *Jornal do Dia* artigo que respondia a Vicente Jorge Silva, onde afirmava:

"Ali não se discutem ideias: vomitam-se insultos. E para dar ao libelo uma aparência de seriedade, vai o autor recensear algumas frases soltas, para demonstrar quatro coisas: que sou salazarista, que sou fascista, que sou xenófobo e por fim que sou anti-semita. Como se pode inferir deste enorme despejo de linguagem não ficou no léxico dos comunistas nenhum vocábulo"[30].

II. Por sentença proferida em 15 de maio de 1995, o Tribunal Criminal de Lisboa absolveu o diretor do *Público*, considerando que o editorial era uma crítica ao pensamento político de Silva Resende. O tribunal teve especialmente em conta a circunstância de terem sido publicados excertos dos artigos de Silva Resende e a forma incisiva como este fazia referência a várias personalidades, atacando-as inclusivamente pelas suas particularidades físicas.

Chamado em recurso, o Tribunal da Relação de Lisboa revogou a decisão da 1ª instância. Em acórdão de 29 de Novembro de 1995 procedeu a uma reavaliação dos interesses em presença e concluiu que algumas expressões utilizadas por Vicente Jorge Silva, tais como "grotesco", "boçal" e "alarve", eram simples insultos, que ultrapassavam os limites da

---

[30] Excerto retirado de Francisco Teixeira da Mota, *O Tribunal Europeu dos Direitos do Homem e a Liberdade de Expressão*, Coimbra Editora, 2009, p. 44.

liberdade de expressão. O diretor do *Público* foi condenado na pena de multa de 150.000$00 (750€), acrescida da indemnização de 250.000$00 (1250€) a Silva Resende.

III. O TEDH considerou que, tendo em conta o caso no seu conjunto, incluindo a publicação litigiosa e as circunstâncias em que foi escrita, podia concluir-se que se estava perante um debate político que incidia sobre questões de interesse geral, domínio no qual as restrições à liberdade de expressão impõem uma interpretação mais restrita.

As expressões utilizadas eram certamente polémicas, mas não configuravam um ataque pessoal gratuito, porque sobre as mesmas foi dada uma explicação objetiva. O tribunal notou que a inveticva política extravasa, por vezes, para o plano pessoal, mas este constitui um risco do jogo político e do debate livre de ideias, garantes de uma sociedade democrática. O editorial de Vicente Jorge Silva configurava uma opinião que, à luz dos factos do caso, não era excessiva, não só porque a liberdade do jornalista compreende um certa dose de exagero ou provocação, mas especialmente porque foi suscitada por posições políticas de um candidato a um cargo político que era, para além do mais, um jornalista com presença habitual na imprensa, onde se caracterizava por adotar um estilo igualmente polémico. Acresce que, ao abrigo das regras da profissão de jornalista, foi reproduzido, ao lado do editorial, numerosos excertos de artigos recentes de Silva Resende, os quais permitiam que os leitores formassem a sua própria opinião, confrontando o editorial em causa com as declarações da pessoa visada. Concluiu que a condenação do diretor do *Público* não representava um meio razoavelmente proporcionado à prossecução do fim legítimo visado, tendo em conta o interesse de uma sociedade democrática em assegurar a liberdade de imprensa, pelo que declarou ter ocorrido uma violação do art. 10º da CEDH.

2.3.2. *"Urbino Rodrigues"*[31]

I. O diretor do jornal regional *A Voz do Nordeste* (Urbino Rodrigues), publicou na edição de 8 de Junho de 1999 um artigo sobre a tomada de posse de Fernando Calado, presidente da secção de Bragança do Partido Socia-

---

[31] "Urbino Rodrigues contra Portugal", acórdão do TEDH de 29 de novembro de 2005, queixa nº 75088/01, disponível em disponível em http://hudoc.echr.coe.int/.

lista, como Coordenador da Ação Educativa do distrito de Bragança. Para além de referir que a nomeação apenas vinha premiar a "súbita devoção socialista" de Fernando Calado, o *curriculum vitae* deste foi objeto das seguintes apreciações:

"Na área da Administração em Educação, Fernando Calado tem no seu currículo apenas uma passagem pelo Conselho Diretivo da Escola Secundária de Bragança, como delegado dos cursos noturnos. Esta experiência foi, no entanto, muito curta porque os seus colegas do Conselho Diretivo não lhe renovaram o mandato."

Dez dias depois, Inocêncio Pereira, diretor-adjunto de um outro jornal da mesma região, o *Mensageiro de Bragança*, publicou um artigo intitulado "Mais uma mentira pegada de *A Voz do Nordeste*", onde afirmava:

"Como já nos habituou *A Voz do Nordeste*, mais uma vez mente descaradamente em relação ao nosso colaborador Fernando Calado. Por nós contactado sobre a sua tomada de posse como Coordenador da Área Educativa (...), o mesmo comentou: é mentira o que foi noticiado por esse quinzenário pois não se sabe se isso poderá vir a acontecer. (...)

Nestas circunstâncias, o mínimo que (Urbino Rodrigues) teria de fazer era apresentar, no seu jornal, desculpas a Fernando Calado, como humilhantemente, já teve que fazer noutras alturas (...). (...) Mais uma vez ficou provado, como já ficou provado várias vezes em Tribunal, que *A Voz do Nordeste* deve ser lido com a máxima reserva. (...)"

Na edição de 22 de Junho de 1999 do jornal *A Voz do Nordeste*, o seu diretor publicou um artigo intitulado "Respondendo ao *Mensageiro de Bragança*: a propósito de uma nomeação", onde se lia:

«Ainda mais uma vez, na última edição do *Mensageiro de Bragança*, Inocêncio Pereira espuma ódio e raiva contra a minha pessoa (...). Inocêncio Pereira não consegue distinguir o plano pessoal do plano público. (...) A *Voz do Nordeste* nunca prescindiu nem prescinde de julgar os atos políticos de quem exerce funções políticas, sem nunca, no entanto, confundir a atividade política de quem quer que seja com a sua vida pessoal. Se Inocêncio Pereira e algum dos seus amigos não entendem isto, o problema é deles. Por isso, qualquer tentativa de nos silenciarem seja por que métodos for, mesmo os típicos dos mafiosos, só poderá ter efeitos contraproducentes. Mas vamos aos factos (...). Quanto ao currículo de Fernando Calado, Inocêncio Pereira omite deliberadamente que nos referimos apenas ao seu currículo na "área da Administração em Educação" e não do Ensino em geral. E aquilo a que a esse respeito dissemos, também não foi desmentido (...)».

Na sequência da publicação deste último artigo, Inocêncio Pereira apresentou uma queixa-crime junto do Ministério Público de Bragança, considerando ter sido difamado por Urbino Rodrigues.

II. O tribunal de Bragança considerou que o diretor da *Voz do Nordeste* utilizou nos seus artigos duas expressões objetivamente difamatórias: (i) a primeira, ao referir-se a métodos "típicos dos mafiosos", reportando-se inequivocamente a Inocêncio Pereira; (ii) a segunda, ao afirmar que este "omi(tia) deliberadamente", o que configurava uma ofensa à sua reputação profissional enquanto jornalista. Na opinião do tribunal, estas expressões não estavam protegidas pela liberdade de expressão, na medida em que o artigo em que se integravam não respeitava ao exercício de uma "função pública de formação democrática e pluralista da opinião pública". Tratava-se apenas de uma resposta pessoal ao texto de Inocêncio Pereira, que era, ele próprio, incisivo e provocador. Todavia, o estilo do queixoso não justificava a resposta que foi dada. O diretor da *Voz do Nordeste* foi assim considerado culpado da prática do crime de difamação e condenado no pagamento de uma multa de 180.000$00 (900€) ou, alternativamente, a 120 dias de prisão, bem como na quantia de 200.000$00 (1000€) a Inocêncio Pereira a título de indemnização. Chamado em recurso, o Tribunal da Relação do Porto confirmou a decisão do tribunal de Bragança.

III. Na suas alegações perante o TEDH, o Governo português defendeu que a condenação visava um objetivo legítimo, designadamente a proteção dos direitos de terceiros. Neste caso, o nível de crítica aceitável era reduzido, pois o diretor-adjunto do *Mensageiro de Bragança* não preenchia qualquer função pública, sendo um simples particular. As expressões ofensivas eram, por outro lado, particularmente danosas para a reputação deste, tendo em conta terem ocorrido numa região do nordeste de Portugal, onde as relações de proximidade são mais intensas e a afronta à reputação das pessoas assume um desvalor mais impressivo.

O tribunal de Estrasburgo começou por notar que as declarações consideradas difamatórias pelo tribunal nacional se enquadravam numa polémica entre dois jornalistas que tinha origem em críticas a uma eventual nomeação de uma terceira pessoa para um cargo no Ministério da Educação. Tratava-se, portanto, de uma questão que relevava claramente do interesse geral. Notou ainda que o queixoso era ele mesmo jornalista, pelo que não pode ter o mesmo grau de proteção de um simples particular, na medida em que utiliza a imprensa a fim de fazer valer os seus pontos de vista e o seu direito de resposta. Como os dois intervenientes nesta polémica eram atores da vida pública, os limites da crítica admissível tinham de ser mais amplos do que em relação a um simples particular.

Analisou em seguida a "necessidade da ingerência numa sociedade democrática" à luz do princípio da reciprocidade. Em causa estava um artigo que era uma resposta a um artigo anterior redigido também de forma polémica. O seu subscritor, sendo jornalista, tinha a obrigação de mostrar maior tolerância, sobretudo se ele próprio fez declarações públicas suscetíveis de crítica, designadamente quando acusava um colega de profissão de mentir "descaradamente" e de fazer "comentários estúpidos". Segundo o TEDH, os tribunais portugueses, embora reconhecendo o carácter provocador e incisivo deste artigo, não tiveram suficientemente em conta esse elemento nas suas decisões. O diretor-adjunto do *Mensageiro de Bragança* tinha certamente direito a ver protegida a sua reputação, mesmo fora do âmbito da sua vida privada, mas os imperativos desta proteção deviam ser colocados na balança dos interesses da livre discussão das questões políticas, sendo este um campo de interpretação restritiva das exceções à liberdade de expressão. Por esta razão, a expressão métodos "típicos de mafiosos" utilizada pelo diretor da *Voz do Nordeste* consubstanciava um juízo de valor insuscetível de ser provado que, lida no contexto do caso, não podia justificar uma violação à liberdade da imprensa. O mesmo sucedia em relação à afirmação de que Inocêncio Pereira "omiti(u) deliberadamente determinados factos", a qual, não obstante poder ser interpretada como uma ofensa à sua reputação profissional enquanto jornalista, devia ser observada como uma resposta à acusação de que Urbino Rodrigues tinha mentido "descaradamente".

A condenação do diretor da *Voz do Nordeste* não constituía, portanto, um meio razoavelmente proporcional ao prosseguimento do fim legítimo de proteção da reputação do diretor-adjunto do *Mensageiro de Bragança*, motivo pelo qual o TEDH concluiu ter ocorrido uma violação do artigo 10º da Convenção.

2.3.3. *"Colaço Mestre e SIC – Sociedade Independente de Comunicação, S.A."*[32]

I. No programa desportivo *Os Donos da Bola* da estação de televisão SIC, emitido a 22 de novembro de 1996, foi exibida a seguinte entrevista:

"Jornalista (José Manuel Mestre): O presidente da Liga (portuguesa) é ao mesmo tempo presidente de um grande clube.

Secretário-Geral da UEFA (Gerhard Aigner): Está a falar do presidente do Futebol Clube do Porto?

Jornalista: Sim, é ao mesmo tempo presidente da Liga e patrão dos árbitros e ao mesmo tempo ao Domingo senta-se no banco dos jogadores.

Secretário-Geral da UEFA: Penso que ele não tenha interesse em tomar o lugar dos jogadores, mas é inevitável que o presidente da Liga esteja presente aquando dos jogos do seu clube, mas que isso tenha repercussões na ação dos árbitros no terreno (...) penso que se formos a fazer reflexões desse tipo o futebol não poderia prosseguir a sua atividade.

Jornalista: Posso dar um exemplo. Na sua condição de presidente do Futebol Clube do Porto, o mesmo presidente da Liga insultou publicamente no ano passado dois árbitros de dois jogos em que o clube dele não venceu. Acha normal?

Secretário-Geral da UEFA: Conheço bastantes situações idênticas em que o presidente de uma Liga é igualmente presidente de um clube, no qual um organismo da Liga designa os árbitros e em alguns casos há também decisões disciplinares que são tomadas por organismos da Liga, por isso Portugal não é caso isolado".

Pinto da Costa, à data da entrevista presidente da Liga e do Futebol Clube do Porto, apresentou junto do Ministério Púbico do Porto queixa criminal contra o jornalista e a estação de televisão, acusando-os da prática de um crime de difamação através da imprensa.

---

[32] "Colaço Mestre e SIC – Sociedade Independente de Comunicação, S.A., contra Portugal", acórdão do TEDH de 26 de abril de 2007, queixas nºs 11182/03 e 11319/03, disponível http://hudoc.echr.coe.int/.

II. O Tribunal Criminal do Porto julgou o jornalista culpado e condenou-o ao pagamento de uma multa de 260.000$00 (1300€) ou, em alternativa, a 86 dias de prisão. Além disso, condenou-o, juntamente com a SIC, ao pagamento de uma indemnização a Pinto da Costa no valor de 800.000$00 (4000€). O tribunal considerou provado que Pinto da Costa não tinha insultado qualquer árbitro e que o jornalista insinuara com as suas perguntas que controlava os árbitros portugueses, mesmo sabendo que a Liga dispunha de uma Comissão de Arbitragem independente do seu presidente. Concluiu que o objetivo das perguntas não era informar, mas apenas rebaixar Pinto da Costa, apresentando-o como uma pessoa execrável junto das instâncias internacionais do futebol.

A decisão da 1ª instância seria confirmada pelo Tribunal da Relação do Porto por acórdão de 2 de outubro de 2002, onde se fazem as seguintes considerações sobre o caso:

"No caso dos autos o (jornalista), ao referir-se à pessoa (de Pinto da Costa) falando com o (Secretário-Geral da UEFA), diz que o mesmo é ao mesmo tempo presidente da Liga, patrão dos árbitros e ao mesmo tempo, ao Domingo, senta-se no banco dos jogadores; o (jornalista) mais à frente imputa (a Pinto da Costa) um comportamento insultuoso para com os dois árbitros que exerceram funções em jogos de que o Futebol Clube do Porto saiu derrotado. Como bem se refere na decisão recorrida a entrevista em causa ao ser transmitida num programa de televisão (...), também é vista por pessoas que não dominam o conhecimento, quer das regras, quer do funcionamento das instituições que regem o futebol e por isso desconhecerão que o presidente da Liga não tem qualquer poder concreto e institucional sobre a escolha, classificação e atuação dos árbitros (...). Assim (o jornalista) ao referir-se (a Pinto da Costa) como patrão dos árbitros (...) fê-lo intencionalmente a poder criar dúvidas ao entrevistado, assim como a todo o público televisivo, sobre a conduta (de Pinto da Costa), no sentido de beneficiar o seu próprio clube (...). Por outro lado (o jornalista) ao imputar (a Pinto da Costa) um comportamento insultuoso para com dois árbitros que exerceram funções em jogos de que o Futebol Clube do Porto saiu derrotado, e não logrando provar tais insultos, fez com que algumas das pessoas que viram e escutaram a dita entrevista duvidassem ou suspeitassem que (Pinto da Costa) não teria um comportamento honesto e ético, utilizando de forma ilegítima a sua posição de presidente da Liga para influenciar os resultados dos jogos de futebol a favor do seu clube. (...)

Assim dúvidas não restam de que o (jornalista) ao realizar a entrevista da forma ora apurada, fê-lo consciente de que colocava em causa a honra e consideração (de Pinto da Costa) (...).»

III. A análise do TEDH ao caso iniciou-se pela questão da relevância pública do debate. Apesar de este não ser estritamente político, considerou não haver grandes dúvidas sobre o seu interesse geral, pois as questões de corrupção no futebol eram à data a que os factos se reportavam regularmente notícia de primeira página na imprensa generalista. O próprio processo judicial suscitou ao tempo uma ampla cobertura mediática.

No âmbito da apreciação da "necessidade" da ingerência estadual na liberdade de imprensa, o tribunal de Estrasburgo veio recordar o seu acórdão "Von Hannover", onde referiu que deve ser feita uma distinção fundamental entre uma reportagem que relata factos – mesmo controversos – suscetíveis de contribuir para um debate numa sociedade democrática, referindo-se a personalidades políticas no exercício das suas funções oficiais, e uma reportagem sobre os detalhes da vida privada de uma pessoa não reunindo tais funções[33]. Neste caso, apesar de Pinto da Costa não ser um homem político no exercício de funções oficiais, era uma personalidade bem conhecida do público, pois desempenhava à época um papel de relevo na vida pública. Notou ainda que a entrevista não se referia à vida privada de Pinto da Costa, mas exclusivamente às suas atividades públicas como presidente de um grande clube de futebol e da Liga, o que relacionava a entrevista com questões de interesse geral.

Estávamos, portanto, ainda num campo em que a margem para intervenções restritivas do Estado na liberdade de imprensa à luz da Convenção é muito reduzida. Segundo o TEDH, as reportagens de atualidades orientadas para conversas representam um dos meios mais importantes sem os quais a imprensa não poderia desempenhar um papel indispensável de "cão de guarda". Sancionar um jornalista com uma multa penal por ter formulado as suas perguntas de uma certa maneira, bem como condenar o canal que o emprega no pagamento de uma indemnização pode en-

---

[33] "Von Hannover contra Alemanha", acórdão do TEDH de 24 de junho de 2004, queixa nº 59320/00, disponível em http://hudoc.echr.coe.int/, nº 63.

travar gravemente o contributo da imprensa nas discussões de problemas de interesse geral, não sendo de conceber sem motivos particularmente graves. Ora, estes motivos não existiam neste caso: (i) a expressão "patrão dos árbitros" decorria do objetivo de obtenção de um comentário do Secretário-Geral da UEFA sobre a acumulação de funções de Pinto da Costa; (ii) a questão do insulto aos dois árbitros foi suscitada para ilustrar a pergunta anterior.

À luz do contexto de debate intenso sobre a matéria à época, o TEDH considerou que não se podia censurar o jornalista por tratar do modo que tratou uma questão que preocupava vivamente o público. Além disso, notou que o assunto foi abordado no quadro de uma emissão que se debruçava especificamente sobre o futebol português e era destinada a um público que se podia supor interessado e bem informado. Acresce que o jornalista não se exprimiu na sua língua materna, o que poderá ter afetado a formulação das suas questões. Os motivos fornecidos pelos tribunais portugueses para condenar o jornalista não eram assim pertinentes, não correspondendo a qualquer necessidade social imperiosa, pelo que ocorreu uma violação do art. 10º da CEDH.

2.3.4. *"Costa Moreira"*[34]

I. A edição do jornal *Público*, de 21 de junho de 2000, abria com a seguinte chamada de capa: «A judiciária investiga sobre o "saco azul" do Partido Socialista». No corpo do diário afirmava-se que a Polícia Judiciária tinha em seu poder elementos que permitiam pensar que os responsáveis pela Câmara Municipal de Felgueiras tinham criado um fundo especial, não contabilizado oficialmente, que servia para financiar ilegalmente o Partido Socialista, bem como para alimentar as despesas pessoais da Presidente da Câmara e de outras pessoas, entre as quais se encontrava à época o seu marido. Para efeitos de redação do artigo, o jornalista (José Augusto Costa Moreira) recolheu declarações de vários dos intervenientes, mas não as do marido da autarca. Este apresentaria queixa-crime junto do Ministério Público de Felgueiras com fundamento na violação do seu direito ao bom nome.

---

[34] "José Augusto Costa Moreira contra Portugal", acórdão do TEDH de 22 de setembro de 2009, queixa nº 20156/08, disponível em http://hudoc.echr.coe.int/.

II. O tribunal de Felgueiras, por sentença de 27 de outubro de 2006, condenou o jornalista pelo crime de difamação a uma pena de 300 dias, substituível por pena de multa de 1800€, e ao pagamento de 5000€ ao assistente (o marido da autarca) a título de danos, considerando que o artigo levantava suspeições infundadas, sem base factual, suscetíveis de colocar em causa a sua honra e reputação. Esta decisão seria confirmada pela Relação de Guimarães, por acórdão de 22 de outubro de 2007, onde se notou que a omissão de recolha da posição do assistente sobre os factos constituía falha deontológica suscetível de impedir a aplicação da cláusula de "boa fé" prevista no nº 2 do art. 180º do Código Penal.

III. Em acórdão de 22 de setembro de 2009, o TEDH começou por recordar que o art. 10º da CEDH não garante a publicação na imprensa de notícias que reportem questões de interesse geral. A liberdade de imprensa tem inerentes "deveres e responsabilidades", cujo cumprimento é essencial para não ferir a reputação de particulares. Significa isto que o "direito a informar" questões de interesse geral está subordinado à condição de os jornalistas agirem de boa-fé de forma a darem informações exatas e dignas de crédito.

No caso concreto, a base factual que serviu de base ao artigo estava longe de ser fiável ou precisa – nenhum facto concreto implicava o marido da autarca. Tratava-se, para além do mais, de uma alegação séria, a de que teria cometido uma infração criminal particularmente grave, da qual acabaria por não ser acusado, razão pela qual a base factual para a notícia deveria ser particularmente sólida.

O tribunal de Estrasburgo considerou que o caso reclamava um exercício de harmonização de direitos concorrentes, pois estava em causa a violação do art. 6º, nº 2, da CEDH, onde se estipula que as pessoas se devem presumir inocentes até que a sua culpabilidade seja legalmente provada. As circunstâncias recomendavam, por isso, bastante prudência do jornalista, pelo que a falta de precaução demonstrada permitia concluir que os motivos que levaram os tribunais portugueses a condena-lo por difamação eram pertinentes e suficientes. A ingerência na sua liberdade de expressão era, portanto, necessária numa sociedade democrática a fim de proteger a reputação dos direitos de terceiros (art. 10º, nº 2, da CEDH).

2.3.5. *"Laranjeira Marques da Silva"*[35]

I. A edição de 11 de fevereiro de 2000 do jornal regional *Notícia de Leiria* continha um artigo assinado pelo seu diretor (Laranjeira Marques da Silva) intitulado "O procurador arquivou, mas..." e subintitulado "A queixa-crime por agressão sexual vai avançar", onde se lia: (i) "uma senhora de quarenta e quatro anos acusa o médico (...), de 71 anos, fundador do PPD//PSD e Presidente da Assembleia Municipal de Leiria, de se ter aproveitado sexualmente dela durante uma consulta. E apesar de existirem provas laboratoriais de que houve de facto contactos sexuais entre o médico e a paciente, o Ministério Público mandou arquivar o caso, sem sequer ter ouvido a queixosa e arguido, por entender que não houve qualquer crime (...)"; (ii) "a queixosa não se conforma com a decisão do Ministério Público e já requereu a abertura de instrução, isto é, garantiu que o processo vai ser apreciado por um juiz que determinará ou não a pronúncia do arguido. Este nega os factos de que é imputado, não obstante a referida prova laboratorial"; (iii) "a história conta-se em meia dúzia de palavras, a partir do testemunho da própria vítima, a que chamamos M. (para proteger a usa privacidade nesta fase do processo) – ao *Notícias de Leiria*.".

No número seguinte do mesmo jornal, o diretor assinava outro artigo sobre o mesmo assunto, esclarecendo certos factos: "Segundo a queixosa o médico terá encostado o seu corpo ao dela e, sob pretensa promessa de cura de uma dor de cabeça, ter-se-á movido repetidamente até atingir o orgasmo e sujar a bata médica e a roupa da vítima". Esclarecia-se ainda que o despacho de arquivamento mencionava que um teste de ADN tinha revelado a presença de esperma do médico no vestuário de M.

Nessa mesma edição do *Notícias de Leiria*, foi ainda publicada uma "Nota do diretor", onde se dizia: "Aproveito a oportunidade para agradecer também a todas as pessoas que telefonaram para o jornal manifestando o seu apoio à publicação da notícia em causa. Sabemos que fizemos a nossa obrigação (...). É também importante que possam surgir novos dados e testemunhos que, de forma conclusiva, sustentem ainda mais as nossas opções (...) cá os aguardamos (...) continuaremos a fazer o que consideramos ser a nossa obrigação: noticiar a verdade, doa a quem doer".

---

[35] "Laranjeira Marques da Silva contra Portugal", queixa nº 16983/06, acórdão do TEDH de 19 de janeiro de 2010, disponível em http://hudoc.echr.coe.int/.

O médico visado pelos artigos apresentou queixa-crime junto do Ministério Público de Leiria, acusando Laranjeira Marques da Silva da prática do crime de difamação.

II. O tribunal de Leiria, em sentença de 21 de dezembro de 2004, considerou que as expressões utilizadas pelo diretor do *Notícias de Leiria* ofendiam a honra e reputação do médico. Os artigos que publicou não se limitavam a informar os leitores, mas pretendiam insinuar, pelo seu tom, designadamente o da "Nota do diretor", que o médico cometia regularmente atos similares sobre outras pacientes. Apesar de reconhecer que os factos noticiados tinham interesse geral, o tribunal considerou que Laranjeira Marques da Silva exorbitara das suas funções de jornalista e lançara uma suspeição geral sobre o comportamento do médico, insinuando, pelos seus artigos, que este tinha ultrapassado os seus deveres profissionais, e isso sem que dispusesse de algum elemento objetivo nesse sentido.

Laranjeira Marques da Silva foi considerado culpado de dois crimes de difamação agravada, por o ofendido ser um eleito local, e condenado na pena de 360 dias de multa pelo crime de difamação à taxa diária de 6€, bem como ao pagamento da indemnização de 5000€. Esta decisão foi posteriormente confirmada pelo Tribunal da Relação de Coimbra, por acórdão de novembro de 2005.

III. O TEDH começou por qualificar os artigos em causa como de interesse geral, considerando que o público tem o direito de ser informado sobre inquéritos que dizem respeito a políticos, mesmo quando as eventuais infrações atribuídas a estes não parecem dizer respeito, à primeira vista, ao exercício de funções políticas. Para o efeito não relevava a circunstância de os factos noticiados dizerem respeito a questões objeto de um processo criminal: as questões judiciais não estão imunes ao escrutínio público, podendo, por isso, prévia ou simultaneamente, ser discutidas fora dessa sede, seja em revistas especializadas, na grande imprensa ou entre o público em geral.

De acordo com o tribunal de Estrasburgo, o primeiro artigo consubstanciava uma crónica judiciária, a qual configura um estilo jornalístico suscetível de proteção, onde se relatam informações sobre o processo penal. Apesar de reconhecer que a crónica continha "um certo tom crítico" em relação ao acusado, recordou a sua jurisprudência constante, de acordo com a qual um relato objetivo e equilibrado pode ter sentidos diferentes em função do meio de comunicação utilizado e do sujeito, não lhe cabendo a si, nem às instâncias judiciárias nacionais, substituir-se à imprensa para dizer qual a técnica de relato que os jornalistas devem adotar. O segundo artigo, por sua vez, fornecia informações fundadas em dados factuais precisos, o que não deveria prestar-se a críticas. Por último, no que concerne à "Nota do diretor", notou que nela foi abandonado o registo factual quando se afirma que "novos testemunhos e dados convincentes vêm a lume para melhor conformar (as) escolhas (da redação)". Apesar de reconhecer que esta frase continha um certo grau de crítica valorativa em relação ao acusado, o tribunal considerou que a mesma, para além de dever ser observada no contexto mais alargado da cobertura mediática dada ao caso, se fundava ainda numa base factual suficiente.

As razões invocadas pelas instâncias nacionais para condenar o requerente não foram assim consideradas suficientes para demonstrar que a ingerência na liberdade de imprensa era "necessária numa sociedade democrática". Por esta razão, a condenação por difamação não correspondia a uma "necessidade social imperiosa", pelo que o TEDH declarou ter ocorrido uma violação do artigo 10º da CEDH.

2.3.6. *"Público – Comunicação Social S. A. e outros"*[36]

I. A edição do jornal *Público* de 22 de Fevereiro de 2001 abriu com a seguinte manchete: "Ainda as dívidas do futebol ao fisco". Em subtítulo, o jornal calculava que a dívida do Sporting Clube de Portugal, anterior a 31 de Julho de 1996, era de 460 milhões de escudos (cerca de 2300000€), que estariam por pagar. O título remetia para um artigo, assinado por três jornalistas, onde se mencionava que a administração fiscal nunca tinha tentado recuperar o seu débito e se explicava que essa situação poderia ter como consequência a descida de divisão do clube. Esta notícia era desmentida pelos "representantes do clube" no corpo do artigo, onde se fazia também referência à posição do Ministério das Finanças, que se tinha limitado a sublinhar que a informação em causa estava protegida pelo sigilo fiscal.

[36] "Público – Comunicação Social e outros contra Portugal", acórdão do TEDH de 7 de dezembro de 2010, queixa nº 39324/07, disponível em http://hudoc.echr.coe.int/.

No mesmo dia em que o artigo saiu, o Sporting Clube de Portugal publicou um comunicado de imprensa contendo um desmentido formal das informações publicadas pelo *Público*. O jornal publicou esse desmentido na edição do dia seguinte. Tal não impediu que o clube apresentasse junto do tribunal de Lisboa um pedido de indemnização por perdas e danos, alegando que o artigo publicado a 22 de fevereiro de 2001 atentava contra a sua reputação.

II. O tribunal de Lisboa considerou provado que um dos jornalistas do *Público* tinha tido acesso, através de fonte não revelada, a um documento do Ministério das Finanças, onde se referia que uma determinada quantia devida a título de contribuições à Segurança Social, anteriores a 1996, não tinha sido incluída num contrato de dação em cumprimento concluído entre o clube e a administração fiscal no âmbito de um plano geral de recuperação de dívidas fiscais ("plano Mateus"). Foi também dado como provado que o clube não tinha recebido da administração fiscal qualquer informação ou ordem de pagamento relativa a qualquer quantia devida a título das contribuições em causa.

Por sentença de 15 de abril de 2005, o tribunal de 1ª instância julgou improcedente o pedido do Sporting Clube de Portugal, considerando que os jornalistas tinham exercido o seu direito à liberdade de expressão, garantido pela Constituição e pelo artigo 10º da CEDH. Com efeito, o artigo em causa dizia manifestamente respeito a uma questão de interesse público e os jornalistas tinham respeitado os princípios da ética jornalística, na medida em que tinham boas razões para acreditar na veracidade dos factos em causa, apesar de não se saber se a dívida em questão existia efetivamente, aspeto que não tinham conseguido esclarecer junto da administração fiscal.

O Tribunal da Relação de Lisboa confirmou a decisão da 1ª instância em acórdão de 19 de Setembro de 2006, mas o mesmo não sucederia com o Supremo Tribunal de Justiça que, por acórdão de 8 de março de 2007, condenou a sociedade anónima proprietária do jornal, o seu diretor e os três jornalistas que assinaram o artigo, no pagamento de uma indemnização de 75 000€ – à data a maior atribuída em Portugal por ofensa à reputação de terceiros. De acordo com o Supremo:

"No caso vertente ocorre um conflito concreto entre o direito de personalidade na vertente de crédito e bom nome de uma pessoa coletiva de utilidade pública e o de liberdade de informação através dos meios de comunicação social de massas, que não pode deixar de ser resolvido em termos de prevalência do primeiro em relação ao último.

A violação do disposto no artigo 484º do código Civil não depende da veracidade ou não do facto divulgado, pelo que a ilicitude do facto não é afastada pelo cumprimento ou não das exigências da verdade.

De qualquer modo, na sua estrutura objetiva e pelo sentido que os leitores deles podiam razoavelmente extrair, os factos noticiados não correspondiam à situação envolvida pela relação jurídica tributária encabeçada pelo recorrente e pela Administração Fiscal.

(...)

Os factos provados não admitem, em termos de razoabilidade, a conclusão de que os recorridos imprimiram ao processo de difusão da notícia a escrupulosa observância das *leges artis* próprias da atividade jornalística".

III. Seguindo a sua metodologia habitual, o TEDH começou por sublinhar que o artigo relevava manifestamente do interesse geral, considerando que o eventual desrespeito pelas obrigações fiscais de associações de reconhecida utilidade pública é um assunto importante para a comunidade, sobre o qual a imprensa deve poder transmitir informações.

Em seguida, apreciou se os jornalistas agiram de boa-fé e de forma a fornecer informações exatas e dignas de crédito, em respeito pela deontologia jornalística. Recordou, para o efeito, que os "deveres e responsabilidades" inerentes ao exercício da liberdade de expressão revestem-se de muita importância quando existe o risco de atentarem contra a reputação de uma pessoa singular ou coletiva. Deste modo, devem existir razões específicas para dispensar os meios de comunicação social da obrigação que lhes incumbe de confirmarem as declarações factuais difamatórias. A este propósito, considerou entrarem especialmente em jogo a natureza e o grau da difamação em causa e a questão de saber até que ponto os meios de comunicação social podem razoavelmente considerar as suas fontes como credíveis no que diz respeito às alegações.

O Governo português, baseando-se nas considerações feitas pelo Supremo Tribunal de Justiça, considerou que não foi esse o caso: os jornalistas, à luz do desmentido apresentado pelos representantes do clube relativamente às alegações e da recusa da administração fiscal em confirmá-las, deveriam ter-se abstido de publicar o artigo.

O TEDH discordou deste entendimento: o facto de se aceitar que um jornalista renuncie a fazer uma publicação apenas com base num desmentido da pessoa visada e do silêncio da administração, ainda que estando de posse de um documento fidedigno que sustente as suas informações, levaria a consentir uma limitação muito importante, se não mesmo absoluta, dos direitos dos jornalistas a transmitirem informações. Considerou assim que os jornalistas tinham uma base factual suficiente para justificar a publicação do artigo e nada indicava que não tenham agido com respeito pela deontologia jornalística. As razões invocadas pelo Supremo Tribunal de Justiça para reverter as decisões das instâncias *a quo* e condenar os requerentes eram, portanto, insuficientes para demonstrar que tal ingerência na liberdade de expressão era "necessária numa sociedade democrática", pelo que declarou ter ocorrido uma violação do artigo 10º da Convenção.

2.3.7. *"Conceição Letria"*[37]

I. A edição de 25 de setembro de 2011 do jornal diário *24 Horas*, continha a seguinte crónica, intitulada "Risco e Charlatães", assinada pelo jornalista Joaquim Letria:

> "A psicose do terror entranha-se lentamente. São os avisos sobre a guerra bacteriológica, as recomendações sobre o risco de guerra química, os receios de um novo ataque terrorista. E a Europa onde fica no meio de tudo isto? Houve receios na explosão de Toulouse. Duas centenas de toneladas de nitrato de amónio mal armazenadas, uma parte da cidade destruída, dezenas de mortos, centenas de feridos, dos quais trinta em estado crítico. Terrorismo! A resposta das autoridades locais e do ministro francês foi notável: tratou-se de um acidente. Falta de atenção, mau armazenamento, a cidade cresceu à volta da fábrica de produtos químicos. Não, obrigado, não se tratou de um ato de terrorismo, mas sim uma sucessão de erros. Quantos (nós conhecemo-los muito bem) não prefeririam a desculpa do terrorismo; ou a atribuição das culpas a governos passados. Pensem no charlatão do governador civil de Aveiro. Lembrem-se do negócio da extração de areias. Como é fácil mentir no Parlamento; como se engana o país com estas palavras".

---

[37] "Conceição Letria contra Portugal", acórdão do TEDH de 12 de abril de 2011, queixa nº 4049/08, disponível em http://hudoc.echr.coe.int/.

Antero Gaspar, antigo Presidente da Câmara de Castelo de Paiva e Governador-Civil do distrito de Aveiro na altura do acidente de Entre-os-rios[38], considerando ter sido ofendido, apresentou queixa-crime por difamação contra Joaquim Letria.

II. Por decisão de 24 de setembro de 2005, o tribunal de Castelo de Paiva julgou o jornalista do *24 Horas* culpado do crime de difamação agravada e condenou-o a uma pena de 310 dias (4650€), bem como ao pagamento de uma indemnização de 6500€.

Joaquim Letria recorreu para a Relação do Porto, invocando que os factos demonstravam que Antero Gaspar tinha mentido numa comissão de inquérito parlamentar que incidiu sobre o acidente de Entre-os-rios. O tribunal recusou este argumento, afirmando que Letria foi condenado por ter emitido um julgamento de valor, o qual não se presta a uma demonstração de exatidão.

III. O TEDH começou por salientar que a crónica se inseria num debate de interesse geral, pelo que a crítica que contém, apesar de forte, era admissível. O visado, como homem político, deveria demonstrar maior tolerância à critica e assim contribuir para o debate de interesse geral sem o qual não existe uma sociedade democrática. Por outro lado, notou que a utilização do vocábulo "charlatão" assemelhava-se à utilização, em contexto semelhante, do vocábulo "imbecil" admitida no acórdão "Oberschlick"[39]. Não configurava um ataque pessoal gratuito, pois o jornalista tinha dado uma explicação da sua utilização objetivamente compreensível, tendo em conta as contradições do Governador-Civil de Aveiro perante a comissão parlamentar de inquérito. Tratou-se, portanto, de um julgamento de valor, cuja veracidade não é demonstrável, mas que não pode ser considerado excessivo porque se baseava numa base factual suficiente – designadamente os reportagens feitas pela imprensa sobre as contradições de Antero Gaspar perante a comissão de inquérito parlamentar. Os tribunais portugueses não conseguiram, portanto,

---

[38] Ocorrido a 4 de março de 2001, após o desabamento de uma ponte sobre o rio Douro, que provocou a morte de 59 pessoas.
[39] "Oberschlick contra Áustria", queixa nº 20834/92, acórdão do TEDH de 1 de julho de 1997, disponível em http://hudoc.echr.coe.int/.

alcançar um justo equilíbrio entre proteção da liberdade de imprensa e da reputação, pelo que ocorreu uma violação do art. 10º da CEDH.

2.3.8. *Comentário*

I. Dos sete casos de difamação julgados nos tribunais portugueses que chegaram ao conhecimento do TEDH apenas num ("Costa Moreira") foi considerado que as instâncias judiciais nacionais promoveram um "justo equilíbrio" entre a liberdade de expressão e o direito ao bom nome. A explicação para este resultado pode ser encontrada em causas concorrentes.

Em primeiro lugar, na circunstância de os tribunais portugueses fazerem prevalecer maioritariamente o direito ao bom nome e à reputação no confronto com a liberdade de imprensa, no que resulta num número muito elevado de condenações por difamação de jornalistas[40].

Em segundo lugar, no entendimento do TEDH de que as exceções à liberdade de expressão fundadas na proteção do bom nome e reputação devem ser objeto de interpretação restritiva se a pessoa visada por um artigo crítico pretensamente difamatório "tiver entrado na arena do debate público"[41]. Nestes casos, o tribunal de Estrasburgo atribui aplicação preferente ao direito à liberdade de expressão em relação ao direito ao bom nome e à reputação[42], rejeitando adotar a técnica jurídica da "concordância prática", que exigiria uma aplicação compromissória de direitos fundamentais valorativamente equivalentes, de acordo com o princípio da proporcionalidade[43]. Assim se explica que não tenha concedido proteção

---

[40] Neste sentido, entre outros, Paulo Videira Henriques, "Os *"excessos de linguagem"* na imprensa", António Pinto Monteiro (coord.), E*studos de Direito da Comunicação*, Instituto Jurídico da Comunicação, 2002, pp. 207 e 208, Euclides Dâmaso Simões, "A liberdade de expressão na jurisprudência do Tribunal Europeu dos Direitos do Homem", *Revista do Ministério Púbico*, 113, 2008, pp. 102 e 103, ou Francisco Teixeira da Mota, *O Tribunal Europeu dos Direitos do Homem e a Liberdade de Expressão*, Coimbra Editora, 2009, pp. 19 e 20.

[41] "Jerusalém contra Áustria", acórdão do TEDH de 27 de fevereiro de 2001, cit., nº 38.

[42] Neste sentido, o acórdão "Sunday Times contra Reino Unido", de 26 de abril de 1979, queixa nº 6538/74, disponível em http://hudoc.echr.coe.int, nº 65, onde salientou que "não deve agir como se estivesse perante uma escolha entre dois princípios opostos mas perante um único princípio – a liberdade de expressão – à qual se impõem determinadas exceções que implicam uma interpretação mais restrita".

[43] Sobre as técnicas de resolução de conflitos entre direitos fundamentais v., entre outros, J. J. Gomes Canotilho, *Direito Constitucional e Teoria da Constituição*, 7ª Edição, Almeida, 2003,

à reputação ou ao bom nome do presidente do Futebol Clube do Porto no processo "Colaço Mestre", ou do jornalista Silva Resende no processo "Lopes Gomes da Silva", e o tenha feito no acórdão "Costa Moreira", onde fundou a admissibilidade da restrição à liberdade de imprensa na violação da presunção de inocência (art. 6º, nº 2, da CEDH), considerando ser necessário proceder a uma ponderação de direitos conflituantes.

O problema desta jurisprudência está em saber se não reduz, na maioria dos casos, a uma natureza quase retórica a proteção do bom nome e da reputação na CEDH[44]. Tal parece ser o caso quando estão em causa políticos, onde a crítica admissível pode inclusivamente resvalar para o plano pessoal:

"O homem político expõe-se inevitável e conscientemente a um controlo atento dos seus factos e gestos, tanto pelos jornalistas como pela generalidade dos cidadãos, e deve revelar uma maior tolerância sobretudo quando ele próprio profere declarações públicas suscetíveis de crítica. Sem dúvida tem direito à proteção da sua reputação, mesmo fora do âmbito da sua vida privada, mas os imperativos de tal proteção devem ser comparados com os interesses da livre discussão das questões políticas, exigindo às exceções à liberdade de expressão uma interpretação restritiva"[45].

Resta saber como compatibilizar este entendimento, assente na ideia de que a imprensa constitui uma garantia para que os cidadãos possam formar uma opinião esclarecida sobre a personalidade dos seus políticos, com a proteção do direito à privacidade previsto no art. 8º da CEDH[46].

---

pp. 1269 e segs, ou Jorge Bacelar Gouveia, *Manual de Direito Constitucional*, 4ª Edição, Almedina, 2011, pp. 1105 a 1108.

[44] Parece ser este o sentido do voto de vencido da juíza Antonella Mularoni no acórdão "Colaço Mestre e SIC – Sociedade Independente de Comunicação, S.A., contra Portugal", acórdão do TEDH de 26 de abril de 2007, cit., onde se refere que o argumento da maioria segundo o qual a entrevista não se referia de forma alguma à vida privada de Pinto da Costa, mas exclusivamente às suas atividades públicas enquanto presidente de um grande clube de futebol e da Liga, não podia ser utilizado para reduzir a quase nada a proteção da reputação perante questões claramente difamatórias.

[45] "Lopes Gomes da Silva contra Portugal", acórdão do TEDH de 28 de setembro de 2000, cit., nº 30, ii).

[46] Sobre o tema, Andrew Nicol, Gavin Millar e Andrew Sharland, *Media Law & Human Rights*, 2ª Edição, OUP, 2009, p. 86.

Algumas decisões do TEDH têm, a este propósito, exigido aos tribunais nacionais que procedam a uma aplicação concordante de direitos, no que pode sinalizar um possível reorientação jurisprudencial destinada a salvaguardar uma proteção mais efetiva do bom nome e da reputação à luz da CEDH:

"O (TEDH) deve também avaliar se as autoridades nacionais efetuaram uma análise equilibrada entre, por um lado, a proteção da liberdade de expressão prevista no art. 10º, e por outro lado, a proteção da reputação daqueles contra quem alegações foram feitas, um direito que, como parte integrante da vida privada é garantido pelo artigo 8º da Convenção (...). Esta disposição pode exigir a adoção de medidas positivas (do Estado) destinadas a assegurar o respeito efetivo pela vida privada na esfera das relações entre particulares"[47].

II. Os limites da *praxis* jornalística têm sido, por outro lado, cartografados de forma bastante generosa pelo TEDH. Desde que a peça não constitua um ataque pessoal gratuito, o tribunal de Estrasburgo maximiza a liberdade de expressão dos jornalistas através de uma interpretação extensiva do que entende ser um "julgamento de valor" ("Gomes da Silva"), e da aceitação de opiniões assentes numa base factual bastante discutível, mas que receberam proteção à luz do art. 10º da CEDH com base no princípio da reciprocidade ("Urbino Rodrigues" ou "Lopes Gomes da Silva"). O "direito a informar" questões de interesse geral parece estar apenas condicionado pela obrigação de os jornalistas agirem de boa-fé, com base em factos exatos, de modo a fornecerem informações fiáveis e precisas no respeito pela ética jornalística[48]. O tribunal de Estrasburgo revelou, contudo, alguma inconsistência na apreciação do cumprimento das regras deontológicas. No acórdão "Costa Moreira" deu grande importância à verificação da veracidade das fontes e à necessidade de imparcialidade e independência dos jornalistas face aos factos,

---

[47] "Cumpănă e Mazăre contra Roménia", acórdão do TEDH de 17 de dezembro de 2004, cit., nº 91.
[48] "Fressoz e Roire contra França", acórdão do TEDH de 21 de janeiro de 1999, queixa nº 29183/95, disponível em http://hudoc.echr.coe.int/, nº 54. No caso "Público contra Portugal", por exemplo, o TEDH considerou que a revelação de uma fonte de informação sujeita a sigilo fiscal não deveria ser, por si só, entendida como má-fé por parte do jornalista ou como uma violação dos "deveres e responsabilidades" mencionados no artigo 10º, nº 2, da CEDH.

exigência que foi postergada no acórdão "Laranjeira Marques da Silva", onde considerou que o jornalista se limitou a fazer uma crónica judiciária. Esta posição cria uma certa imunidade para o jornalista que pode ser perniciosa, pois aquela crónica era tendenciosa e crítica de alguém que não chegou sequer a ser acusado de nenhum crime. Com efeito, ainda no caso "Laranjeira Marques da Silva", na "Nota do Diretor", o jornalista tomou claramente partido, para além de insinuar, sem uma base factual sólida, que o médico e político em causa se dedicava regularmente a comportamentos que, se fossem comprovados, dariam lugar a várias acusações[49]. Tratava-se de uma alegação séria, da qual o médico não foi acusado, razão pela qual a base factual para a notícia deveria ser particularmente sólida, pois de outra forma colocaria em causa a presunção de inocência garantida pelo art. 6º, nº 2, da CEDH.

3. Privacidade
3.1. Considerações gerais

O "direito a informar" colide frequentemente com o espaço de reserva da vida íntima privada. À luz da CEDH a proteção deste espaço pode fundar intervenções estaduais fundadas na garantia dos "direitos de outrem" (art. 10º, nº 2, da CEDH) ou do direito ao respeito pela vida privada e familiar (art. 8º da CEDH). Na ordem jurídica portuguesa, constitui disposição destinada a garantir a privacidade, designadamente, o crime de devassa da vida privada, previsto no art. 292º do Código Penal.

Sempre que confrontado com notícias veiculadas nos media que ofendam a privacidade, o TEDH é obrigado a proceder a um exercício difícil de "concordância prática" entre "o direito a informar" e o "direito à vida privada", o qual depende, em larga medida, do "interesse público ou geral" da notícia que a imprensa pretende relatar.

---

[49] Opinião parcialmente divergente dos juízes Irineu Cabral Barreto e Danutė Jočienė no processo "Laranjeira Marques da Silva contra Portugal", queixa n.º 16983/06, cit., nº 6.

3.2. Caso português: *"André Neves"*[50]

I. O semanário *Semana Ilustrada* publicou, a 29 de setembro de 1989, uma reportagem intitulada "As aventuras sexuais de T. T.". A capa e corpo da revista continham quinze fotografias retiradas de uma cassete de vídeo que mostravam um célebre arquiteto a praticar atos sexuais com diversas mulheres no seu escritório. As fotos eram acompanhadas de um texto com comentários depreciativos sobre as preferências sexuais de T. T., as quais eram ainda completadas com referências a fraudes fiscais que este teria cometido. Entre outras frases era dito que "a aparência de um *gentleman* esconde uma pessoa de baixa moralidade" que "utiliza a subtileza" para "satisfazer os seus apetites por atos sexuais mórbidos e contra-natura".

O semanário vendeu 150 000 cópias em poucas horas até ser retirado de circulação por decisão judicial.

II. Por acórdão de 19 de junho de 1990, o tribunal criminal de Lisboa considerou o diretor do semanário (André Neves) culpado de crimes de injúria e devassa da vida privada por via da imprensa, condenando-o a uma pena de prisão de 15 meses de prisão e ao pagamento de uma multa de 900.000$00 (4500€) ou, em alternativa, a 200 dias de prisão. Foi ainda condenado a pagar 20.000.000$00 (100.000€) a T. T. a título de danos e perdas.

O tribunal procedeu à seguinte harmonização ente a liberdade de imprensa e a reserva da vida íntima privada à luz das circunstâncias do caso:

«(...) a liberdade de comunicar informações pressupõe, como qualquer outro direito, uma função social que o torna legítimo face ao princípio da solidariedade inerente à vida em sociedade (...) Dessa função social (...) não se pode eximir a imprensa apelidada de "não séria", *v. g.* a imprensa pornográfica. Ela deve também (...) defender o equilíbrio entre o "direito à diferença" de cada cidadão (a sua liberdade de expressão sexual) e o "direito à felicidade" de todos. (...).

A conclusão a que podemos chegar é que a liberdade de comunicar é um direito inerente ao fim último da realização da pessoa, mas

---

[50] "André Neves contra Portugal", decisão da Comissão Europeia dos Direitos do Homem de 20 de fevereiro de 1995, queixa nº 20693/92, disponível em http://hudoc.echr.coe.int/.

ele encontra os seus limites quando prejudica momentos importantes dessa realização.»

Seguidamente apreciou se T. T. poderia ser considerado uma "personalidade pública" e, como tal era o caso, se isso teria repercussões sobre a proteção da intimidade da sua vida privada. Concluiu que «a reserva da vida íntima privada deve prevalecer sobre certos atos de uma "personalidade" que em nada contribuem para o interesse geral». Esta decisão foi confirmada por decisão do Supremo Tribunal de Justiça de 10 de julho de 1991.

III. A decisão da Comissão Europeia dos Direitos do Homem começou por remeter para as alegações do Governo português, onde se referia que T. T. não exercia qualquer função pública. A falta de interesse público determinava que a condenação de André Neves tinha como fim a proteção dos direitos de terceiros (art. 10º, nº 2, da CEDH), pois a publicação em causa prejudicava manifestamente T. T. perante o público sem contribuir para qualquer debate de interesse geral para a sociedade, não obstante a notoriedade da pessoa em questão. Por esta razão, rejeitou, com fundamento no art. 27º, nº 2, da CEDH, a queixa apresentada pelo diretor do semanário *Semana Ilustrada*.

3.3. Comentário

A Comissão Europeia dos Direitos do Homem fez no acórdão "André Neves" uma harmonização correta da liberdade de expressão com o direito à privacidade. O "interesse público ou geral" que poderia justificar uma intromissão na reserva da vida íntima privada não pode depender do facto de a notícia "despertar curiosidade do público". Ou seja, a existência desse interesse não está estruturalmente dependente da notoriedade da pessoa cuja vida privada é revelada[51]. Como o TEDH já teve oportunidade de referir, a situação fiscal de pessoas relevantes no mundo dos negócios, mesmo que não sejam conhecidas do grande público, pode configurar uma "questão de interesse geral ou público"[52].

---

[51] Jean-François Flauss, "The European Court of Human Rights and the Freedom of Expression", *Indiana Law Journal*, cit., p. 848.
[52] Por exemplo, "Fressoz e Roire contra França", acórdão do TEDH de 21 de janeiro de 1999, cit..

Se em causa estiverem políticos, detalhes da sua vida privada não são protegidos se não forem inseparáveis das suas funções públicas, como pode ser o caso da sua saúde[53] ou de problemas financeiros[54]. Caso contrário, se a informação prestada disser respeito a questões que revelam apenas do foro privado, estas não podem ser considerada como contribuindo para o "debate público", pelo que carecem de proteção por via do art. 10º da CEDH. Inadmissíveis são, em qualquer circunstância, disposições legais destinadas a imunizar determinados detentores de cargos públicos do escrutínio da sua vida privada pela imprensa[55].

4. Segredo de Justiça
4.1. Considerações gerais

O "direito a informar" dos jornalistas pode ser objeto de limitações em matérias que envolvam "informações confidenciais" (art. 10º, nº 2, da CEDH). É o caso, designadamente, do "segredo de justiça", que determina durante que, durante a fase de inquérito do processo criminal, possa ser proibida, sob pena de sanção criminal, a divulgação do conteúdo de atos processuais pelos meios de comunicação social. De acordo com o art. 371º, nº 1, do Código Penal, "quem, independentemente de ter tomado contacto com o processo, ilegitimamente der conhecimento, no todo ou em parte, do teor de ato de processo penal que se encontre coberto por segredo de justiça, ou a cujo decurso não for permitida a assistência do público em geral, é punido com pena de prisão até dois anos ou com pena de multa até 240 dias, salvo se outra pena for cominada para o caso pela lei de processo"[56]. Esta sanção criminal destina-se a evitar perturbações

---

[53] "Plon contra França", acórdão do TEDH de 18 de maio de 2004, queixa nº 58148/00, disponível em http://hudoc.echr.coe.int, onde se discutia o estado de saúde de um antigo chefe de Estado.

[54] "Krone Verlag GmbH & Co. Kg contra Áustria", acórdão do TEDH de 26 de fevereiro de 2002, queixa n.º 34315/96, disponível em http://hudoc.echr.coe.int.

[55] "Karhuvaara e Iltalehti contra Finlândia", acórdão do TEDH de 16 de novembro de 2004, queixa n.º 53678/00, disponível em http://hudoc.echr.coe.int.

[56] De acordo com o art. 86º, nº 8, al. b), do Código de Processo Penal, o segredo de justiça vincula "as pessoas que, por qualquer título, tiverem tomado contacto com o processo ou conhecimento de elementos a ele pertencentes", e implica a proibição de "divulgação da ocorrência de ato processual ou dos seus termos, independentemente do motivo que presidir a tal divulgação". Segundo Paulo Pinto de Albuquerque, *Comentário do Código de Processo Penal à luz da Constituição da República Portuguesa e da Convenção Europeia dos Direito do*

durante a fase de investigação dos crimes, a manter a autoridade e imparcialidade das autoridades judiciárias e a proteger a reputação e bom nome dos investigados[57].

4.2. Casos portugueses
4.2.1. "Campos Dâmaso"[58]

I. As edições do jornal *Público* de 26, 27 e 28 de janeiro de 1995, continham vários artigos que noticiavam que Nuno Delarue, então vice-presidente do grupo parlamentar do Partido Social Democrata (PSD), era suspeito de envolvimento num esquema de faturas falsas e de ter beneficiado de tratamento de favor aquando da compra do terreno onde fora construída a sua vivenda. Após o gabinete do Procurador-Geral da República ter anunciado a instauração de um inquérito sobre o caso, Delarue renunciou a todas as funções que exercia no PSD.

A 4 de novembro de 1998, o *Público* chamava à capa: "Nuno Delarue acusado de burla e fraude fiscal". Este título reenviava para um artigo, assinado por um jornalista (Campos Dâmaso), onde se referia que o Ministério Público junto do tribunal de Esposende tinha deduzido acusação contra Delarue. No dia seguinte, Campos Dâmaso assinou no mesmo jornal artigo que transcrevia partes integrantes da acusação do Ministério Público e precisava que a notificação já tinha sido enviada. A publicação deste último artigo levou o Ministério Público de Esposende a instaurar um inquérito e, posteriormente, deduzir acusação contra Campos Dâmaso por violação do segredo de justiça.

Homem, Universidade Católica Portuguesa, 4ª Edição, Universidade Católica Portuguesa, 2011, p. 255, o aditamento da locução "independentemente de ter contacto com o processo" ao nº 1 do art. 371º do Código Penal, teve também como objetivo "incluir os jornalistas no âmbito das pessoas abrangidas pelo segredo de justiça" em casos em que o teor de atos cobertos pelo segredo de justiça lhes foram comunicados por outras vias.

[57] Sobre o fim legítimo da limitação da liberdade de imprensa pelo segredo de justiça, v. princípio sexto da Recomendação nº 13, de 10 de julho de 2003, do Comité de Ministros do Conselho da Europa relativa à difusão de informações pelos meios de comunicação social em matéria de processos criminais, disponível em http://www.gmcs.pt/pt/recomendacao-2003-13-do-conselho-da-europa-sobre-a-publicacao-de-informacoes-de-natureza--penal-pelos-media-ingles (consultado a 31 de outubro de 2013).

[58] "Campos Dâmaso contra Portugal", acórdão do TEDH de 24 de abril de 2008, queixa nº 17107/05, disponível em http://hudoc.echr.coe.int.

Na altura da publicação da notícia, o segredo de justiça mantinha-se depois de deduzida a acusação até à abertura da fase de instrução ou até ao momento em que esta não pudesse mais ser requerida (art. 86º do Código de Processo Penal). O artigo de Campos Dâmaso tinha sido publicado após terem sido remetidas as cartas com a acusação para os arguidos e para os seus advogados, ainda estando a decorrer o prazo para requerem a abertura de instrução.

II. O tribunal de Esposende condenou Campos Dâmaso a uma pena de 25 dias de prisão, correspondente a uma multa de 1750€, por este ter descrito e, por vezes, reproduzido o conteúdo da acusação. A circunstância de a publicação do artigo não ter prejudicado o inquérito justificava, na opinião do tribunal, a leveza da sanção:

"E não se diga que tal constitui uma limitação desproporcional ao direito de informar ou de liberdade de expressão. Com efeito, aguardando apenas mais alguns dias, passaria o processo a poder ser público, mantendo atualidade a decisão de divulgar a notícia que o Ministério Público havia considerado contra os arguidos pelos factos (pelo menos parte) noticiada anos antes. (...). Não está em causa não noticiar – e aí sim se limitaria a liberdade de expressão – mas apenas aguardar a fase pública do processo"[59].

Chamado em recurso, o tribunal da Relação confirmou a decisão da 1ª instância, considerando que a ingerência na liberdade de comunicar informações não era desproporcionada: não estando o teor da acusação submetido a segredo de justiça senão por certo período, o jornalista podia ter esperado pelo princípio da fase pública do processo. A dimensão pública da pessoa acusada não justificava, por outro lado, a violação do segredo de justiça.

III. O TEDH considerou, em primeiro lugar, que o tema do artigo que determinou a condenação respeitava, sem dúvida, uma questão de interesse geral: a imprensa deve informar o público sobre processos relativos a eventuais infrações, de natureza fiscal ou de desvio de fundos públicos, imputados a políticos. A este papel acresce o direito, para o

---

[59] Excerto retirado de Francisco Teixeira da Mota, *O Tribunal Europeu dos Direitos do Homem e a Liberdade de Expressão*, cit., p. 77.

público, de receber este tipo de informações, sobretudo quando estão em causa políticos.

Socorreu-se, em seguida, da Recomendação nº 13 do Comité de Ministros do Conselho da Europa, relativa à difusão de informações pelos meios de comunicação social em matéria de processos criminais, onde se refere que os meios de comunicação social têm o dever de informar o público e se sublinha a importância de reportagens realizadas sobre processos criminais para informar o público e para permitir a este algum controlo sobre o funcionamento do sistema de justiça penal. No anexo a esta recomendação consagra-se, nomeadamente, o direito do público a receber dos meios de comunicação social informações sobre as atividades das autoridades judiciárias e dos serviços de polícia, do que decorre, para os jornalistas, o direito de poder prestar contas livremente sobre o funcionamento do sistema de justiça penal.

Neste caso, importava apurar se o valor de informar o público se sobrepunha aos "deveres e responsabilidades" dos jornalistas, nomeadamente se se impunha a Campos Dâmaso o dever de respeitar a presunção de inocência do acusado. O TEDH considerou que se é verdade que o artigo em questão foi publicado num momento crucial do processo criminal – o da dedução de acusação –, quando o respeito pela presunção de inocência do arguido reveste uma relevância acrescida, não era menos certo que tal publicação se seguia a outros artigos do mesmo autor sobre assunto idêntico, publicados quase quatro anos antes, que tinham originado a instauração de inquérito. Por outro lado, o artigo não tomava posição sobre a eventual culpabilidade do arguido, limitando-se a descrever o conteúdo da acusação do Ministério Público. Acrescentou, por último, que, uma vez que nenhum magistrado não profissional podia ser chamado a apreciar o caso, eram bastante reduzidos os riscos de que tais artigos afetassem o resultado do processo judicial.

Quanto ao interesse legítimo na proteção do inquérito invocado pelo Governo português, o TEDH sublinhou que o tribunal nacional reconheceu que a publicação do artigo litigioso não causou qualquer prejuízo à investigação. Por esta razão, o fim legítimo de proteção do inquérito não poderia primar sobre o direito do jornalista de prestar informação sobre o processo criminal. Com efeito, o papel dos jornalistas de investigação é, precisamente, o de informar e de alertar o público quanto a fenómenos tais como os visados pelo artigo litigioso. Não se lhes poderia impedir de publicar tais artigos logo após terem ficado em poder desse tipo de informações. A publicação litigiosa, nomeadamente a parte em que descreve os factos reportados a Nuno Delarue representava, não só o objeto, como também a credibilidade das informações comunicadas, confirmando a sua exatidão e autenticidade.

Para o tribunal de Estrasburgo o interesse da publicação litigiosa prevalecia sobre o fim, também legítimo, de preservação do segredo de justiça, pelo que considerou que a condenação não correspondia a uma "necessidade social imperiosa", constituindo uma ingerência desproporcionada no direito à liberdade de expressão de Campos Dâmaso protegido pelo art. 10º da CEDH.

4.2.2. *"Laranjeira Marques da Silva"*[60]

I. No caso "Laranjeira Marques da Silva", cuja factualidade foi acima descrita (2.3.5.), o editor do jornal *Notícias de Leiria* foi também acusado pelo Ministério Público de violação do segredo de justiça por ter publicado factos descritos num processo criminal que acabou arquivado. O tribunal de Leiria condenou-o, com esse fundamento, a uma pena de 140 dias de multa à taxa diária de 6€.

II. O TEDH considerou, em primeiro lugar, que a ingerência na liberdade de imprensa tinha como objetivo, no interesse de uma boa aplicação da justiça, evitar qualquer influência exterior sobre o seu rumo, garantindo assim a "autoridade e a imparcialidade do poder judiciário". Em seguida socorreu-se da sua jurisprudência no caso "Campos Dâmaso" para afirmar que nem a preocupação de proteger o inquérito nem a de proteger a reputação de terceiros se sobrepõem ao interesse do público em receber informações sobre determinadas acusações formuladas contra os políticos[61]. Tal como acontecia nesse caso, nada tinha sido revelado que prejudicasse o inquérito, o qual já se encontrava concluído à data da publicação do primeiro artigo. Acrescentou ainda que relativamente à proteção da presunção de inocência da pessoa visada, nenhum magistrado não profissional poderia ser chamado a julgar o processo. Concluiu

---
[60] "Laranjeira Marques da Silva contra Portugal", acórdão do TEDH de 19 de janeiro de 2010, cit..
[61] "Campos Dâmaso contra Portugal", acórdão do TEDH de 24 de abril de 2008, nº 33 a 39.

que a condenação por violação do segredo de justiça configurava uma ingerência desproporcionada no exercício da liberdade de expressão do jornalista que não correspondia a nenhuma "necessidade social imperiosa", razão pela qual declarou ter ocorrido uma violação do artigo 10º da Convenção.

4.2.3. *"Pinto Coelho"*[62]

I. As edições dos telejornais da tarde e da noite da estação de televisão SIC do dia 3 de junho de 1999 abriram com a notícia de que o antigo Diretor-Geral da Polícia Judiciária tinha sido acusado criminalmente da violação do "segredo de justiça". A reportagem, da autoria da jornalista Sofia Pinto Coelho, mostrava fotocópias do auto de notícia e da acusação.

A notícia enquadrava-se numa investigação às contas de uma Universidade privada e de uma sociedade comercial, no âmbito da qual tinham sido emitidos mandados de captura pelas autoridades judiciárias. A edição de 10 de março de 1999 do *Diário de Notícias* anunciou a iminência da execução dos mandados de captura em causa. Nos dias seguintes, surgiram na imprensa notícias que indicavam que as fugas de informação tinham origem no Diretor-Geral da Polícia Judiciária. A 20 de março de 1999, o semanário *Expresso* anunciou que o Procurador-Geral da República e o Ministro da Justiça tinham acusado diretamente o Diretor-Geral da Polícia Judiciária de ser o autor das fugas de informação, referindo ainda que este negava tal facto. Nessa mesma semana, o Diretor-Geral da Polícia Judiciária foi demitido.

Na sequência da emissão da reportagem, a jornalista da SIC viria a ser acusada pelo Ministério Público da prática do crime de desobediência (art. 348º do Código Penal) por ter violado a proibição legal de reprodução na imprensa de documentos que versem sobre procedimentos criminais em curso (art. 88º, nº 2, do Código de Processo Penal).

II. O tribunal de Oeiras, por decisão de 3 de outubro de 2006, considerou a jornalista culpada da prática da prática do crime de desobediência e condenou-a a uma pena de quarenta dias de multa à taxa diária de 10€.

---

[62] "Pinto Coelho contra Portugal", acórdão do TEDH de 28 de junho de 2011, queixa nº 28439/08, disponível em http://hudoc.echr.coe.int.

Esta decisão seria confirmada por decisão de 27 de março de 2007 do Tribunal da Relação de Lisboa[63].

III. O TEDH considerou que a reportagem da SIC se debruçava sobre uma "questão de interesse geral", pois a imprensa tem o direito de informar o público sobre procedimentos judiciários que digam respeito a factos pretensamente cometidos por um alto funcionário público (o Diretor-Geral da Polícia Judiciária) no âmbito das suas funções.

Observou em seguida que a jornalista tinha sido condenada apenas pela revelação de fotocópias de duas peças processuais sujeitas a segredo de justiça. Ou seja, os tribunais portugueses aplicaram automaticamente normas destinadas a proteger processos criminais em investigação, não tomando em consideração a liberdade de imprensa, limitando-se a constatar, sem grandes explicações, que o art. 10º, n.º 2, da CEDH se aplicava ao caso. Nada foi dito sobre o eventual prejuízo para a investigação ou a presunção de inocência dos investigados. Por estas razões, não era admissível invocar os "deveres e responsabilidades" do jornalista para justificar restrições ao interesse de informar o público. Aliás, a reprodução das peças processuais, para além de informar, permitia verificar a credibilidade da informação, atestando a sua exatidão e autenticidade. A condenação penal da jornalista constituía assim uma ingerência que não podia ser justificada como uma "necessidade social imperiosa", pelo que existiu uma violação do art. 10º da CEDH.

4.3. Comentário

O TEDH considerou ser inconciliável com a liberdade de imprensa as regras então vigentes em Portugal sobre o segredo de justiça que previam uma proibição geral e absoluta de publicação de informação durante a fase de inquérito. Este regime levava os tribunais portugueses a aplicar automaticamente uma punição criminal sem ter em consideração os factos do caso concreto e a necessária harmonização dos interesses protegidos pelo art. 10º da CEDH, designadamente o interesse na divulgação de informação para o público e o eventual prejuízo para a investigação

---

[63] O caso chegaria ainda ao Tribunal Constitucional que, por decisão de 11 de dezembro de 2007, considerou que a proibição contida no art. 88.º, n.º 2, do Código do Processo Penal não viola o art. 37.º da Constituição, onde se garante a liberdade de imprensa.

criminal que a publicação da notícia poderia envolver. Esta ponderação é, desde a reforma do Código Penal e do Código de Processo de Penal de 2007, obrigatoriamente realizada pelo juiz de instrução, que apenas pode determinar a sujeição do processo a segredo de justiça durante a fase de inquérito com fundamento na proteção da investigação ou dos direitos dos sujeitos processuais (art. 86º, nº 1 a 3, do Código de Processo Penal).

5. Considerações finais

Os casos portugueses julgados pelo TEDH e pela Comissão Europeia dos Direitos do Homem que envolveram limitações à liberdade de imprensa tiveram uma amplitude temática reduzida. Desde a revisão do regime do segredo de justiça, o foco de litigiosidade parece estar quase exclusivamente circunscrito a casos de difamação. Não obstante, a recente polémica que envolveu o jornalista Miguel Sousa Tavares é um bom exemplo da importância e atualidade do tema. A edição de 24 de maio de 2013 do *Jornal de Negócios* fazia manchete com uma entrevista a Sousa Tavares cujo título era: «Beppe Grillo? "Nós já temos um palhaço. Chama-se Cavaco Silva"»[64]. A entrevista suscitou reações variadas, incluindo as de quem pediu que "se cumpram os princípios do Estado de direito, onde o insulto ao chefe de Estado é alvo de penalização criminal"[65]. A Procuradoria-Geral da República abriu um inquérito, a pedido do Presidente da República, mas viria a arquivar o processo por considerar que as declarações se enquadravam no exercício do direito à liberdade de expressão[66].

A decisão da procuradoria está em linha com a jurisprudência do TEDH, que no caso "Katrami" considerou admissível o uso do vocábulo "palhaço" num editorial sobre um político grego[67], e com a declaração do Comité de Ministros do Conselho da Europa sobre a liberdade do

---

[64] Disponível em http://3.bp.blogspot.com/-biDyhqVxcZs/UZ9cK_g3rFI/AAAAAAAAInc/aS-tudVlfxQ/s1600/MST+&+Cavaco.jpg (consultado a 31 de outubro de 2013).

[65] Declarações do Deputado Duarte Marques ao jornal *i*, de 29 de outubro de 2013, disponível em http://www.ionline.pt/artigos/portugal/insulto-ja-chegou-belem (consultado a 31 de outubro de 2013). A disposição do Código Penal em causa é o art. 328.º, que, no seu nº 1, refere que "quem injuriar ou difamar o Presidente da República, ou quem constitucionalmente o substituir, é punido com pena de prisão até três anos ou com pena de multa".

[66] *Diário de Notícias*, edição de 3 de julho de 2013, p. 19, disponível em http://www.mynetpress.com/pdf/2013/julho/2013070332aca2.pdf (consultado a 31 de outubro de 2013).

[67] "Katrami contra Grécia", acórdão do TEDH de 6 de dezembro de 2007, queixa nº 19331/05, disponível em http://hudoc.echr.coe.int.

discurso político nos media, de 12 de fevereiro de 2004, onde se refere que o Estado, o governo ou qualquer outra instituição do poder executivo, legislativo ou judicial pode ser objeto de crítica nos órgãos de comunicação social[68]. Contrasta, todavia, com a jurisprudência portuguesa dominante, onde permanece uma "clara tendência para a liberdade de expressão ser relegada para um lugar secundário face a um direito ao bom nome sobrevalorizado"[69]. Não é este o lugar para dissertar sobre as causas deste desfasamento, mas não será arriscado afirmar que o mesmo se poderá dever, em larga medida, a algum desconhecimento da CEDH e da jurisprudência do TEDH, resultante de lacunas formativas nestas matérias nas Universidades e no Centro de Estudos Judiciários[70].

Lisboa, 2 de novembro de 2013

---

[68] Disponível em http://www.gmcs.pt/_gmcs2008/index.php?op=fs&cid=283&lang=pt (consultado a 31 de outubro de 2013).

[69] Francisco Teixeira da Mota, *O Tribunal Europeu dos Direito do Homem e a Liberdade de Expressão*, cit., p. 117.

[70] Neste sentido, Francisco Teixeira da Mota, *O Tribunal Europeu dos Direito do Homem e a Liberdade de Expressão*, cit., p. 118, que acrescenta ainda como factor determinante o conceito mediterrânico de honra (p. 117). Para este autor, o entendimento minimalista da liberdade de expressão revelado pelos tribunais portugueses é paroquial (p. 20) e tributário de uma mundividência que, caricaturando, identifica com a expressão "o respeitinho é muito bonito" (p. 18). À importância atribuída à honra na sociedade portuguesa alude também Euclides Dâmaso Simões, "A liberdade de expressão na jurisprudência do Tribunal Europeu dos Direitos do Homem", *Revista do Ministério Púbico*, 113, 2008, p. 102.

3. Trabalhos Finais

A Discrepância no Tratamento Jurídico do *"Meio"* na Agravação Prevista pelo Artigo 183º do Código Penal, para o Crime de Difamação

MARTIM BOUZA SERRANO[*]

SUMÁRIO: I – Introdução. II – Do crime de difamação e a análise sintética dos *"meios" n*o caso concreto do artigo 183º do Código Penal. II.1 – A Internet como *"meio"* da alínea a) do número 1, artigo 183º do Código Penal. II.2 – Os "meios de comunicação social". III – As principais diferenças no tratamento jurídico da difamação consoante o "meio" em que esta ocorre. III.1 – Da pena abstratamente prevista para o crime cometido por via do "meio" Internet e aquele cometido por via de um *"meio"* de comunicação social. III.2 – Dos diferentes prazos de prescrição consoante o *"meio"* utilizado seja a Internet ou um *"meio"* de comunicação social. III.3 – Das discrepâncias e algumas dificuldades práticas encontradas no decurso da própria investigação do crime de difamação. IV – Dos motivos encontrados para existirem regimes diferentes para cada um dos "meios". V – Conclusão. Referências Bibliográficas e Fontes Utilizadas.

I. Introdução

Nos termos da Lei Penal Portuguesa, pratica um crime de difamação aquele que, "dirigindo-se a terceiro, imputar a outra pessoa, mesmo sob a

[*] Doutor

forma de suspeita, um facto, ou formular sobre ela um juízo, ofensivos da sua honra ou consideração, ou reproduzir uma tal imputação ou juízo."

Ao conceito acima referido, acresce ainda uma agravação, baseada na forma ou no *meio* utilizado pelo agente para a prática do facto ilícito.

Assim, e sobre a epígrafe "Publicidade e Calunia" o nosso Código Penal diferencia as situações em que, a ofensa é feita "**através de *meios* ou em circunstâncias que facilitem a sua divulgação**" daquelas que, ocorrem por via de "**um *meio* de comunicação social**".

Esta nossa referência seria irrelevante, não fosse o facto de o Código prever molduras penais distintas, prazos de prescrição diferenciados e a investigação dos crimes de difamação cometidos no ciberespaço esbarrar com entraves legais e dificuldades práticas, que não são sequer sentidas na investigação das ofensas oriundas dos "meios de comunicação social".

As distorções criadas pela aplicação prática destes dois regimes, tornam-se mais evidentes se confrontámos os tradicionais "**meios de comunicação social**" previstos no número 2, com o *"meio"* virtual (Internet, excluindo deste conceito para efeitos deste trabalho as páginas pertencentes aos meios de comunicação social, que embora virtuais não deixam de ser considerados como uma extensão daqueles) enquadrável na alínea a) do número 1, do artigo 183º do Código Penal.

É no concreto confronto entre estes dois *meios* (comunicação social vs. Internet), que o presente trabalho se irá focar, procurando salientar, não só as consequências práticas que decorrem da referida diferenciação, como ainda, levantando a pertinente questão de saber se continua a ser justificável a coexistência de um tratamento diferenciado entre os dois "*meios*".

A verdade é que, embora a Internet nunca tenha sido um *"meio"* que o legislador tivesse conscientemente previsto, quando da elaboração do Código Penal de 1982, a atual alínea a) do número 1, artigo 183º do Código Penal, tem servido de fundamento para condenar qualquer ofensa cometida com recurso àquele ambiente virtual.

No entanto, decorrente do facto de a referida norma não ter sido originariamente pensada para abranger a Internet, faz com que, da sua aplicação prática decorram distorções.

Para melhor se perceber a dimensão das referidas distorções, será de ter presente que, se duas pessoas escreverem idêntico texto (ex. um artigo de opinião), um numa página de Internet de um qualquer órgão de comunicação social e o outro, num *blog* pessoal ou rede social, ambos, imputando a um terceiro o mesmo facto ofensivo da sua honra ou consideração, o primeiro ficará sujeito a uma pena mais gravosa (e a um prazo de prescrição maior) do que aquele que tenha recorrido a um blog da Internet como instrumento do seu delito.

Pior, se alguém difundir um vídeo objetivamente difamatório de outrem, num sítio de Internet de um jornal regional com visionamentos residuais, ficará sujeito a uma pena objetivamente superior àquele que seja responsável pela divulgação do mesmo conteúdo por exemplo num blog mesmo que este se torne viral no *"Youtube"* e se espalhe por todo o mundo.

Este trabalho não pretende tratar da Liberdade de Expressão, dos motivos justificativos do crime de difamação, nem da Liberdade de Imprensa mas antes, no formato sucinto imposto pelo limitação de espaço, convidar a pensar se, existe algum fundamento sério para se continuar a tratar de forma distinta, as ofensas praticadas por **"meio da comunicação social"** daquelas cometidas na Internet, nomeadamente em blogs, redes sociais, plataforma de difusão e partilha de vídeos, som e imagem.

II. Do crime de difamação e a análise sintética dos *"meios"* no caso concreto do artigo 183º do Código Penal

II.1. A Internet como *"meio"* da alínea a) do número 1, artigo 183º do Código Penal

Como se disse, a Internet nunca foi um *"meio"* que o legislador tivesse conscientemente previsto quando elaborou a alínea a) do número 1, do artigo 183º do Código Penal, menos ainda, no texto de 1982 quando pela primeira vez decidiu agravar a difamação com base na potencialidade do *"meio"* utilizado.

Mas vejamos, dispõe o número 1, do artigo 180º do Código Penal que, **"Quem, dirigindo-se a terceiro, imputar a outra pessoa, mesmo sob a forma de suspeita, um facto, ou formular sobre ela um juízo, ofensivos da sua honra ou consideração, ou reproduzir uma tal imputação ou juízo, é punido com pena de prisão até seis meses ou com pena de multa até 240 dias."**

Prevê por sua vez, o número 1, do artigo 183º que, quando a ofensa for cometida **"através de *meios* ou em circunstâncias que facilitem a sua divulgação"** ou a imputação de um facto provenha de quem, **"conhecia**

a falsidade da imputação" as penas da difamação ou da injúria são elevadas de um terço nos seus limites mínimo e máximo.[1]

Embora as alíneas a) e b) da supra referida norma contemplem três situações distintas,[2] para efeitos do presente trabalho, iremos apenas abordar a difamação cometida, através de *meios* que facilitem a sua divulgação, e em concreto ao meio virtual.

A incriminação da situação descrita na alínea a), no artigo 183º do Código Penal, em concreto a referência e especial agravação decorrente do recurso a *meios* que facilitem a divulgação da ofensa corresponde, na sua grande maioria, ao texto do anterior artigo 167º do Código de 1982 e terá tido por fonte, o artigo 179º do Projeto da Parte Especial do Código Penal de 1966, discutido na Comissão Revisora a 30 de Abril daquele ano, e como tal, é pouco provável que tivesse como destino, punir os comportamentos cometidos na Internet.

Isto porque, a Internet teve a sua origem na rede de computadores estabelecida pela ARPA (Advanced Reserch Projects Agency) agencia integrada no Departamento de Defesa dos Estados Unidos de América, em Setembro de 1969.

A *rede* como hoje a conhecemos, por sua vez, só começou a dar os seus primeiros passos em Dezembro de 1990, com a criação do primeiro *browser* e com a privatização da Internet em meados dos anos 90.

Em Portugal, a primeira ligação pela Internet terá sido feita no Largo de Santa Cruz em Braga, no ano de 1985 quando docentes da Universidade do Minho, lograram estabelecer uma ligação IP com o "Institute of Science of Technology" da Universidade de Manchester.

Só em 1986 com a criação da Fundação de Cálculo Científico Nacional (atualmente designada por FCCN – Fundação para a Computação Científica Nacional) e após a instalação do primeiro nó da EARN – European Academic Research Network[3] em Portugal, nasce a RCCN (Rede

---

[1] O legislador optou por sujeitar ambas as situações à mesma moldura penal embora, em abstrato, as situações contempladas nas alíneas a) e b) do número 1, do artigo 183º do Código Penal, podem ocorrer em simultâneo, como ocorrerá quando alguém coloque numa página de internet um facto que sabe não ser verdadeiro.

[2] A referida norma contempla, para além do recurso a **meios** que facilitam a divulgação, a divulgação em **circunstâncias** que facilitem a divulgação e por fim, a situação de o agente difundir um facto que conhece ser falso (situação considerada de calúnia).

[3] A EARN foi a primeira rede de longa distância a servir a comunidade académica e de investigação na Europa.

da Comunidade Científica Nacional), a primeira ligação em rede nacional de Internet, estando no entanto este instrumento nos seus primeiros anos, estritamente associada ao meio académico e adstrita à partilha do conhecimento científico.

Foi apenas em 1990, que se adoptou o protocolo HTTP e o primeiro servidor *web*, com o surgimento do CERN (Conseil Européen pour la Recherche Nucléaire) Conselho Europeu para a Investigação Nuclear, alicerce no qual assenta a estrutura Internet que ainda hoje utilizamos.

Foram no entanto necessários outros dois anos, para que a primeira *homepage* Portuguesa fosse criada, tendo o acesso à Internet surgido apenas no ano de 1994, por dois únicos fornecedores: "A Esoterica" e a "Telepac", pertencente à Portugal Telecom.

Ora, tendo em conta a cronologia da implementação da Internet em Portugal, e no mundo, é por mais evidente que, em 1982 o legislador não teve presente o surgimento deste fenómeno, nem previu o importante papel que a Internet teria na transmissão de ideias e informação.

Assim, no que diz respeito ao tema que se pretende abordar no presente trabalho, é inegável que a Internet e em especial as redes sociais, atribuíram uma dimensão à previsão da alínea a) do artigo 183º do Código Penal, que o legislador de 1982 nunca poderia ter previsto.

Convém no entanto ter presente a atual dimensão e potencial abrangência deste novo *meio*.

No ano de 1997 Portugal tinha 88.670 assinantes de acesso à Internet e 2.212.412 no ano de 2011.[4]

O número de utilizadores individuais de Internet aumentou de 19,4% em 2002, para os 60,3% em 2012.[5]

Para além disso, embora em Portugal a taxa de penetração dos computadores nos agregados familiares fosse de 27% (2002), a média da União Europeia (25 países) era de 50%[6] esta cifra está atualmente nos 61.0%.[7]

---

[4] Portdata:http://www.pordata.pt/Portugal/Assinantes+do+acesso+a+Internet-2093
[5] PortData:http://www.pordata.pt/Portugal/Individuos+que+utilizam+computador ı e+Internet+em+percentagem+do+total+de+individuos+por+sexo-1142
[6] Relatório anual Obercom 2005/2006 – p.147 http://www.obercom.pt/client/?newsId=342&fileName=anuario_2005_2006.pdf
[7] Relatório anual Obercom 2012 – p.117.

Portugal terá passado em Junho de 2012, para os 5,950,449 utilizadores de Internet, numero que corresponde a uma capacidade de penetração de 55.2%.[8]

Portugal tinha também, a 31 de Dezembro de 2012, 4,663,060 membros ativos registados no *Facebook*, passando a ser o 35º país do mundo com maior número de utilizadores.[9]

Embora o envio e a recepção de correio electrónico continue a ser a principal atividade desenvolvida por aqueles que utilizam a Internet, (86,3% em 2012), 62.2%[10] dos utilizadores, recorreram à Internet no decurso de 2012, para "**colocar mensagens em *chats*, *blogs*, *websites* de redes sociais, *newsgroups*, fóruns de discussão *online*.**"

Ora, decorrente da própria abrangência do conceito de "*meio*" previsto no artigo 183º do Código Penal, tanto os Tribunais como a Jurisprudência têm logrado enquadrar a ofensa com recurso à Internet, na alínea a) do artigo 183º do Código Penal, sem grande ginástica mental ou retórica jurídica.

Assim, quando os factos constitutivos do crime de difamação são praticados com recurso à Internet, por exemplo porque o agente recorre à sua conta do "Twitter", "Fecebook" ou "blogspot" para difundir uma ofensa ou disseminar fotografias, também estas, objetivamente passíveis de ofender a honra ou consideração de terceiro, os Tribunais têm subsumido este comportamento, (naturalmente com base na queixa e posterior acusação particular apresentada, por que em regra se tratam de crimes particulares), na alínea a) do número 1, do artigo 183º do Código Penal.

Veja-se a mero título de exemplo, o processo em que foram difundidos factos numa página *web*, objetivamente ofensivos da consideração de um presidente da Assembleia Municipal,[11] de um presidente de uma determinada empresa[12], de um Magistrado do Ministério Público[13], ou as afirmações feitas num *blog*[14], todas elas enquadradas na supra referida norma.

---

[8] Internet World Stats; http://www.internetworldstats.com/europa.htm
[9] Social Bakers http://www.socialbakers.com/facebook-statistics/portugal e Jornal Expresso; http://expresso.sapo.pt/internet-em-numeros-em-2011=f698559
[10] Relatório anual do Observatório da Comunicação de 2012; p. 129.
[11] Processo nº 0817143 do Tribunal da Relação do Porto, www.dgsi.pt
[12] Processo nº 1361/09.1TJLSB.L1-1 do Tribunal da Relação de Lisboa; www.dgsi.pt
13 Processo nº 5759/07.1TDLSB.L1-3 do Tribunal da Relação de Lisboa; www.dgsi.pt
[14] Processo nº 12905/09.9TDPRT.P1 do Tribunal da Relação do Porto, www.dgsi.pt

Ora, em parte, e sem querer antecipar a conclusão que em momento próprio se fará, o facto da referida norma não ter sido originariamente elaborada para enquadrar as situações cometidas no ciberespaço, explica a sua desadequação com a realidade da Internet dos dias de hoje e as profundas distorções que cria, quando comparada com o enquadramento penal previsto para os factos cometidos por "*meios* de comunicação social".

II.2. Os "meios de comunicação social"

Nos termos do número 2, do referido artigo 183º do Código Penal, "**Se o crime for cometido através de *meio* de comunicação social, o agente é punido com pena de prisão até dois anos ou com pena de multa não inferior a 120 dias.**"

Esta agravação não constava do projeto inicial que deu origem ao Código Penal de 1982, tendo surgido posteriormente, com a proposta de Lei 221/I.

Ora, tradicionalmente, os "meios de comunicação social" constituem instrumentos para transmissão de ideias ou informação, a um conjunto alargado, heterogéneo e indeterminado de pessoas.

Quando nos referimos aos meios de comunicação, pretendemos abranger, "**aquele conjunto de meios físicos e tecnológicos utilizados para transmitir *mensagens*, no subentendimento de que estes funcionam como resultado de um complexo sistema organizacional de infraestruturas e estruturas, com a finalidade de atingir audiências alargadas e heterogéneas.**"[15]

O conceito de "meio de comunicação social" está limitado exclusivamente, à "**pluralidade de meios que, em determinado momento histórico, a comunidade é capaz de fornecer para a difusão dos diferentes fluxos informacionais e que tem por específica finalidade, atingir com essa informação, um conjunto alargado ou maciço de pessoas**" (...) "**a ideia de comunicação social pressupõe a ideia de uma estrutura organizacional por mínima que seja**"[16]

---

[15] Análise Social, vol. XXVII; (118-119) 1992; A integração europeia e os meios de comunicação social; José Manuel Paquete de Oliveira; p. 995.
[16] Código Penal; Parte Especial Tomo I, Artigos 131º a 201; Jorge Figueiredo Dias, Coimbra Editora, 1999, comentário ao artigo 183º.

Ora, em 1982 ano em que o Código Penal passou a incluir a agravação para a difamação cometida por via da um "meio de comunicação social", estes eram divididos por aqueles considerados de 1º grau: a imprensa, a rádio, o cinema, e a televisão e os catalogados de 2º grau e que abarcavam os disco, o vídeo, o jogo de computador, e o *videoclip*, bases de dados em linha, os «clubes» de televisão por cabo, os jornais-fax, os sistemas de computadores interativos entre outros.[17]

Embora os livros, a música, o cinema e teatro não devam ser esquecidos enquanto meios de comunicação, a verdade é que estes, raramente são utilizados como *meio* para a prática de factos objetivamente passiveis de constituírem uma difamação.

Para além disso, embora outros devessem acrescer à referida lista, a verdade é que, os principais meios de comunicação social, que geram participações criminais em Portugal por difamação, são a imprensa escrita, a televisão e numa escala menor, a rádio pelo que apenas estes serão abordados no presente trabalho.

a. A imprensa

Quando em 1982 o Código Penal foi aprovado, existiriam em Portugal, quatro jornais de informação generalista, em que nenhum deles tinham tiragens que ultrapassavam os 60.000 exemplares, num universo de 14 títulos inscritos na APCT – Associação Portuguesa para o Controlo da Circulação e Tiragens.[18]

Contudo, o legislador logrou antever a projeção que os meios de comunicação social teriam na sociedade Portuguesa, não estando alheio ao desenvolvimento que a imprensa escrita vinha tendo em outros países, justificando em certa medida, o agravamento da ofensa quando cometida por aquela via.

Tanto é que, alguns anos mais tarde, no ano de 1995 passaram a existir oito jornais diários de informação generalizada, e sete jornais de informação generalizada distribuídos semanalmente.

Os principais jornais nacionais tinham tiragens médias mensais de **60.404** exemplares (Diário de Notícias, com uma circulação de 43.781); **100.618** (Correio da Manhã com uma circulação de 73.803); **165.803**

---

[17] Análise Social, vol. XXVII; (118-119) 1992; A integração europeia e os meios de comunicação social; José Manuel Paquete de Oliveira.

[18] APCT – Associação Portuguesa para o Controlo da Circulação e Tiragens; www.apct.pt

(Expresso com uma circulação de 142.884); 112.067 (Jornal de Notícias com uma circulação de 93.203), ainda existia o jornal "O Independente", com tiragens de **113.844** (a que corresponde uma circulação de 88.397), o "Jornal Diário", com tiragens de 73.940 e uma circulação de **59.104**; o "Tal & Qual com tiragens de 66.889 e circulação correspondente a 47.360 exemplares, e o "Público" com tiragens que rondavam os 73.940 a que correspondia uma circulação de 59.104.[19]

A estes, somavam-se ainda, 6 revistas semanais de imprensa cor-de-rosa, e seis títulos dedicados a desporto e veículo, num universo total de 67 títulos.

Hoje os números são outros e a realidade do negócio alterou-se substancialmente com o surgimento de novos *meios* e uma alteração na forma de aceder, digerir e transmitir a informação, embora a agravação do número 2, do artigo 183º do Código Penal, lá se mantenha.

A saber, o Diário de Notícias tem atualmente uma tiragem média mensal que se aproxima dos 40.867 exemplares a que corresponde uma circulação de 25.274; aproximadamente, menos 20.000 exemplares do que no ano de 1995. O semanário "Expresso" imprime menos 50.000 exemplares por edição do que imprimia naquela altura, o "Jornal de Notícias" menos aproximadamente 10.000 e o "Público" perto dos 17.000.[20]

Em números totais, e no que diz respeito às vendas em banca, venderam-se em 1994 **210.606.098** e em 2005, **251.316.643** jornais, número que contrasta com os 216.843.037 vendidos em 2011, o menor numero de vendas desde 1994.[21]

Em 1984 existiam seis revistas com uma tiragens que oscilavam entre os 17.000 e os 200.000 por edição, números que em 2011 caíram para os 94.582.429.

b. Rádio

A rádio apareceu em Portugal em 1914 e tem acompanhado a população portuguesa para além do surgimento da televisão em Portugal nos anos 50, constituindo ainda nos dias de hoje um *meio* de comunicação social, com alguma relevância.

---

[19] APCT – Associação Portuguesa para o Controlo de Tiragens e Circulação http://www.apct.pt/Analise_simples.php
[20] APCT – Associação Portuguesa para o Controlo da Circulação e Tiragens.
[21] Pordata – Base de Dados de Portugal Contemporâneo; www.pordata.pt

Em 1984 os planos de Genebra destinam para Portugal 430 frequências[22], facto que aliado ao importante papel que o meio tinha em outros países Europeus, poderá ter servido de justificação para o legislador agravar a ofensa cometida por via de um meio da comunicação social.

Em 1995 existiam 325 rádios locais sendo que a 31 de Dezembro de 2007, encontravam-se licenciadas 347 rádios da mesma categoria.

O anuário do Observatório para a Comunicação Social para o ano de 2005, relatava os resultados difundidos pela Bareme Rádio da Marktest, relativos às audiências, as quais contabilizavam cerca de 4,9 milhões de residentes ouvintes de rádio.[23]

Assim, e no que diz respeito a este "meio de comunicação social" também se justificavam as cautelas que o Código Penal de 1982 previa, ao agravar o facto cometido com recurso a "meio de comunicação social".

c. Televisão

Não poderá ser esquecido que, quando Portugal aderiu à CEE a Constituição da República impedia, no seu artigo 38º que a televisão fosse objeto de propriedade privada, obstáculo que foi ultrapassado com a revisão constitucional de 1989 e com a posterior entrada em vigor do Decreto-Lei nº 58/90, de 7 de Setembro, que permitiu a concessão de dois canais privados, a SIC e a TVI em Fevereiro de 1992.

O legislador penal de 1982 sabia que, face às diretivas europeias, o monopólio da televisão não se poderia manter,[24] e que Portugal seria obrigado a alargar a atividade aos privados, facto que com grande segurança, terá pesado no agravamento da ofensa cometida por este conjunto de *meios*.

Seja como for, **"Segundo dados do INE, em 1970 apenas havia o registo de 400 000 aparelhos, em 1980 1 4000 000 e em 1986 1 600 000, dos quais 88 % a preto e branco. Dada a existência então da obrigatoriedade de pagar taxa, é possível que estes dados estejam enviesados."** [25]

---

[22] http://www.anacom.pt/streaming/qnaf20092010_07042010.pdf?contentId=1019281&field=ATTACHED_FILE

[23] Obercom - http://www.obercom.pt

[24] Serviço de Publicações Oficiais das Comunidades Europeias, O Sector Audiovisual no Contexto do Grande Mercado Europeu, Luxemburgo, 1988.

[25] Análise Social, vol. XXVII; (118-119) 1992; A integração europeia e os meios de comunicação social; José Manuel Paquete de Oliveira; p. 1005.

No ano de 2005 a televisão apresentava-se como "**a tecnologia mais usual nos lares portugueses**"[26] e "**segundo dados da Marktest, a média de tempo despendido por espectador, em 2005, a visionar televisão foi de 04h:17m:56s**"
Atualmente, o número médio de horas de visionamento de televisão desceu para as 3:41:45, e o tempo médio de edição dedicadas à **informação** nos canais nacionais passou de 1,114 em 2011 para 990 horas no ano seguinte.[27]

Os 164 minutos que em 1995 se passava a visionar conteúdos televisivos, aumentaram para 219 no ano de 2012.[28]

Assim, dos números acima referidos resulta evidente que, o legislador de 1982 conseguiu antever que, Portugal iria sofrer um profundo desenvolvimento na área dos meios de comunicação social, (como se assistiu em toda a Europa no decurso dos anos 80) justificando por essa via que as ofensas por esta via fossem agravadas na pena aplicável.

No entanto, a verdade é que, com a queda das vendas de alguns suportes e "meios de comunicação social", o espaço que separa estes "meios" do "meio" Internet e das redes sociais, é cada vez mais reduzido.

III. As principais diferenças no tratamento jurídico da difamação consoante o "meio" em que esta ocorre

III.1. Da pena abstratamente prevista para o crime de difamação cometido por via do "meio" Internet, e aquela abstratamente prevista para o crime cometido por via de um *"meio"* de comunicação social

O artigo 183º do Código Penal agrava a difamação, baseando-se em dois fundamentos distintos: na alínea b) a agravação decorre do facto do agente atuar com um **elevado grau de culpa** (pois tem conhecimento da falsidade do facto que está a difundir) enquanto na alínea a) e no número 2, a agravação advém do facto de existir uma maior **gravidade objetiva**

---

[26] Obercom – Observatório da Comunicação Relatório anual 2005/2006 – p.147 http://www.obercom.pt/client/?newsId=342&fileName=anuario_2005_2006.pdf
[27] OberCom - Observatório da Comunicação, Relatório anual 2011-2012; http://www.obercom.pt/client/?newsId=28&fileName=Anuario2012.pdf
[28] Relatório do Gabinete para os Meios de Comunicação Social; "Share de audiência dos canais generalistas, de acesso livre e de âmbito nacional".

no comportamento do agente, por recorrer a meios que facilitam a difusão da ofensa.

Como se disse, para efeitos do presente trabalho iremos apenas analisar as diferenças no tratamento jurídico-penal da ofensa, consoante o *"meio"* em que esta ocorre, e como tal, no *"meio"* previsto na alínea a) (no caso concreto da ofensa cometida pela Internet) em comparação com aquele que consta do número 2, ambos do artigo 183º do Código Penal.

Ora, do confronto do disposto na alínea a), do número 1, do artigo 183º do Código Penal com o número 2, do mesmo artigo retiramos que, aquele que difamar alguém, por exemplo num jornal (como meio de comunicação social), ficará sujeito a uma **"pena de prisão até 2 anos ou com pena de multa não inferior a 120 dias"**, enquanto que, se idêntico texto for publicado num Blog, numa página do "Facebook" ou "Twitter" ou resultar de um *"upload"* no *"Youtube"* de um vídeo ou difusão na web de uma imagem, qualquer um deles ofensivo da consideração de outrem, a pena abstratamente aplicável a este agente, será apenas de 8 meses (os 6 meses previstos no artigo 180º acrescidos da agravação de 1/3 que o artigo 183º do Código Penal, estatui para a difamação praticadas "através de meios ou em circunstâncias que facilitem a sua divulgação").

Para melhor apreender a desadequação deste regime, refira-se, novamente a título exemplificativo que, se um comentador escrever um artigo num jornal local (existindo vários que não ultrapassam a tiragem de 300 exemplares por edição), não terá um regime jurídico tão benévolo, como aquele que beneficiará o agente que coloque idêntico comentário, por exemplo num blog, embora existam blogs com visionamentos diários de 2.803 e com visionamentos superiores às tiragens de muitos meios de comunicação locais.[29]

Tudo ganha outra dimensão, se incluirmos os números relativos aos acessos ao *Youtube* ou perfis criados nas redes sociais, qualquer um destes *"meios"* com capacidade de difusão superiores a muitos meios de comunicação nacional.

Como se disse o artigo 183º do Código Penal, agrava a pena pela **potencialidade** dos meios utilizados para difundir a ofensa, tendo em 1982 o legislador entendido que, dentro do panorama daquela altura, os meios de comunicação social, mereceriam uma censura maior do que qualquer outro.

[29] http://aventar.eu/blogs-do-ano-2012/blogs-do-ano-2012-resultados-finais/

Ora, tendo presente esta justificação (a potencialidade do meio) convém recordar que, o vídeo mais visto no *Youtube* em 2012, obteve 1,746,482,494 visionamentos no espaço de seis meses, [30] e o conteúdo que ocupa o 30º lugar dos vídeos mais vistos na referida plataforma, obteve um total de 308,823,254 visionamentos no decurso de dois anos.

Isto é, se o agravamento da alínea a) e do número 2, do artigo 183º assentou na "potencialidade" do meio em difundir a ofensa, a Internet constitui um meio com capacidades de difusão, muitas das vezes, superiores às de qualquer meio de comunicação nacional, até porque, não estão limitados por emissoras nem sinais ou espartilhados por critérios de distribuição.

Os *meios* que a alínea a) pretendeu originalmente acolher, aquando da aprovação da versão inicial do Código Penal, eram aqueles que, embora não contendo os elementos característicos de um *meio* de comunicação social, acarretavam a potencialidade de difundir a ofensa.

Refira-se inclusivamente, para tentar apreender o alcance pretendido pelo legislador que, a proposta originária à alínea a) continha uma referência expressa ao facto da ofensa ter sido proferida, na presença de duas ou mais pessoas, menção que não mereceu acolhimento na versão final do artigo.

Diga-se ainda que, o próprio estudo e análise do crime em causa, tanto na nossa Doutrina como na Jurisprudência, costumam indicar como exemplo de um *meio* adequado a facilitar a difusão da ofensa, as situações em que esta é feita em cartazes, pintura de *graffiti* numa parede ou pela colocação de uma imagem ofensiva num local comum do seu espaço de trabalho, acessível a todos os colaboradores, mas em momento algum se discutia a questão da ofensa por via da Internet.

III.2. Dos diferentes prazos de prescrição consoante o *"meio"* utilizado seja a Internet ou um *"meio"* de comunicação social

Em consequência direta do acima referido, os crimes cometidos por via de um "meio de comunicação social" ficam sujeitos a um prazo de prescrição, substancialmente mais longo do que se tiverem sido praticados no ambiente da Internet.

---

[30] http://www.youtube.com/charts/videos_views?gl=US&t=a

Isto porque, dispõe o artigo 118º do Código Penal que,
"1 – O procedimento criminal extingue-se, por efeito de prescrição, logo que sobre a prática do crime tiverem decorrido os seguintes prazos: (...)
(c) Cinco anos, quando se tratar de crimes puníveis com pena de prisão cujo limite máximo for igual ou superior a um ano, mas inferior a cinco anos;
(d) Dois anos, nos casos restantes."

Ora, embora o artigo 180º do Código Penal preveja uma pena de seis meses para quem ofenda a honra de outrem, a alínea a) do artigo 183º agrava a pena num terço do seu limite máximo, passando assim para os 8 meses.

Como tal, e nos termos da alínea d) do artigo 118º do Código Penal, a prescrição do crime ocorre no prazo de dois anos, e no prazo máximo, nos termos do número 3, do artigo 121º do Código Penal, a prescrição ocorrerá no prazo de **seis anos** (3 anos máximo previsto para a suspensão + 2 anos + 1 ano corresponde a metade do prazo de prescrição).

Isto porque, dispõe a referida norma que, "**Sem prejuízo do disposto no número 5 do artigo 118º a prescrição do procedimento criminal tem sempre lugar quando, desde o seu início e ressalvado o tempo de suspensão, tiver decorrido o prazo normal de prescrição acrescido de metade. Quando, por força de disposição especial, o prazo de prescrição for inferior a dois anos o limite máximo da prescrição corresponde ao dobro desse prazo.**"

Ora, regime menos benévolo previu o legislador para os "**meios de comunicação social**", sujeitando-os a um prazo normal de prescrição de cinco anos (alínea c) do artigo 118º do Código Penal) ao prever uma pena de dois anos, regime a que corresponde um prazo máximo de prescrição de 10 anos e seis meses: 3 anos máximo previsto para o período de suspensão + 5 anos do prazo normal de prescrição + 2 anos e seis meses corresponde a metade do prazo normal de prescrição).

Assim, quatro anos e seis meses separam o prazo máximo de prescrição de uma ofensa praticada por meio de comunicação social, daquele que tenha sido praticado com recurso à Internet.

Ora, tendo em conta a evolução da Internet e em especial, o longo percurso percorrido desde a aprovação da versão inicial do Código Penal, torna-se pertinente colocar a questão de saber se as motivações que em 1982 justificaram a agravação da moldura penal para a ofensa cometida com recurso ao "meio" de comunicação social, impõem que hoje, idêntica majoração seja feita em relação à difamação cometida pela Internet.

III.3. Das discrepâncias e algumas dificuldades práticas encontradas no decurso da própria investigação do crime de difamação

Existem entraves à investigação dos crimes de difamação cometidos com recurso à Internet que decorrem da própria origem e arquitetura do *meio*, em relação aos quais, o nosso ordenamento jurídico-penal é totalmente alheio e nada poderá fazer para alterar essa realidade.

Diga-se a título meramente exemplificativo que, o facto de os principais fornecedores de Internet se encontrarem no estrangeiro, limita e torna discutível, tanto a aplicação das nossas normas processuais penais, como por exemplo, a eficácia em tempo útil, de um pedido de um Juiz de Instrução relativo aos dados de um utilizador, ficando esta sujeita aos Tratados Internacionais de cooperação.[31]

Estas limitações, não as iremos abordar no presente trabalho.

No entanto, e sobre as concretas assimetrias que surgem no âmbito do edifício jurídico-penal Português, podemos apontar, o regime de recolha de elementos probatórios na fase de inquérito do processo, em concreto, sobre a identidade do autor da ofensa.

Nas ofensas cometidos em artigos publicados na imprensa, diz o artigo 31º da Lei da Imprensa que, "**sem prejuízo do disposto na lei penal, a autoria dos crimes cometidos através da imprensa cabe a quem tiver criado o texto ou a imagem cuja publicação constitua ofensa dos bens jurídicos protegidos pelas disposições incriminadoras.**"

Ora, não existe norma com idêntica característica para as difamações cometidas na Internet sendo que, por norma, quando os escritos não se encontram assinados, apenas se logrará obter um IP (Internet Protocol) que poderá eventualmente levar a uma máquina, mas incapaz de determinar a verdadeira autoria do escrito.

Ao invés, quando sejam publicadas num jornal fotografias ou imagens não assinadas, o Ministério Publico poderá, nos termos do artigo 39º da

---

[31] Artigo 20º da Lei nº 109/2009 (Lei do Cibercrime), de 15 de Setembro e Lei n.o 67/98, de 26 de Outubro (Dados Pessoais).

Lei da Imprensa, solicitar ao Diretor do jornal o nome do autor da imagem ou escrito, ficando aquele sujeito ao crime de desobediência previsto no número 1, do artigo 360º do Código Penal, caso não responda.

Em contraste, são inúmeros os entreves legais e práticos com os quais as autoridades se deparam quando pretendem apurar a autoria de uma ofensa praticada com recurso ao *"meio"* cibernético.

Desde logo, pese embora a questão não seja totalmente líquida, a informação referente ao IP constitui um elemento de tráfego que como tal, está sujeito ao regime dos artigos 188º e 189º do Código do Processo Penal, pelo que os mesmos só podem ser fornecidos por indicação direta de um Juiz de Instrução.

A Doutrina tem distinguido três espécies de dados no âmbito das telecomunicações, a saber: **(i)** os dados de base (dados relativos à conexão de rede), os de **(ii)** trafego (dados funcionais necessários ao estabelecimento de uma ligação ou comunicação e os dados gerados pela utilização da rede – por exemplo, localização do utilizador, localização do destinatário, duração da utilização, data, hora, frequência) e aqueles referentes ao **(iii)** conteúdo (aqueles que dizem respeito ao conteúdo da mensagem).[32]

A verdade é que, dados recentes demonstram que Portugal é um dos países da União que mais informações solicita à Google, relativamente aos seus clientes.

Tanto é que, entre Janeiro de 2011 e Março de 2013, as autoridades Portuguesas fizeram 692 pedidos de dados à Google, referentes a um total de 1044 contas de utilizadores Portugueses.[33]

Em relação aos Operadores nacionais (Vodafone, Optimus, PT, ZON) o Gabinete do Cibercrime da Procuradoria Geral da República tem, desde Julho de 2012 um Protocolo, com base no qual, foram criados "**procedimentos normalizados**", que permitem a fácil transmissão de elementos probatórios em sede de processos crime.

Com o referido Protocolo, procurou-se ainda "**aplanar divergências de entendimento jurídico no relacionamento processual (em particular na obtenção de elementos de prova em posse dos operadores),**

---

[32] Parecer nº 16/94 do Conselho Consultivo da Procuradoria-Geral da República, publicado no Diário da República, II série, nº 198 de 28 de Agosto de 2000, páginas 14145 a 14161.

[33] Jornal Público 21/03/2013 e Electronic Frontier Foundation; https://www.eff.org

tendo em vista um entendimento harmonizado quanto a questões controvertida"[34]

No entanto e para tornar a questão ainda mais complicada, encontramos na Jurisprudência decisões de Tribunais superiores que defendem que, **"Estando em causa investigação por crime de difamação através da internet, não é admissível o acesso a dados de tráfego, por via de autorização judicial, dado que tal ilícito não consta, nem do catálogo previsto no art. 187º do CPP, nem da definição de crime grave do art. 2º, nº 1, alínea g), da Lei nº 32/2008, de 17.07"**[35]

Os dados de base evidenciam apenas a ligação a uma rede pública de telecomunicações e encontra-se fora do âmbito da comunicação, pois dizem respeito aos elementos fornecidos pelo próprio particular no momento da celebração do contrato, nomeadamente, para efeitos de faturação do serviço em causa, como por exemplo, o seu nome, morada, telefone e código postal.

Ora, entendemos que os dados referentes ao IP não se integram no conceito de "dados de base", mas antes na categoria de "dados de trafego", e como tal, carecem de um despacho judicial.

Em primeiro lugar, será de ter presente a Lei nº 41/2004 de 18 de Agosto, que transpôs para a ordem jurídica nacional a Directiva nº 2002//58/CE, do Parlamento Europeu e do Conselho, de 12 de Julho, relativa ao tratamento de dados pessoais e à proteção da privacidade no sector das comunicações electrónicas.

Isto porque, nos termos da alínea d) do número 1, do artigo 2º do referido diploma, são **"Dados de tráfego"** "quaisquer dados tratados para efeitos do envio de uma comunicação através de uma rede de comunicações electrónicas (...)"

Para além disso, o próprio número 4, do artigo 14º da Lei do Cibercrime é claro ao estabelecer que, em relação aos fornecedores de serviço, (onde se integram o Facebook, a Google, ou qualquer rede social), a "injunção para apresentação de dados" que a norma prevê, apenas abrangerá **"qualquer informação <u>diferente dos dados relativos ao tráfego ou ao conteúdo</u>."**

---

[34] http://www.pgr.pt/Protocolos/PROTOCOLO-comunicacoes.pdf
[35] Acórdão do Tribunal da Relação de Évora de 13-11-2012; www.dgi.pt

Diga-se também que, a alínea b), do número 4, do artigo 14º da Lei do Cibercrime, prevê apenas o fornecimento da **"identidade, a morada postal ou geográfica e o número de telefone do assinante, e qualquer outro número de acesso, os dados respeitantes à faturação e ao pagamento."**

Para além disso, será de recordar que, a melhor e mais recente Jurisprudência tem entendido que, **"A informação relativa à identificação de determinado IP que realizou uma concreta comunicação em certo grupo data/hora, respeita a dados de tráfego"**, pelo que, (...) **"a obtenção e junção aos autos de tais dados e a sua validade enquanto meio de prova está dependente da intervenção e autorização do Juiz de Instrução."** [36]

No mesmo sentido se decidiu que, **"Tendo no decurso do inquérito sido participado contra desconhecidos um crime de difamação agravada praticada através da Internet, e visando-se apurar dados de tráfego de comunicações electrónicas (dados relativos às ligações do computador de um agente a um fornecedor de serviço de acesso à Internet), cujo acesso só é possível, nos termos legais, através de autorização do Juiz de Instrução Criminal, o regime aplicável é o prevenido no artigo 187º, por remessa do artigo 189º do Código do Processo Penal."** [37]

Mais, dispõem ainda os números 1 e 3 do artigo 4º da Lei nº 41/2004 de 18 de Agosto que, **"as empresas que oferecem redes e/ou serviços de comunicações electrónicas devem garantir a inviolabilidade das comunicações e respectivos dados de trafego realizadas através de redes públicas de comunicações e de serviços de comunicações electrónicas acessíveis ao público (...)"**

A tudo o acima referido, acresce ainda que a Lei nº 67/98 de 26 de Outubro, que regula o regime aplicável à proteção de dados pessoais, prevê no seu número 1 do artigo 17º que, os responsáveis pelo tratamento de dados pessoais bem como as pessoas que, no exercício das suas funções tenham tomado conhecimento de elementos ou dados pessoais tratados, ficam abrangidos pelo sigilo.

---

[36] Ac. Tribunal da Relação de Coimbra de 03-10-2012; www.dgsi.pt
[37] Ac. Tribunal da Relação de Guimarães de 12-04-2010; www.dgsi.pt

Idêntica proteção prevê a alínea g), do número 1, do artigo 27º da Lei nº 5/2004 de 10 de Fevereiro (Leis das Comunicações Electrónicas) e o artigo 4º, da Lei nº 41/2004, de 18 de Agosto (Tratamento de dados pessoais e à proteção da privacidade no sector das comunicações electrónicas).

IV. Dos motivos encontrados para existirem regimes diferentes para cada um dos "meios"

Aqui chegados, seria importante perceber os motivos pelos quais existe esta diferença de regimes.

Ora, um dos principais motivos para a discrepância no tratamento da difamação praticada no *meio* da Internet e aquele cometido por um "meio de comunicação social", decorre no essencial do facto de o artigo 183º ter sido elaborado numa altura em que a Internet não estava disponível em Portugal nem eram previsíveis os efeitos que este "meio" adquiriu no decurso dos anos seguintes.

A previsão da alínea a) do número 1, do artigo 183º do Código Penal, embora não tenha sido inicialmente idealizada para a ofensa cometida na Internet, tem servido de sustento para agravar este tipo de ofensa.

Pertinente seria também saber se, a referida discrepância entre os dois regimes, (em concreto, o exemplo acima referido em que o mesmíssimo texto é publicado na Internet e outro num jornal local) poderá ser violador do Princípio da Igualdade constitucionalmente consagrado.

A Constituição da República Portuguesa, no seu artigo 9º atribui ao Estado a função de **"Promover o bem-estar e a qualidade de vida do povo e a igualdade real entre os portugueses"** (alínea d) bem como **"promover a igualdade entre homens e mulheres"** (alínea g)

Mais, o artigo 13º que prevê o Princípio da Igualdade refere expressamente que, **"Todos os cidadãos têm a mesma dignidade social e são iguais perante a lei"** e que, **"Ninguém pode ser privilegiado, beneficiado, prejudicado, privado de qualquer direito ou isento de qualquer dever em razão de ascendência, sexo, raça, língua, território de origem, religião, convicções políticas ou ideológicas, instrução, situação económica, condição social ou orientação sexual."**

Ora, o tema foi, em parte, colocado ao Tribunal Constitucional em 1999, ainda ao abrigo do anterior Código Penal, e foi objeto do Acórdão Nº 559/99, proferido pela 1ª secção daquele Tribunal.

Em concreto, o Tribunal Constitucional foi chamado a decidir se, o facto de o número 2 do artigo 167º do Código Penal de 1982[38], violava o Princípio da Igualdade previsto no artigo 13 da Constituição da República Portuguesa, uma vez que, por força do então número 2, do artigo 117º[39] ser-lhe ia aplicável, um prazo de prescrição superior ao crime de difamação.

Defendeu o requerente no recurso interposto que, "**A agravante contida no art. 167º, nº 2, do C.P., não é agravante qualificativa, que faça parte dos elementos constitutivos do tipo de crime, razão porque nos termos do disposto art. 117º, nº 1, d) e nº 2, do C.P., o prazo prescricional, relativo ao crime pelo qual o arguido foi pronunciado e acabou condenado, é de dois anos, tendo em conta que a pena máxima em abstracto aplicável é de seis meses, tal como se estatui no art. 164º, nº 1, do C.P."**

Alegou ainda que, "**a agravante do art. 167º, nº 2, do C.P.,[40] é apenas modificativa dos limites da pena, razão porque atento o disposto no art. 117º, nº 2, do C.P., o prazo de prescrição do procedimento criminal não se altera relativamente a difamação cometida sem recurso àqueles meios."**

Pretendia o Requerente que lhe fosse aplicado o regime de prescrição mais benévolo, decorrente do crime de difamação do artigo 180º do Código Penal, sem a agravação do artigo 183º do mesmo Código.

Colocada a questão, entendeu o Tribunal Constitucional que, tendo em conta a forma como o recurso fora apresentado, aquela instância apenas se poderia pronunciar, sobre "**a legitimidade constitucional da existência – e, atento o que está em causa, apenas nas suas implicações sobre os *prazos de prescrição* – de dois distintos tipos de crime de difamação, um com recurso à *"publicação de textos ou imagens através da Imprensa"* (artigo 25º, nº 1, da Lei de Imprensa) e outro sem tal recurso."**

---

[38] Dispunha o referido artigo que "Se o crime for cometido através dos meios de comunicação social, a prisão poderá elevar-se a 2 anos e a multa até 240 dias."

[39] "Para determinação do máximo da pena aplicável a cada crime a que se refere o número anterior, não contam as agravantes ou atenuantes que, dentro do mesmo tipo de crime, modifiquem os limites da pena."

[40] Agravação idêntica à que encontramos hoje no número 2, do artigo 183º do Código Penal.

Como tal, decidiu o Tribunal Constitucional em 1999 que, "a invocação do princípio da igualdade para censurar constitucionalmente a existência, com implicações sobre os prazos de prescrição, de dois distintos tipos de crime de difamação, um deles com recurso à "publicação de textos ou imagens através da Imprensa", não tem cabimento. Aquele princípio apenas veda as "distinções arbitrárias ou irrazoáveis, porque carecidas de fundamento material bastante"

A posição do Tribunal Constitucional naquela altura em relação ao Princípio da Igualdade era a de que, "a **adopção de medidas que estabeleçam distinções discriminatórias, ou seja, desigualdades de tratamento materialmente infundadas, sem qualquer fundamento razoável (*vernünftiger Grund*) ou sem qualquer justificação objectiva e racional**"[41]

Entendeu o Tribunal Constitucional que, "**A diferenciação de regimes acima apontada não se baseia, assim, em motivos subjetivos ou arbitrários, nem é materialmente infundada.**"

"Em suma: já pela sua configuração legal – e, constitucional: atente-se no disposto no artigo 37º da Constituição da República Portuguesa –, já pela específica natureza dos bens jurídicos envolvidos, já pela diferente amplitude dos efeitos da prática dos crimes em questão, pode encontrar-se justificação para que, para diversos efeitos (incluindo a pena aplicável, com implicações no prazo de prescrição do procedimento criminal), os crimes de difamação e os crimes de abuso de liberdade de imprensa sejam sujeitos a regimes *diferenciados*, sem que essa distinção implique a violação o princípio da igualdade."

Ora, a verdade é que, para além da questão não ter sido colocada nos precisos termos em que o presente trabalho aborda a questão, muito se alterou desde que a questão foi colocada ao Tribunal Constitucional, pelo que se a questão fosse hoje colocada, a resposta poderia eventualmente não coincidir com aquela acima citada.

Apresentada a questão recentemente em sede do processo que, com o número 882/10.8TDLSB correu termos pelo 2º Juízo Criminal de Lisboa,

---

[41] Acórdão deste Tribunal nº 10/95, publicado no Diário da República, II Série, de 22 de Março de 1995. (mesmo sentido Acórdão n.º 47/95, in Acórdãos do Tribunal Constitucional, 30º volume, 1995, págs. 393-394).

este Tribunal pronunciou-se justificando a diferença de regimes, com a maior censura que deve ser feita aos órgãos de comunicação social uma vez que, sobre estes, impende o dever legal de informar.

"Compulsado o teor do 182º, numero 2, fácil é de concluir que, a circunstância agravante aí prevista resulta, precisamente, de uma maior censura penal que merecerá a conduta praticada através de um meio de comunicação social, porquanto, sobre os órgãos de comunicação social, impende precisamente o direito fundamental de "informar a verdade, a objetividade, o rigor informativo, a crítica das instituições políticas e culturais enquanto formadora da opinião pública, são valores determinantes e valores e princípios essenciais, do próprio regime democrático."

Continuou afirmando que, **"é pois evidente que, tal circunstância agravante tem subjacente uma valoração diversa da conduta a que o legislador penal procedeu, tendo em conta os valores referidos, sendo materialmente distinta da descrita no tipo base do artigo 180º do Código Penal."**[42]

A justificação da diferenciação da pena é um tema abordado por alguma Doutrina, embora quase sempre, no confronto entre a alínea a) e a alínea b), e sustentada, no facto de a difamação de uma admitir uma maior difusão da ofensa.

Diga-se no entanto que, a tese acima referida não tem presente que, embora os órgãos de comunicação social tenham tido na sua origem um papel de informação, contêm nos dias de hoje, muito espaço dedicado à opinião de quem, não é sequer jornalista e não está sujeito aos princípios e obrigações Deontológicas daqueles profissionais.

A referida tese não tem também presente que, atualmente a informação não é apenas difundida pelos tradicionais meios de comunicação.

A verdade é que, a questão da eventual violação do Princípio da Igualdade do regime do artigo 183º do Código Penal, não tem sido abordada pela Jurisprudência nem tem merecido comentários da nossa Doutrina.

Contudo, não deixa de ser pertinente discutir se continua a justificar-se manter um regime mais benévolo para a difamação cometida por via da Internet.

---

[42] A questão não foi posteriormente levantada junto do Tribunal Constitucional uma vez que o processo findou por transação judicial.

V. Conclusão

No nosso entender, existe uma manifesta desproporcionalidade injustificada entre o regime jurídico-penal aplicável à difamação cometida com recurso ao meio da Internet, quando comparado com aquela que é cometida por via de um meio de comunicação social.

Em parte, esta desigualdades decorre do facto de se estar a adaptar uma norma que foi elaborada muito antes do desenvolvimento da Internet e não foi pensada para a situação concreta da difamação com recurso àquele meio.

Ora, tendo em conta a evolução da Internet e em especial, o longo percurso percorrido desde a aprovação da versão inicial do Código Penal, tornou-se evidente que as motivações que em 1982 justificaram a agravação da moldura penal para a ofensa cometida com recurso ao *"meio"* de comunicação social, impõem que hoje, idêntica majoração seja feita em relação à difamação cometida pela Internet.

A atual capacidade de difusão da Internet justifica que o legislador altere o enquadramento jurídico a que se encontram sujeitas as ofensas cometidas no ambiente virtual.

Referências Bibliográficas e Fontes Utilizadas

1. Comentário do Código Penal à Luz da Constituição da República e da Convenção Europeia dos Direitos do Homem; Paulo Albuquerque, Universidade Católica; Lisboa 2008
2. Constituição da República Portuguesa; Tomo I, Jorge Miranda e Rui Medeiros; Coimbra Editora
3. A responsabilidade civil pelo conteúdo da informação transmitida pela Internet; Sofia de Vasconcelos Casimiro; Almedina
4. Temas de Direito da Informática e da Internet; Coimbra Editora, 2004;
5. Liberdade de expressão, dimensões constitucionais da esfera pública no sistema social; Jonatas E. M.Machado; Universidade de Coimbra 2002
6. Liberdade de expressão e honra das figuras públicas; Iolanda A. S. Rodrigues de Brito; Coimbra editora
7. Direito Penal da Comunicação alguns escritos, José Francisco de Faria Costa; Coimbra Editora, 1998
8. Direito da Comunicação social Vol. I, Luís Brito Correia, Almedina; 2000
9. O comércio Electrónico Estudos Jurídicos-Económicos; Gloria Teixeira (Coordenadora) Almedina; 2001

10. Lei do comercio electrónico anotada; Coimbra editora; Ministério da Justiça; 2005
11. Direito da sociedade da informação; Volume VII; Coimbra editora; 2008
12. Código Penal; Parte Especial Tomo I, Artigos 131º a 201; Jorge Figueiredo Dias, Coimbra Editora, 1999
13. Comércio electrónico en Internet; Marcial Pon; José António Goméz Segade (Coordenador); 2001
14. Direito da Internet e Comércio Electrónico; Joel Timóteo Ramos Pereira; Quid Juris; 2001
15. Direito da Informática; Almedina; Garcia Marques e Lourenço Martins; 2000
16. Análise Social, vol. XXVII; (118-119) 1992; A integração europeia e os meios de comunicação social; José Manuel Paquete de Oliveira
17. Media LAw; Geofrey Robertson, QC e Andrew Nicol, QC, Penguin; 5ª edição; 2008
18. A galáxia Internet, reflexões sobre Internet Negócios e Sociedade; 2ª edição; Fundação Calouste Gulbenkian; Lisboa
19. Legal Aspects of the New Internet Protocol
20. O direito Geral da Personalidade; Rabindranath V. A Capelo de Sousa

Outras fontes
1. http://economico.sapo.pt/noticias/ha-27-anos-a-internet-em-portugal--comecou-assim_136947.html
2. http://25anos.pt/Historia
3. Porta Data http://www.pordata.pt/Portugal/Assinantes+do+acesso+a+Internet-2093
4. *Imprensa em Portugal até ao século XVII*. In Infopédia [Em linha]. Porto: Porto Editora, 2003-2013. [Consult. 2013-08-24].
Disponível na www: <URL: http://www.infopedia.pt/$imprensa-em-portugal-ate-ao-seculo-xvii>;
5. Relatório da ERC sobre Imprensa Local e Regional em Portugal (www.erc.pt)
6. Situação da Comunicação 2011 (ANAOM) – (www.anacom.pt)
7. www.ine.pt
8. www.erc.pt
9. Relatório anual Obercom 2005/2006 – p.147 http://www.obercom.pt/client/?newsId=342&fileName=anuario_2005_2006.pdf

10. Internet World Stats; http://www.internetworldstats.com/europa.htm
11. Social Bakers http://www.socialbakers.com/facebook-statistics/portugal
12. www.dgsi.pt
    Serviço de Publicações Oficiais das Comunidades Europeias, *O Sector Audiovisual no Contexto do Grande Mercado Europeu*, Luxemburgo, 1988

Crimes Contra a Honra no Ordenamento Jurídico Português
Alguns aspetos específicos à luz da legislação de imprensa

VICTOR NUNO DE CARVALHO E CASTRO ROSA[*]

SUMÁRIO: Introdução. 1. Os crimes de difamação e injúria: elementos típicos. 1.1.O bem juridicamente protegido: honra e consideração pessoal. 1.2. Elementos típicos objetivos: caracterização do tipo de crime. 1.3. Elementos típicos subjetivos. 2. Distinção de tipos similares. 2.1. Ofensa a pessoa coletiva organismo ou serviço. 2.2. Ofensas à memória de pessoa falecida. 3. Circunstâncias agravantes. 4. Causas específicas de desresponsabilização criminal. 4.1. Realização de interesses legítimos. 4.2. *Exceptio veritatis*. 4.3. Conjugação do artº 180º nº 2 CP com o artº 31º CP. 4.4. Interpretação do nº 2 do artº 180º CP à luz do regime geral do erro. 4.5. Problematização da respetiva natureza dogmática: posição adotada. 5. As especificidades do crime de difamação cometido através da imprensa. Conclusões. Bibliografia.

[*] Doutor

Introdução

O presente artigo corresponde, no essencial, ou seja, com ressalva de algumas anotações posteriormente acrescentadas para fins da presente publicação, ao texto do trabalho entregue no dia 02.09.2013, para avaliação no âmbito da primeira edição do Curso Pós-Graduado de Atualização sobre Direito da Comunicação Social, em boa hora promovido pela Entidade Reguladora para a Comunicação Social e pelo Instituto de Ciências Jurídico-Políticas da Faculdade de Direito de Lisboa, Curso esse a que o seu autor teve a honra e gosto de frequentar. Foi elaborado durante os meses de Verão de 2013.

O trabalho desenvolvido teve de ser então concentrado e reduzido ao essencial, dadas as estritas limitações regulamentares, e as parcas atualizações e complementos agora introduzidos com vista à publicação estão muito longe de esgotar o tema escolhido, dos vários lecionados – e todos eles interessantes – a que o autor se propôs. Importa pois advertir o leitor para o facto de que o presente texto não é mais do que uma enunciação global do tema, segundo uma determinada orientação do autor, mas valorizado, sobretudo, pelas anotações bibliográficas, colhidas junto dos insignes Mestres e Doutores, cultores do Direito Penal, de cujos ensinamentos foi possível beneficiar.

Pontualmente, são avançadas algumas opiniões pessoais do autor em matérias sempre sujeitas a controvérsia, as quais poderão vir ainda a conhecer um desenvolvimento ulterior, visto que o Direito é uma ciência muito viva que procura retratar o mais fielmente possível a própria Sociedade, segundo o ideal da Justiça e à luz da Equidade. Oxalá possa suscitar o debate e sirva de inspiração para novas e melhores dissertações.

1. Os crimes de difamação e injúria: elementos típicos

Previsto e punido no artº 180º do Código Penal (adiante, CP), o crime de difamação está inserido no Capítulo VI (crimes contra a honra) do Título I (dos crimes contra as pessoas). A palavra "difamação" deriva do vocábulo latino "diffamare", que quer dizer separar alguém da sua fama, no sentido de boa reputação, bom nome, ou seja, desacreditar, diminuir a reputação, a consideração pública de alguém. Traduz-se pela imputação a alguém de factos ou na formulação de juízos de valor, ainda que sob a forma de suspeita[1], que sejam ofensivos da respetiva honra e consideração, ou na sua reprodução, quando o(s) visado(s) não estejam presentes. Se a imputação de factos for efetuada na presença do(s) visado(s), o crime cometido é o de injúria, p.p. no artº 181º CP, sendo que a moldura penal é metade da aplicável ao crime de difamação. Radica na palavra latina *iniuria/ injuria*, que traduz injustiça, negação do justo, ofensa, prejuízo[2]. O artº 182º CP equipara à difamação e injúria verbais as feitas por escrito, gestos, imagens ou qualquer outro meio e o artº 183º CP contempla circunstâncias agravantes desse crime.

1.1. O bem juridicamente protegido: honra e consideração pessoal

O bem juridicamente protegido por ambas estas disposições, conforme se deduz do Capítulo em que estão inseridas, é a honra[3], ou consideração pessoal[4] (consoante a perspetiva, pessoal ou social), valores sobre os quais existem variadíssimos conceitos, estando previsto e consagrado na CRP como direito fundamental da Pessoa Humana[5].

Segundo Tenckhoff, citado por Costa Andrade[6], "*só entre os juristas há mais de 60 conceitos diferentes de honra, que configura outrossim um tema frequente de reflexão de filósofos, moralistas e poetas*". O conceito do nosso CP é normativo, e não *fáctico*[7].

---

[1] "*A insinuação de meias verdades, a suspeita, o inconclusivo são a maneira mais conseguida de ofender quem quer que seja*", diz Costa, José de Faria, *Comentário Conimbricense ao Código Penal*, Tomo I, Coimbra Editora, 1999, p. 612.

[2] Mendes, António Oliveira, *O Direito à Honra e a sua Tutela Penal*, Almedina, Coimbra, 1996, p. 16.

[3] Para Binding, "*a honra é o valor que pertence a uma pessoa enquanto tal e na base da sua conduta, isto é, por força do cumprimento dos seus deveres éticos e jurídicos, portanto na medida da sua integridade ética e jurídica*" citado por Andrade, Manuel da Costa, Liberdade de imprensa e inviolabilidade pessoal – Uma perspectiva jurídico-criminal, Coimbra Editora, 1996, p. 78.

[4] Para Mendes, António Oliveira, *op. cit.*, p. 20, a consideração social será "*a estima, a reputação, o bom nome, em suma (...) a honra vertida e reconhecida exteriormente*". O Acórdão do STJ de 20.01.2010 (Procº nº 1839/06.9TVLSB.L1.S1) caracteriza de forma bastante fundamentada o bem jurídico "honra", pelo que para o mesmo se remete.

[5] Artº 25º nº 1 (integridade moral) e artº 26º CRP (honra). Para mais desenvolvimentos acerca deste tema *cfr.* Mendes, António Oliveira, *op. cit.*, pp. 11-24.

[6] Andrade, Manuel da Costa, *op. cit.*, (1996) p. 77, também referido por Carvalho, Alberto Arons, Cardoso, António Monteiro e Figueiredo, João Pedro, *Direito da Comunicação Social*, p. 349.

[7] Andrade, Manuel da Costa, *op. cit.*, (1996) p. 87.

Para alguns autores[8], o direito à honra só existe enquanto o sujeito for vivo. Depois da morte, a tutela da honra converte-se na tutela da memória de pessoa falecida, sendo a sua ofensa tipificada no artº 185º CP em determinadas condições específicas (gravidade da ofensa, e decurso de menos de 50 anos sobre o falecimento). No entanto, em defesa da posição contrária, podemos desde já adiantar que a integração sistemática do artº 185º CP no Capítulo dos crimes contra a honra faz presumir que a tutela da memória de pessoa falecida ainda faz parte da tutela da honra, pelo que esta não finda com a morte. Adiante desenvolvemos algo mais este tema, a propósito do referido crime.

1.2. Elementos típicos objetivos: caracterização do tipo de crime

É elemento típico destes crimes a ofensividade da imputação de factos ou juízos de valor, a qual deve ser apreciada de um ponto de vista objetivo, não podendo ser protegida uma eventual hipersensibilidade subjetiva e sendo, por outro lado, tutelada uma situação em que o visado não se sinta sequer ofendido ou nem sequer tome consciência da ofensa (v.g. incapazes). O evento jurídico produz-se com a própria ação.

Para alguns autores, como o Prof. Beleza dos Santos[9], e o Juiz-Desembargador Oliveira Mendes[10], os crimes de difamação e injúria, p.p. nos artigos 180º e 183º nº 1 b) CP seriam crimes de perigo, ao invés do que tem considerado a jurisprudência e a doutrina dominantes, que os qualificam como crimes formais[11], por se consumarem juridicamente com a comissão do facto ilícito, sem necessidade de que ocorram resultados materiais.

A categoria dos crimes de perigo diz respeito aos ilícitos em que o legislador entendeu antecipar a tutela penal para um momento em que estão, intencional ou negligentemente, criadas as condições objetivas para a produção da ofensa do bem jurídico em causa, atuando a ordem

---

[8] CARVALHO, Alberto Arons, CARDOSO, António Monteiro e FIGUEIREDO, João Pedro, *op. cit.* p. 357. Em sentido contrário, MENDES, António Oliveira, *op. cit.*, p. 14 e ss. citando SOUSA, Rabindranath Capelo, *O Direito Geral da Personalidade* (Dissertação de doutoramento em Ciências Jurídicas pela FDUC) – 1995, pp. 108 e ss.

[9] SANTOS, Beleza, na RLJ 67, p. 242 e 92, p 164 e também Direito Criminal (preleções aos Cursos do 4º e do 5º ano jurídico de 1935-1936, coligidas por Hernâni Marques), 1936, p. 274.

[10] MENDES, António Oliveira, *op. cit.*, pp.44-58.

[11] Neste sentido, também encontramos SILVA, Germano Marques, *Direito Penal português. Teoria do Crime*, UCP, Lisboa, 2012, p. 35 nota 2.

jurídica de forma repressiva pela criação dessas condições, sem esperar que se produza um resultado material, o qual até poderá nem vir a ocorrer. Para aqueles autores[12], os crimes em causa consumam-se com a mera situação de perigosidade da ofensa, independentemente de esta última vir ou não a ocorrer: o elemento literal da fórmula legal, ao utilizar a expressão *"factos ofensivos da sua honra ou consideração"* traduzida por *"que ofendam"* ou *"que possam ofender"*, não exigiria a verificação efetiva da ofensa, bastando-se com a mera possibilidade da mesma.

Assim, os crimes de difamação e de injúria serão desta última categoria, uma vez que *"a ofensividade ou potencial ofensividade a que se referem não está referida à concreta verificação do perigo de lesão, mas antes à conduta do agente mediante o qual o perigo é desencadeado"*. Desta forma, Oliveira Mendes conclui que o dolo, neste tipo de crimes, não se relaciona com o dano/ /violação do bem jurídico em causa, mas sim com o próprio perigo de que essa ofensa venha a verificar-se: exige-se, portanto, a mera consciência ou previsão do perigo dessa ofensa[13], ou a violação consciente de um dever de abstenção relativamente à ação desencadeadora daquele. Atuará com dolo de perigo quem prevê o perigo e se conforma com a entrada em situação de perigo. Atuará com dolo de dano quem prevê e se conforma com a verificação do próprio resultado danoso.

Figueiredo Dias[14], por exemplo, defende que, dentro dos crimes de perigo, poderão subdistinguir-se ainda as categorias de crimes de perigo abstrato, de perigo concreto e de perigo abstrato-concreto. Os primeiros serão aqueles em que o perigo constitui um mero motivo da incriminação; os segundos serão aqueles em que o perigo corresponde ao próprio evento ou resultado típico, tornando possível ou provável, na prática, a lesão do bem jurídico tutelado pela norma. Entre ambas as categorias poderá existir uma terceira em que está em causa a genérica perigosidade da conduta judicialmente determinada com base em critérios de

---

[12] Embora Oliveira Mendes entenda que Beleza dos Santos, na *RLJ 92*, p 196 e ss., não retirou as devidas ilações práticas dessa tese, acabando por recuar nessa qualificação no que diz respeito ao elemento subjetivo (dolo de dano).
[13] Contra, Palma, Fernanda, "Questões centrais da teoria da imputação e critérios de distinção com que opera a decisão judicial sobre os fundamentos e limites da responsabilidade penal" in *Casos e materiais de Direito Penal*, 3ª ed. Almedina, 2004, pp. 72 e 77 (crítica da posição de Frisch).
[14] Figueiredo Dias, J. *Sumários das Lições à 2º turma do 2º ano da Faculdade de Direito*, p. 146 citado por Oliveira Mendes, *op. cit.*, p. 44 e ss.

experiência, libertando-se do contexto situacional concreto de cada caso, sendo o perigo não só critério interpretativo mas também elemento referencial da culpa.

Para este autor, os crimes de difamação e de injúria – cujo bem jurídico tutelado é a honra e a consideração pessoais – são desta última categoria, uma vez que *"a ofensividade ou potencial ofensividade a que se referem não está referida à concreta verificação do perigo de lesão, mas antes à conduta do agente mediante o qual o perigo é desencadeado".*

Desta forma, conclui que o dolo, neste tipo de crimes, não se relaciona com o dano/violação do bem jurídico em causa, mas sim com o próprio perigo de que essa ofensa venha a verificar-se: exige-se a mera consciência ou previsão do perigo dessa ofensa, ou a violação consciente de um dever de abstenção relativamente à ação desencadeadora daquele. Atuará com dolo de perigo quem prevê o perigo e se conforma com a entrada em situação de perigo. Atuará com dolo de dano quem prevê e se conforma com a verificação do resultado danoso.

Não vemos qual seja o interesse desta construção, salvo o devido respeito, e parece-nos que a mesma levanta alguns tipos de problemas, sem resolver outros, como veremos[15]:

Elemento material essencial neste tipo de crimes é a imputação de factos ou juízos de valor ofensivos da honra e consideração de alguém, quer numa comunicação a terceiros (difamação), quer dirigindo-se o agente ao próprio alvo das imputações (injúria). Assim, os crimes são cometidos logo que essas imputações são exteriorizadas pelo agente, independentemente de o(s) visado(s) se sentirem ou mostrarem efetivamente ofendidos.

Elemento material essencial neste tipo de crimes é a imputação de factos ou juízos de valor ofensivos da honra e consideração de alguém, quer numa comunicação a terceiros (difamação), quer dirigindo-se o agente ao próprio alvo das imputações (injúria). Os crimes são cometidos logo que essas imputações são *exteriorizadas* pelo agente, e independentemente de o(s) visado(s) se sentirem efetivamente ofendidos.

Ponto é que as afirmações, palavras, gestos ou imagens sejam *objetivamente* ofensivos, sob pena de existir um perímetro de atuação crimi-

---

[15] Este tema será ainda objeto de tratamento no ponto 5, (crimes cometidos através da imprensa).

nosa subjetivamente variável em função da maior ou menor sensibilidade do(s) visado(s), o que não pode ser aceite[16].

Pode imaginar-se a ofensa à honra como o equivalente de uma agressão física que não causa dor à vítima, por estar anestesiada ou alcoolizada, mas que fere, de facto, o corpo.

Assim, confirma-se que a ofensa efetiva do(s) visado(s) não faz parte do tipo, tal como sucede, por exemplo, com o crime de ofensa a memória de pessoa falecida, neste caso por manifesta impossibilidade, não ocorrendo tampouco qualquer agravação pelo resultado, como é característica geral dos crimes de perigo comum. O tipo consuma-se com a publicação, ou exteriorização, da imputação, porque é esta que atenta contra o bem protegido, ainda que o(s) visado(s) pouco se importem com tal juízo de valor.

Por último, admitir que os crimes contra a honra são crimes de perigo e não crimes formais, implicará considerar suficiente, para ser punível, ao nível subjetivo, que o agente tenha representado como possível o perigo de ofensa da honra e consideração, e que se tenha conformado com tal perigo. Porém, na maioria das situações, o dolo incide sobre a própria ofensa pelo que haveria um crime de perigo...com um dolo de dano[17]!

1.3. Elementos típicos subjetivos

Com o CP de 1982, ficou definitivamente ultrapassada a *vexata quaestio* sobre a suficiência do dolo genérico, e a desnecessidade de uma intenção específica de ofender, o chamado *animus diffamandi vel injuriandi*. Não obstante, mantém-se uma dissidência doutrinária sobre se esta intenção específica deve continuar a ser exigível, enquanto componente integrante do elemento subjetivo, de modo a poder ser imputável ao

---

[16] BASTOS, Maria Manuel e LOPES, Neuza, Comentário à Lei de Imprensa e ao Estatuto do Jornalista, Coimbra, 2011, p. 25 afirmam que *"cabe aos visados em textos jornalísticos ajuizarem sobre o carácter lesivo dos mesmos, ainda que, naturalmente, tal análise tenha de ser balizada por padrões objetivos de razoabilidade"*. Para DIAS, Augusto Silva, *op. cit.*, p. 23, é a compreensão da expressão ofensiva pelo visado que funciona como consumação, mas tal construção deixa de fora as crianças, ou os falecidos.

[17] Esta noção é criticada por OLIVEIRA MENDES, *op.cit.*, pp. 53-54, caracterizando-a como uma categoria destinada a acomodar os crimes de difamação e injúrias enquanto crimes formais, para os autores que mantém esta última qualificação. Na verdade, se o crime for de perigo, o dolo, na prática sempre terá de ser aferido em relação ao dano, porque este se produz, como vimos, com a comunicação.

agente a título de dolo direto, necessário ou eventual, ou se o que interessa é a natureza objetivamente injuriosa das palavras, imagens ou gestos empregues na difamação ou na injúria, independentemente da intenção com que forem expressos[18].

Pensamos que dificilmente se conseguiria demonstrar o elemento subjetivo da infração caso fosse exigível uma intenção específica pessoal da parte de quem difama ou injuria: em princípio, a objetividade com que o caráter ofensivo das afirmações, imagens, gestos ou qualquer outra forma de expressão deve ser avaliado, deve excluir uma apreciação de pendor subjetivo quer da parte de quem ofende, quer de quem é ofendido[19].

Como crime formal, a ofensa da honra e da consideração ocorre com a conduta ofensiva, como vimos, sendo suficiente a intenção genérica dirigida à exteriorização do referido comportamento com dolo necessário ou eventual reportado à conduta, e desnecessária a demonstração de qualquer predeterminação ou animosidade de caráter pessoal, entre o agente da infração e a vítima. Exige-se, pelo menos, a representação como possível da violação do bem jurídico em causa, e conformação com ela, o que quer dizer que uma possível intenção jocosa ou de fazer uma brincadeira, nem por isso deixa de poder dar origem a uma ofensa, se a expressão for *objetivamente* ofensiva e de molde a causar um juízo de valor negativo do visado e se o dolo do agente o abranger.

Nos crimes contra a honra cometidos através da comunicação social, é muito claro que, na esmagadora maioria dos casos, o dolo é necessário: a intenção das imputações é o exercício do direito de informar, que também é um dever, pelo que nem sequer existe, em geral, uma relação pessoal entre o agente e o(s) visado(s). Assim, está excluído, à partida, qualquer dolo específico, o qual, caso fosse exigível, permitiria eliminar do tipo da difamação todas as imputações de factos ou juízos de valor ofensivos cometidos para cumprimento dos fins informativos da comunicação social, sem intenção de ofender.

---

[18] MENDES, António Oliveira, *op.cit.*, pp.40-42, dá-nos conta das principais controvérsias doutrinárias a propósito do elemento subjetivo dos crimes contra a honra, durante a vigência do CP de 1886.

[19] Sem prejuízo do que se afirmou supra, na nota 16, sem que a hipersensibilidade pessoal possa relevar.

2. Distinção de tipos similares:
2.1. Ofensa a pessoa coletiva organismo ou serviço

Previsto e punido no artº 187º CP, comunga da mesma natureza dos anteriores, mas está construído de maneira distinta, pois só se configura como crime a afirmação ou divulgação de factos inverídicos, e não também dos juízos de valor (exceto se baseados em factos), capazes de ofenderem a credibilidade, o prestígio ou a confiança devidos a pessoa coletiva, instituição, corporação, organismo ou serviço que exerça autoridade pública, *quando o agente não tiver fundamento para, em boa fé os reputar verdadeiros*. Esta formulação implica que a falta de fundamento para, em boa fé, reputar verdadeiros os factos propalados é um elemento que *integra o próprio tipo*. Discute-se se o bem jurídico tutelado é a honra, bem jurídico normalmente reservado às pessoas singulares[20]. Dadas as limitações típicas do artº 187º CP, não nos custa admitir essa possibilidade, evitando deixar sem tutela a reputação e a imagem externa de instituições quando afetada por juízos de valor ou por divulgação de factos que, conquanto verdadeiros, são pejorativos. Por outro lado, a integração do artº 187º CP no Capítulo VI também inculca esse sentido, que é também o da jurisprudência maioritária.

2.2. Ofensas à memória de pessoa falecida

Previsto e punido no artº 185º CP, traduz-se na previsão genérica de qualquer forma de ofensa *grave* à memória de pessoa falecida, atribuindo-lhe a mesma moldura penal que se aplica à difamação, bem como o mesmo regime em matéria de causas de justificação.

Também se discute na doutrina se esta disposição traduz que a morte será o termo natural da proteção da honra e consideração das pessoas singulares, continuando apenas a ser tutelada a memória. Uma interpretação sistemática aponta no sentido contrário.

---

[20] DIAS, Jorge Figueiredo, nas Actas nºs 25 e 45 da Comissão revisora do CP de 1982 cit. por MENDES, António Oliveira, *op. cit.*, p. 108, afirma que o objetivo é proteger o crédito, o prestígio ou a confiança, valores que não se incluem na honra, sem excluir a possibilidade de aplicar os demais artigos às pessoas coletivas. No mesmo sentido GONÇALVES, Maia, *Código Penal Anotado e Comentado*, Almedina, 1995, p 668. Contra, HENRIQUES, Leal e SANTOS, Simas, *Código Penal Anotado*, 2º Vol. 3.ª Ed., Editora Rei dos Livros, p. 351.

Para alguns autores[21], a exigência legal de que a ofensa seja *grave* inculca o sentido de não ser indiferente o resultado, pelo que aqui estaremos em presença de um crime material. Em nossa opinião, salvo o devido respeito, a avaliação da *gravidade* da ofensa traduz uma apreciação do respetivo *teor*, em termos objetivos, com maior grau de exigência face aos tipos da difamação e da injúria, sem envolver um juízo de valor sobre a sua *efetividade*, até porque, falecida a pessoa alvo da imputação, não pode ser já, obviamente, afetada a título pessoal, só o serão os que defendem, por lei, a sua memória.

O CP estabelece um prazo limite para a proteção dessa memória: são 50 anos[22].

De certa forma, este período de 50 anos é o mesmo que deve decorrer sobre os factos para que possam considerar-se históricos, i.e., para que possam analisar-se com a distância e a objetividade necessárias ao discurso científico[23].

3. Circunstâncias agravantes

Todos os crimes constantes do Capítulo IV (crimes contra a honra) terão agravadas as suas penas no caso de os meios permitirem uma divulgação alargada[24] sendo particularmente esse o caso de serem cometidos através de meios de comunicação social[25]. Funciona também como agravante a circunstância de o agente conhecer a falsidade dos factos imputados ao(s) visado(s), *i.e.* sendo calunioso[26].

4. Causas específicas de desresponsabilização criminal

De acordo com a doutrina dominante, a enunciação efetuada pelos artigos 31º e seguintes do CP não é taxativa, pelo que é vulgar aparecerem

---

[21] MENDES, António Oliveira, *op. cit.*, p. 100.
[22] Artº 185º nº 3 CP.
[23] Também para FARIA COSTA o elemento da temporalidade é importante na proteção deste tipo de bens, refletindo-se nas causas de justificação de que adiante falaremos, aplicando ao interesse legítimo o prazo equivalente à prescrição do procedimento penal que contempla os crimes mais graves. FARIA COSTA, José Francisco de, *Direito Penal da Comunicação, alguns escritos*, Coimbra, 1998, p. 59.
[24] Artº 183º nº 1 a) CP.
[25] Artº 183º nº 2 CP.
[26] Artº 183º nº 1 b) CP.

outras causas de exclusão do carácter ilícito de um comportamento tipificado na lei como crime, importando a verificação dessas situações a retirada do juízo de valor censório ao elemento objetivo da ação, não obstante ela continuar a ser típica, na medida em que corresponde à descrição normativa do facto criminoso. A conduta será assim típica, mas não ilícita.

O artº 31º do Código Penal, que elenca algumas das causas de exclusão da ilicitude, não nos fornece qualquer critério para podermos proceder à delimitação conceptual da justificação do facto[27]. Para alguns autores, como Costa Pinto[28], a justificação penal reconduz-se sempre a uma situação de conflito entre interesses ou bens jurídicos em que um deles é sacrificado e o outro é afirmado, embora nem sempre com a mesma intensidade: nalguns casos, o legislador opta por não punir a conduta, orientado por um critério de minimalismo da intervenção penal, em função de uma ponderação de política criminal sobre a necessidade da pena. Noutras situações, em que estarão em confronto bens com a mesma dignidade ou axiologicamente equivalentes, terá lugar a aplicação de causas de exclusão da ilicitude. Dá o exemplo dos crimes contra a honra, nos casos em que é considerada relevante a *exceptio veritatis*, como consta da alínea b) do nº 2 do artº 180º CP. No seu entender, os bens ou interesses em confronto nesta situação serão, de um lado, a honra, que faz parte do catálogo dos direitos fundamentais, e de outro, a realização de interesses legítimos e a verdade nas relações sociais, que o citado autor entende como inferiores no plano axiológico à honra do ofendido. Conclui o autor que o que sucede a quem provar a verdade dos factos ofensivos, verificados os demais requisitos, é uma situação de *não punibilidade*, não uma causa de exclusão da ilicitude, a qual, a ocorrer, subverteria a ordem de valores constitucionais, indo *longe demais*.

Na nossa leitura, a questão não pode ser colocada nestes termos, porquanto, embora possamos aceitar como válido o critério de ponderação da dignidade axiológica dos bens jurídicos em confronto, o resultado a que

---

[27] FERREIRA, Manuel Cavaleiro de, *Lições de Direito Penal, Parte Geral, I*, Verbo, Lisboa, 1992, p. 167.
[28] PINTO, Frederico da Costa, "Justificação, não punibilidade e dispensa de pena na revisão do Código Penal" in *Jornadas sobre a revisão do Código Penal*, PALMA, Maria Fernanda e BELEZA, Teresa Pizarro (org.), pp 66-71. Nesse sentido parece também seguir PALMA, Maria Fernanda, *Questões centrais* ..., p. 87. Contra, SILVA, Germano Marques, *op. cit.*, p. 155.

conduz não aponta para uma situação de não punibilidade, mas sim para uma causa de justificação por exclusão da ilicitude: na verdade, não pode deixar de considerar-se que o legislador, ao ter exigido a conjugação de ambas as situações constantes das alíneas a) e b) do nº 2 do artº 180º CP (de carácter objetivo mas também ao nível subjetivo, e particularmente exigentes, em virtude do seu nº 4), teve presente a importância do *direito à informação* como esteio da sociedade democrática, protegido constitucionalmente no artº 37º nº 1 da CRP, pelo que definiu cuidadosamente os requisitos da justificação, traçando uma fronteira muito ténue entre o facto ilícito e o facto justificado.

Qualquer excesso, como é sabido, pode fazer cair a conduta para o lado da ilicitude[29], pelo que estaremos perante uma causa de exclusão da ilicitude que coloca em confronto direto dois direitos fundamentais e não perante uma desnecessidade da punição por um juízo de política jurídico-penal.

A situação continua a ser definida como típica, e a punição é um imperativo de política criminal que poderá ou não ser aplicada em função da prova sobre a verdade dos factos.

Já se o agente praticou o facto típico porque estava *erradamente convicto* que os factos por si afirmados eram verdadeiros, v.g. tendo cumprido os deveres de diligência que lhe são prescritos em razão do ofício, mas não logrou provar a verdade dos mesmos, a sua conduta, desde que recaia sobre factos de interesse legítimo, não será objeto de punição, não porque tal punição seja julgada dispensável, mas porque se exclui a sua *culpa*, perdendo o agente a boa fé, quando falte ao cumprimento dos deveres de diligência acima referidos[30]. Por último, quando o agente divulgue factos da esfera de intimidade da vida privada e familiar de terceiro *nunca* pode

---

[29] Segundo Dias, Jorge Figueiredo, *RLJ 115*, p. 170, *"é indispensável à concreta justificação pelo exercício do direito de informação que a ofensa à honra se revele como meio adequado e razoável do cumprimento da função pública da imprensa; ou mais concretamente: de cumprimento do fim que a imprensa, no exercício da sua função pública, pretende atingir no caso concreto. Por isso mesmo, o meio utilizado não só não pode ser excessivo, como deve ser o menos pesado possível para a honra do atingido. Qualquer excesso pode ser suficiente para empurrar a conduta para o âmbito do ilícito – sem que aqui interesse determinar o exacto tratamento jurídico-penal a que tal excesso ficará submetido".*

[30] Artº 180º nº 4 CP, que deve interpretar-se à luz do Estatuto do Jornalista, aprovado pela Lei 1/99 de 13 de Janeiro e alterado pela Lei nº 64/2007 de 6 de Novembro, adiante referido por EJ.

invocar essas causas de justificação mas, como veremos, pode recorrer às causas típicas de justificação do artº 31º CP[31].

Trata-se sempre de uma situação de fronteira em que o que o agente pode impedir um juízo de valor de contrariedade ao sistema valorativo da comunidade, ao sentimento de justiça dominante, ou, se quisermos à ordem jurídica considerada na sua globalidade[32].

4.1. Realização de interesses legítimos

Embora não possa dizer-se que esta condição de não punibilidade seja exclusivamente aplicável aos crimes contra a honra realizados através da comunicação social – uma vez que não é só o direito de informar que pode fundamentar a justificação do comportamento do agente, e que não são apenas os jornalistas os titulares do direito/liberdade de informar[33] – a verdade é que é neste âmbito que encontra a sua máxima expressão o conflito entre o direito/liberdade de informar e a honra, dois bens jurídicos de natureza fundamental que a doutrina unanimemente recusa hierarquizar[34].

No âmbito da liberdade de expressão e do direito de informar, a doutrina e a jurisprudência têm vindo, de forma consistente, a distinguir entre o exercício legítimo, que abrange situações de manifesto interesse público[35], decisivas para permitir a formação livre da opinião pública

---

[31] Artº 180º nº 3 CP. O que não deve admitir-se é que o artº 31º flexibilize o critério do artº 180º nº 4 CP.

[32] SILVA, Germano Marques, op. cit., p. 151-152.

[33] Também é legítimo denunciar crimes ou defender interesses em tribunal, podendo incluir difamações.

[34] O tema da necessária harmonização entre ambos é tratado profusamente, sobretudo em ANDRADE, Manuel da Costa, op. cit., (1996) pp. 28, 153, 234 – 240, mas também PALMA, Maria Fernanda, Direito Constitucional Penal, Ed.Almedina, Coimbra, 2006, p. 135 e DIAS, Jorge Figueiredo, na RLJ 115.

[35] Para MENDES, António Oliveira, op. cit., pp. 65 e ss, o legislador da revisão do CP de 1995 não retomou a expressão "interesse público legítimo ou qualquer outra justa causa", do texto do antigo artº 164º CP, alargando o âmbito invocável a interesses privados, que podem ser legítimos mas não justos, o que configura uma restrição ao direito à honra, mas tal alargamento não pode abranger a comunicação social, que é por natureza um instrumento ao serviço do interesse público. Defendendo a redundância da expressão "justa causa", ANDRADE, Manuel da Costa, "Código Penal e Liberdade de Imprensa. Sobre as controvérsias e as polémicas da reforma" in Revista Jurídica da Universidade Portucalense Infante D. Henrique, nº 7, Setembro 2001. Contra, PALMA, Fernanda, "Justificação em Direito Penal. Conceito,

inerente à vida e à participação em sociedades democráticas, e o interesse *do* público, que nem sempre incide sobre essas situações[36]. Para outros autores[37], a função pública da imprensa funciona como critério delimitador da legitimidade dos direitos, excluindo-se, por exemplo, os trabalhos sensacionalistas ou a chamada imprensa cor-de-rosa, entendida enquanto reportagem sobre a vida íntima[38].

4.2. *Exceptio veritatis*

A segunda causa de justificação da prática do crime de difamação, de verificação cumulativa com a anterior, é a chamada prova da verdade dos factos afirmados pelo agente, ou, pelo menos, de que o agente estava plenamente convicto dessa veracidade, tendo cumprido com os deveres que a boa fé lhe impunha, nomeadamente em termos de diversificação e confronto de fontes, no caso dos jornalistas, conforme prescreve o EJ[39].

Princípios e Limites" in *"Casos e materiais de Direito Penal"*, 3ª ed., Almedina, 2004, p. 135, nota 71, que qualifica a expressão como *"uma fórmula possível de evolução do próprio conceito de justificação"*.

[36] Como afirma MACHADO, Jónatas, *Liberdade de Expressão. Dimensões constitucionais da esfera pública no sistema social*, Stvdia Ivridica, nº 65, BFDUC, Coimbra, 2002, p. 590 *"não existe interesse legítimo que possa justificar a publicação de notícias consabidamente falsas ou negligentemente subinvestigadas. Contudo, o dever profissional de cuidado deve ser devidamente enquadrado nas condições concretas em que os jornalistas e as empresas jornalísticas exercem a sua actividade e onde importantes decisões redactoriais têm que ser tomadas, nalguns casos em muito pouco tempo, sob a pressão da concorrência com outros meios de comunicação e da necessidade de informar com prontidão e actualidade.[...]. Um crivo particularmente rigoroso para a responsabilização dos jornalistas e das empresas jornalísticas pode ter significativas e indesejáveis consequências no plano da autocensura".*

[37] DIAS, Jorge Figueiredo, afirma na *RLJ 115*, que *"nem toda a realização do direito de informar se pode considerar um exercício legítimo daquele direito, pois, a não ser assim, ficariam impunes todas as condutas lesivas da honra"*. Na expressão de RIBEIRO, J.M. Coutinho, *A nova Lei de Imprensa*, Coimbra, 1995, p. 18-19 *"o cidadão não tem o direito de aceder a toda e qualquer informação, mas sim, apenas, àquilo que for relevante para a sua participação na sociedade, de modo a que possa fazer escolhas livres numa sociedade democrática"*. Para COSTA, José de Faria, *Comentário...* p. 616, *"nem toda a realização do direito de informar se pode considerar um exercício daquele direito, na medida em que, precisamente, não prossegue um interesse legítimo."* No mesmo sentido, DIAS, Augusto Silva, *Alguns aspectos do regime jurídico dos crimes de difamação e injúrias*, AAFDL, Lisboa, 1989, p. 39-40.

[38] Na lição de Maria Fernanda Palma, este tipo de imprensa também cumpre uma função pública, na medida em que retrata a sociedade de cada momento, o que é importante para efeito de registo histórico.

[39] Artº 14º do EJ.

Para alguns autores, no caso de os factos serem verdadeiros, a honra daqueles a quem se imputam não pode sequer ter-se por atingida, pelo que faz parte do tipo a falsidade das imputações[40]. No caso do nosso CP, a prova da verdade dos factos exclui a punibilidade, sendo discutível se esta *causa de justificação* acaba por excluir a *tipicidade*[41], a *ilicitude*[42] ou a pena. Para alguns, as circunstâncias que permitem excluir a punibilidade da conduta são *elementos negativos do tipo*, e a conduta assim justificada é, na verdade, atípica. Adiante se tomará posição quanto a esta polémica doutrinária.

Importa referir que a "*exceptio veritatis*" esteve bastante limitada até à revisão de 1998[43] do CP, pois estava previsto no nº 5 do artº 180º CP que, no caso de imputação de facto que constituísse crime, a prova da verdade da mesma era limitada à resultante de condenação por sentença transitada em julgado[44]. No caso específico dos crimes cometidos através da imprensa, a antiga LI ainda continha limitações mais severas[45] que eram

---

[40] É o caso de ROEDER, cit. por ANDRADE, Manuel da Costa, *Liberdade...*, p. 84, segundo o qual "*Se a honra significa a Achtungswürdigkeit (...) então aquele a quem se imputa, em conformidade com a verdade, um comportamento desonroso não é por força dessa exigência de respeito, atingido, não é pura e simplesmente ofendido na sua honra.*" Não é esta, no entanto, como se sabe, a posição adotada no Direito Penal alemão, em que também existe a injúria formal: a punição não está excluída, porquanto a injúria resulta aqui da forma da afirmação ou difusão ou das circunstâncias sob as quais teve lugar.

[41] Segundo Maria Fernanda Palma, a *exceptio veritatis* não é uma normal causa de justificação, porque se os factos forem falsos e houver boa fé, há justificação, desvalorizando-se assim o elemento objetivo. Para ANDRADE, Manuel da Costa, *Liberdade...*, p. 85 e ss. e 226, 267, a *exceptio* atua ao nível da exclusão da ilicitude.

[42] Segundo SILVA, Germano Marques, *op. cit.*, p. 152, a tipicidade, enquanto contrariedade formal com a descrição normativa de um ilícito criminal, é apenas um indício da ilicitude do facto descrito, mas não é suficiente para operar essa qualificação, pois pode ocorrer uma causa de exclusão da ilicitude. Também para COSTA, José de Faria, *Noções Fundamentais de Direito Penal (fragmenta iuris poenalis). Introdução. A doutrina geral da infração [A ordenação fundamental de conduta (facto) punível; A conduta típica (o tipo)]*, 2.ª ed., Coimbra, 2009, p 222, o *tipo* distingue-se do *ilícito*, enquanto desvalor material com que estabelecemos as relações típicas com o princípio da ofensividade que constitui o conteúdo material do tipo".

[43] Lei nº 65/98, de 2 de Setembro, que alterou o CP, suprimindo o anterior nº 5 do artº 180º CP.

[44] Disposição que tinha a oposição de ANDRADE, Manuel da Costa, "Código Penal...", p. 41 e ss.

[45] Artº 28º nº 4 da Lei de Imprensa aprovada pelo DL nº 85-C/75 de 26 de Fevereiro, alterado pelos Decretos-Lei nº 181/76, de 9 de Março, e nº 377/88 de 24 de Outubro, e pela Lei nº 15/95, de 25 de Maio (doravante "anterior LI").

muito contestadas, particularmente depois da revisão de 1995, que impôs uma maior celeridade aos processos de abuso de liberdade de imprensa. Em compensação, os jornalistas invocavam o direito de obter a suspensão dos "seus" processos enquanto estivessem a decorrer os trâmites do processo-crime em que respondia(m) o(s) visado(s). A restrição probatória foi levantada com a revisão de 1998 do CP. Importa ainda ter presente que, em regra, a *"exceptio"* não é aplicável aos juízes de valor[46] mas ressalvam-se os factos subjacentes ou que servem de base àqueles juízos de valor[47].

4.3. Conjugação do artº 180º nº 2 CP com o artº 31º CP;

Segundo dispõe o nº 3 do artº 180º CP, também aplicável aos crimes dos artigos 181º e 185º CP, a inaplicabilidade das causas de justificação previstas no número anterior aos casos de imputação de factos relativos à vida privada e familiar, é *sem prejuízo* do disposto nas alíneas b), c) e d) do artº 31º CP o que significa que continua a ser possível a invocação das causas de exclusão da ilicitude gerais tais como o exercício de um direito, o cumprimento de um dever imposto por lei ou por ordem legítima da autoridade, ou o consentimento do titular do interesse público lesado[48]. Na prática, o que sucede é que só não é possível, no caso do artº 180º nº 3 CP invocar a *"exceptio veritatis"*[49], sendo sempre invocável o exercício de um direito ao abrigo da alínea b) do nº 1 do artº 31º CP. Em todo o caso, há que ter em conta que, em caso de imputação de factos relativos à vida privada e familiar, em que está excluída a invocação do artº 180º nº 2 CP, permitir ao agente invocar o exercício de um direito ou o cumprimento de um dever, ao abrigo do artº 31º CP, não deverá permitir *contornar* o

---

[46] Neste sentido, JESCHEK, *Tratado de Derecho Penal, Parte General* (trad. Espanhola-1993, 4.ª ed. p. 363 citado por MENDES, António Oliveira, *op. cit.*, p. 64.

[47] Neste sentido MENDES, António Oliveira, *op. cit.*, p. 63 e também M.ª Fernanda Palma assim ensina.

[48] Segundo MENDES, António Oliveira, *op. cit.*, p. 63, *"no caso de recurso às regras gerais constantes do artº 31º, designadamente a da alínea b) do seu nº 2, devem-se ter em especial atenção os princípios da ponderação de interesses e/ou da adequação social"*.

[49] Para ANDRADE, Manuel da Costa, *Liberdade...*, p. 111, mas pronunciando-se, em concreto, sobre o bem jurídico (diverso) da al. d) do nº 1 do artº 192º CP (devassa da vida privada), *"é precisamente a verdade dos factos imputados com devassa da intimidade que, em rigor, confirma a danosidade material destes crimes e fundamenta a respetiva ilicitude material. Porque só a verdade e não a mentira pode trazer à praça pública o que cada um quer preservar nas quatro paredes da vida privada."*

grau de exigência previsto no nº 4 do artº 180º CP, quanto ao dever de investigação cuidada inerente à justificação, sob pena de ser mais fácil obter uma isenção de responsabilidade ao abrigo do regime geral quando o agente se desqualifica para o regime da não punibilidade do artº 180º CP do que quando permanece no âmbito de aplicabilidade dessas normas justificativas. As causas gerais de exclusão da culpa e da ilicitude não poderão sobrepor-se e "desautorizar" o critério específico de exigência do nº 4 do artº 180º CP.

4.4. Interpretação do nº 2 do artº 180º CP à luz do regime geral do erro

Parece poder afirmar-se com segurança que, assim como o disposto na alínea a) do nº 2 do artº 180º CP se reporta a um elemento *objetivo* – a legitimidade dos interesses prosseguidos – já a previsão ínsita na parte final da sua alínea b), i.e. a convicção, em boa fé, de veracidade, se reporta a um factor *subjetivo*, porque diz respeito ao estado de consciência do agente[50]. Nesse sentido, parece poder aproximar-se *o sentido* da causa de justificação constante da parte final da alínea b) do nº 2 do artº 180º CP do disposto no artº 16º CP (erro sobre as circunstâncias de facto) sobretudo o seu nº 2: o agente que difama ou injuria com convicção errónea acerca da veracidade do que diz, verificados os restantes pressupostos (defesa de interesses legítimos), age com *erro* sobre factos ou circunstâncias que, a existirem, excluiriam a ilicitude da sua ação. Seguindo a melhor doutrina, podemos considerar que a conjugação necessária da *exceptio veritatis* prevista na alínea b) do nº 2, com a prossecução de interesses legítimos, prevista na alínea a) do mesmo número, configura uma situação que afeta apenas o domínio da ilicitude, fazendo depender a punibilidade da conduta de circunstâncias objetivas (v.g. o exercício legítimo da função pública própria da imprensa) e do cumprimento de deveres subjetivos de informação por parte do agente, que são igualmente pressuposto do direito de informar[51], e sem os quais a conduta resvalaria para o domínio

---

[50] Para alguns autores, mesmo a *"exceptio veritatis"* só relevará se for conhecida pelo agente. Neste sentido, Silva, Germano Marques, *op. cit.*, p. 159, 220 e 222, citando Dias, Jorge Figueiredo, Direito Penal I, p. 394 e Andrade, Manuel da Costa, *Consentimento e Acordo em Direito Penal*, pp. 535-536.
[51] Andrade, Manuel da Costa, *Liberdade* ..., p. 354 e ss. e Dias, Jorge Figueiredo, *RLJ 115*, p. 171.

da ilicitude, sendo subsidiariamente aplicáveis no âmbito do regime geral do erro, para exclusão do dolo[52].

4.5. Problematização da respetiva natureza dogmática: posição adotada

A doutrina maioritária tem vindo a entender que uma conduta cujos elementos essenciais são tipicamente descritos na lei penal como crime, pode não ser contrária ao direito se verificadas determinadas circunstâncias. Porém, é apenas ao nível dessa valoração que a conduta deixa de ser censurável, pois continua a corresponder ao tipo incriminador. Tratando-se de uma causa de justificação incidente sobre *elementos objetivos*, é excluída a ilicitude; se incidir sobre a *culpa*, será causa de exclusão da culpa, também chamada "desculpa"[53]. O recorte da conduta tipificada como crime no contexto da ação humana naturalística, pressupõe uma avaliação em termos de contrariedade ao direito e à justiça (ilicitude ou antijuridicidade) e é efetuado de forma a que nem toda a tipicidade é ilícita, embora toda a ilicitude, para o ser, tenha de ser tipicamente descrita como tal. Em todo o caso, também não se trata aqui das chamadas causas pessoais de dispensa de pena, de que é exemplo o disposto no artº 186º CP, as quais não excluem nem a tipicidade nem a ilicitude, mantendo-se o facto como crime, apesar de não ser aplicável qualquer pena[54]. Por último, deve distinguir-se entre as situações de não punibilidade acima descritas, e as de dispensa (pessoal) de pena, partindo de um critério do objeto da valoração jurídico-criminal[55].

---

[52] Para Dias, Augusto Silva, *op. cit.*, p. 42, o artº 16º aplica-se aos casos não justificados pelo artº 180º nº 2 CP, o que nos parece subverter o critério de exigência do artº 180º nº 4 CP. Cfr. Dias, Jorge de Figueiredo, *O problema da consciência da ilicitude em Direito Penal*, 3.ª ed, Coimbra, 1987, p. 423 e ss.

[53] Silva, Germano Marques, *op. cit.*, pp. 48-49, 149 e ss e 272 e ss. Para uma teoria normativa da desculpa para além do direito positivado e como princípio geral da teoria da responsabilidade penal, *cfr.* Palma, Maria Fernanda, *O Princípio da Desculpa em Direito Penal*, Almedina, Coimbra, 2005, p. 141.

[54] Segundo a dicotomia entre injusto ou ilegal e responsabilidade penal defendida por Claus Roxin.

[55] Pinto, Frederico da Costa, op. cit., pp. 78-81, podendo afirmar-se com Dias, Jorge Figueiredo, *Direito Penal Português. As consequências jurídicas do crime*, Aequitas/Editorial Notícias, Lisboa, 1993, p. 316-317 que a dispensa de pena se situa ainda no âmbito da determinação concreta da pena.

Atente-se ainda às situações em que o agente praticou o facto típico porque estava erradamente convicto que os factos por si afirmados eram verdadeiros, porque cumpriu os deveres de diligência que lhe são prescritos em razão do ofício, e ainda assim não logrou provar a verdade dos mesmos: a sua conduta, desde que recaia sobre factos de interesse público, não será objeto de punição, mas não porque tal punição seja julgada dispensável – mantém-se a punibilidade da difamação quando o agente falhe ao cumprimento dos deveres de diligência acima referidos, excluindo-se a boa fé, ou quando divulgue factos da esfera de intimidade da vida privada e familiar de terceiro.

Trata-se de uma situação de fronteira em que o agente logrou excluir a ilicitude, enquanto contrariedade ao sistema valorativo da comunidade, ao sentimento de justiça dominante, ou, se quisermos à ordem jurídica considerada na sua globalidade.

Deve distinguir-se ainda as situações de não punibilidade das de dispensa de pena[56], partindo de um critério do objeto da valoração jurídico-criminal: no primeiro caso, o juízo de valor reporta-se ao facto cometido, traduzindo um recuo do poder punitivo do Estado, na medida em que "*o agente recompôs a situação criada com o ilícito anterior, removendo um perigo ou evitando um dano*", impondo uma "*reconsideração sobre o facto e o agente no plano das finalidades do sistema punitivo*"; o segundo caso reconduz-se a uma escolha, dentro das várias respostas sancionatórias possíveis, para o facto típico, implicando um juízo e uma declaração pública de culpabilidade, não se traduzindo num recuo do poder punitivo, porque continua a existir condenação, por vezes pública – veja-se o disposto no artº 189º CP, podendo afirmar-se com Figueiredo Dias[57] que se situa ainda no âmbito da determinação da pena.

Alguma doutrina e jurisprudência têm vindo a entender que a verificação da situação cumulativa prevista no nº 2 do artº 180º CP configura um caso de exclusão de tipicidade, ao invés de uma mera exclusão da ilicitude. De acordo com esta interpretação, as circunstâncias descritas nas alíneas a) e b) do artº 180º CP farão parte do tipo incriminador da difamação[58] como *elementos negativos*, de modo que a sua ocorrência

---

[56] PINTO, Frederico de Lacerda da Costa, *op. cit.*. pp. 78-81.
[57] DIAS, Jorge de Figueiredo, *Direito Penal Português. As consequências jurídicas do crime*, Aequitas/ Editorial Notícias, Lisboa, 1993, p. 316-317.
[58] Aplicável à injúria e à ofensa a memória de pessoa falecida, pelos nº 2 dos artº 181º e 185º CP.

in casu permitiria eliminar elementos necessários ao tipo da difamação, excluindo-se assim, na raiz, o caráter criminoso dos referidos atos. Tal conceção radica na chamada teoria dos elementos negativos do tipo, perfilhada por autores como Adolf Merkel e Frank[59], segundo a qual a tipicidade coincide com a ilicitude ou antijuridicidade, como um todo normativo unitário, sem autonomia entre si, perfazendo o tipo total do injusto, que integra as causas que excluem a ilicitude como elementos negativos. Uma vez que o dolo se reporta ao tipo, devendo abrangê-lo na sua integridade[60], o agente, para ser punido, deve representar não só aos elementos típicos positivos mas também à inexistência de causas de justificação que possam excluir a punibilidade da conduta[61]. Toda a ação típica seria necessariamente antijurídica, não havendo ações típicas lícitas. A tipicidade seria a *ratio essendi* da antijuricidade e não já mera *ratio cognoscendi*, i.e. que apenas revela a ilicitude de modo indiciário.

Parece-nos que tal teoria não é a mais correta, salvo o devido respeito, e não pode aplicar-se ao tipo da difamação e da injúria no nosso CP, por quatro ordens de razões:

1) Em primeiro lugar, porque, caso fizessem parte do *tipo* da difamação, não poderia dar-se este por verificado nos casos previstos no nº 3 do artº 180º CP, em que não tem aplicação o nº 2 da mesma disposição[62], por o legislador não os ter querido admitir nessas situações[63];

---

[59] Citados por VIEIRA, Vanderson Roberto; ROBALDO, José Carlos de Oliveira, "A teoria dos elementos negativos do tipo: a ilicitude está inserida no tipo". In: *Âmbito Jurídico*, Rio Grande, X, n. 37, 2007. Disponível em: <http://www.ambito-juridico.com.br/site/index.php?n_link=revista_artigos_leitura&artigo_id=1693>.

[60] *"o dolo como reflexo na culpa de uma certa atitude psicológica se dirige não só a este objeto como àquela valoração, abrangendo cumulativamente na representação do agente os elementos constitutivos do tipo e a própria ilicitude"*, afirma DIAS, Jorge Figueiredo, O problema..., pp. 152 e ss.

[61] A este respeito, fala-se na criação de um "dolo monstruoso": NETTO, Alcides Munhoz, "Descriminantes putativas fáticas" in *Revista de Direito Penal*, n. 17/18, jan./jun. 1975, p. 11-12.

[62] PEREIRA, Rui, "Direito Penal e Direito de Mera Ordenação Social da Comunicação Social", in *Estudos em Memória do Conselheiro Luís Nunes de Almeida*, Coimbra, 2007, p. 726 e ss., afirma que a exclusão da "exceptio veritatis" no caso do nº 3 do artº 180º CP é controversa, devido à complexa delimitação da esfera da vida privada e familiar. ANDRADE, Manuel da Costa, *Liberdade...* p. 123, e *op. cit.*, (2001), p. 30 e ss., adotando a teoria germânica das três esferas, defende que a restrição só se aplica à esfera íntima stricto sensu, pelo que subsiste a possibilidade de invocar a *exceptio* nas esferas pública e privada, sendo que a prática de crime inscreve-se, por natureza, na esfera *pública*.

2) Segundo, na medida em que se se entender as causas de justificação como parte integrante do tipo da difamação, o agente, para que se pudesse considerar ter praticado o crime, teria de ter representado intelectualmente a ausência de tais elementos negativos, e praticado o delito, plenamente consciente de que não estavam presentes as condições cumulativamente exigidas pelas alíneas a) e b) do nº 2 do artº 180º CP, uma vez que o dolo é um elemento do tipo, na construção subjacente ao nosso CP[64], o que não é de todo verosímil numa análise prática[65];
3) Terceiro, porque caso o legislador tivesse querido efetivamente integrar as situações descritas nas alíneas a) e b) do artº 180º CP no tipo da difamação, poderia ter adotado uma redação similar à que adotou na redação do crime tipificado no artº 187º CP (ofensa a organismo, serviço ou pessoa coletiva), em que começa precisamente por descrever o elemento subjetivo do tipo pela seguinte expressão: *"Quem, sem ter fundamento para, em boa fé, os reputar verdadeiros..."*. Nesta formulação não subsistem dúvidas de que aquelas circunstâncias excludentes da responsabilidade, são excludentes da própria *tipicidade* do crime, porque, verificando-se aquelas condições, não chega sequer a haver crime.
4) Por último, porquanto se verifica uma proximidade semântica ou axiológica muito clara entre a alínea a) do nº 2 do artº 180º CP e a alínea b) do artº 31º CP, bem como entre a alínea b) do nº 2 do artº 180º CP e o regime geral do erro, que é subsidiariamente aplicável a este tipo de crimes, mas apenas eficaz, como justificador, quando conjugado com a prossecução de interesses legítimos, só relevando, portanto, no âmbito de uma causa de exclusão da ilicitude.

---

[63] O mesmo se pode dizer da injúria que diga respeito a factos da vida privada ou familiar (artº 181º CP).
[64] Conceção que se deve aos finalistas, como WELZEL, sendo a deslocação do dolo para o tipo enquanto elemento subjetivo, a sua grande conquista, segundo COSTA, José de Faria, "Noções...", p. 196 e ss.
[65] Alguns autores, *v.g.* aqueles que fazem do nº 4 do artº 38º CP um princípio geral das causas de justificação, entendem que, para beneficiar das mesmas, o agente terá que abrangê-las na sua representação. Nesse caso não relevaria, por exemplo, a veracidade dos factos desconhecida do agente do crime contra a honra, e, não obstante o facto propalado ser verdadeiro, seria punido como calunioso.

O regime geral do erro, na modalidade de erro sobre um estado de coisas que, a existir, excluiria a ilicitude do facto ou a culpa do agente, é o que consta dos artºs 16º e 17º CP, sendo que a nossa lei permite a não punibilidade da negligência, em caso de erro, se este não for censurável.

Como é sabido, a chamada "teoria da culpa estrita", ao considerar o dolo como reportado a todos os elementos do ilícito, teria como consequência a irrelevância do dolo pelo erro sobre a ilicitude, encarada esta como juízo de valor censório autónomo face ao tipo incriminador, pelo que não permitiria o afastamento do dolo. A teoria da culpa limitada, porém, partindo da mesma premissa, admite a relevância do erro sobre a ilicitude ao nível da culpa, distinguindo consoante o mesmo seja ou não desculpável, em função da preparação do agente ou na formação da sua personalidade[66].

Com efeito, verifica-se que a situação descrita no inciso final da alínea b) do nº 2 do artº 180º CP configura uma pressuposição, de boa fé, por parte do agente, de um estado de coisas que, a existir, excluiria a ilicitude do facto ou a culpa do agente, o que nos remete para o regime do erro, constante dos artigos 16º e 17º CP. Sucede, porém, que este tipo de erro, nos crimes contra a honra, está especificamente balizado pelo disposto no nº 4 do mesmo artº 180º CP: a boa fé do agente exclui-se quando o agente não tiver cumprido o dever de informação que as circunstâncias do caso impunham, sobre a verdade da imputação.

Trata-se aqui de "importar" para o âmbito específico dos crimes contra a honra, que só são puníveis a título de dolo, como é sabido, o mesmo tipo de juízo de valor censório ou desculpante que a lei consagra a propósito do erro sobre a ilicitude, permitindo uma particular forma de aplicação do critério da culpa na formação, ou da preparação da personalidade do agente com vista a poder ou não beneficiar da exclusão da punibilidade.

Ou seja: não obstante os crimes contra a honra não serem puníveis a título de negligência, o respetivo regime específico determina a punibilidade ou exclusão de punibilidade de acordo com um critério não menos exigente quanto à formação da consciência, semelhante ao que se

---

[66] Para CORREIA, Eduardo, *"quando falta ao agente a consciência actual da ilicitude, o dolo terá inevitavelmente que ser negado; em tais hipóteses, porém, sendo possível assacar ao agente em virtude precisamente daquela falta uma particular culpa na formação ou na preparação da personalidade fica justificado que ele possa ou deva ser punido na moldura dolosa ainda que o tipo de censura pelo facto seja o da mera negligência."* DIAS, Jorge de Figueiredo, ob. cit. pp 152 e ss.

aplica no âmbito do erro sobre a ilicitude para determinar se este é ou não censurável, e assim eliminar ou não o substrato subjetivo de punibilidade. Logo, se é verdade que, ao contrário do artº 16º CP, o artº 17º CP não tem aplicação nos crimes contra a honra, não é menos certo que a punibilidade ou não punibilidade do agente é determinada com base em critérios de censurabilidade muito similares aos desse artigo. O que não parece fazer sentido é que o agente que se não qualifica, nos termos do nº 4 do artº 180º CP para beneficiar das causas de exclusão de ilicitude, nomeadamente, da alínea b) do nº 2, possa contornar aquele critério de qualificação ao invocar o regime geral (subsidiário) do erro sobre a ilicitude, pois tal significaria, na prática, a inutilidade desse mesmo critério ou padrão de exigência, sendo sempre possível ao agente excluir o dolo e, como tal, a punição.

5. As especificidades do crime de difamação cometido através da imprensa

Importa analisar o que dispunha a anterior Lei de Imprensa (LI), a propósito da atualmente extinta categoria dos chamados "crimes de abuso de liberdade de imprensa"[67]: tais crimes consumavam-se pela publicação[68], sendo esta um elemento típico essencial, pelo que sem ela não haveria crime de difamação ou injúria: porém, logo que existisse publicação, tratando-se do crime de injúria, por definição, o ofendido tomaria conhecimento, pelo que não faz sentido tutelar o perigo quando o dano é imediato; no caso de difamação, o crime é cometido desde que alguém leia o texto ou tome contacto com a imagem, pois haverá desde logo uma violação do bem juridicamente protegido pela norma incriminadora, independentemente do conhecimento ou da reação do próprio ofendido,

---

[67] Previstos nos artigos 25º e ss. da anterior Lei de Imprensa, não foram retomados na atual (Lei nº 2/99 de 13 de Janeiro, retificada pela Declaração de Rectificação nº 9/99 de 18 de Fevereiro e alterada pela Lei nº 18/2003 de 11 de Junho). Não cremos que tal omissão tenha tido o propósito de alterar este aspeto.

[68] Artº 27º nº 1, da anterior LI, segundo o qual a consumação se dava com a publicação do escrito ou da imagem em que houvesse injúria, difamação ou ameaça contra as pessoas indicadas. Como se refere nos Acórdãos 447/87 e 448/87 do TC, *"radicando o crime precisamente na «publicação» — o que significará que o fundamento material da correspondente ilicitude residirá na violação, não apenas do bem jurídico directamente posto em causa pelo escrito ou imagem, mas ainda do próprio bem jurídico da «imprensa» ou da «liberdade de imprensa», já que nesta vai necessariamente implicada a ideia ou exigência de um seu uso «responsável»".*

que até pode nunca chegar a tomar conhecimento de que foi publicamente objeto de ofensas. E, não obstante, houve crime. Parece-nos, assim, salvo melhor opinião, que se trata de um crime formal, na medida em que a lesão do bem jurídico que se pretende proteger acaba por ocorrer logo que o texto ou imagem são *comunicados* entre o agente e terceiros, ou entre o agente e o(s) visado(s) ainda que num circuito fechado de *comunicação*[69], podendo depois a reação da ordem jurídica variar em função do alargamento dessa comunicação a um número indeterminado de pessoas e dos meios da sua propagação[70]. Como referimos, no caso da injúria, a ofensa é imediata, na difamação, produz-se em virtude de juízos de valor formulados por terceiros a partir das afirmações ou imagens que lhes são comunicados ou publicados, desde que sejam *objetivamente* idóneos a provocar um dano para estes bens pessoalíssimos como refere Faria Costa. O momento da comunicação é, assim, o momento da consumação do crime. Se quiséssemos antecipar a tutela penal, neste tipo de crimes, ao momento de criação do perigo concreto, tal significaria, por exemplo, punir a entrega do texto ou imagem potencialmente difamatórios para publicação ao editor, independentemente de esta publicação vir ou não a ocorrer efetivamente. Ou até mesmo punir um eventual abandono do texto ou imagem num local onde pudesse ser facilmente encontrado/a por outrem que o/a desse à estampa, acompanhada, pelo menos, da previsão e conformação com o potencial resultado ofensivo dessa publicação, em termos de elemento subjetivo. Essas situações poderiam configurar riscos efetivos de o texto ou imagem atingirem os bens jurídicos em causa, sendo que o resultado esperável escaparia totalmente ao controlo do agente, não dependendo de si. Provavelmente já nem lhe seria possível impedir a ocorrência do evento jurídico, ainda que o pretendesse. Mas o CP não pune tais comportamentos neste tipo de crimes[71],

---

[69] COSTA, José Faria, *Direito Penal...*, p. 42, distingue *"comunicação fechada"* de *"comunicação aberta"*, elegendo esta última como âmbito do Direito Penal da Comunicação, mas não tomando partido entre o dano-violação ou o pôr-em-perigo do bem jurídico honra, levado a cabo pela palavra escrita ou falada, por gestos ou imagens.

[70] Artº 183º nº 1 a) e nº 2 CP. A comissão destes crimes através de meio de comunicação social é hoje uma modalidade particular de agravamento da pena, em função da maior abrangência de destinatários. O mesmo se poderá hoje dizer da comunicação em redes sociais abertas ou em blogues ou sítios da Internet.

[71] Segundo o artº 23º nº 1 CP.

que configuram, no limite, uma tentativa[72], que não nos parece impossível de existir nos crimes formais[73].

Por outro lado, parece-nos que a honra e a consideração pessoais são bens jurídicos semelhantes ao cristal: uma vez partidas não têm reparação possível, sem prejuízo da possibilidade do ressarcimento patrimonial, de publicação de desculpas ou de uma sentença condenatória[74], mas também dificilmente se poderão voltar a quebrar. Será como acender um fósforo numa floresta já devastada por um incêndio: é nulo o perigo criado quando o dano já se consumou. Deverá ser punível? Nesse sentido, poderá questionar-se a perigosidade da publicação de um escrito ou imagem difamatórios quando, uma vez entregue ao editor e antes de ser publicado, os mesmos factos ofensivos venham a ser tornados públicos por outro meio, ou forma, que não por via daquele escrito ou imagem: não pode considerar-se tutelável o perigo de ofensa quando a mesma se tiver já produzido no momento em que aquele escrito ou imagem vem a ser publicado. A punição ocorre pela consumação da publicação, como vimos *supra*, mas não pelo risco ou perigo da ofensa do nome do(s) visado(s), admitindo que a publicação destes nada acrescenta aos que são já do domínio público[75]. Por outro lado, a conceção segundo a qual os crimes contra a honra são crimes de perigo parece assentar na premissa segundo a qual a *ofensa efetiva* do(s) visado(s) seria o resultado danoso cujo perigo se tutela. Sucede que, no caso da injúria, o tipo de crime exige apenas que a ofensa seja produzida na presença do(s) visado(s)[76] e, tal como no tipo da difamação, a maior ou menor tolerância ou a vulgarmente desig-

---

[72] Segundo o artº 22º nº 1 e 2 c) do CP.

[73] Contra, MENDES, António Oliveira, *op. cit.*, p.44, referindo-se a doutrina dominante. A favor, PALMA, Maria Fernanda, *Da "tentativa possível" em Direito Penal*, Ed. Almedina, 2006, pp. 71e ss.

[74] *Cfr.* Artº 189º CP.

[75] São frequentes, por exemplo, os casos em que uma mesma notícia é publicada sucessivamente por vários jornalistas de diversos órgãos de Comunicação Social, não deixando a lei de punir cada um deles, ou todos em conjunto, pela gravidade da conduta, independentemente do perigo, porventura já consumado pelo dano, e de as notícias posteriores não terem contribuído para o agravar, uma vez ocorrido o evento danoso.

[76] Segundo o artº 27º nº 2 da anterior LI, a publicação pela imprensa de injúria, difamação ou ameaça contra as autoridades públicas considerava-se como feita na presença delas. Para MENDES, António Oliveira, *op. cit.* pp.28-29, a injúria cometida através da comunicação social considera-se difamação.

nada "capacidade de encaixe" da parte do(s) visado(s) não parece ter influência na constatação sobre a comissão ou não do crime[77], não obstante poder ser determinante na sua *procedibilidade*, tratando-se, normalmente, de crimes particulares. O crime de difamação é cometido logo que são exteriorizadas as afirmações ou imagens, mesmo que o(s) visado(s), por hipótese, nunca cheguem a tomar conhecimento das mesmas.

Assim, confirma-se que a ofensa efetiva do(s) visado(s) não faz parte do tipo, tal como sucede, por exemplo, com o crime de ofensa a memória de pessoa falecida, neste caso por manifesta impossibilidade, mas não ocorre qualquer agravação pelo resultado, como é característica geral dos crimes materiais qualificados pelo resultado. O tipo consuma-se com a publicação, ou exteriorização, da imputação, porque é esta que atenta contra o bem protegido, ainda que o(s) visado(s) pouco se importem com tal juízo de valor[78].

Noutro exemplo, um jornal local que publique factos difamatórios sobre alguém que entretanto se tenha mudado para outra localidade, e que nunca venha a saber que foi difamado, constitui-se também em situação de infração criminal, não porque tenha criado qualquer risco de ofensa ao(s) visado(s), mas porque, efetivamente, toda a comunidade local que tomou conhecimento do texto passou a considerá-lo(s) com outros olhos, à luz das imputações publicadas. Sempre terá ocorrido o evento lesivo.

Por último, admitir que os crimes contra a honra são crimes de perigo implicará considerar suficiente, para ser punível, ao nível subjetivo, que o agente tenha representado como possível o perigo de ofensa da honra e consideração, e que se tenha conformado com tal perigo. Porém, se o dolo incide sobre a própria ofensa deve ser exigível um dolo de dano, ainda que como dolo necessário (referido à publicação[79]).

---

[77] Parece poder-se devolver à procedência o argumento de MENDES, António Oliveira, *op. cit.* p. 23: se a lei declara puníveis a difamação e a injúria mesmo que não ocorra dano ou que o visado se não sinta por elas ofendido, é porque é um crime que se basta com a própria conduta, pelos seus efeitos sociais, v.g. junto dos destinatários da comunicação, independentemente do perigo de vir a afetar o(s) visado(s).

[78] Ressalva-se o caso de o visado ter prestado consentimento, em que se aplica o artº 31º nº 2 d) CP.

[79] Sobre este tema, ver PALMA, Fernanda, *op.* e *loc. cit.* na nota 12 *supra*.

Em Portugal, desde a Constituição de 1822, fruto da Revolução Liberal de 1820, sempre houve um modelo de crimes de imprensa que adotou alguns aspetos da responsabilidade sucessiva, embora em paralelo com responsabilidade concorrente. Desde logo a primeira Lei da Imprensa, aprovada pela Carta de Lei de 4 de Julho de 1821, *"consagrava um sistema que de algum modo podia considerar-se uma antecipação do modelo da responsabilidade sucessiva"* [80], responsabilizando o autor e o editor, e, na sua falta, por ausência de indicação, o impressor. Mais tarde, já durante a vigência da Lei da Imprensa de 1975, os responsáveis criminais pelos impropriamente chamados "crimes de abuso de liberdade de imprensa"[81] eram classificados em diferentes escalões, aplicando-se cada um destes subsidiariamente, caso não fosse possível identificar o responsável no escalão anterior. Em sucessão, desfilavam então, primeiro, o autor do escrito ou imagem, se suscetível de responsabilidade, salvo nos casos de reprodução não consentida; nestes últimos casos, responderia no primeiro escalão quem tivesse promovido a publicação e o diretor do periódico ou seu substituto legal, como cúmplice, caso não lograsse provar desconhecimento do escrito ou imagem ou que, tendo tomado conhecimento, não lhe fora possível impedir a publicação; subsidiariamente, e no caso de escritos não assinados ou de insusceptibilidade de responsabilidade do seu autor, responderia o diretor do periódico, ou seu substituto legal, como autor principal, caso não se exonerasse dessa responsabilidade pela forma acima referida; por último, e caso o diretor do periódico lograsse exonerar-se de responsabilidade, sendo o escrito ou a imagem não assinados, responderia o responsável pela inserção. Em qualquer caso, impendia sobre o diretor do periódico uma responsabilidade a título de autoria presumida, pelos escritos não assinados, caso não se exonerasse dessa responsabilidade, sempre pela forma prescrita na sua primeira alínea[82]. Tal situação configurava uma presunção de responsabilidade sobre

---

[80] ROCHA, Manuel António Lopes, "Desenvolvimentos recentes do Direito Penal da Informação (da Imprensa)", Separata do Vol. LXV (1989) do *Boletim da Faculdade de Direito da Universidade de Coimbra*, pp.1-12.
[81] Impropriamente porquanto não eram tipificados de modo diferente do CP, apenas agravados em função do meio. A expressão deve considerar-se hoje obsoleta por não ter sido retomada pela atual LI, de 1999, tendo sido substituída na epígrafe da disposição atualmente relevante na LI, que é o artº 30º.
[82] Artº 26º nº 3 da anterior LI.

o diretor do periódico, pelo que se suscitaram várias dúvidas de constitucionalidade[83], que o TC dirimiu nos Acórdãos nº 135/92, 447/87, 448/87, 245/90 e 67/99[84], sempre concluindo pela não inconstitucionalidade, embora com fundamentação algo diversa[85]. No domínio da antiga LI, o sistema de responsabilidade em cascata, ou sucessiva, permitia ainda que o diretor do periódico respondesse como autor do crime cometido através dos escritos ou imagens cujo autor não fosse conhecido ou fosse insuscetível de responsabilidade criminal, bem como se presumia autor dos escritos publicados sem assinatura. A anterior LI, na sua redação originária, inspirada no modelo francês[86], determinava como responsáveis, desde logo, o autor do escrito ou da imagem, se fosse suscetível de responsabilidade; no caso de reprodução não consentida, respondia quem a tivesse promovido e o diretor do periódico ou seu substituto legal como cúmplice, se não provasse que não conhecia o escrito ou imagem publicados, ou que lhe não fora possível impedir a publicação. As alterações introduzidas pelo DL nº 181/76 de 09 de Março, pela Lei nº 13/78, de 21 de Março e pelo DL nº 377/88 de 24 de Outubro, não trouxeram modificações significativas a este nível, na nossa LI. Porém, a Lei nº 15/95,

---

[83] ROCHA, Manuel António Lopes, "Desenvolvimentos...", faz um levantamento da jurisprudência que se pronunciou sobre esta questão, propugnava a adoção da solução italiana, que é a que inspira a nossa LI atual, bem como nas atuais Leis da Rádio e da Televisão, de forma agora já similar.

[84] DR II Série 24 de Julho, de 19 de Fevereiro e de 22 de Janeiro, e em www.tribunalconstitucional.pt

[85] A doutrina dividiu-se durante muito tempo sobre a conformidade deste preceito com a CRP, sendo que, por exemplo, para ROCHA, Manuel António Lopes, "Sobre o modelo da responsabilidade sucessiva nos crimes de imprensa – Alguns problemas", *in Estudos de Homenagem ao Prof. Doutor Eduardo Correia* (número especial do BFD) Vol. III, Coimbra, 1984, pp. 1-91, a inconstitucionalidade deriva, sobretudo da circunstância prática de ter de ser o diretor editorial a ter de desenvolver atividade de modo a fazer prova da respetiva inocência, embora para o autor citado, tal não pudesse reconduzir-se a uma verdadeira inversão do ónus da prova, na medida em que continuava a competir ao M.º P.º a prova da "fattispicie" de que deriva a presunção. A incompatibilidade existente era face ao princípio da presunção de inocência, constante do artº 32º nº 2 da CRP, e não tanto ao princípio da culpa, porquanto não configurava uma situação de responsabilidade objetiva ou pelo risco.

[86] No caso da lei da liberdade de imprensa francesa (Artigos 42 e 43 da Lei da Liberdade de Imprensa francesa) os diretores de publicações ou os editores são, aliás, ainda hoje, os primeiros a responder, sendo os autores seus cúmplices, e só na falta dos primeiros é que são chamados, sucessivamente, os autores, os impressores, os vendedores, os distribuidores e os divulgadores (no original "afficheurs").

de 25 de Maio introduziu alterações profundas ao regime da autoria e comparticipação nos crimes denominados de abuso de liberdade de imprensa, nomeadamente, excluindo a responsabilidade: a) dos diretores no caso de textos de opinião devidamente assinalados como tais, que não oferecessem dúvidas quanto à respetiva autoria; b) dos jornalistas e dos diretores no caso de entrevistas, em que os entrevistados estivessem devidamente identificados, por afirmações proferidas por estes últimos. Manteve-se a responsabilidade dos diretores e dos membros do conselho de redação, em matérias nas quais dispusessem de voto deliberativo, salvo se provassem não ter participado na deliberação ou terem votado contra ela, e a exclusão da responsabilidade dos técnicos, distribuidores e vendedores pelas publicações vendidas ou impressas no exercício da profissão, exceto no caso de publicações clandestinas apreendidas ou suspensas judicialmente, se e quando conscientes do caráter criminoso do seu ato[87]. Introduziu, porém, um conjunto de novas disposições de natureza processual[88], as quais tiveram por objetivo e por efeito aumentar a celeridade dos processos-crime por abuso de liberdade de imprensa, e também aumentar a eficácia da repressão desses ilícitos. Uma dessas disposições veio determinar a aplicação à denúncia ou queixa do regime geral do CPP, quanto ao conteúdo e quanto à forma, mas com um regime excecional[89].

É sabido que a regra geral, na comparticipação criminosa, é a extensão automática da queixa a todos os comparticipantes. Segue-se que o não exercício tempestivo do direito de queixa quanto a um dos comparticipantes[90] ou a desistência de queixa relativamente a um dos compar-

---

[87] Para PEREIRA, Rui, *op. cit.*, p. 729, a exclusão de responsabilidade dos técnicos ao serviço dos operadores de televisão e rádio (artº 71º nº 6 da LT e 65º nº 5 da LR) *"se não lhes for exigível a consciência do carácter criminoso do seu acto"* consagra um regime de erro sobre a ilicitude com consequências similares às do artº 17º nº 1 CP, que seria menos benévolo do que o do artº 16º CP. Na verdade, o regime do artº 17º CP não tem aplicação aos crimes contra a honra, como afirmámos supra.

[88] Artigos 36º-A e 36º-E da anterior LI. Segundo o artº 52º nº 2, introduzido pelo DL 377/88, a natureza urgente dos processos por crimes de imprensa implicava a redução a metade dos prazos do CPP.

[89] Artigo 36º-B nº 2 da anterior LI, segundo o qual *"a falta de indicação como denunciado ou responsável pelos factos, de qualquer das pessoas referidas no artº 26º não implica a renúncia ou desistência do procedimento contra os que houverem sido denunciados."*

[90] Artº 114º CP e 115º nº 2 CP.

ticipantes aproveita aos restantes, salvo oposição destes, caso estes não possam ser perseguidos sem queixa. Temos, no entanto, para nós, que é extremamente duvidoso se, na atual fórmula de responsabilidade por omissão, deverá continuar a ser aplicável o regime da comparticipação necessária que a lei geral, na prática, impõe.

Não obstante serem ambas as condutas necessárias para a consumação do crime, deveria poder configurar-se uma total autonomia em matéria de queixa e acusação particular, se for o caso: o(s) queixoso(s) poderá(ão) optar por apenas responsabilizar o autor do texto ou imagem. A verdade é que, com a atual Lei de Imprensa, a Lei 2/99 de 13 de Janeiro, foi eliminada a "autoria presumida" por parte do diretor do periódico, ou seu substituto legal, tendo o legislador autonomizado a respetiva responsabilidade, a qual se efetivará apenas nos casos em que *"não se oponha, através da acção adequada, à comissão de crime através da imprensa, podendo fazê-lo"*, pelo que a sua responsabilidade, a existir, é agora baseada numa omissão[91], sendo-lhe aplicável a pena correspondente ao tipo legal infringido, especialmente atenuada, como se fosse cúmplice[92]. Sucede, portanto que os diretores editoriais, no regime atual, só são responsabilizáveis caso o queixoso, ou o M.º P.º, consigam demonstrar o conhecimento prévio, bem como o dolo na adoção de um comportamento omissivo[93]. Trata-se de fazer a prova de uma omissão (facto negativo) e do elemento subjetivo (conhecimento prévio e dolo), a qual é difícil sem a ajuda da presunção e mais ainda por não ser suficiente a imputação dessa omissão a título de mera culpa. Como no nosso ordenamento jurídico não vigora a regra

---

[91] Será um crime de omissão *imprópria* ou *impura*, cfr. SILVA, Germano Marques, *op.cit.*, pp. 65 a 84.

[92] A lei não diz se o diretor é coautor ou cúmplice, mas o efeito prático é igual ao desta última figura. Se adotarmos a definição de cumplicidade de CORREIA, Eduardo, *Direito Criminal Vol. II*, Ed. Almedina, 1971, pp. 251 e ss., será co-autoria porquanto sem essa omissão o crime não poderia ter sido cometido. No mesmo sentido, PALMA, Maria Fernanda, *Da "tentativa possível"*... p. 99.

[93] O regime de autoria e comparticipação previsto nestes diplomas cria um conceito autónomo de autoria face ao que decorreria da aplicação do artº 26º CP, delimita o conceito de autoria constante do CP, e prevê critérios especiais de fundamentação da autoria comissiva por omissão e procede à delimitação das formas de cumplicidade, para LEITE, Inês Ferreira, " Direito Penal da Comunicação Social – Um Direito Penal de excepção para os jornalistas?", in PALMA, Maria Fernanda, DIAS, Augusto Silva, MENDES, Paulo de Sousa (org.), *Direito Sancionatório das Autoridades Reguladoras*, Coimbra, 2009, pp 457.

segundo a qual *"facta negativa non probanda"*, é a acusação que terá de diligenciar no sentido de obter as provas dos requisitos de que depende a responsabilidade dos diretores, que poderá ser impossível. Enquanto que o autor da peça jornalística detém o completo domínio do facto, e é ou deve ser capaz de representar todas as consequências dele decorrentes, já o diretor editorial, devido à latitude das suas funções, apenas consegue formular um juízo muito genérico sobre cada peça, admitindo-se que as consiga conhecer a todas antecipadamente, e tem de confiar na qualidade do trabalho jornalístico efetuado para validar a publicação/emissão do mesmo[94]. E o dolo que se exige num comportamento omissivo não pode reconduzir-se a uma avaliação superficial sobre se se justificará ou não travar a publicação/emissão da peça, e, em regra, sobretudo nos meios que utilizam a radiodifusão, quando não tem sequer tempo para trocar impressões com o seu autor. Nesse sentido, cremos que ao diretor editorial não deveria continuar a aplicar-se o regime da comparticipação[95], devendo o legislador voltar a permitir que o queixoso decida se pretende ou não responsabilizar o diretor editorial por crime autónomo de omissão. Sendo a causalidade da omissão meramente normativa, não naturalística, cremos que não faz sentido equiparar esta à ação, obrigando o diretor a diligências probatórias com vista à exoneração, o que configura uma inversão do ónus da prova, análoga ao que resultaria de uma presunção de culpa.

---

[94] Recorde-se que, no regime italiano, o diretor editorial responde apenas a título de mera culpa, mas no nosso ordenamento, não está previsto tal tipo subjetivo no caso de crimes contra a honra. Esta situação implica a necessidade de demonstrar aquilo que no direito anglo-saxónico se chama "willfull blindness".

[95] No mesmo sentido, mas discordando da ideia de crime autónomo, Morão, Helena, "Responsabilidade jurídico-penal dos jornalistas por violação do segredo de Estado: contributo para o estudo do tema segurança e comunicação social *in* Gouveia, Jorge Bacelar, e Pereira, Rui (coord.), *Estudos de direito e segurança*, Coimbra, Almedina, 2007, p. 166 e ss. Esta tese é a de Carvalho, Alberto Arons, Cardoso, António Monteiro e Figueiredo, João Pedro, *op. cit.*, p. 375. Vai também nesse sentido o Acórdão do TRL de 28/03/2007 mas a corrente maioritária é a contrária, v.g o Acórdão do TRG de 20/02/2009 cuja solução não deixa de ser criticável, por alguma ligeireza. No sentido que julgamos correto, só neste aspeto, vai por exemplo, o Acórdão do TRP de 06.12.2006 (in www.dgsi.pt).

Conclusões

[1] Os crimes contra a honra são crimes formais e não crimes de perigo, são cometidos logo que as imputações são exteriorizadas pelo agente, independentemente de o(s) visado(s) se sentirem ou mostrarem efetivamente ofendidos;

[2] Elemento material essencial neste tipo de crimes é a imputação de factos ou juízos de valor ofensivos da honra e consideração de alguém, quer numa comunicação a terceiros (difamação), quer dirigindo-se o agente ao próprio alvo das imputações (injúria);

[3] A conjugação de ambas as situações constantes das alíneas a) e b) do nº 2 do artº 180º CP (de carácter objetivo mas também ao nível subjetivo, e particularmente exigentes, em virtude do seu nº 4) configuram uma causa de justificação por exclusão da ilicitude: na verdade, não pode deixar de considerar-se que o legislador teve presente a importância do direito à informação como esteio da sociedade democrática, protegido constitucionalmente no artº 37º nº 1 da CRP, pelo que estaremos perante uma causa de exclusão da ilicitude que coloca em confronto direto dois direitos fundamentais e não perante uma desnecessidade da punição por um juízo de política jurídico-penal;

[4] É extremamente duvidoso se, na atual fórmula de responsabilidade por omissão, consignada na atual Lei de Imprensa, deva continuar a ser aplicável o regime da comparticipação necessária que a lei geral, na prática, impõe, entre editor/ diretor da publicação periódica e autor da peça jornalística;

[5] Não obstante serem ambas as condutas necessárias para a consumação do crime, deveria poder configurar-se uma total autonomia em matéria de queixa e acusação particular, se for o caso: o(s) queixoso(s) poderá(ão) optar por apenas responsabilizar o autor do texto ou imagem;

[6] Nesse sentido, cremos que ao diretor editorial não deveria continuar a aplicar-se o regime da comparticipação, devendo o legislador voltar a permitir que o queixoso decida se pretende ou não responsabilizar o diretor editorial por crime autónomo de omissão.

Bibliografia

"Actas nºs 25 e 45 da Comissão revisora do CP de 1982" *in ACTAS das Sessões da Comissão Revisora do Código Penal. Parte Geral*, vols. I e II, AAFDL, s.d.

JORNADAS de Direito Criminal. *O Novo Código Penal Português e Legislação Complementar*, Fase I, Centro de Estudos Judiciários, Lisboa, 1983.

ANDRADE, Manuel da Costa, *Liberdade de imprensa e inviolabilidade pessoal – Uma perspectiva jurídico-criminal*, Coimbra, 1996

ANDRADE, Manuel da Costa, "Código penal e liberdade de imprensa: sobre as controvérsias e as polémicas da reforma", *in Revista jurídica da Universidade Portucalense Infante D. Henrique*", Porto, n.7, 2001

BASTOS, Maria Manuel e LOPES, Neuza, *Comentário à Lei de Imprensa e ao Estatuto do Jornalista*, Coimbra, 2011

CARVALHO, Alberto Arons, CARDOSO, António Monteiro e FIGUEIREDO, João Pedro, *Direito da Comunicação Social*, Texto Ed., Lisboa, 2012

CORREIA, Luis Brito, *Direito da Comunicação Social*, Vol. I, Coimbra, 2000

COSTA, José de Faria:
Direito Penal da Comunicação, Alguns escritos, Coimbra, 1998
Comentário Conimbricense do Código Penal, Tomo I, Coimbra Editora, 1999
Noções Fundamentais de Direito Penal (fragmenta iuris poenalis). Introdução. A doutrina geral da infração [A ordenação fundamental de conduta (facto) punível; A conduta típica (o tipo)], 2ª Ed, Coimbra, 2009

DIAS, Augusto Silva, *Alguns aspectos do regime jurídico dos crimes de difamação e injúrias*, AAFDL, Lisboa, 1989

DIAS, Jorge Figueiredo, *RLJ 115* ANO 1982-1983, pp.100-106, 133-137, 170-173.

FERREIRA, Manuel Cavaleiro de, *Lições de Direito Penal, Parte Geral, I – A Lei Penal e a Teoria do Crime no Código Penal de 1982*, 4ª ed., Lisboa/São Paulo: Editorial Verbo, 1992

GOMES CANOTILHO e VITAL MOREIRA, *Constituição da República Portuguesa Anotada*, 4ª ed. Revista, Coimbra, 2007

GONÇALVES, Maia, *Código Penal Anotado e Comentado*, Ed. Almedina, 1995

HENRIQUES, Leal e SANTOS, Simas, *Código Penal Anotado*, 2º Vol. 3ª Ed., Editora Rei dos Livros

LEITE, Inês Ferreira, "Direito Penal da Comunicação Social – Um Direito Penal de excepção para os jornalistas?", in PALMA, Maria Fernanda, DIAS, Augusto Silva MENDES, Paulo de Sousa (org.), *Direito Sancionatório das Autoridades Reguladoras*, Coimbra, 2009

MACHADO, Jónatas, *Liberdade de Expressão. Dimensões constitucionais da esfera pública no sistema social*, Stvdia Ivridica, nº 65, BFDUC, Coimbra, 2002

MENDES, António Oliveira, *O Direito à Honra e a sua Tutela Penal*, Almedina, Coimbra, 1996

PALMA, Maria Fernanda:
"A vontade no dolo eventual" in RAMOS, Rui Manuel de Moura (org.), *Estudos em homenagem à Professora Doutora Isabel de Magalhães Collaço*, Coimbra, Almedina, 2002

"Dolo eventual e culpa em direito penal" *in* VALDÁGUA, Maria da Conceição (coord.), *Problemas fundamentais de direito penal: colóquio internacional de direito penal em homenagem a Claus Roxin*, Lisboa: Universidade Lusíada Editora, 2002

"Questões centrais da teoria da imputação e critérios de distinção com que opera a decisão judicial sobre os fundamentos e limites da responsabilidade penal" *in* "Casos e materiais de Direito Penal, 3ª ed. Almedina, 2004

O Princípio da Desculpa em Direito Penal, Ed. Almedina, Coimbra, 2005

Da "tentativa possível" em direito penal, Ed. Almedina, Coimbra, 2006

PALMA, Maria Fernanda, VIALONGA, José Manuel (coord.), "Justificação em direito penal: conceito, princípios e limites" *in Casos e materiais de direito penal*, 3ª ed., Coimbra: Almedina, 2004

PEREIRA, Rui. "Direito Penal e Direito de Mera Ordenação Social da Comunicação Social", *in Estudos em Memória do Conselheiro Luís Nunes de Almeida*, Coimbra, 2007

PINTO, Frederico de Lacerda da Costa, "Justificação, não punibilidade e dispensa de pena na revisão do Código Penal" in PALMA, Maria Fernanda e BELEZA, Teresa Pizarro (org.), Jornadas sobre a revisão do Código Penal, 1998

RIBEIRO, *J.M. Coutinho, A nova Lei de Imprensa*, Coimbra, 1995

ROCHA, Manuel António Lopes:
"Sobre o modelo da responsabilidade sucessiva nos crimes de imprensa – Alguns problemas", *in Estudos de Homenagem ao Prof. Doutor Eduardo Correia* (número especial do BFD) Vol. III, Coimbra, 1984

"Desenvolvimentos recentes do Direito Penal da Informação (da Imprensa)", Separata do Vol. LXV (1989) do *Boletim da Faculdade de Direito da Universidade de Coimbra*, 1989

SILVA, Germano Marques, *Direito Penal português. Teoria do Crime*, UCP, Lisboa, 2012

VIEIRA, Vanderson Roberto; ROBALDO, José Carlos de Oliveira. "A teoria dos elementos negativos do tipo: a ilicitude está inserida no tipo". *in* **Âmbito Jurídico**, Rio Grande, X, n. 37, 2007. Disponível em: <http://www.ambito-juridico.com.br/site/index.php?n_link=revista_artigos_leitura&artigo_id=1693

Lisboa, 02 de Setembro de 2013